本项研究获得南开大学"中央高校建设世界一流大学（学科）和特色发展引导专项资金"课题资助，在此表示衷心感谢！

年度报告课题组负责人：薛　军

课题组专家咨询委员会主任：佟家栋
课题组专家咨询委员会主要成员（按姓氏笔画为序）：
　　包　群　刘　杉　佟家栋　李坤望　孙浦阳　周　申　张伯伟　张　兵
　　冼国明　胡昭玲　高乐咏　盍　斌　梁　琪　蒋殿春　葛顺奇　谢娟娟

课题组承办单位：南开大学全球经济研究中心（NK-GERC）
课题组协作单位：南开大学国际经济贸易系
　　　　　　　　　南开大学国际经济研究所
　　　　　　　　　南开大学跨国公司研究中心
　　　　　　　　　凤凰财经研究院

课题组主要成员：
　　苏二豆　乔冀超　李金永　魏　玮　吴雨婷　邢羽丰　宋京津　刘　丹
　　胡敬然　刘晓丹　樊　悦　薛婷尧　等

中国民营企业海外直接投资指数2017年度报告

——基于中国民企500强的数据分析——

Chinese Private Enterprises Overseas Direct Investment Index 2017 Annual Report

——Data Analysis Based on Top 500 Private Enterprises——

薛　军◎等　著

人民出版社

责任编辑:姜　玮

图书在版编目(CIP)数据

中国民营企业海外直接投资指数 2017 年度报告/薛军 等　著. —北京:
　人民出版社,2017.12
　ISBN 978－7－01－018330－5

Ⅰ.①中…　Ⅱ.①薛…　Ⅲ.①民营企业-海外投资-直接投资-研究报告-
　中国-2017　Ⅳ.①F279.245

中国版本图书馆 CIP 数据核字(2017)第 244584 号

中国民营企业海外直接投资指数 2017 年度报告

ZHONGGUO MINYING QIYE HAIWAI ZHIJIE TOUZI ZHISHU 2017 NIANDU BAOGAO

——基于中国民企 500 强的数据分析

薛军 等　著

人民出版社 出版发行

(100706　北京市东城区隆福寺街 99 号)

环球东方(北京)印务有限公司印刷　新华书店经销

2017 年 12 月第 1 版　2017 年 12 月北京第 1 次印刷
开本:710 毫米×1000 毫米 1/16　印张:24
字数:344 千字

ISBN 978－7－01－018330－5　定价:70.00 元

邮购地址 10C706　北京市东城区隆福寺街 99 号
人民东方图书销售中心　电话 (010)65250042　65289539

前　言

这是我 2016 年归国任教后完成的第一个课题。多年来我一直从事国际直接投资的研究，近年把注意力转向了中国对外直接投资。这是和中国的经济发展和在世界经济中地位上升密切相关的。

改革开放以来，中国迅速和平崛起，经济总量超越英、法、日等发达国家，上升到仅次于美国的世界第二位，在此过程中，"中国制造"和对外贸易发挥了很大作用。中国 2009 年成为世界第一大出口国，2013—2015 年连续三年保持第一大货物贸易国的地位。随着走向贸易大国必然导致对外投资的增长，这是经济发展过程的一般规律。根据商务部统计资料显示，中国对外直接投资从 2002 年的 27 亿美元上升到 2016 年的 1701 亿美元。2017 年上半年我国对外直接投资累计 481.9 亿美元。

目前对中国资本走出去的研究多停留在宏观层面。对此，相关政府部门、科研院所以及各大高校等有关机构做出了很好的成果和积极贡献。但是还有很多具体的领域和问题尚留有进一步深入研究的空间，其中一个领域便是中国民营企业走出去的现状和具体领域。虽然目前包括商务部、社科院以及各大高校等各种权威机构都在以定期或不定期的形式公布各种统计数据和研究报告，但仍然不能满足国家、企业以及学术界对近期持续迅速增长的对外投资势头把握的需求，特别是对日益壮大的民营企业走出去的深入了解。

为此，我们选择了中国民营企业对外直接投资现状分析这一研究课题，并写作了本报告。本报告有许多创新，实现了多个国内第一，归纳起来有如下三大特点：

第一，本文是国内首次创建独立的中国民营企业海外直接投资数据库并进行大数据分析的报告。(1) 在数据库的选择方面，本报告采用的是国际知名的 BvD-Zephyr 并购数据库和英国《金融时报》旗下的 fDi Markets 绿地投资数据库，这两个数据库具有一定的权威性。从浩瀚的大量数据中筛选出来的中国企业海外直接投资数据，在准确性和覆盖范围方面具备一定的优势。(2) 在样本数据的选取方面，本报告分析了中国民营 500 强企业 2005 年至 2016 年的对外投资活动，而不是对中国企业"走出去"的整体分析。目前各种数据库极少区分民营企业和国有企业，没有专门针对民营企业海外投资的数据库。本报告利用现有数据库，分析了工商联根据对民营企业定义筛选出的中国民营企业 500 强的海外投资相关样本数据，并初步建立了目前还缺乏的专门针对民营企业海外投资的数据库（NK-GERC 数据库）。

第二，国内首家采用指数分析法并构建了"中国民营企业海外直接投资指数"五级指标体系。(1) 本报告采用了指数分析法，以 2011 年至 2015 年的均值为基年，从并购和绿地投资两个方面构建了五级指标的全面指数体系。指数的分析使报告更加侧重于变化趋势，从而突出了时间序列的特征。另外，五级指标体系从第一级到第五级层层递进，层次分明，使得指数的测算不仅全面而且逻辑清晰。(2) 指数的直观性。本报告测算了各种划分方式上的金额指数和数量指数，将数值复杂的金额与数量的变动简单化。

第三，图文并茂全方位多角度分析中国民营企业海外直接投资，不仅对企业界学术界同时也对政府决策具有一定参考价值，特别是对我国"一带一路"开拓以及民企在走出去过程中的风险监控均有借鉴作用。(1) 将海外直接投资分为绿地投资和跨国并购两部分，可以进一步分析企业海外直接投资行为的特点，能够得到更准确的结论。(2) 在中国民营企业海外直接投资、绿地投资和跨国并购三大章节中，都分别从整体上、来源地、投资标的国（地区）别、行业别多个角度展开分析了以中国民营 500 强企业为样本的海外直接投资的状况。(3) 在行业别分析中，本报告采用的是国际上通用的国际标准产业分类，将行业别按照 OECD 制造业技术标准划分为高技术、中高技术、中低技术、低技术和其他五大类，使本报告的分析结果可以和其他的一些国际上认可的研究报告进行比较分析。（4）在并购部分加入了融资模式和支付方式的分析。本报告未采取传统的个别案例分析法，而是在大数据基础上进行统计分析，更能反映中国民营企业海外直接投资的融资模式和支付方式的一般性特征。（5）筛选出历年民营 500强在对外直接投资中涉及近期国家明文限制的"房地产、酒店、影城、娱乐业、体育俱乐部等境外投资"的数据及企业名单，便于国家宏观层面的精准调控决策。

由于目前缺乏统一的、长期的、充分的、权威统计数据，并且各种数据样本并不一致，所以本报告引用的国外数据库资料尚不完整，只将最近十二年来民营企业走出去进行了一个总体概括。

本报告仅是中国民营企业走出去长期统计的开启，我和我的团队计划每年出版一部"中国民营企业海外直接投资指数年度报告"。希望本报告能够成为一个类似统计年鉴一样的工具书。以便给有关单位和学者提供一个探讨中国民营资本跨境流动变化规律的工具，从而发现其优势，规避其风险，探讨并解决其问题，使民营企业走出去更加规范、理性和有效率。

本报告还只限于统计数据的分析，今后我和我的团队还将组织实施调研，撰写案例分析，总结对外投资的成功经验和失败教训，分析对不同国别和不同行业投资的特征和注意事项，以便使年度报告逐步深化和为理论分析奠定基础。

近期我们的年度报告还仅限于现状分析。我们希望在发布数年指数报告之后，能够将现状分析上升到理论研究的高度，在出版指数年度报告的同时，总结出一本理论性的专著。

我们的努力还远远不够，这还只是一个初创探索，我们争取将本指数报告书做出品牌，成为一部有价值、可信赖，具有权威性的中国民企走出去的报告。为此，希望有关部门和学者等各界同仁提出宝贵意见，并给予大力支持和鼓励。

　　本报告只是初步尝试，难免有很多不足之处甚至错误，希望读者给予批评指正。我们表示热烈欢迎。

目　录

序章　中国民营企业海外直接投资指数体系的构建及说明 ················ 1

第一节　中国民营企业海外直接投资指数的研究架构 ·············· 1

第二节　关于本报告的统计原则和若干说明 ··············· 14

第一章　中国企业的海外直接投资 ··············· 20

第一节　中国企业海外直接投资综合指数 ··············· 20

第二节　中国企业海外并购和绿地投资指数 ··············· 25

第二章　中国民营企业海外直接投资指数：综合篇 ··············· 28

第一节　民营企业海外直接投资综合指数 ··············· 28

第二节　民营企业海外直接投资来源地别指数 ··············· 31

第三节　民营企业海外直接投资标的国（地区）别指数 ············ 55

第四节　民营企业海外直接投资行业别指数 ··············· 104

第三章　中国民营企业海外直接投资指数：并购投资篇 ··············· 114

第一节　海外并购投资指数 ··············· 114

第二节　海外并购投资来源地别指数 ··············· 117

第三节　海外并购投资标的国（地区）别指数 ··············· 139

第四节　海外并购投资行业别指数 ··············· 176

第五节　海外并购投资融资模式别指数 ··············· 185

第四章　中国民营企业海外直接投资指数：绿地投资篇 ··············· 213

第一节　海外绿地投资指数 ··············· 213

第二节　海外绿地投资来源地别指数 ··············· 216

　　第三节　海外绿地投资标的国（地区）别指数 ……………… 239

　　第四节　海外绿地投资行业别指数 …………………………… 282

附　录 …………………………………………………………… 291

　　附录1　2016 年中国民营 500 强海外直接投资——投资来源
　　　　　　地别 TOP10 ……………………………………… 291

　　附录2　2016 年中国民营 500 强海外直接投资——投资标的
　　　　　　国（地区）别 TOP10 ……………………………… 294

　　附录3　2016 年中国民营 500 强海外直接投资——投资标的
　　　　　　行业别 TOP10 …………………………………… 296

　　附录4　2005—2016 年中国民营 500 强海外直接投资——融资
　　　　　　模式别 TOP5 …………………………………… 302

　　附录5　2005—2016 年中国民营 500 强在世界 4 大资金中转地
　　　　　　开曼群岛、英属维京群岛、百慕大群岛和中国香港的
　　　　　　投资情况 ………………………………………… 303

　　附录6　2014—2016 年中国民营 500 强海外直接投资案件
　　　　　　TOP30 …………………………………………… 304

　　附录7　2005—2016 年中国民营 500 强海外直接投资企业名录
　　　　　　汇总 ……………………………………………… 326

　　附录8　2005—2016 年在房地产、酒店、影城、娱乐业、体育俱乐
　　　　　　部等行业进行境外并购投资的民营企业 500 强名单 …… 356

参考文献 …………………………………………………………… 359

后　记 …………………………………………………………… 362

表索引

序表 1-1 "中国民营企业海外直接投资指数"指标体系 ·········· 9

序表 1-2 "中国民营企业海外直接投资指数"指标体系中第三至
第五级指标的具体内容 ····················· 11

序表 2-1 按照 BvD-Zephyr 数据库和 fDi Markets 数据库原始行业
分类标准划分的中国民营 500 强企业海外直接投资的行
业分类 ····························· 15

序表 2-2 OECD 制造业技术划分标准 ··············· 16

序表 2-3 BvD-Zephyr 不同统计口径下筛选出的全国并购案件数量 ··· 17

序表 2-4 2005—2016 年并购案件数量 ·············· 17

序表 2-5 2005—2016 年中国民营企业 500 强海外并购交易 ·········· 18

表 1-1 历年中国在海外并购投资和绿地投资的企业数量 ·········· 21

表 1-2 历年中国海外投资项目数量和同比增长变化率 ·········· 22

表 1-3 历年中国海外投资项目金额和同比增长变化率 ·········· 22

表 1-4 历年中国海外投资项目的数量和金额的综合指数 ·········· 23

表 1-5 历年中国海外投资交易项目的数量和金额指数汇总 ·········· 25

表 2-1-1 历年民营样本企业海外直接投资项目数量汇总及其
增长率 ····························· 28

表 2-1-2 历年民营样本企业海外直接投资项目金额汇总及其
增长率 ····························· 29

表 2-1-3 历年民营样本企业海外直接投资项目的数量和金额的
综合指数 ··························· 30

表 2-2-1　海外直接投资来源地项目的数量分布及指数汇总表 ⋯⋯⋯ 31

表 2-2-2　海外直接投资来源地项目的金额分布及指数汇总表 ⋯⋯⋯ 33

表 2-2-3　中国民营样本企业海外直接投资来源地数量——环渤海
地区 ⋯⋯⋯⋯⋯⋯⋯⋯⋯⋯⋯⋯⋯⋯⋯⋯⋯⋯⋯⋯⋯⋯⋯ 38

表 2-2-4　中国民营样本企业海外直接投资来源地数量——长三角
地区 ⋯⋯⋯⋯⋯⋯⋯⋯⋯⋯⋯⋯⋯⋯⋯⋯⋯⋯⋯⋯⋯⋯⋯ 40

表 2-2-5　中国民营样本企业海外直接投资来源地数量——珠三角
地区 ⋯⋯⋯⋯⋯⋯⋯⋯⋯⋯⋯⋯⋯⋯⋯⋯⋯⋯⋯⋯⋯⋯⋯ 42

表 2-2-6　中国民营样本企业海外直接投资来源地数量——中西部
地区 ⋯⋯⋯⋯⋯⋯⋯⋯⋯⋯⋯⋯⋯⋯⋯⋯⋯⋯⋯⋯⋯⋯⋯ 43

表 2-2-7　中国民营样本企业海外直接投资来源地金额——环渤海
地区 ⋯⋯⋯⋯⋯⋯⋯⋯⋯⋯⋯⋯⋯⋯⋯⋯⋯⋯⋯⋯⋯⋯⋯ 46

表 2-2-8　中国民营样本企业海外直接投资来源地金额——长三角
地区 ⋯⋯⋯⋯⋯⋯⋯⋯⋯⋯⋯⋯⋯⋯⋯⋯⋯⋯⋯⋯⋯⋯⋯ 48

表 2-2-9　中国民营样本企业海外直接投资来源地金额——珠三角
地区 ⋯⋯⋯⋯⋯⋯⋯⋯⋯⋯⋯⋯⋯⋯⋯⋯⋯⋯⋯⋯⋯⋯⋯ 49

表 2-2-10　中国民营样本企业海外直接投资来源地金额——中西部
地区 ⋯⋯⋯⋯⋯⋯⋯⋯⋯⋯⋯⋯⋯⋯⋯⋯⋯⋯⋯⋯⋯⋯⋯ 51

表 2-3-1　海外直接投资样本企业标的国（地区）项目的数量区域
指数汇总表 ⋯⋯⋯⋯⋯⋯⋯⋯⋯⋯⋯⋯⋯⋯⋯⋯⋯⋯⋯⋯ 55

表 2-3-2　海外直接投资标的国（地区）金额的区域指数汇总表 ⋯⋯ 57

表 2-3-3　中国民营样本企业海外直接投资标的国（地区）数量
指数——欧洲 ⋯⋯⋯⋯⋯⋯⋯⋯⋯⋯⋯⋯⋯⋯⋯⋯⋯⋯⋯ 64

表 2-3-4　中国民营样本企业海外直接投资标的国（地区）数量
指数——北美洲 ⋯⋯⋯⋯⋯⋯⋯⋯⋯⋯⋯⋯⋯⋯⋯⋯⋯⋯ 69

表 2-3-5　中国民营样本企业海外直接投资标的国（地区）数量
指数——中南美洲 ⋯⋯⋯⋯⋯⋯⋯⋯⋯⋯⋯⋯⋯⋯⋯⋯⋯ 70

表 2-3-6　中国民营样本企业海外直接投资标的国（地区）数量
指数——亚洲 ⋯⋯⋯⋯⋯⋯⋯⋯⋯⋯⋯⋯⋯⋯⋯⋯⋯⋯⋯ 73

表 2-3-7　中国民营样本企业海外直接投资标的国（地区）数量
　　　　　指数——大洋洲 ……………………………………… 78

表 2-3-8　中国民营样本企业海外直接投资标的国（地区）数量
　　　　　指数——非洲 …………………………………………… 79

表 2-3-9　中国民营样本企业海外直接投资标的国（地区）数量
　　　　　指数——其他地区 ……………………………………… 82

表 2-3-10　中国民营样本企业海外直接投资标的国（地区）金额
　　　　　　指数——欧洲 ………………………………………… 84

表 2-3-11　中国民营样本企业海外直接投资标的国（地区）金额
　　　　　　指数——北美洲 ……………………………………… 89

表 2-3-12　中国民营样本企业海外直接投资标的国（地区）金额
　　　　　　指数——中南美洲 …………………………………… 90

表 2-3-13　中国民营样本企业海外直接投资标的国（地区）金额
　　　　　　指数——亚洲 ………………………………………… 93

表 2-3-14　中国民营样本企业海外直接投资标的国（地区）金额
　　　　　　指数——大洋洲 ……………………………………… 98

表 2-3-15　中国民营样本企业海外直接投资标的国（地区）金额
　　　　　　指数 …………………………………………………… 99

表 2-3-16　中国民营样本企业海外直接投资标的国（地区）金额
　　　　　　指数——其他地区 …………………………………… 102

表 2-4-1　海外直接投资行业别项目的数量分布及指数汇总表 ……… 104

表 2-4-2　海外直接投资行业别项目的金额分布及指数汇总表 ……… 106

表 3-1-1　历年民营样本企业海外并购投资数量金额汇总及其
　　　　　增长率 …………………………………………………… 114

表 3-1-2　历年民营样本企业海外并购投资项目数量及金额指数 …… 115

表 3-2-1　历年并购投资来源地项目数量分区域的分布及指数
　　　　　汇总表 …………………………………………………… 117

表 3-2-2　历年并购投资来源地项目分区域的金额分布及指数
　　　　　汇总表 …………………………………………………… 119

表 3-2-3　中国民营样本企业并购投资来源地数量——环渤海
　　　　　地区 …………………………………………………… 124

表 3-2-4　中国民营样本企业并购投资来源地数量——长三角
　　　　　地区 …………………………………………………… 126

表 3-2-5　中国民营样本企业并购投资来源地数量——珠三角
　　　　　地区 …………………………………………………… 127

表 3-2-6　中国民营样本企业并购投资来源地数量——中西部
　　　　　地区 …………………………………………………… 129

表 3-2-7　中国民营样本企业并购投资来源地金额——环渤海
　　　　　地区 …………………………………………………… 132

表 3-2-8　中国民营样本企业并购投资来源地金额——长三角
　　　　　地区 …………………………………………………… 133

表 3-2-9　中国民营样本企业并购投资来源地金额——珠三角
　　　　　地区 …………………………………………………… 135

表 3-2-10　中国民营样本企业并购投资来源地金额——中西部
　　　　　 地区 ………………………………………………… 136

表 3-3-1　并购投资在各大洲的项目数量分布及指数汇总表 ………… 140

表 3-3-2　并购投资在各大洲的金额分布及指数汇总表 ……………… 142

表 3-3-3　中国民营样本企业并购投资标的国（地区）数量
　　　　　指数——欧洲 ………………………………………… 149

表 3-3-4　中国民营样本企业并购投资标的国（地区）数量
　　　　　指数——北美洲 ……………………………………… 152

表 3-3-5　中国民营样本企业并购投资标的国（地区）数量
　　　　　指数——中南美洲 …………………………………… 154

表 3-3-6　中国民营样本企业并购投资标的国（地区）数量
　　　　　指数——亚洲 ………………………………………… 155

表 3-3-7　中国民营样本企业并购投资标的国（地区）数量
　　　　　指数——大洋洲 ……………………………………… 158

表 3-3-8 　中国民营样本企业并购投资标的国（地区）数量
　　　　　指数——非洲 ……………………………………… 160

表 3-3-9 　中国民营样本企业并购投资标的国（地区）数量
　　　　　指数——其他地区 ……………………………… 161

表 3-3-10 　中国民营样本企业并购投资标的国（地区）金额
　　　　　指数——欧洲 ……………………………………… 163

表 3-3-11 　中国民营样本企业并购投资标的国（地区）金额
　　　　　指数——北美洲 …………………………………… 166

表 3-3-12 　中国民营样本企业并购投资标的国（地区）金额
　　　　　指数——中南美洲 ………………………………… 167

表 3-3-13 　中国民营样本企业并购投资标的国（地区）金额
　　　　　指数——亚洲 ……………………………………… 169

表 3-3-14 　中国民营样本企业并购投资标的国（地区）金额
　　　　　指数——大洋洲 …………………………………… 172

表 3-3-15 　中国民营样本企业并购投资标的国（地区）金额
　　　　　指数——非洲 ……………………………………… 173

表 3-3-16 　中国民营样本企业并购投资标的国（地区）金额
　　　　　指数——其他地区 ………………………………… 175

表 3-4-1 　并购投资行业别项目的数量分布及指数汇总表 ………… 177

表 3-4-2 　并购投资行业别项目的金额分布及指数汇总表 ………… 178

表 3-5-1 　2005—2016 年中国民营样本企业海外并购投资的融资
　　　　　渠道汇总 ………………………………………… 185

表 3-5-2 　2005—2016 年中国民营样本企业海外并购融资渠道的
　　　　　数量分布 ………………………………………… 187

表 3-5-3 　2005—2016 年中国民营样本企业海外并购融资渠道的
　　　　　金额分布 ………………………………………… 190

表 3-5-4 　2005—2016 年中国民营样本企业海外并购中单一融资
　　　　　渠道和多融资渠道的汇总 ……………………… 194

表 3-5-5　2005—2016 年中国民营样本企业海外并购投资中单一
　　　　　融资渠道的数量分布 ……………………………………… 195

表 3-5-6　2005—2016 年中国民营样本企业海外并购投资中单一
　　　　　融资渠道的金额分布 ……………………………………… 198

表 3-5-7　2005—2016 年中国民营样本企业海外并购投资中多融
　　　　　资渠道的数量分布 ………………………………………… 202

表 3-5-8　2005—2016 年中国民营样本企业海外并购投资中多融
　　　　　资渠道的金额分布 ………………………………………… 203

表 3-5-9　2005—2016 年中国民营样本企业海外并购投资的支
　　　　　付方式汇总 ………………………………………………… 205

表 3-5-10　2005—2016 年中国民营样本企业海外并购投资支付
　　　　　　方式的数量分布 ………………………………………… 206

表 3-5-11　2005—2016 年中国民营样本企业海外并购投资支付
　　　　　　方式的金额分布 ………………………………………… 208

表 3-5-12　2005—2016 年中国民营样本企业海外并购投资的融
　　　　　　资指数和支付指数 ……………………………………… 210

表 4-1-1　历年民营样本企业海外绿地投资数量金额汇总及其
　　　　　增长率 ……………………………………………………… 213

表 4-1-2　历年民营样本企业海外绿地投资项目数量指数及金额
　　　　　指数 ………………………………………………………… 214

表 4-2-1　绿地投资来源地项目的数量分布及指数汇总表 ………… 216

表 4-2-2　绿地投资来源地项目的金额分布及指数汇总表 ………… 218

表 4-2-3　中国民营样本企业绿地投资来源地数量——环渤海
　　　　　地区 ………………………………………………………… 223

表 4-2-4　中国民营样本企业绿地投资来源地数量——长三角
　　　　　地区 ………………………………………………………… 225

表 4-2-5　中国民营样本企业绿地投资来源地数量——珠三角
　　　　　地区 ………………………………………………………… 226

表4-2-6 中国民营样本企业绿地投资来源地数量——中西部
地区 …………………………………………………… 228

表4-2-7 中国民营样本企业绿地投资来源地金额——环渤海
地区 …………………………………………………… 231

表4-2-8 中国民营样本企业绿地投资来源地金额——长三角
地区 …………………………………………………… 232

表4-2-9 中国民营样本企业绿地投资来源地金额——珠三角
地区 …………………………………………………… 234

表4-2-10 中国民营样本企业绿地投资来源地金额——中西部
地区 …………………………………………………… 235

表4-3-1 绿地投资样本企业标的国（地区）项目数量的大洲别
指数汇总表 …………………………………………… 239

表4-3-2 绿地投资标的国（地区）项目金额的大洲别指数
汇总表 ………………………………………………… 241

表4-3-3 民营样本企业绿地投资标的国（地区）的项目数量
指数——欧洲 ………………………………………… 248

表4-3-4 民营样本企业绿地投资标的国（地区）的项目数量
指数——北美洲 ……………………………………… 253

表4-3-5 民营样本企业绿地投资标的国（地区）的项目数量
指数——中南美洲 …………………………………… 254

表4-3-6 民营样本企业绿地投资标的国（地区）的项目数量
指数——亚洲 ………………………………………… 256

表4-3-7 民营样本企业绿地投资标的国（地区）的项目数量
指数——大洋洲 ……………………………………… 260

表4-3-8 民营样本企业绿地投资标的国（地区）的项目数量
指数——非洲 ………………………………………… 262

表4-3-9 民营样本企业绿地投资标的国（地区）的项目金额
指数——欧洲 ………………………………………… 265

表 4-3-10　民营样本企业绿地投资标的国（地区）的项目金额
　　　　　　指数——北美洲 ……………………………………… 269

表 4-3-11　民营样本企业绿地投资标的国（地区）的项目金额
　　　　　　指数——中南美洲 ………………………………… 271

表 4-3-12　民营样本企业绿地投资标的国（地区）的项目金额
　　　　　　指数——亚洲 ……………………………………… 272

表 4-3-13　民营样本企业绿地投资标的国（地区）的项目金额
　　　　　　指数——大洋洲 …………………………………… 277

表 4-3-14　民营样本企业绿地投资标的国（地区）的项目金额
　　　　　　指数——非洲 ……………………………………… 279

表 4-4-1　绿地投资行业别项目的数量分布及指数汇总表 ………… 282

表 4-4-2　绿地投资行业别项目的金额分布及指数汇总表 ………… 284

附表 1-1　2016 年中国民营 500 强海外直接投资——投资来源地
　　　　　　TOP10（数量）……………………………………… 291

附表 1-2　2016 年中国民营 500 强海外直接投资——投资来源地
　　　　　　TOP10（金额）……………………………………… 291

附表 1-3　2016 年中国民营 500 强海外并购投资——投资来源地
　　　　　　TOP10（数量）……………………………………… 292

附表 1-4　2016 年中国民营 500 强海外并购投资——投资来源地
　　　　　　TOP10（金额）……………………………………… 292

附表 1-5　2016 年中国民营 500 强海外绿地投资——投资来源地
　　　　　　TOP10（数量）……………………………………… 293

附表 1-6　2016 年中国民营 500 强海外绿地投资——投资来源地
　　　　　　TOP10（金额）……………………………………… 293

附表 2-1　2016 年中国民营 500 强海外直接投资集中地 TOP10
　　　　　　（数量）……………………………………………… 294

附表 2-2　2016 年中国民营 500 强海外直接投资集中地 TOP10
　　　　　　（金额）……………………………………………… 294

附表 2-3 2016 年中国民营 500 强海外并购投资集中地 TOP10
（数量） ……………………………………………………………… 295

附表 2-4 2016 年中国民营 500 强海外并购投资集中地 TOP10
（金额） ……………………………………………………………… 295

附表 2-5 2016 年中国民营 500 强海外绿地投资集中地 TOP10
（数量） ……………………………………………………………… 295

附表 2-6 2016 年中国民营 500 强海外绿地投资集中地 TOP10
（金额） ……………………………………………………………… 296

附表 3-1 2016 年中国民营 500 强海外并购投资行业别 TOP10
（数量） ……………………………………………………………… 296

附表 3-2 2016 年中国民营 500 强海外并购投资行业别 TOP10
（金额） ……………………………………………………………… 297

附表 3-3 2016 年中国民营 500 强海外绿地投资行业别 TOP10
（数量） ……………………………………………………………… 297

附表 3-4 2016 年中国民营 500 强海外绿地投资行业别 TOP10
（金额） ……………………………………………………………… 298

附表 3-5 2016 年中国民营 500 强海外直接投资制造业别 TOP10
（数量） ……………………………………………………………… 298

附表 3-6 2016 年中国民营 500 强海外直接投资制造业别 TOP10
（金额） ……………………………………………………………… 299

附表 3-7 2016 年中国民营 500 强海外并购投资制造业别 TOP10
（数量） ……………………………………………………………… 300

附表 3-8 2016 年中国民营 500 强海外并购投资制造业别 TOP10
（金额） ……………………………………………………………… 300

附表 3-9 2016 年中国民营 500 强海外绿地投资制造业别 TOP10
（数量） ……………………………………………………………… 301

附表 3-10 2016 年中国民营 500 强海外绿地投资制造业别 TOP10
（金额） ……………………………………………………………… 301

附表 4-1   2005—2016 年中国民营 500 强海外并购投资的融资模式
          TOP5（数量）·· 302

附表 4-2   2005—2016 年中国民营 500 强海外并购投资的融资模式
          TOP5（金额）·· 302

附表 5-1   2005—2016 年中国民营 500 强在资金中转地开曼群岛、英
          属维京群岛、百慕大群岛和中国香港的投资项目数量
          （件）·· 303

附表 5-2   2005—2016 年中国民营 500 强在资金中转地开曼群岛、英
          属维京群岛、百慕大群岛和中国香港的投资项目金额
          （千欧元）·· 304

附表 6-1   2016 年中国民营 500 强海外直接投资案件 TOP30 ·········· 304

附表 6-2   2016 年中国民营 500 强海外并购投资案件 TOP30 ·········· 307

附表 6-3   2016 年中国民营 500 强海外绿地投资案件 TOP30 ·········· 310

附表 6-4   2015 年中国民营 500 强海外直接投资案件 TOP30 ·········· 312

附表 6-5   2015 年中国民营 500 强海外并购投资案件 TOP30 ·········· 314

附表 6-6   2015 年中国民营 500 强海外绿地投资案件 TOP30 ·········· 317

附表 6-7   2014 年中国民营 500 强海外直接投资案件 TOP30 ·········· 319

附表 6-8   2014 年中国民营 500 强海外并购投资案件 TOP30 ·········· 322

附表 6-9   2014 年中国民营 500 强海外绿地投资案件 TOP30 ·········· 324

附表 7-1   2005—2016 年中国民营 500 强参与海外并购和绿地
          投资的 358 家中国民营企业名录（剔除重复）·············· 326

附表 7-2   2005—2016 年中国民营 500 强参与海外并购投资的
          199 家中国民营企业名录 ······························· 340

附表 7-3   2005—2016 年中国民营 500 强参与海外绿地投资的
          207 家中国民营企业名录 ······························· 348

图索引

图 1-1　历年全国海外并购投资和绿地投资的企业数量 ················· 21

图 1-2　历年中国海外投资项目数量和金额的同比增长变化图 ············ 23

图 1-3　历年中国海外直接投资项目的数量和金额的综合指数 ··········· 24

图 1-4　历年中国海外投资项目数量金额同比增长率及数量金额
　　　　综合指数变化走势图 ··· 25

图 1-5　历年中国海外并购和绿地项目的数量指数与金额指数 ··········· 26

图 1-6　历年中国海外并购投资项目数量金额同比增长率及数量
　　　　金额指数变化走势图 ··· 26

图 1-7　历年中国海外绿地投资项目数量金额同比增长率及数量
　　　　金额指数变化走势图 ··· 26

图 2-1-1　历年民营企业海外投资项目数量和金额的增长变化图 ······ 29

图 2-1-2　历年民营样本企业海外投资项目的数量和金额的综合
　　　　　指数 ·· 30

图 2-1-3　历年民营样本企业海外直接投资项目的数量和金额同比
　　　　　增长率及综合指数 ··· 31

图 2-2-1　2005—2016 年海外直接投资来源地各地区项目数量和
　　　　　金额指数走势图 ·· 35

图 2-2-2　历年海外直接投资来源地项目数量和金额分布指数图 ······ 38

图 2-3-1　2005—2016 年海外直接投资标的国各地区项目数量和
　　　　　金额指数走势图 ·· 61

图 2-3-2　各年海外直接投资标的国（地区）项目数量和金额区
　　　　　域分布指数图 ·· 63

图 2-4-1　各年海外直接投资制造业行业别项目数量和金额堆积
柱状图 ·· 108

图 2-4-2　各年海外直接投资行业别项目数量和金额（含非制造业）
堆积柱状图 ·· 108

图 2-4-3　各年海外直接投资行业别项目数量和金额（含非制造业）
百分比堆积柱状图 ··· 109

图 2-4-4　各年海外直接投资行业别项目数量和金额指数走势图 ····· 110

图 2-4-5　各年海外直接投资行业别项目数量和金额分布指数图 ····· 113

图 3-1-1　历年民营样本企业海外并购投资项目数量和金额的增长
变化图 ··· 115

图 3-1-2　历年民营样本企业海外并购投资项目数量及金额指数 ····· 116

图 3-1-3　历年民营样本企业海外并购投资项目数量金额的同比增
长率及指数变化图 ··· 117

图 3-2-1　2005—2016 年并购投资来源地分区域项目数量和金额指
数走势图 ·· 121

图 3-2-2　各年并购投资来源地分区域项目数量和金额分布气泡图 ····· 124

图 3-3-1　2005—2016 年并购投资标的国（地区）分区域的项目数
量和金额指数走势图 ··· 144

图 3-3-1　2005—2016 年并购投资标的国（地区）分区域的项目数
量和金额指数走势图（续 1） ·· 145

图 3-3-1　2005—2016 年并购投资标的国（地区）分区域的项目数
量和金额指数走势图（续 2） ·· 146

图 3-3-2　并购标的区域别项目数量和金额分布指数图 ··············· 146

图 3-3-2　并购标的区域别项目数量和金额分布指数图（续 1） ······ 147

图 3-3-2　并购标的区域别项目数量和金额分布指数图（续 2） ······ 148

图 3-4-1　2005—2016 年并购行业（制造业）别项目数量和金额堆
积柱状图 ·· 180

图 3-4-2 2005—2016 年并购行业（含非制造业）别项目数量和金额堆积柱状图 ……………………………………… 180

图 3-4-3 2005—2016 年并购行业（含非制造业）别项目数量和金额百分比堆积柱状图 ……………………………… 180

图 3-4-4 海外并购行业别项目数量和金额指数走势图 ……… 181

图 3-4-4 海外并购行业别项目数量和金额指数走势图（续） ……… 182

图 3-4-5 各年并购行业别项目数量和金额分布指数图 …………… 182

图 3-4-5 各年并购行业别项目数量和金额分布指数图（续1） …… 183

图 3-4-5 各年并购行业别项目数量和金额分布指数图（续2） …… 184

图 3-5-1 2005—2016 年中国民营样本企业海外并购投资的融资渠道指数 ……………………………………………… 211

图 3-5-2 2005—2016 年中国民营样本企业海外并购投资的单一融资渠道和多融资渠道指数 ……………………… 211

图 3-5-3 2005—2016 年中国民营样本企业海外并购投资的支付指数 …………………………………………………… 212

图 4-1-1 历年民营样本企业绿地项目数量和金额的同比增长变化图 ……………………………………………… 214

图 4-1-2 历年民营样本企业海外并购投资项目数量指数及金额指数 ……………………………………………… 215

图 4-1-3 历年民营样本企业海外并购投资项目数量金额的同比增长率及指数变化图 ……………………………… 216

图 4-2-1 2005—2016 年绿地投资来源地各地区项目数量和金额指数走势图 ……………………………………… 219

图 4-2-1 2005—2016 年绿地投资来源地各地区项目数量和金额指数走势图（续） ……………………………… 220

图 4-2-2 各年绿地投资来源地项目数量和金额分布气泡图 ……… 220

图 4-2-2 各年绿地投资来源地项目数量和金额分布气泡图（续1） ……………………………………………… 221

图 4-2-2　各年绿地投资来源地项目数量和金额分布气泡图
（续 2）……………………………………………………… 222

图 4-2-2　各年绿地投资来源地项目数量和金额分布气泡图
（续 3）……………………………………………………… 223

图 4-3-1　2005—2016 年绿地投资标的国（地区）项目数量和项
目金额指数走势图 ………………………………………… 243

图 4-3-1　2005—2016 年绿地投资标的国（地区）项目数量和项
目金额指数走势图（续 1）……………………………… 244

图 4-3-1　2005—2016 年绿地投资标的国（地区）项目数量和项
目金额指数走势图（续 2）……………………………… 245

图 4-3-2　各年绿地投资标的国（地区）项目数量和金额分布
气泡图 ……………………………………………………… 245

图 4-3-2　各年绿地投资标的国（地区）项目数量和金额分布
气泡图（续 1）…………………………………………… 246

图 4-3-2　各年绿地投资标的国（地区）项目数量和金额分布
气泡图（续 2）…………………………………………… 247

图 4-4-1　绿地投资行业（制造业）别项目数量和金额堆积柱
状图 ………………………………………………………… 285

图 4-4-2　绿地投资行业（含非制造业）别项目数量和金额堆积
柱状图 ……………………………………………………… 285

图 4-4-3　绿地行业（含非制造业）别项目数量和金额百分比堆
积柱状图 …………………………………………………… 286

图 4-4-4　绿地行业别项目数量和金额指数走势图 ……………… 286

图 4-4-4　绿地行业别项目数量和金额指数走势图（续）……… 287

图 4-4-5　绿地投资行业别项目的数量和金额分布气泡图 ……… 287

图 4-4-5　绿地投资行业别项目的数量和金额分布气泡图（续 1）…… 288

图 4-4-5　绿地投资行业别项目的数量和金额分布气泡图（续 2）…… 289

图 4-4-5　绿地投资行业别项目的数量和金额分布气泡图（续 3）…… 290

序章　中国民营企业海外直接投资指数体系的构建及说明

第一节　中国民营企业海外直接投资指数的研究架构

不同于现有其他有关中国企业走出去的报告，首先本课题的研究主体是中国的民营企业。针对国内数据库数据缺少以及海外数据库无法区分国有和民营企业对外直接投资数据的困难，我们以中华全国工商业联合会（简称"全国工商联"）每年一度发布的中国民营企业 500 强作为筛选范围，从国际知名的 BvD-Zephyr 并购数据库和英国《金融时报》旗下的 fDi Markets 绿地投资数据库这两个有代表性的数据库中筛选出 2005—2016 年中国民营 500 强企业走出去的相关企业数据作为分析样本，同时根据海外直接投资的不同特点，从海外并购投资和绿地投资两个维度展开，构建了"中国民营企业海外直接投资指数" 5 级指标体系，测算并建立了各种"中国民营企业海外直接投资指数"的系列指数。

中国民营企业海外直接投资指数可以清晰、直观地反映 2005—2016 年的近 12 年来我国民营企业海外直接投资项目数量和项目金额的变化规律。通过对同级别指数的比较，能够有效、迅速地把握我国民营企业海外直接投资的特点；通过对不同级别指标体系的构建以及相应指数系列的测算可以更加全面、完整地反映我国民营企业海外直接投资现状。中国民营企业海外直接投资指数的推出不仅为国内政府部门、科研院所及各大高校等相关机构提供了一个可靠的参考数据，而且开辟了关于我国企业走出去新的研究领域。同时对国际上的有关研究机构也成为一个新的咨询来源。

一、若干概念解释及范畴界定

（一）关于民营企业的界定

民营企业是我国特有的概念。在资本主义国家中，除了部分铁路、邮政、烟草等行业属于国有之外，其他绝大多数均是私有企业。正是由于大部分企业都是民间经营的，因此国外很少提"民营企业"一词。

目前国内关于民营企业的界定并没有统一的观点。有的观点认为民营企业包括除国有独资、国有控股以外的其他类型的企业；有的观点认为民营企业是由民间私人投资、经营、享受投资收益、承担经营风险的法人经济实体；有的观点认为民营企业有广义和狭义之分，广义上，非国有独资企业（包括国有持股和控股企业）都是民营企业；狭义上，民营企业包括私营企业和以私营企业为主体的联营企业[①]。

鉴于理论界和社会上对民营企业（或民营经济）的概念缺乏统一的观点，目前国家有关部门也难以对民营企业的范畴作出明确界定。党的十五大和十六大报告中的提法是非公有制经济[②]。由我国商务部、国家统计局、国家外汇管理局联合发布的《2015 年度中国对外直接投资统计公报》中的提法是非国有企业。根据商务部的统计，非国有企业主要还是民营企业[③]。中华全国工商业联合会将民营企业划定为私营企业、非公有制经济成分控股的有限责任公司和股份有限公司，国有绝对控股企业和外资绝对控股企

---

① 胡志军著：《中国民营企业海外直接投资》，对外经济贸易大学出版社 2015 年版，第 7—10 页。

② 国家统计局办公室：《国家统计局对十届全国人大四次会议第 7074 号建议的答复》，2006 年 6 月 5 日，见 http://www.stats.gcv.cn/tjgz/tjdt/200610/t20061024_16897.html。

③ 沈丹阳：《商务部新闻发言人沈丹阳就 2012 年 2 月我国商务工作运行情况答记者问》，中华人民共和国商务部，2012 年 8 月 16 日，见 china.ec.com.cn/article/cnhongguan/201203/1186589_1.html 2012.8.16。

业（港澳台除外）不在此范围之内①。

本书对民营企业的定义以中华全国工商业联合会的划定范围为标准，即私营企业、非公有制经济成分控股的有限责任公司和股份有限公司。

（二）研究样本对象和数据筛选时间段的选择

1. 研究样本对象的选择

本课题研究以中华全国工商联每年一度发布的中国民营企业500强作为筛选范围，从 BvD-Zephyr 并购数据库和 fDi Markets 绿地投资数据库中筛选出中国民营500强企业走出去的相关企业数据作为分析样本，主要基于以下四点原因：

（1）代表性强。民营企业500强无论在规模上还是产业技术上，发展都较为成熟，可以称之为我国民营企业的领头羊，能够在一定程度上反映我国民营企业的现状；

（2）权威性高。本文选取的民营企业500强是中华全国工商业联合会（简称"全国工商联"）每年颁布的中国民营企业500强名单，来源可靠且具有一定的权威性；

（3）覆盖行业面广。民营企业500强可以覆盖我国的大部分行业，且分布于全国各地；

（4）较全面地反映我国企业走出去现状。民营企业500强虽然只是我国企业的一部分，但越来越可以全面反映我国企业跨国投资的现状。联合国贸发会议用跨国指数（Transnationality Index，简称 TNI）② 来衡量企业的国际化水平，入选2015年发展中和转型经济体 TNI 前100非金融类跨国公司的中国企业中，当年度民营企业500强中联想控股股份有限公司位居榜首。另外，中国与全球化智库（Center for China and Globalization，简称

---

① 中华全国工商业联合会：《全国工商联办公厅关于开展2015年度全国工商联上规模民营企业调研的通知》，中华全国工商业联合会办公厅，2016年1月27日，见 http://www. acfic. org. cn/web/c_ 0000000100030001000010003/d_ 43920. htm。

② 联合国贸发会议以海外资产占总资产比重、海外销售额占总销售额比重、海外员工占员工总数三个值的平均数来作为跨国指数（TNI）。

CCG）企业全球化研究课题组综合评选出了"2016 年中国企业全球化 50
强"，前六强中就有三家企业属于该年度的民营企业 500 强①②。

2. 数据筛选时间段的选择

本研究报告的研究时间范围，也即数据筛选时间段是 2005—2016 年的
近 12 年。

二、相关国内外分析研究的进展及有关海外直接投资的数据资料来源

（一）有关中国民营企业海外直接投资的国内外分析研究

目前研究国际直接投资的最具权威的报告和数据来源当属联合国贸易
和发展会议（United Nations Conference on Trade and Development，简称
UNCTAD）每年一度发布的《世界投资报告》③。

关于中国海外直接投资最具权威的数据来源是商务部、国家统计局和
国家外汇管理局联合发布的《年度中国对外直接投资统计公报》④。此外还
有商务部每年一度发布的《中国对外投资合作发展报告》⑤。其他一些研究
机构也有定期与不定期的研究报告出炉，其中较为知名的且有广泛影响力
的是中国社会科学院世界经济与政治研究所发布的年度、半年度以及季度
等相关报告。

---

①　中国与全球化智库（CCG）：《企业国际化蓝皮书 中国企业全球化报告（2016）》，
社会科学文献出版社 2016 年版，第 51 页。

②　CCG 公布的"2016 年中国企业全球化 50 强"榜单中全球化排序前六位的企业分别
是中国化工集团公司、中国中化集团公司、联想控股股份有限公司、华为技术有限公司、中
国远洋海运集团有限公司、大连万达集团股份有限公司，其中联想控股股份有限公司、华为
技术有限公司以及大连万达集团股份有限公司为该年度的民营企业 500 强。

③　United Nations Conference on Trade and Development（UNCTAD）：World Investment Re-
ports，见 http://unctad. org/en/pages/DIAE/World%20Investment%20Report/WIR-Series. aspx。

④　中华人民共和国商务部、中华人民共和国国家统计局、国家外汇管理局：《年度中国
对外直接投资统计公报》各版，见 http://hzs. mofcom. gov. cn/article/Nocategory/201512/
20151201223578. shtml。

⑤　中华人民共和国商务部：《中国对外投资合作发展报告》各版，见 http://
fec. mofcom. gov. cn/article/tzhzcj/tzhz/。

另外，近年来国际上一些知名机构也推出了有关中国资本跨境并购和海外绿地投资的研究报告。比如：关于并购投资的有著名数据商 BvD 公布的《M&A 全球并购报告（2016）》[①]、胡润百富与 Deal Globe 易界于今年共同发布的《2017 中国企业跨境并购特别报告》[②]、英国《金融时报》旗下数据服务机构 fDi Markets 公布的关于中国企业海外绿地投资的《THE fDi REPORT 2017》[③] 等等。

尽管如此，目前对中国资本走出去的研究，仍然无法满足社会各界的需求。特别是针对民营企业海外直接投资的研究，无论是政府相关单位还是国内外研究机构，基本上都停留在宏观层面，而且还没有一家机构定期地从多角度研究我国民营企业海外直接投资。

（二）本报告的资料来源

本报告首先选择采用中国海外并购投资有代表性的 BvD-Zephyr 数据库，以及研究海外绿地投资有代表性的英国《金融时报》旗下的 fDi Markets 数据库这两个数据库作为我们的原始数据源。然后利用全国工商联每年公布的民营企业 500 强名单作为筛选范围，筛选包括中国民营企业 500 强子公司、孙公司在内的所有公司的年度海外并购和绿地投资的交易案件及相关数据。

BvD-Zephyr 数据库（即全球并购交易数据库）含有全球企业并购的相关数据，不仅包括各国境内并购，而且收录了全球跨国并购的交易案件，其更新频率以小时计算[④]。

fDi Markets 数据库是《金融时报》所提供的专业服务，是目前市场上最全面的跨境绿地投资在线数据库[⑤]。

---

① Bureau van Dijk："M&A Review Global Full year 2016"，见 https://zephyr. bvdinfo. com/version-201776/home. serv?product=zephyrneo&loginfromcontext=ipaddress。

② 胡润百富、Deal Globe 易界：《2017 中国企业跨境并购特别报告》2017 年版，见 http://www. hurun. net/CN/Article/Details?num=661F96AFBDF5。

③ fDi Markets："THE fDi REPORT 2017"，见 http://www. fDiintelligence. com/。

④ BvD-Zephyr 概览，见 https://www. bvdinfo. com/en-gb/our-products/economic-and-m-a/m-a-data/zephyr。

⑤ fDi Markets 概览，见 https://www. fDimarkets. com/。

　　我们从 BvD-Zephyr 数据库和 fDi Markets 数据库中筛选投资方与标的方企业名称、案件交易时间、标的方所属行业及国别、投资方来源地、交易金额等信息。

　　另外，全国工商联自 1998 年开始对上规模民营企业进行调研，调研对象主要是年度营业总额（即企业的所有收入，包括主营业务和非主营业务、境内和境外的收入）在一定水平以上的私营企业、非公有制经济成分控股的有限责任公司和股份有限公司；而国有绝对控股企业和外资绝对控股企业（港澳台除外）不在调研范围内。调研表由相关单位向企业发放，也可由企业自行从全国工商联官网下载，是否参加该项调研完全由企业自愿决定，且不收取任何费用。全国工商联从 2003 年开始公布民营企业 500 强名单，截至目前，该名单已更新到 2016 年，名单排序主要是依据营业收入总额①。

　　（三）关于国内外并购数据相差较大的原因和本报告数据的权威可靠性

　　1. 关于国内外并购数据相差较大的原因

　　商务部公布的数据与海外数据库商和媒体公布的海外并购投资数据相差较大，比如 2015 年商务部公布中国企业共实施对外投资并购项目 579 件②，而 BvD-Zephyr 数据库统计的项目数为 995 件③。造成如此大的反差，主要在于以下四点原因：

　　（1）数据的涵盖范围不同。商务部公布的是已经完成交割的中国海外并购交易，而海外数据库商和媒体公布的数据不仅包括已完成交割的并购交易，还包括新宣布的但目前还处于磋商阶段的，以及交易双方基本达成交易意向但还需要通过国家政府部门审核的交易。可见，海外数据库商和

---

　　① 中华全国工商业联合会：《全国工商联办公厅关于开展 2015 年度全国工商联上规模民营企业调研的通知》，中华全国工商业联合会办公厅，2016 年 1 月 27 日，见 http://www.acfic.org.cn/web/c_ 000000010003C00100010003/d_ 43920. htm。

　　② 中国商务部、国家统计局、国家外汇管理局：《2015 年度中国对外直接投资统计公报》2016 年 9 月，第 8 页。

　　③ 此处按照 2015 年 1 月 1 日到 2015 年 12 月 31 日为交易日期（含传言日期、宣布日期、完成日期）的统计口径（即"日期"的统计口径）。

媒体公布的数据范围更广[①]。

（2）数据采集来源不同。海外数据库商和媒体的资料来源主要是媒体报道、公司披露等，比如 BvD-Zephyr 的并购数据绝大部分都是人工采集，采集渠道为各大交易所公告信息、网上信息、企业官网公告，甚至一些传闻信息等，资料来源较为零散，比较容易夸大交易金额，也容易遗漏交易[①]。

（3）数据统计原则不同。部分企业是通过注册在离岸金融中心的子公司来进行并购交易，如果该并购交易完全在海外市场融资完成，就不在我国国内监管机构的统计范围之内，但标的国（地区）仍然认为是来自中国的投资[①]。

（4）数据的统计方法不同。海外数据库商和媒体公布的数据存在重复统计的问题。比如第一季度新宣布尚未完成的并购交易，第二季度还会统计一次，如果第三季度依旧没有完成，那么第三季度又会重复统计一次[①]。

2. 本报告数据的权威可靠性

当了解了国内外并购数据相差较大的原因之后，我们就会明白无论是哪一方数据都各有千秋。总体来讲，国外的知名数据库即时迅速，而国内政府部门的统计数据虽然权威但信息量不足且较为滞后。

本报告选择采用的 BvD-Zephyr 和 fDi Markets 这两个数据库均为业界公认的权威可靠的数据库。

BvD-Zephyr 数据库（即全球并购交易数据库）与同类知名数据库比如汤森路透和彭博数据库相比，BvD-Zephyr 数据库涵盖的中国企业海外并购交易案件更加全面，覆盖范围更广，内容也更为详细，是目前研究中国企业海外并购的极为重要的数据库。

反映绿地投资的数据库并不多，fDi Markets 被公认为是目前世界上最全面的跨境绿地投资在线数据库。在由联合国贸易和发展会议（UNCTAD）

---

① 王碧珺、路诗佳：《中国海外并购激增，"中国买断全球"论盛行——2016 年第一季度中国对外直接投资报告》，《IIS 中国对外投资报告》，中国社科院世界经济与政治研究所国际投资研究室，2016 年第 1 期。

每年一度发布的《世界投资报告》中，关于绿地投资部分的数据也是来自 fDi Markets 数据库。

三、"中国民营企业海外直接投资指数" 的 5 级指标体系和指数构成

（一）指数指标的选择和指标体系的建立

本报告选取 2005—2016 年 12 年间的数据，从并购和绿地投资两个维度以及各自的投资方来源地别、投资标的国（地区）别、投资标的行业别，以及融资来源（只限并购）别展开分析，构建了"中国民营企业海外直接投资指数"指标体系（参照序表 1-1 和 1-2）。该体系的指标共分为五个级别：

第一级是海外直接投资；

第二级是并购投资和绿地投资；

第三级是投资方来源地、投资标的国（地区）、投资标的行业、融资模式（本报告只限并购）；

第四级共有 19 个指标，分别是：

（1）投资方来源地的 4 个地区：环渤海地区、长三角地区、珠三角地区、中西部地区。本研究课题对来源地别中 4 个地区的划分，除地理因素外，还考虑了开放和发展程度，所以将福建归于珠三角地区，将环渤海、长三角和珠三角之外的所有省、直辖市和自治区都归为中西部地区；

（2）投资标的国（地区）的 7 个区域：欧洲、北美、中南美洲、亚洲、大洋洲、非洲、其他（地区）。在本研究课题中，其他（地区）指开曼群岛、英属维京群岛和百慕大群岛 3 个资金中转地；

（3）投资标的行业别的 5 种分类：高技术、中高技术、中低技术、低技术和其他。本课题研究中，按照 OECD 对制造业的技术划分标准将制造业投资划分为高技术、中高技术、中低技术、低技术 4 种类型，除此之外的非制造业投资一律划归"其他"类型；

（4）融资模式别（只限并购）的2个融资类型和支付方式：其中，2个融资类型分别是单一渠道融资和多渠道融资。在本报告中，融资模式的研究只限于并购投资。

第五级共有180个指标，分别是具体到投资方来源地别、投资标的国（地区）别、投资行业别，以及融资来源（只限并购）项下的各省（直辖市）、各国（地区）、各行业以及各种融资渠道（参照序表1-2）。其中，投资标的国（地区）别与融资模式别项下的四级指标只列出了本报告所涉及的各国和各种融资渠道。

序表1-1　　"中国民营企业海外直接投资指数"指标体系

一级指标 （1个）	二级指标 （2个）	三级指标 （共计4个）	四级指标 （共计19个）	五级指标（共计180个）（具体指标详见序表1-2）
海外直接投资	并购投资	投资方来源地	环渤海地区	5
			长三角地区	3
			珠三角地区	3
			中西部地区	20
		投资标的国（地区）	欧洲	29
			北美	2
			中南美洲	12
			亚洲	31
			大洋洲	1
			非洲	14
			其他（地区）	3
		投资标的行业	高技术	4
			中高技术	5
			中低技术	5
			低技术	7
			其他	1

续表

一级指标 （1 个）	二级指标 （2 个）	三级指标 （共计 4 个）	四级指标 （共计 19 个）	五级指标（共计 180 个）（具体指标 详见序表 1-2）
海外直接投资	并购投资	融资模式	单一渠道融资	18
			多渠道融资	8
			支付方式	9
	绿地投资	投资方来源地	环渤海地区	5
			长三角地区	3
			珠三角地区	3
			中西部地区	20
		投资标的国 （地区）	欧洲	29
			北美	2
			中南美洲	12
			亚洲	31
			大洋洲	1
			非洲	14
			其他（地区）	3
		投资标的行业	高技术	4
			中高技术	5
			中低技术	5
			低技术	7
			其他	1
		融资模式	单一渠道融资	—
			多渠道融资	—
			支付方式	—

序表 1-2　"中国民营企业海外直接投资指数"指标体系中

第三至第五级指标的具体内容

三级指标	四级指标	五级指标
投资方来源地	环渤海地区	北京、天津、河北、辽宁、山东
	长三角地区	上海、江苏、浙江
	珠三角地区	广东、福建、海南
	中西部地区	湖北、湖南、重庆市、四川、宁夏、河南、江西、内蒙古、云南、安徽、山西、黑龙江、吉林、甘肃、青海、陕西、贵州、广西、西藏、新疆
标的国（地区）	欧洲	英国、德国、法国、西班牙、比利时、奥地利、白俄罗斯、丹麦、俄罗斯、荷兰、捷克共和国、立陶宛、罗马尼亚、挪威、葡萄牙、瑞典、瑞士、斯洛伐克、意大利、波兰、芬兰、克罗地亚、马耳他、塞尔维亚、乌克兰、匈牙利、希腊、爱尔兰、保加利亚
	北美	美国、加拿大
	中南美洲	墨西哥、玻利维亚、哥伦比亚、巴西、委内瑞拉、秘鲁、阿根廷、乌拉圭、巴拿马、智利、圭亚那、巴巴多斯
	亚洲	日本、蒙古、新加坡、韩国、中国台湾、中国香港、马来西亚、泰国、越南、老挝、文莱、菲律宾、柬埔寨、印度尼西亚、印度、巴基斯坦、孟加拉国、斯里兰卡、尼泊尔、哈萨克斯坦、乌兹别克斯坦、沙特阿拉伯、约旦、科威特、巴林、阿拉伯联合酋长国、阿塞拜疆、土耳其、伊拉克、伊朗、以色列
	大洋洲	澳大利亚
	非洲	坦桑尼亚、加纳、加蓬、津巴布韦、南非、埃及、埃塞俄比亚、阿尔及利亚、多哥、科特迪瓦、摩洛哥、尼日利亚、塞内加尔、赞比亚
	其他	开曼群岛、维京群岛（英属）、百慕大群岛
标的行业	高技术	医药制造业；办公、会计和计算机设备；广播、电视和通信设备；医疗器械、精密仪器及光学仪器、钟表

续表

三级指标	四级指标	五级指标
标的行业	中高技术	化学品及化学制品（不含制药）； 其他机械设备； 电气机械和设备； 汽车和挂车及半挂车； 铁道机车和轨道交通机车及其他拖拽车辆和未另分类的其他运输设备（铁路机车及其他交通设备）
	中低技术	焦炭、精炼石油产品及核燃料； 橡胶和塑料制品； 其他非金属矿物制品； 基本金属和金属制品（机械设备除外）； 船舶剖造和修理
	低技术	食品、饮料及烟草； 纺织、纺织品、服装制造（毛皮休整与染色，皮革的鞣制及修整皮箱、手提包、马具、挽具及鞋靴）； 木材、木材制品、软木制品（家具除外）； 草编物品及编织材料物品； 木材、纸浆、纸张、纸制品、印刷和出版； 家具； 其他制造业和再生产品
	其他	农业、狩猎和林业、采矿业、服务业等其他非制造业
融资模式（仅限并购投资）	单一渠道融资	增资、增资—可转债、增资—卖方配售、注资、发行可转债、可转债证明、企业风险投资、众筹、杠杆收购、夹层融资、新银行信贷便利、通道融资、配售、私募股权、私人配售、公募、新股发行、风险资本
	多渠道融资	增资+注资、企业风险投资+私募股权、新银行信贷便利+杠杆收购、新银行信贷便利+私募股权、私人配售+可转债证明、私人配售+新股发行、风险资本+企业风险投资、新银行信贷便利+杠杆收购+私募股权
	支付方式	现金、现金承担、可转债、债务承担、延期支付、支付计划、银行授信、股份、其他

（二）"中国民营企业海外直接投资指数"的指数构成

本报告以全国工商联每年一度发布的中国民营企业 500 强作为筛选范围，从 BvD–Zephyr 并购数据库和 fDi Markets 绿地投资数据库中分别筛选出 2005—2016 年中国民营 500 强企业走出去的相关数据作为分析样本，以 2011—2015 年的算术平均数为基期数值，按照上述构建的"中国民营企业海外直接投资指数"5 级指标体系的划分标准对包括中国民营企业海外直接投资综合指数在内的相关各种系列指数进行测算。本报告"中国民营企业海外直接投资指数"主要包括六大类，具体内容如下。

1. 根据一级指标的划分标准测算了中国民营样本企业海外直接投资综合指数；

2. 根据二级指标的划分标准测算了中国民营样本企业海外并购投资指数和绿地投资指数；

3. 根据三级指标的划分标准分别测算了中国民营样本企业海外并购投资和绿地投资两个维度上的来源地别指数、标的国（地区）别指数、标的行业别指数以及融资模式别指数；

4. 根据四级指标的划分标准进一步测算了中国民营样本企业海外并购和绿地投资中投资方来源地的 4 个地区、投资标的国（地区）的 7 个区域、投资标的行业别的 5 种分类以及融资模式别（只限并购）的 2 个融资类型和支付方式的指数。

5. 根据五级指标的划分标准测算了投资方来源地细化到省市、投资标的国细化到国别（地区）、投资标的行业细化到各具体行业以及融资模式细化到各具体融资渠道和支付方式上的指数。

6. 此外，为便于比较民营企业在中国对外直接投资中的地位和作用，本报告首先在第一章中还另行测算了中国企业海外直接投资综合指数、中国企业海外并购投资指数和中国企业海外绿地投资指数 3 个指数。

另外，本报告中所有指数都包括项目数量指数和项目金额指数的 2 个指数。

（三）指数基期的设定

本研究课题所有的指数均以 2011 年到 2015 年项目数量或金额的算术平均数为基期值计算得出。之所以选取 2011 年到 2015 年的算术平均数为基期值，一是因为这五年期间中国民营资本海外走出去又进入了一个由低谷到高峰的快速增长时期，2011 年可以称为是中国民营企业走出去的"元年"；二是在计算指数时可以确保避免我国企业海外直接投资初期时期的绝大部分基期值为 0，而且使指数走势更加平滑。

第二节　关于本报告的统计原则和若干说明

本研究课题采用全国工商联每年一度发布的中国民营企业 500 强作为筛选范围，分别从 BvD-Zephyr 并购数据库和 fDi Markets 绿地投资数据库这两个有代表性的数据库中筛选出中国民营 500 强企业海外直接投资的相关企业数据作为分析研究样本数据。由于所有民营企业海外直接投资数据都对从数据库直接检索返回的数据进行了进一步的筛选和整理，为了准确、全面地进行统计，我们制定了筛选数据源的"统计原则"。

一、统计原则

（一）关于年份的界定

本书所有年度均按照我国日历年度时间为基准，每个年度期限都表示该年度 1 月 1 日到 12 月 31 日。

（二）关于货币转换与计价原则

本书所有绿地案件金额主要以百万美元作为货币单位（部分图表因统计需求将百万美元转换成了亿美元），并购案件金额主要有两种货币单位，分别是千欧元和百万美元（部分图表因统计需求将百万美元转换成了亿美元），且以千欧元和百万美元计价的交易金额全部由 BvD-Zephyr 数据库导出，本文不涉及重新设定利率变化和汇率转换的问题。

（三）关于来源地别的数据筛选原则

投资方为民营企业 500 强旗下的子公司、孙公司时，来源地以实际投资方来源地为准。

（四）关于标的行业别的数据筛选原则

BvD-Zephyr 数据库和 fDi Markets 数据库都可以导出标的方行业名称，

如下序表 2-1 所示，但这两个数据库所列行业杂乱无章，无法总结出规律性特征。本研究课题对所有交易案件都依据数据库中的行业描述指标按照 ISIC Rev. 3 对制造业的划分标准重新进行了行业划分，将所有非制造业类划为"其他"类别。并进一步根据 OECD 制造业技术划分标准（参照序表 2-2），将重新划分的行业归为高技术、中高技术、中低技术、低技术和其他五部分。

序表 2-1　按照 BvD-Zephyr 数据库和 fDi Markets 数据库原始行业分类标准划分的中国民营 500 强企业海外直接投资的行业分类

BvD-Zephyr 所列并购投资的行业分类	fDi Markets 所列绿地投资的行业分类
化工产品、橡胶、塑料、非金属产品	替代/可再生能源
金属及金属制品	汽车零部件
机械、设备、家具、回收	汽车 OEM
纺织品、服装、皮革	建筑及建筑材料
保险	商业机器及设备
酒店和餐馆	商业服务
食品、饮料、烟草	陶瓷和玻璃
其他服务	化学制品
运输	煤、石油和天然气
批发零售业	通信
初级部门（农业、矿业等）	消费电子产品
建筑业	消费产品
木材、软木、纸类	电子元件
银行	发动机和涡轮机
出版、印刷	金融服务
教育、卫生	食品和烟草
煤气、水、电	酒店与旅游
	工业机械、设备及工具
	工业部门
	金属
	非汽车运输 OEM
	纸张，印刷包装
	制药业
	塑料
	房地产
	半导体
	软件与 IT 服务
	运输业
	纺织品
	木制品

序表 2-2　OECD 制造业技术划分标准

高技术	中高技术	中低技术	低技术
医药制造	化学品及化学制品（不含制药）	焦炭、精炼石油产品及核燃料	食品、饮料和烟草
办公、会计和计算机设备	其他机械设备	橡胶和塑料制品	纺织、纺织品、服装制造（毛皮休整与染色，皮革的鞣制及修整；皮箱、手提包、马具、挽具及鞋靴）
广播、电视和通信设备	电气机械和设备	其他非金属矿物制品	木材、木材制品及软木制品（家具除外）
医疗器械、精密仪器和光学仪器、钟表	汽车、挂车和半挂车	基本金属和金属制品（机械设备除外）	草编物品及编织材料物品
	铁道机车、轨道交通机车及其他拖曳车辆和未另分类的其他运输设备（铁路机车及其他交通设备）	船舶制造和修理	木材、纸浆、纸张、纸制品、印刷和出版
			家具
			其他制造业和再生产品

资料来源：根据《OECD 科学、技术、行业 2009 报告》绘制。

（五）关于统计口径设定原则

BvD-Zephyr 数据库可自由筛选出某年度内交易被公布、完成、传言①的任意组合下的所有交易项目，交易日期分别与宣布日期、传言日期、完成日期相对应。不同方式筛选出的交易案件不同。如下序表 2-3 列出了四种统计口径，第四种为前三种的并集②。

本报告中对并购数据的统计使用两种口径：一种是按照"日期"（即

---

① 传言是指未被证实的消息。
② 并集是指，宣布日期、传言日期或完成日期三者中只要有一个是在 Y 年，该交易即会被计入 Y 年的并购交易项目之中。

序表 2-3 中第四种统计口径）来统计；另一种是按照"宣布日期"来统计。所有涉及全国数量与金额部分的都按照宣布日期来统计，为保证统计口径的一致性，与全国数据同表格的民营企业部分都相应转换为按宣布日期统计的数量和金额。其他情况按照"日期"（即序表 2-3 中第四种统计口径）统计（参照序表 2-4 和序表 2-5）。

序表 2-3　BvD-Zephyr 不同统计口径下筛选出的全国并购案件数量

宣布日期	全国并购案件数量（件）	传言日期	全国并购案件数量（件）	完成日期	全国并购案件数量（件）	日期	全国并购案件数量（件）
2005	135	2005	171	2005	72	2005	232
2006	177	2006	198	2006	86	2006	277
2007	205	2007	246	2007	126	2007	330
2008	285	2008	331	2008	213	2008	425
2009	292	2009	377	2009	180	2009	474
2010	286	2010	355	2010	176	2010	442
2011	328	2011	390	2011	176	2011	524
2012	286	2012	375	2012	160	2012	511
2013	284	2013	371	2013	172	2013	534
2014	419	2014	543	2014	263	2014	723
2015	688	2015	852	2015	341	2015	995
2016	917	2016	1089	2016	441	2016	1309
合计	4302	合计	5298	合计	2406	合计	6776

序表 2-4　2005—2016 年并购案件数量

宣布日期	民营 500 强并购案件数量（件）	全国并购案件数量（件）
2005	3	135
2006	3	177
2007	6	205
2008	7	285
2009	6	292
2010	9	286

宣布日期	民营 500 强并购案件数量（件）	全国并购案件数量（件）
2011	22	328
2012	15	286
2013	13	284
2014	14	419
2015	36	688
2016	66	917
合计	200	4302

序表 2-5　2005—2016 年中国民营企业 500 强海外并购交易

日期	并购案件数量（件）	并购金额（千欧元）	有交易金额数据的数量（件）
2005	3	51534	3
2006	4	45167	3
2007	10	88503	3
2008	11	582131	6
2009	13	430273	6
2010	16	1794290	10
2011	38	4932653	25
2012	24	4576672	19
2013	28	1511218	22
2014	32	16913320	18
2015	55	20553892	43
2016	92	21357317	74
合计	326	72836969	232

二、其他若干补充说明

（一）在本年度报告中，各章节均以全国工商联每年一度发布的中国民营企业 500 强作为筛选范围，从 BvD-Zephyr 并购数据库和 fDi Markets 绿地投资数据库中分别筛选出 2005—2016 年中国民营 500 强企业走出去的相关企业数据作为分析样本。

（二）本报告文中以及所有图表中所述民营样本企业均指全国工商联每年一度发布的中国民营企业 500 强。

（三）本报告文中以及图表中按标的国别划分的"其他（地区）"特指开曼群岛、英属维京群岛和百慕大群岛三地。

（四）BvD-Zephyr 数据库和 fDi Markets 数据库无法筛选出民营企业，因此本文对从数据库直接检索返回的数据进行了进一步的筛选和整理，所有民营企业海外直接投资数据都是由经过整理后的数据统计的，而非直接输入检索条件返回的数据结果。在数据整理过程中，由于民营企业 500 强的子公司、孙公司等较多，部分极难查询的民营企业 500 强的子公司、孙公司发生的交易案件可能会被遗漏。

（五）由于资料来源较为零散，BvD-Zephyr 数据库对并购交易的统计以及 fDi Markets 数据库对绿地交易的统计可能存在遗漏。

（六）全国工商联每年在对上规模民营企业调查时，由企业自愿选择是否参加，因此民营企业 500 强名单并非基于全国所有民营企业，若干大型民营企业由于未参与此项调查或其他原因等未被纳入名单之中，但该名单依旧是目前为止最具权威和参考价值的榜单。

（七）本研究课题组在统计过程中已将整理出的数据收录于 2017 年刚刚成立的南开大学"全球经济研究中心"数据库（简称 NK-GERC）中，今后，课题组还会通过实地考察、发放调查问卷等方式不断对该数据库进行补充和完善。

第一章　中国企业的海外直接投资

在展开分析中国民营企业的情况之前，本章首先总括分析中国企业对外直接投资状况，包括了国有企业和民营企业。

为便于对比分析民营企业在中国对外直接投资中的地位和作用，本报告首先在第一章中测算了中国企业海外直接投资综合指数、中国企业海外并购投资指数和中国企业海外绿地投资指数 3 个指数。

第一节　中国企业海外直接投资综合指数

本节将中国海外直接投资的并购和绿地投资加总测算。

一、中国走出去企业数及在海外投资的项目数量和金额

1. 从 2014 年开始，中国赴海外直接投资增长迅猛，2016 年中国有 977 家企业进行了对外直接投资。

如表 1-1 和图 1-1 所示，中国 2016 年有 977 家企业走出了国门，以不同的形式在海外进行了直接投资，相较 12 年前的 2005 年，增长了近 5.8 倍。如果按照并购和绿地来划分，这近千家企业中有 608 家采用了并购方式，369 家进行了绿地投资，相较 2005 年分别增长了 6.4 倍和 4.9 倍。

表 1-1　历年中国在海外并购投资和绿地投资的企业数量

（单位：家）

	2005	2006	2007	2008	2009	2010	2011	2012	2013	2014	2015	2016
并购	95	116	132	183	246	199	232	204	193	263	432	608
绿地	75	85	149	179	223	225	237	215	218	224	314	369
合计	170	201	281	362	469	424	469	419	411	487	746	977

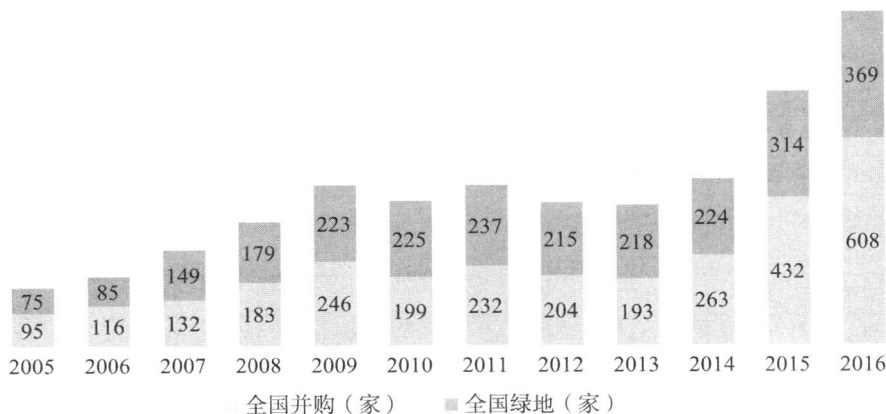

图 1-1　历年全国海外并购投资和绿地投资的企业数量

2. 从 2014 年开始，无论是海外并购还是绿地投资，都有一个跳跃式增长。到 2016 年中国企业在海外投资项目数量达到创纪录的 1549 件。

2016 年中国公司共计在海外投资了 1549 件项目，相较 12 年前的 2005 年，增长了 5.4 倍。特别是并购交易项目，如果按照并购和绿地来划分，其中 1179 家采用了并购方式，369 家进行了绿地投资，相较 2005 年分别增长了 5.6 倍和 4.9 倍。

中国在海外的投资曾经在 2007 年次贷危机前空前繁荣，随后一路下滑，2012—2013 年跌落到低谷。随后的 2014—2016 年三年间，无论是海外并购还是绿地投资，都有迅速增长，特别是 2015 年海外并购交易项目的增幅达到了创历史纪录的 160%。

表 1-2　历年中国海外投资项目数量和同比增长变化率

（单位：件、%）

	并购	同比增长（%）	绿地	同比增长（%）	合计	同比增长（%）
2005	135		126		261	
2006	177	31.1	123	-2.4	300	14.9
2007	205	15.8	220	78.9	425	41.7
2008	285	39.0	276	25.5	561	32.0
2009	292	2.5	340	23.2	632	12.7
2010	286	-2.1	354	4.1	640	1.3
2011	328	14.7	430	21.5	758	18.4
2012	286	-12.8	353	-17.9	639	-15.7
2013	284	-0.7	322	-8.8	606	-5.2
2014	419	47.5	378	17.4	797	31.5
2015	688	64.2	483	27.8	1171	46.9
2016	917	33.3	632	30.8	1549	32.3
合计	4302		4037		8339	

表 1-3　历年中国海外投资项目金额和同比增长变化率

（单位：亿美元、%）

	全国并购	同比增长（%）	全国绿地	同比增长（%）	合计	同比增长
2005	35		84		118	
2006	234	568.6	158	88.1	392	232.2
2007	383	63.7	312	97.5	695	77.3
2008	200	-47.8	476	52.6	675	-2.9
2009	441	120.5	262	-45.0	703	4.1
2010	528	19.7	198	-24.4	726	3.3
2011	387	-26.7	389	96.5	776	6.9
2012	310	-19.9	115	-70.4	425	-45.2
2013	442	42.6	132	14.8	574	35.1
2014	597	35.1	539	308.3	1136	97.9
2015	828	38.7	531	-1.5	1359	19.6
2016	1428	72.5	1103	107.7	2532	86.3
合计	5813		4297		10110	

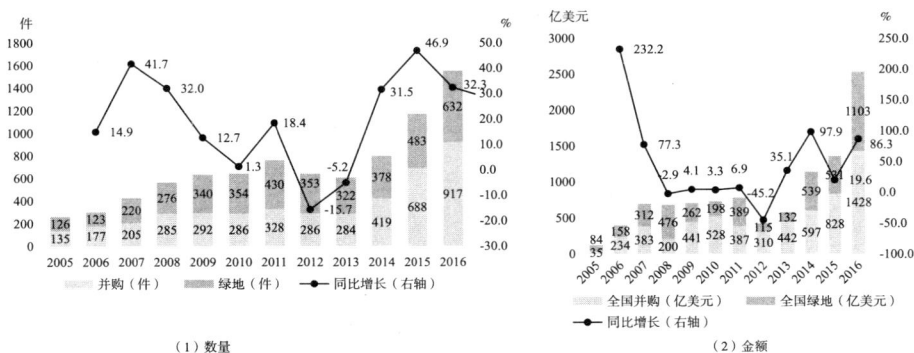

（1）数量

（2）金额

图1-2 历年中国海外投资项目数量和金额的同比增长变化图

二、中国海外直接投资项目数量和项目金额的综合指数

尽管中国海外投资项目数量和金额的综合指数在各个年度的变化有波动，有的年份甚至波动很大。但是从观察图1-3和1-4的指数曲线变化我们会发现，综合指数曲线与同比增长变化率曲线的走势基本一致。两者不同的是，综合指数曲线较之同比增长率曲线更为平滑，更能反映出中国企业海外投资的长期走势和变化规律。虽然在2009年至2013年间由于次贷危机引发的全球金融危机和国际环境变化一度使海外投资出现了低谷，但是在2014年之后由于我国经济走势平稳，在政府"一带一路"倡议以及技术创新、产能合作等国家战略支持下，中国企业海外直接投资重新走向了高潮。综合指数曲线明显地反映了这一投资长期向上的趋势。

表1-4 历年中国海外投资项目的数量和金额的综合指数

年份	数量综合指数	金额综合指数
2005	32.86	13.86
2006	37.77	45.88
2007	53.51	81.33
2008	70.64	79.06

年份	数量综合指数	金额综合指数
2009	79.58	82.26
2010	80.58	84.95
2011	95.44	90.91
2012	80.46	49.81
2013	76.30	67.19
2014	100.35	133.01
2015	147.44	159.09
2016	195.04	296.41
2011—2015 均值	100.00	100.00

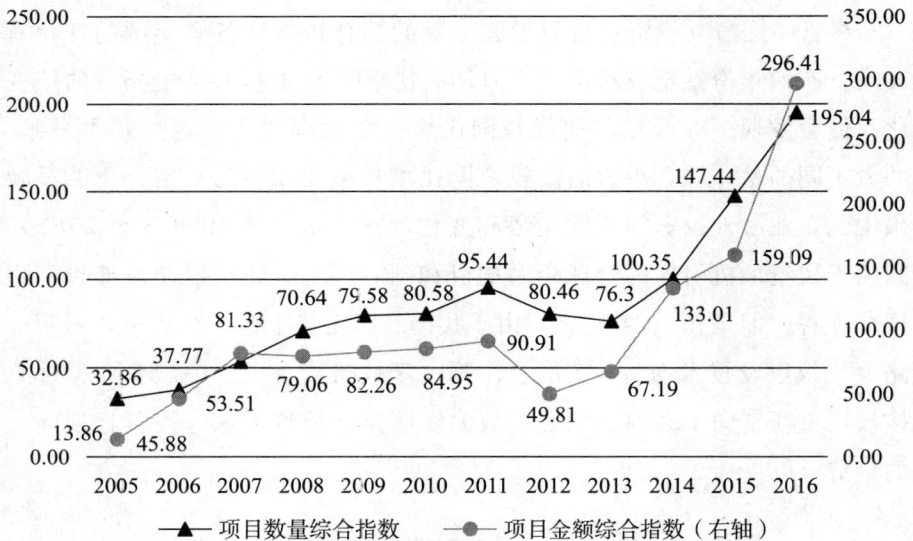

图 1-3　历年中国海外直接投资项目的数量和金额的综合指数

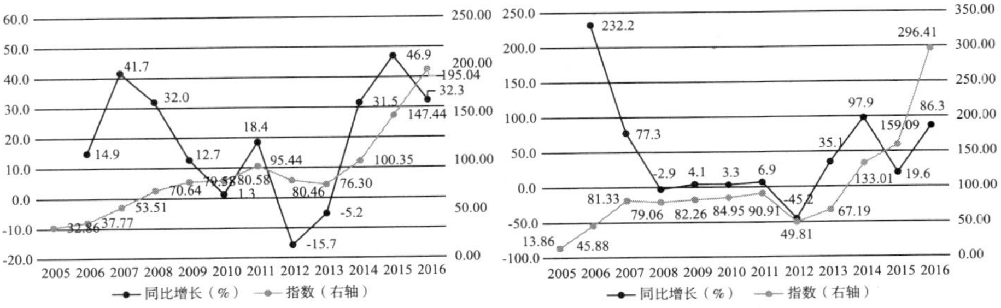

图1-4　历年中国海外投资项目数量金额同比增长率及数量金额综合指数变化走势图

第二节　中国企业海外并购和绿地投资指数

本节就中国海外直接投资分别从并购和绿地投资两个方面进行分析。

表1-5　历年中国海外投资交易项目的数量和金额指数汇总

年份	数量指数			金额指数		
	全国数量指数	并购数量指数	绿地数量指数	全国金额指数	并购金额指数	绿地金额指数
2005	32.86	32.86	32.04	13.86	6.79	24.49
2006	37.77	37.77	31.28	45.88	45.56	46.36
2007	53.51	53.51	55.95	81.33	74.64	91.40
2008	70.64	71.07	70.19	79.06	38.90	139.47
2009	79.58	72.82	86.47	82.26	85.95	76.71
2010	80.58	71.32	90.03	84.95	102.83	58.06
2011	95.44	81.80	109.36	90.91	75.51	114.07
2012	80.46	71.32	89.78	49.81	60.51	33.71
2013	76.30	70.82	81.89	67.19	86.19	38.60
2014	100.35	104.49	96.13	133.01	116.40	157.99
2015	147.44	171.57	122.84	159.09	161.38	155.64
2016	195.04	228.68	160.73	296.41	278.36	323.56
2011—2015 均值	100.00	100.00	100.00	100.00	100.00	100.00

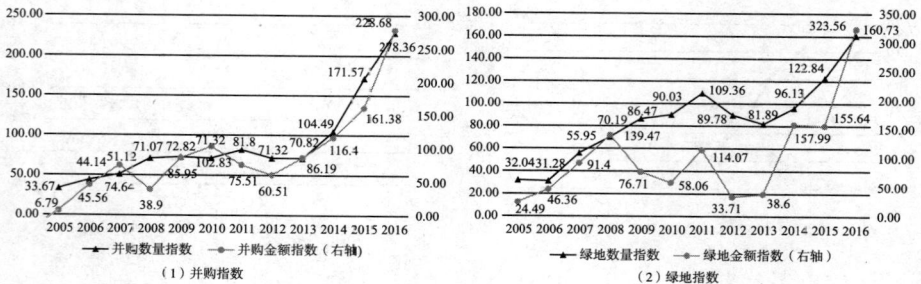

（1）并购指数

（2）绿地指数

图 1-5　历年中国海外并购和绿地项目的数量指数与金额指数

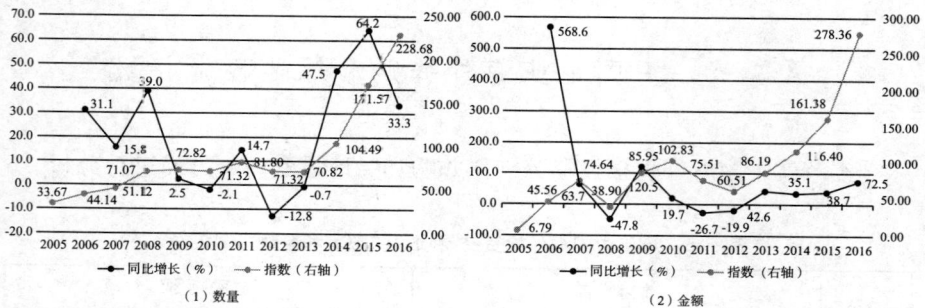

（1）数量

（2）金额

图 1-6　历年中国海外并购投资项目数量金额同比增长率及数量金额指数变化走势图

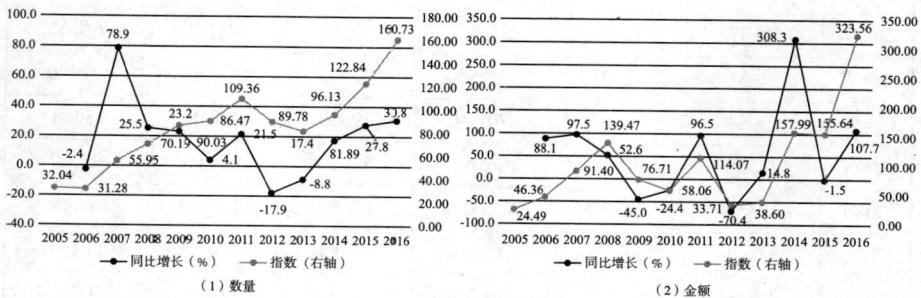

（1）数量

（2）金额

图 1-7　历年中国海外绿地投资项目数量金额同比增长率及数量金额指数变化走势图

　　从本节的图和表可以得知，无论是中国企业海外并购投资还是绿地投资，都和其他总量一样，显示出波动式增长趋势。一般都在 2012 年和 2013 年出现了负增长，而 2014 年之后出现了快速增长。从 2013 年到 2016 年，投资项目数量全国合计增长了 155.6%，其中并购为 222.9%，绿地投资为 96.2%；投资项目金额全国增长了 341.1%，其中并购为 222.9%，绿地投资为 738.2%。二者相比，除并购持平外，绿地投资金额增长皆大于项目数量增长。

第二章 中国民营企业海外直接投资指数：综合篇

本章从总体上综合分析中国民营企业对外直接投资，对投资来源地、投资标的国（地区）以及投资标的行业分布3个领域所筛选的样本数据进行测算。

第一节 民营企业海外直接投资综合指数

本节在计算民营样本企业对外并购和绿地投资增长状况的基础上测算其综合指数。

表 2-1-1 历年民营样本企业海外直接投资项目数量汇总及其增长率

（单位：件、%）

年份	并购	绿地	合计	同比增长（%）
2005	3	4	7	—
2006	4	4	8	14.3
2007	10	15	25	212.5
2008	11	32	43	72.0
2009	13	24	37	−14.0
2010	16	19	35	−5.4
2011	38	60	98	180.0
2012	24	44	68	−30.6
2013	28	45	73	7.4

续表

年份	并购	绿地	合计	同比增长（%）
2014	32	56	88	20.5
2015	55	65	120	36.4
2016	92	119	211	75.8
合计	326	487	813	—

表2-1-2　历年民营样本企业海外直接投资项目金额汇总及其增长率

（单位：百万美元、%）

年份	并购	绿地	合计	同比增长（%）
2005	68.28	55.50	123.78	—
2006	59.70	180.00	239.70	93.7
2007	129.07	2101.09	2230.16	830.4
2008	841.85	2298.25	3140.10	40.8
2009	615.63	1318.87	1934.50	−38.4
2010	2358.87	1443.20	3802.07	96.5
2011	6609.06	7559.36	14168.42	272.7
2012	5908.26	2880.60	8788.86	−38.0
2013	1893.38	2039.97	3933.35	−55.2
2014	21817.18	18025.89	39843.07	913.0
2015	22348.90	8194.84	30543.74	−23.3
2016	23242.28	42606.69	65848.97	115.6
合计	85892.46	88704.26	174596.72	—

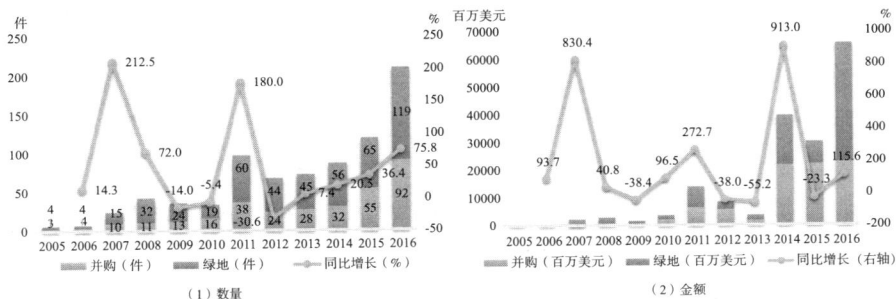

图2-1-1　历年民营企业海外投资项目数量和金额的增长变化图

表 2-1-3　历年民营样本企业海外直接投资项目的数量和金额的综合指数

年份	数量综合指数	金额综合指数
2005	7. 83	0. 64
2006	8. 95	1. 23
2007	27. 96	11. 46
2008	48. 10	16. 14
2009	41. 39	9. 94
2010	39. 15	19. 54
2011	109. 62	72. 82
2012	76. 06	45. 17
2013	81. 66	20. 22
2014	98. 43	204. 79
2015	134. 23	156. 99
2016	236. 02	338. 46
2011—2015 均值	100. 00	100. 00

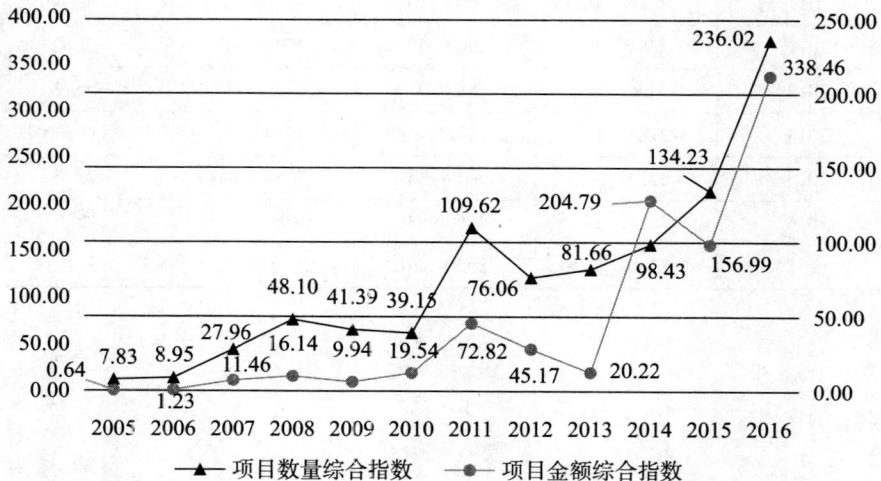

图 2-1-2　历年民营样本企业海外投资项目的数量和金额的综合指数

（1）数量别

（2）金额别

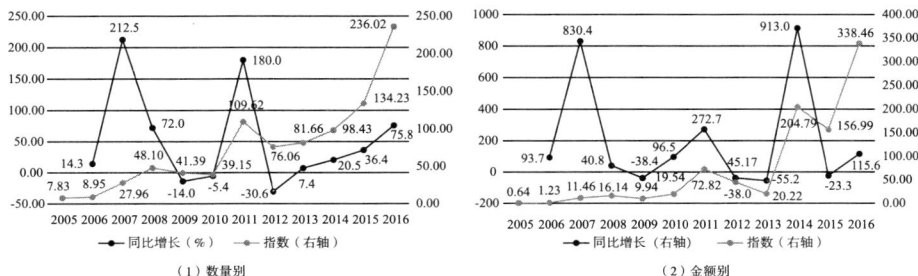

图 2-1-3　历年民营样本企业海外直接投资项目的数量和金额同比增长率及综合指数

上述数据显示，中国民营企业海外直接投资项目在 2005—2016 年间增长了 30 倍，其中并购投资项目增长了近 31 倍，绿地投资项目增长了近 30 倍。投资金额同期增长了 532 倍，其中并购投资项目增长了 340 倍，绿地投资增长了近 768 倍。从综合指数上看，在 2014—2016 年间，除了 2015 年外，金额综合指数较数量综合指数增长迅速。从上述数字可以看出，金额增长快于数量增长说明单笔交易项目所含的金额越来越大。

第二节　民营企业海外直接投资来源地别指数

本节的内容是将筛选出来的我国民营样本企业对外直接投资来源地分为 4 个地区，即环渤海、长三角、珠三角以及中西部，并对其进行对比分析。

一、分区域下投资项目的数量和金额的分布及其指数

表 2-2-1　海外直接投资来源地项目的数量分布及指数汇总表

（单位：件、%）

年份	环渤海地区				长三角地区				珠三角地区			
	项目数	同比增长（%）	占比（%）	指数	项目数	同比增长（%）	占比（%）	指数	项目数	同比增长（%）	占比（%）	指数
2005	3		42.86	20.55	3		42.86	10.07	0		0.00	0.00
2006	0	-100.0	0.00	0.00	3	0.0	37.50	10.07	0	n. a.	0.00	0.00

续表

年份	环渤海地区				长三角地区				珠三角地区			
	项目数	同比增长(%)	占比(%)	指数	项目数	同比增长(%)	占比(%)	指数	项目数	同比增长(%)	占比(%)	指数
2007	1	n. a.	4.00	6.85	14	366.7	56.00	46.98	4	n. a.	16.00	13.33
2008	4	300.0	9.30	27.40	28	100.0	65.12	93.96	6	50.0	13.95	20.00
2009	4	0.0	10.81	27.40	16	-42.9	43.24	53.69	7	16.7	18.92	23.33
2010	2	-50.0	5.71	13.70	16	0.0	45.71	53.69	10	42.9	28.57	33.33
2011	9	350.0	9.18	61.64	28	75.0	28.57	93.96	41	310.0	41.84	136.67
2012	10	11.1	14.71	68.49	29	3.6	42.65	97.32	17	-58.5	25.00	56.67
2013	10	0.0	13.70	68.49	22	-24.1	30.14	73.83	30	76.5	41.10	100.00
2014	25	150.0	28.41	171.23	22	0.0	25.00	73.83	27	-10.0	30.68	90.00
2015	19	-24.0	15.70	130.14	48	118.2	39.67	161.07	35	29.6	28.93	116.67
2016	33	73.7	15.57	226.03	69	43.8	32.55	231.54	72	105.7	33.96	240.00
合计	120		14.72		238		36.56		249		30.55	
均值	14.6			100.00	29.8			100.00	30			100.00

年份	中西部地区				合计			
	项目数	同比增长(%)	占比(%)	指数	项目数	同比增长(%)	占比(%)	指数
2005	1		14.29	6.58	7		100.00	7.81
2006	5	400.0	62.50	32.89	8	14.3	100.00	8.93
2007	6	20.0	24.00	39.47	25	212.5	100.00	27.90
2008	5	-16.7	11.63	32.89	43	72.0	100.00	47.99
2009	10	100.0	27.03	65.79	37	-14.0	100.00	41.29
2010	7	-30.0	20.00	46.05	35	-5.4	100.00	39.06
2011	20	185.7	20.41	131.58	98	180.0	100.00	109.38
2012	12	-40.0	17.65	78.95	68	-30.6	100.00	75.89
2013	11	-8.3	15.07	72.37	73	7.4	100.00	81.47
2014	14	27.3	15.91	92.11	88	20.5	100.00	98.21
2015	19	35.7	15.70	125.00	121	37.5	100.00	135.04
2016	38	100.0	17.92	250.00	212	75.2	100.00	236.61

续表

年份	中西部地区				合计			
	项目数	同比增长（%）	占比（%）	指数	项目数	同比增长（%）	占比（%）	指数
合计	148	—	18.16	—	815	—	100.00	—
均值	15.2	—	—	100.00	89.6	—	—	100.00

表 2-2-2　**海外直接投资来源地项目的金额分布及指数汇总表**

（单位：百万美元、%）

年份	环渤海地区				长三角地区				珠三角地区			
	金额	同比增长（%）	占比（%）	指数	金额	同比增长（%）	占比（%）	指数	金额	同比增长（%）	占比（%）	指数
2005	38.52		31.12	0.45	45.40		36.68	0.94	0.00		0.00	0.00
2006	0.00	−100.0	0.00	0.00	28.70	−36.8	11.97	0.59	0.00	n. a.	0.00	0.00
2007	200.00	n. a.	8.97	2.32	1723.07	5903.7	77.26	35.53	0.00	n. a.	0.00	0.00
2008	416.41	108.2	13.26	4.83	1303.08	−24.4	41.50	26.87	27.80	n. a.	0.89	1.27
2009	121.90	−70.7	6.30	1.41	523.72	−59.8	27.07	10.80	548.30	1872.3	28.34	25.08
2010	53.97	−55.7	1.42	0.63	2563.66	389.5	67.43	52.86	384.04	−30.0	10.10	17.57
2011	359.01	565.2	2.53	4.16	6401.94	149.7	45.18	132.00	5904.18	1437.4	41.67	270.09
2012	4647.88	1194.6	52.88	53.91	666.13	−89.6	7.58	13.73	846.76	−85.7	9.63	38.74
2013	2258.02	−51.4	57.41	26.19	815.56	22.4	20.73	16.82	503.29	−40.6	12.80	23.02
2014	18347.53	712.6	46.05	212.80	8660.01	961.9	21.74	178.56	2240.82	345.2	5.62	102.51
2015	17496.57	−4.6	56.72	202.93	7706.08	−11.0	24.98	158.89	1435.05	−36.0	4.65	65.65
2016	40493.44	131.4	61.49	469.66	9422.85	22.3	14.31	194.29	7489.33	421.9	11.37	342.60
合计	84433.24	—	48.28	—	39860.20	—	22.79	—	19379.57	—	11.08	—
均值	8621.80	—	—	100.00	4849.94	—	—	100.00	2186.02	—	—	100.00

年份	中西部地区				合计			
	金额	同比增长（%）	占比（%）	指数	金额	同比增长（%）	占比（%）	指数
2005	39.86	—	32.20	1.03	123.78	—	100.00	0.63
2006	211.00	429.4	88.03	5.47	239.70	93.7	100.00	1.23

续表

年份	中西部地区				合计			
	金额	同比增长（%）	占比（%）	指数	金额	同比增长（%）	占比（%）	指数
2007	307.09	45.5	13.77	7.96	2230.16	830.4	100.00	11.43
2008	1392.31	353.6	44.36	36.10	3140.10	40.8	100.00	16.09
2009	740.58	−46.8	38.28	19.19	1934.50	−38.4	100.00	9.91
2010	800.40	8.1	21.05	20.75	3802.07	96.5	100.00	19.48
2011	1503.29	87.8	10.61	38.96	14168.42	272.7	100.00	72.60
2012	2628.09	74.8	29.90	68.12	8788.86	−38.0	100.00	45.03
2013	356.49	−86.4	9.06	9.24	3933.35	−55.2	100.00	20.15
2014	10594.71	2872.0	26.59	274.60	39843.07	913.0	100.00	204.16
2015	4208.82	−60.3	13.64	109.09	30846.52	−22.6	100.00	158.06
2016	8443.85	100.6	12.82	218.85	65849.47	113.5	100.00	337.41
合计	31226.98	—	17.85		174900.00	—	100.00	
均值	3858.28	—		100.00	19516.04		100.00	100.00

对应以上数据表格，将其制成如下曲线图。

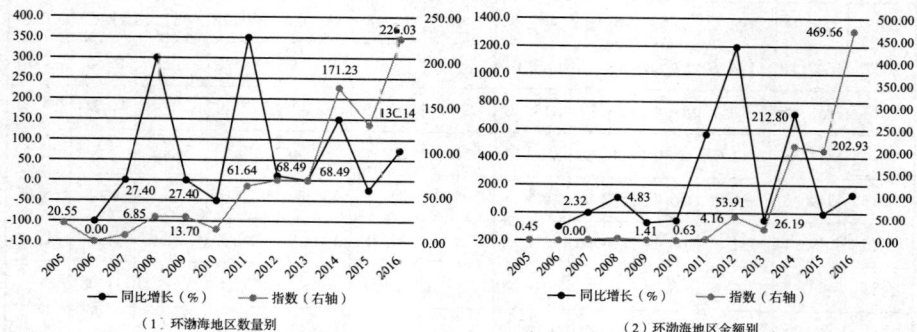

（1）环渤海地区数量别

（2）环渤海地区金额别

（3）长三角地区数量别

（4）长三角地区金额别

（5）珠三角地区数量别

（6）珠三角地区金额别

（7）中西部地区数量别

（8）中西部地区金额别

（9）来源地合计数量别

（10）来源地合计金额别

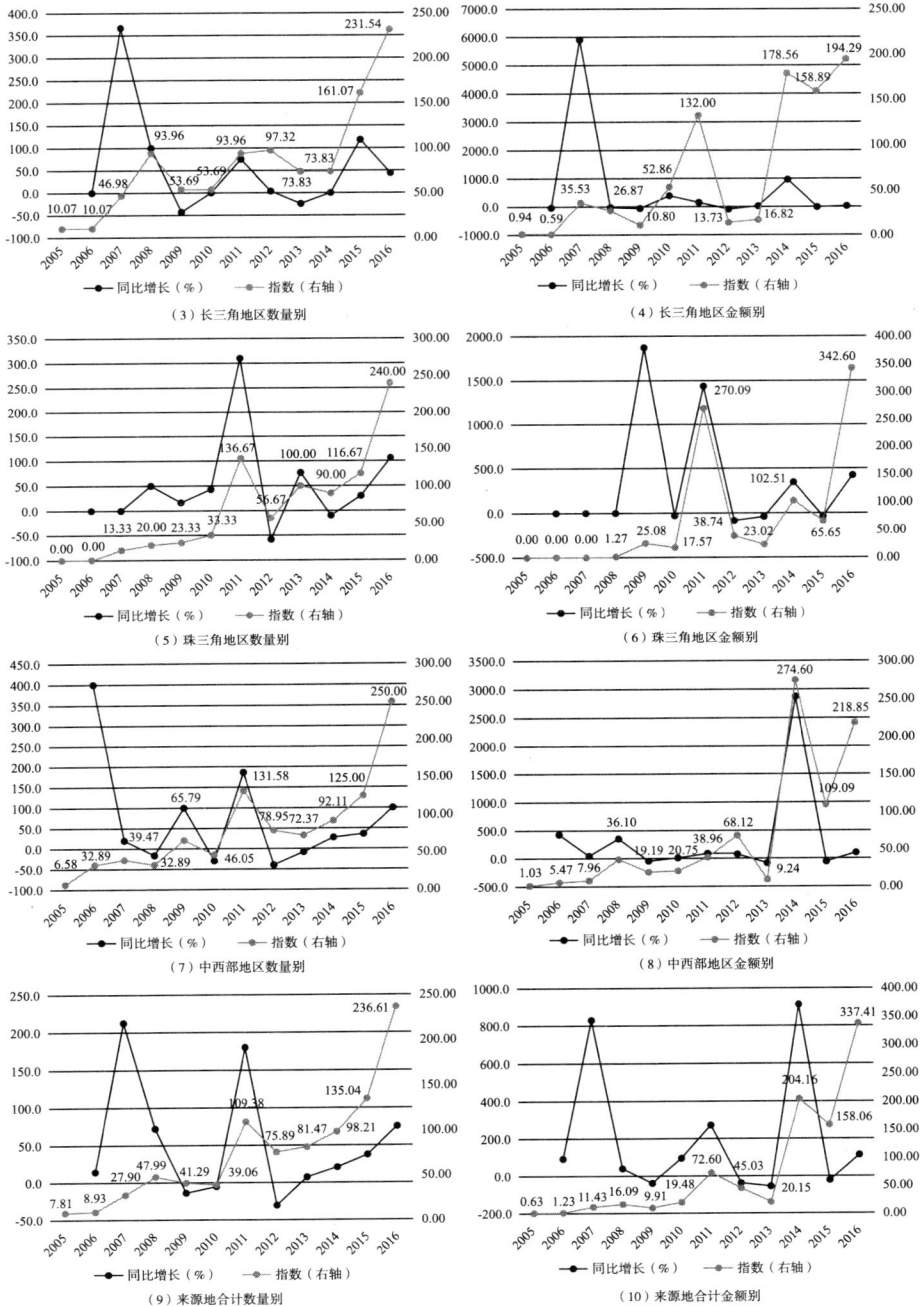

图 2-2-1 2005—2016 年海外直接投资来源地各地区项目数量和金额指数走势图

以下是对应上述数据和曲线制成的各区域别的气泡图。

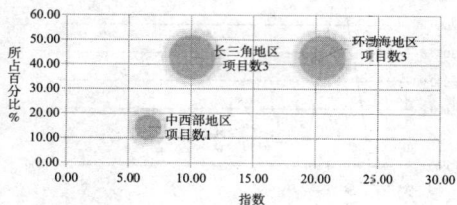

（1）2005年数量别

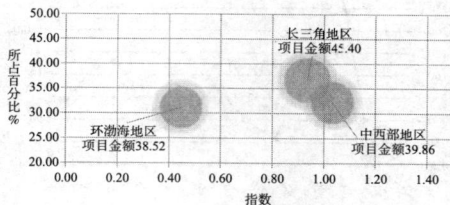

（2）2005年金额别

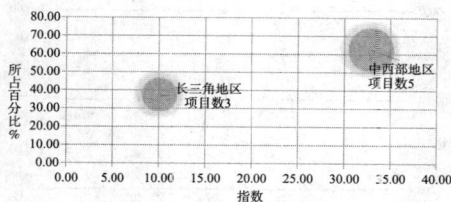

（3）2006年数量别

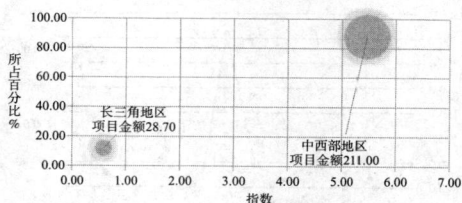

（4）2006年金额别

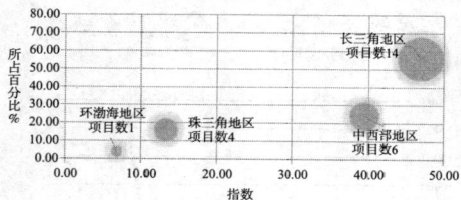

（5）2007年数量别

（6）2007年金额别

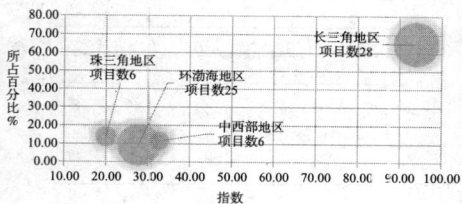

（7）2008年数量别

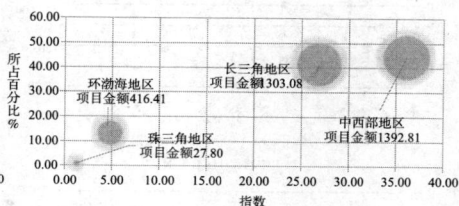

（8）2008年金额别

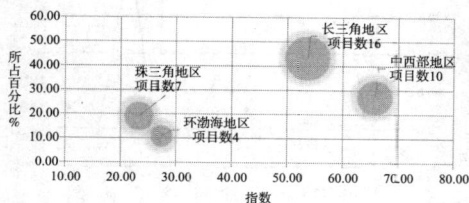

（9）2009年数量别

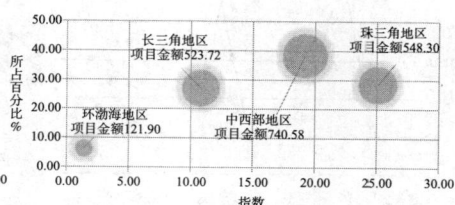

（10）2009年金额别

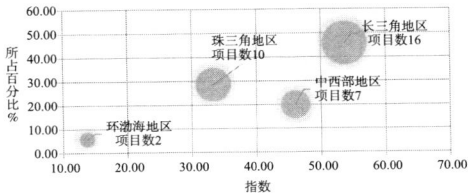

（11）2010年数量别

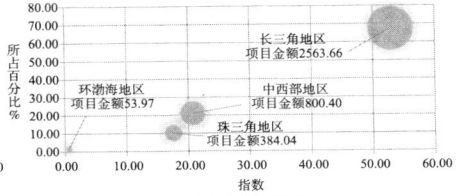

（12）2010年金额别

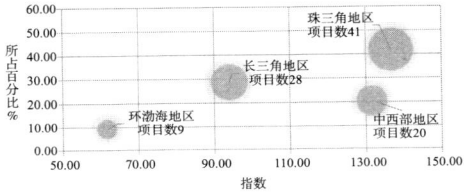

（13）2011年数量别

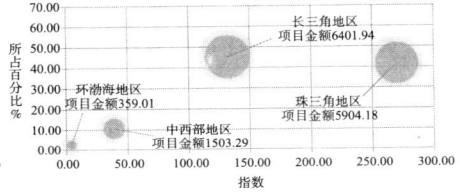

（14）2011年金额别

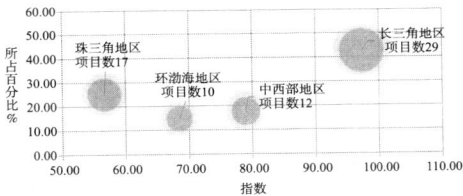

（15）2012年数量别

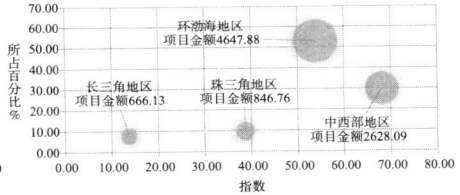

（16）2012年金额别

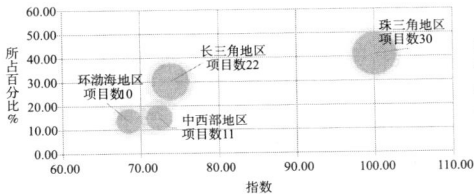

（17）2013年数量别

（18）2013年金额别

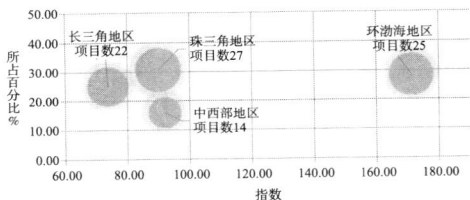

（19）2014年数量别

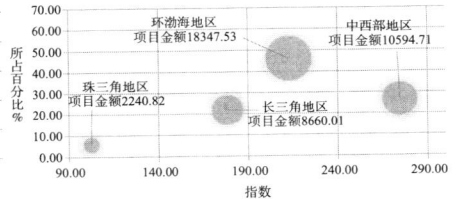

（20）2014年金额别

（21）2015年数量别

（22）2015年金额别

（23）2016年数量别

（24）2016年金额别

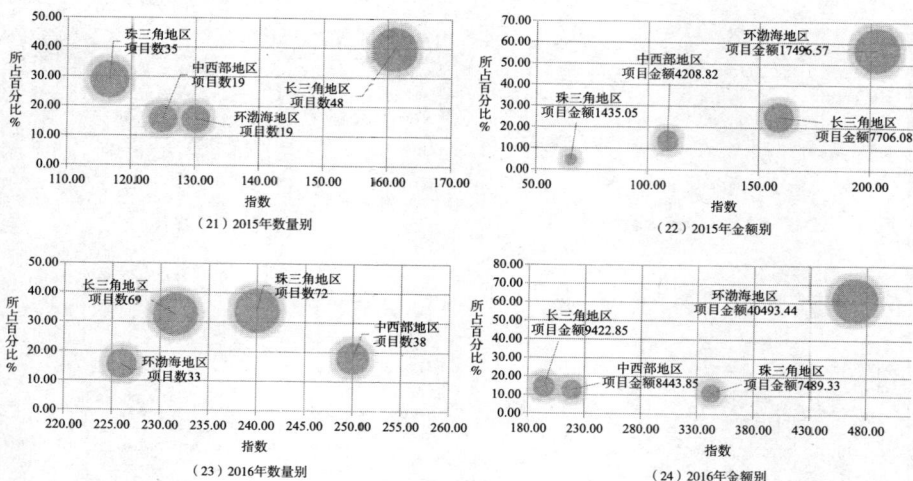

图 2-2-2　历年海外直接投资来源地项目数量和金额分布指数图　（单位：件、百万美元）

从以上总量和图表看出，在 2005—2016 年间各个地区的历年对外直接投资无论是项目数量还是金额都是呈现波浪式发展的，但总体上都表现为上升趋势。在投资项目的数量上，长三角占到总数的 36.56%，珠三角占到 30.55%，中西部占到 18.16%，环渤海占到 14.72%；在投资项目的金额上却不同，环渤海占到 48.28%，长三角为 22.79%，中西部为 17.85%，珠三角为 11.08%。这说明环渤海地区虽然投资项目少，但金额却很大，反映其投资大项目多；反之珠三角投资项目很多，但是金额却很少，反映其投资多为小项目的特点。

二、各省市区的项目数量和项目金额汇总表

表 2-2-3　中国民营样本企业海外直接投资来源地数量——环渤海地区

（单位：件、%）

年份		北京	天津	河北	辽宁	山东	环渤海合计
2005	数量	1	1	0	1	0	3
	比例（%）	33.33	33.33	0.00	33.33	0.00	100.00
	指数	25.00	125.00	0.00	17.24	0.00	20.55

续表

年份		北京	天津	河北	辽宁	山东	环渤海合计
2006	数量	0	0	0	0	0	0
	比例（%）	0.00	0.00	0.00	0.00	0.00	0.00
	指数	0.00	0.00	0.00	0.00	0.00	0.00
2007	数量	0	1	0	0	0	1
	比例（%）	0.00	100.00	0.00	0.00	0.00	100.00
	指数	0.00	125.00	0.00	0.00	0.00	6.85
2008	数量	3	0	0	1	0	4
	比例（%）	75.00	0.00	0.00	25.00	0.00	100.00
	指数	75.00	0.00	0.00	17.24	0.00	27.40
2009	数量	0	0	1	0	3	4
	比例（%）	0.00	0.00	25.00	0.00	75.00	100.00
	指数	0.00	0.00	166.67	0.00	88.24	27.40
2010	数量	1	0	0	0	1	2
	比例（%）	50.00	0.00	0.00	0.00	50.00	100.00
	指数	25.00	0.00	0.00	0.00	29.41	13.70
2011	数量	2	2	0	1	4	9
	比例（%）	22.22	22.22	0.00	11.11	44.44	100.00
	指数	50.00	250.00	0.00	17.24	117.65	61.64
2012	数量	4	1	0	5	0	10
	比例（%）	40.00	10.00	0.00	50.00	0.00	100.00
	指数	100.00	125.00	0.00	86.21	0.00	68.49
2013	数量	1	0	2	4	3	10
	比例（%）	10.00	0.00	20.00	40.00	30.00	100.00
	指数	25.00	0.00	333.33	68.97	88.24	68.49
2014	数量	6	0	0	12	7	25
	比例（%）	24.00	0.00	0.00	48.00	28.00	100.00
	指数	150.00	0.00	0.00	206.90	205.88	171.23

续表

年份		北京	天津	河北	辽宁	山东	环渤海合计
2015	数量	7	1	1	7	3	19
	比例（%）	36.84	5.26	5.26	36.84	15.79	100.00
	指数	175.00	125.00	166.67	120.69	88.24	130.14
2016	数量	12	2	2	12	5	33
	比例（%）	36.36	6.06	6.06	36.36	15.15	100.00
	指数	300.00	250.00	333.33	206.90	147.06	226.03
合计	数量	37	8	6	43	26	120
	比例（%）	30.83	6.67	5.00	35.83	21.67	100.00
	指数						
2011—2015 均值		4	0.8	0.6	5.8	3.4	14.6

表 2-2-4　中国民营样本企业海外直接投资来源地数量——长三角地区

（单位：件、%）

		上海	江苏	浙江	长三角合计
2005	数量	0	0	3	3
	比例（%）	0.00	0.00	100.00	100.00
	指数	0.00	0.00	20.55	10.07
2006	数量	0	0	3	3
	比例（%）	0.00	0.00	100.00	100.00
	指数	0.00	0.00	20.55	10.07
2007	数量	2	4	8	14
	比例（%）	14.29	28.57	57.14	100.00
	指数	31.25	45.45	54.79	46.98
2008	数量	0	15	13	28
	比例（%）	0.00	53.57	46.43	100.00
	指数	0.00	170.45	89.04	93.96

		上海	江苏	浙江	长三角合计
	数量	1	5	10	16
2009	比例（%）	6.25	31.25	62.50	100.00
	指数	15.63	56.82	68.49	53.69
	数量	2	3	11	16
2010	比例（%）	12.50	18.75	68.75	100.00
	指数	31.25	34.09	75.34	53.69
	数量	0	7	21	28
2011	比例（%）	0.00	25.00	75.00	100.00
	指数	0.00	79.55	143.84	93.96
	数量	5	10	14	29
2012	比例（%）	17.24	34.48	48.28	100.00
	指数	78.13	113.64	95.89	97.32
	数量	2	8	12	22
2013	比例（%）	9.09	36.36	54.55	100.00
	指数	31.25	90.91	82.19	73.83
	数量	7	7	8	22
2014	比例（%）	31.82	31.82	36.36	100.00
	指数	109.38	79.55	54.79	73.83
	数量	18	12	18	48
2015	比例（%）	37.50	25.00	37.50	100.00
	指数	281.25	136.36	123.29	161.07
	数量	20	17	32	69
2016	比例（%）	28.99	24.64	46.38	100.00
	指数	312.50	193.18	219.18	231.54
	数量	57	88	153	298
合计	比例（%）	19.13	29.53	51.34	100.00
	指数	—	—	—	—
2011—2015 均值		6.4	8.8	14.6	29.8

表 2-2-5　中国民营样本企业海外直接投资来源地数量——珠三角地区

（单位：件、%）

年份		广东	福建	海南	珠三角合计
2005	数量	0	0	0	0
	比例（%）	0.00	0.00	0.00	0.00
	指数	0.00	0.00	0.00	0.00
2006	数量	0	0	0	0
	比例（%）	0.00	0.00	0.00	0.00
	指数	0.00	0.00	0.00	0.00
2007	数量	0	0	4	4
	比例（%）	0.00	0.00	100.00	100.00
	指数	0.00	0.00	250.00	13.33
2008	数量	3	1	2	6
	比例（%）	50.00	16.67	33.33	100.00
	指数	11.36	50.00	125.00	20.00
2009	数量	3	1	3	7
	比例（%）	42.86	14.29	42.86	100.00
	指数	11.36	50.00	187.50	23.33
2010	数量	6	1	3	10
	比例（%）	60.00	10.00	30.00	100.00
	指数	22.73	50.00	187.50	33.33
2011	数量	29	4	8	41
	比例（%）	70.73	9.76	19.51	100.00
	指数	109.85	200.00	500.00	136.67
2012	数量	16	1	0	17
	比例（%）	94.12	5.88	0.00	100.00
	指数	60.61	50.00	0.00	56.67
2013	数量	28	2	0	30
	比例（%）	93.33	6.67	0.00	100.00
	指数	106.06	100.00	0.00	100.00

年份		广东	福建	海南	珠三角合计
2014	数量	26	1	0	27
	比例（%）	96.30	3.70	0.00	100.00
	指数	98.48	50.00	0.00	90.00
2015	数量	33	2	0	35
	比例（%）	94.29	5.71	0.00	100.00
	指数	125.00	100.00	0.00	116.67
2016	数量	69	3	0	72
	比例（%）	95.83	4.17	0.00	100.00
	指数	261.36	150.00	0.00	240.00
合计	数量	213	16	20	249
	比例（%）	85.54	6.43	8.03	100.00
	指数	—	—	—	—
2011—2015均值		26.4	2	1.6	30

表2-2-6　中国民营样本企业海外直接投资来源地数量——中西部地区

（单位：件、%）

年份		山西	安徽	江西	河南	湖北	湖南	内蒙
2005	数量	0	0	0	0	1	0	0
	比例（%）	0.00	0.00	0.00	0.00	100.00	0.00	0.00
	指数	0.00	0.00	0.00	0.00	500.00	0.00	0.00
2006	数量	0	0	0	0	1	2	0
	比例（%）	0.00	0.00	0.00	0.00	20.00	40.00	0.00
	指数	0.00	0.00	0.00	0.00	500.00	66.67	0.00
2007	数量	0	0	0	0	0	2	0
	比例（%）	0.00	0.00	0.00	0.00	0.00	33.33	0.00
	指数	0.00	0.00	0.00	0.00	0.00	66.67	0.00
2008	数量	0	0	0	0	0	3	0
	比例（%）	0.00	0.00	0.00	0.00	0.00	60.00	0.00
	指数	0.00	0.00	0.00	0.00	0.00	100.00	0.00

续表

年份		山西	安徽	江西	河南	湖北	湖南	内蒙
2009	数量	0	0	0	0	1	1	0
	比例（%）	0.00	0.00	0.00	0.00	10.00	10.00	0.00
	指数	0.00	0.00	0.00	0.00	500.00	33.33	0.00
2010	数量	0	0	0	0	0	3	0
	比例（%）	0.00	0.00	0.00	0.00	0.00	42.86	0.00
	指数	0.00	0.00	0.00	0.00	0.00	100.00	0.00
2011	数量	0	0	0	0	0	3	0
	比例（%）	0.00	0.00	0.00	0.00	0.00	15.00	0.00
	指数	0.00	0.00	0.00	0.00	0.00	100.00	0.00
2012	数量	1	0	1	0	1	3	0
	比例（%）	8.33	0.00	8.33	0.00	8.33	25.00	0.00
	指数	500.00	0.00	125.00	0.00	500.00	100.00	0.00
2013	数量	0	0	0	2	0	2	1
	比例（%）	0.00	0.00	0.00	18.18	0.00	18.18	9.09
	指数	0.00	0.00	0.00	250.00	0.00	66.67	166.67
2014	数量	0	1	1	0	0	5	0
	比例（%）	0.00	7.14	7.14	0.00	0.00	35.71	0.00
	指数	0.00	166.67	125.00	0.00	0.00	166.67	0.00
2015	数量	0	2	2	2	0	2	2
	比例（%）	0.00	10.53	10.53	10.53	0.00	10.53	10.53
	指数	0.00	333.33	250.00	250.00	0.00	66.67	333.33
2016	数量	1	7	4	2	1	7	4
	比例（%）	2.63	18.42	10.53	5.26	2.63	18.42	10.53
	指数	500.00	1166.67	500.00	250.00	500.00	233.33	666.67
合计	数量	2	10	8	6	5	33	7
	比例（%）	1.35	6.76	5.41	4.05	3.38	22.30	4.73
	指数	—	—	—	—	—	—	—
2011—2015 均值		0.2	0.6	0.8	0.8	0.2	3	0.6

年份		四川	重庆	云南	宁夏	黑龙江	其他	新疆	中西部合计
2005	数量	0	0	0	0	0	0	0	1
	比例（%）	0.00	0.00	0.00	0.00	0.00	0.00	0.00	100.00
	指数	0.00	0.00	0.00	0.00	n. a.	n. a.	0.00	6.58
2006	数量	0	2	0	0	0	0	0	5
	比例（%）	0.00	40.00	0.00	0.00	0.00	0.00	0.00	100.00
	指数	0.00	62.50	0.00	0.00	n. a.	n. a.	0.00	32.89
2007	数量	1	2	0	0	0	1	0	6
	比例（%）	16.67	33.33	0.00	0.00	0.00	16.67	0.00	100.00
	指数	23.81	62.50	0.00	0.00	n. a.	n. a.	0.00	39.47
2008	数量	1	1	0	0	0	0	0	5
	比例（%）	20.00	20.00	0.00	0.00	0.00	0.00	0.00	100.00
	指数	23.81	31.25	0.00	0.00	n. a.	n. a.	0.00	32.89
2009	数量	0	8	0	0	0	0	0	10
	比例（%）	0.00	80.00	0.00	0.00	0.00	0.00	0.00	100.00
	指数	0.00	250.00	0.00	0.00	n. a.	n. a.	0.00	65.79
2010	数量	0	3	0	0	0	1	0	7
	比例（%）	0.00	42.86	0.00	0.00	0.00	14.29	0.00	100.00
	指数	0.00	93.75	0.00	0.00	n. a.	n. a.	0.00	46.05
2011	数量	8	8	0	0	0	0	1	20
	比例（%）	40.00	40.00	0.00	0.00	0.00	0.00	5.00	100.00
	指数	190.48	250.00	0.00	0.00	n. a.	n. a.	166.67	131.58
2012	数量	1	4	0	1	0	0	0	12
	比例（%）	8.33	33.33	0.00	8.33	0.00	0.00	0.00	100.00
	指数	23.81	125.00	0.00	250.00	n. a.	n. a.	0.00	78.95
2013	数量	6	0	0	0	0	0	0	11
	比例（%）	54.55	0.00	0.00	0.00	0.00	0.00	0.00	100.00
	指数	142.86	0.00	0.00	0.00	n. a.	n. a.	0.00	72.37

年份		四川	重庆	云南	宁夏	黑龙江	其他	新疆	中西部合计
2014	数量	2	2	1	1	0	0	1	14
	比例（%）	14.29	14.29	7.14	7.14	0.00	0.00	7.14	100.00
	指数	47.62	62.50	166.67	250.00	n.a.	n.a.	166.67	92.11
2015	数量	4	2	2	0	0	0	1	19
	比例（%）	21.05	10.53	10.53	0.00	0.00	0.00	5.26	100.00
	指数	95.24	62.50	333.33	0.00	n.a.	n.a.	166.67	125.00
2016	数量	4	4	0	0	1	0	3	38
	比例（%）	10.53	10.53	0.00	0.00	2.63	0.00	7.89	100.00
	指数	95.24	125.00	0.00	0.00	n.a.	n.a.	500.00	250.00
合计	数量	27	36	3	2	1	2	6	148
	比例（%）	18.24	24.32	2.03	1.35	0.68	1.35	4.05	100.00
	指数	—	—	—	—	—	—	—	—
2011—2015 均值		4.2	3.2	0.6	0.4	0	0	0.6	15.2

注：表中"其他"一项指所在地不详的企业。

表 2-2-7　中国民营样本企业海外直接投资来源地金额——环渤海地区

（单位：百万美元、%）

年份		北京	天津	河北	辽宁	山东	环渤海合计
2005	金额	26.42	10.30	0.00	1.80	0.00	38.52
	比例（%）	68.59	26.74	0.00	4.67	0.00	100.00
	指数	2.55	82.53	0.00	0.03	0.00	0.45
2006	金额	0.00	0.00	0.00	0.00	0.00	0.00
	比例（%）	0.00	0.00	0.00	0.00	0.00	0.00
	指数	0.00	0.00	0.00	0.00	0.00	0.00
2007	金额	0.00	200.00	0.00	0.00	0.00	200.00
	比例（%）	0.00	100.00	0.00	0.00	0.00	100.00
	指数	0.00	1602.56	0.00	0.00	0.00	2.32

年份		北京	天津	河北	辽宁	山东	环渤海合计
2008	金额	396.60	0.00	0.00	19.81	0.00	416.41
	比例（%）	95.24	0.00	0.00	4.76	0.00	100.00
	指数	38.21	0.00	0.00	0.29	0.00	4.83
2009	金额	0.00	0.00	0.00	0.00	121.90	121.90
	比例（%）	0.00	0.00	0.00	0.00	100.00	100.00
	指数	0.00	0.00	0.00	0.00	18.46	1.41
2010	金额	41.06	0.00	0.00	0.00	12.91	53.97
	比例（%）	76.08	0.00	0.00	0.00	23.92	100.00
	指数	3.96	0.00	0.00	0.00	1.95	0.63
2011	金额	226.20	44.90	0.00	1.87	86.04	359.01
	比例（%）	63.01	12.51	0.00	0.52	23.97	100.00
	指数	21.79	359.78	0.00	0.03	13.03	4.16
2012	金额	1011.49	0.00	0.00	3636.39	0.00	4647.88
	比例（%）	21.76	0.00	0.00	78.24	0.00	100.00
	指数	97.44	0.00	0.00	52.63	0.00	53.91
2013	金额	0.00	0.00	0.00	2183.05	74.97	2258.02
	比例（%）	0.00	0.00	0.00	96.68	3.32	100.00
	指数	0.00	0.00	0.00	31.59	11.35	26.19
2014	金额	2891.63	0.00	0.00	12372.92	3082.98	18347.53
	比例（%）	15.76	0.00	0.00	67.44	16.80	100.00
	指数	278.56	0.00	0.00	179.07	466.81	212.80
2015	金额	1061.04	17.50	5.70	16354.13	58.20	17496.57
	比例（%）	6.06	0.10	0.03	93.47	0.33	100.00
	指数	102.21	140.22	500.00	236.68	8.81	202.93
2016	金额	28076.96	51.20	60.30	12057.93	247.05	40493.44
	比例（%）	69.34	0.13	0.15	29.78	0.61	100.00
	指数	2704.72	410.26	5289.47	174.51	37.41	469.66

续表

年份		北京	天津	河北	辽宁	山东	环渤海合计
合计	金额	33731.40	323.90	66.00	46627.89	3684.05	84433.24
	比例（%）	39.95	0.38	0.08	55.22	4.36	100.00
	指数	—	—	—	—	—	—
2011—2015 均值		1038.07	12.48	1.14	6909.67	660.44	8621.80

表 2-2-8　中国民营样本企业海外直接投资来源地金额——长三角地区

（单位：百万美元、%）

年份		上海	江苏	浙江	长三角合计
2005	金额	0.00	0.00	45.40	45.40
	比例（%）	0.00	0.00	100.00	100.00
	指数	0.00	0.00	2.18	0.94
2006	金额	0.00	0.00	28.70	28.70
	比例（%）	0.00	0.00	100.00	100.00
	指数	0.00	0.00	1.38	0.59
2007	金额	793.40	508.10	421.57	1723.07
	比例（%）	46.05	29.49	24.47	100.00
	指数	33.61	124.34	20.26	35.53
2008	金额	0.00	124.70	1178.38	1303.08
	比例（%）	0.00	9.57	90.43	100.00
	指数	0.00	30.52	56.63	26.87
2009	金额	58.00	184.62	281.10	523.72
	比例（%）	11.07	35.25	53.67	100.00
	指数	2.46	45.18	13.51	10.80
2010	金额	419.35	13.80	2130.51	2563.66
	比例（%）	16.36	0.54	83.10	100.00
	指数	17.77	3.38	102.38	52.86

年份		上海	江苏	浙江	长三角合计
2011	金额	0.00	340.42	6061.52	6401.94
	比例（%）	0.00	5.32	94.68	100.00
	指数	0.00	83.31	291.29	132.00
2012	金额	2.30	241.80	422.03	666.13
	比例（%）	0.35	36.30	63.36	100.00
	指数	0.10	59.17	20.28	13.73
2013	金额	429.96	5.19	380.41	815.56
	比例（%）	52.72	0.64	46.64	100.00
	指数	18.22	1.27	18.28	16.82
2014	金额	7653.23	296.98	709.80	8660.01
	比例（%）	88.37	3.43	8.20	100.00
	指数	324.23	72.68	34.11	178.56
2015	金额	3716.55	1158.74	2830.79	7706.08
	比例（%）	48.23	15.04	36.73	100.00
	指数	157.45	283.57	136.04	158.89
2016	金额	3733.40	1747.60	3941.85	9422.85
	比例（%）	39.62	18.55	41.83	100.00
	指数	158.17	427.68	189.43	194.29
合计	金额	16806.19	4621.95	18432.06	39860.20
	比例（%）	42.16	11.60	46.24	100.00
	指数	—	—	—	—
2011—2015 均值		2360.41	408.63	2080.91	4849.94

表 2-2-9 中国民营样本企业海外直接投资来源地金额——珠三角地区

（单位：百万美元、%）

年份		广东	福建	海南	珠三角合计
2005	金额	0.00	0.00	0.00	0.00
	比例（%）	0.00	0.00	0.00	0.00
	指数	0.00	0.00	0.00	0.00

年份		广东	福建	海南	珠三角合计
2006	金额	0.00	0.00	0.00	0.00
	比例（%）	0.00	0.00	0.00	0.00
	指数	0.00	0.00	0.00	0.00
2007	金额	0.00	0.00	0.00	0.00
	比例（%）	0.00	0.00	0.00	0.00
	指数	0.00	0.00	0.00	0.00
2008	金额	22.80	5.00	0.00	27.80
	比例（%）	82.01	17.99	0.00	100.00
	指数	1.98	5.16	0.00	1.27
2009	金额	70.30	478.00	0.00	548.30
	比例（%）	12.82	87.18	0.00	100.00
	指数	6.10	493.71	0.00	25.08
2010	金额	314.20	21.00	48.84	384.04
	比例（%）	81.81	5.47	12.72	100.00
	指数	27.25	21.69	5.22	17.57
2011	金额	998.79	224.10	4681.29	5904.18
	比例（%）	16.92	3.80	79.29	100.00
	指数	86.63	231.47	500.00	270.09
2012	金额	825.76	21.00	0.00	846.76
	比例（%）	97.52	2.48	0.00	100.00
	指数	71.62	21.69	0.00	38.74
2013	金额	291.60	211.69	0.00	503.29
	比例（%）	57.94	42.06	0.00	100.00
	指数	25.29	218.65	0.00	23.02
2014	金额	2225.52	15.30	0.00	2240.82
	比例（%）	99.32	0.68	0.00	100.00
	指数	193.03	15.80	0.00	102.51

年份		广东	福建	海南	珠三角合计
2015	金额	1423.05	12.00	0.00	1435.05
	比例（%）	99.16	0.84	0.00	100.00
	指数	123.43	12.39	0.00	65.65
2016	金额	7034.73	454.60	0.00	7489.33
	比例（%）	93.93	6.07	0.00	100.00
	指数	610.15	469.54	0.00	342.60
合计	金额	13206.75	1442.69	4730.13	19379.57
	比例（%）	68.15	7.44	24.41	100.00
	指数	—	—	—	—
2011—2015 均值		1152.94	96.82	936.26	2186.02

表 2-2-10　中国民营样本企业海外直接投资来源地金额——中西部地区

（单位：百万美元、%）

年份		山西	安徽	江西	河南	湖北	湖南	内蒙
2005	金额	0.00	0.00	0.00	0.00	39.86	0.00	0.00
	比例（%）	0.00	0.00	0.00	0.00	100.00	0.00	0.00
	指数	0.00	0.00	0.00	0.00	252.93	0.00	0.00
2006	金额	0.00	0.00	0.00	0.00	35.00	130.00	0.00
	比例（%）	0.00	0.00	0.00	0.00	16.59	61.61	0.00
	指数	0.00	0.00	0.00	0.00	222.10	13.21	0.00
2007	金额	0.00	0.00	0.00	0.00	0.00	76.80	0.00
	比例（%）	0.00	0.00	0.00	0.00	0.00	25.01	0.00
	指数	0.00	0.00	0.00	0.00	0.00	7.80	0.00
2008	金额	0.00	0.00	0.00	0.00	0.00	383.85	0.00
	比例（%）	0.00	0.00	0.00	0.00	0.00	27.56	0.00
	指数	0.00	0.00	0.00	0.00	0.00	39.01	0.00

年份		山西	安徽	江西	河南	湖北	湖南	内蒙
2009	金额	0.00	0.00	0.00	0.00	250.00	289.98	0.00
	比例（%）	0.00	0.00	0.00	0.00	33.76	39.16	0.00
	指数	0.00	0.00	0.00	0.00	1586.40	29.47	0.00
2010	金额	0.00	0.00	0.00	0.00	0.00	470.00	0.00
	比例（%）	0.00	0.00	0.00	0.00	0.00	58.72	0.00
	指数	0.00	0.00	0.00	0.00	0.00	47.76	0.00
2011	金额	0.00	0.00	0.00	0.00	0.00	736.42	0.00
	比例（%）	0.00	0.00	0.00	0.00	0.00	48.99	0.00
	指数	0.00	0.00	0.00	0.00	0.00	74.84	0.00
2012	金额	448.74	0.00	3.00	0.00	78.80	656.42	0.00
	比例（%）	17.07	0.00	0.11	0.00	3.00	24.98	0.00
	指数	500.00	0.00	6.58	0.00	500.00	66.71	0.00
2013	金额	0.00	0.00	0.00	4.92	0.00	148.10	0.28
	比例（%）	0.00	0.00	0.00	1.38	0.00	41.54	0.08
	指数	0.00	0.00	0.00	7.74	0.00	15.05	3.07
2014	金额	0.00	80.00	7.52	0.00	0.00	379.10	0.00
	比例（%）	0.00	0.76	0.07	0.00	0.00	3.58	0.00
	指数	0.00	104.53	16.50	0.00	0.00	38.53	0.00
2015	金额	0.00	302.66	217.42	312.98	0.00	3000.00	45.38
	比例（%）	0.00	7.19	5.17	7.44	0.00	71.28	1.08
	指数	0.00	395.47	476.92	492.26	0.00	304.88	496.93
2016	金额	0.00	284.57	491.92	2000.00	709.91	1817.30	2569.07
	比例（%）	0.00	3.37	5.83	23.69	8.41	21.52	30.43
	指数	0.00	371.83	1079.04	3145.64	4504.79	184.68	28132.61
合计	金额	448.74	667.23	719.86	2317.90	1113.57	8087.97	2614.73
	比例（%）	1.44	2.14	2.31	7.42	3.57	25.90	8.37
	指数	—	—	—	—	—	—	—
2011—2015 均值		89.75	76.53	45.59	63.58	15.76	984.01	9.13

年份		四川	重庆	云南	宁夏	黑龙江	其他	新疆	中西部合计
2005	金额	0.00	0.00	0.00	0.00	0.00	0.00	0.00	39.86
	比例（%）	0.00	0.00	0.00	0.00	0.00	0.00	0.00	100.00
	指数	0.00	0.00	0.00	n. a.	n. a.	n. a.	0.00	1.03
2006	金额	0.00	46.00	0.00	0.00	0.00	0.00	0.00	211.00
	比例（%）	0.00	21.80	0.00	0.00	0.00	0.00	0.00	100.00
	指数	0.00	10.98	0.00	n. a.	n. a.	n. a.	0.00	5.47
2007	金额	0.00	220.29	0.00	0.00	0.00	10.00	0.00	307.09
	比例（%）	0.00	71.73	0.00	0.00	0.00	3.26	0.00	100.00
	指数	0.00	52.57	0.00	n. a.	n. a.	n. a.	0.00	7.96
2008	金额	8.96	1000.00	0.00	0.00	0.00	0.00	0.00	1392.81
	比例（%）	0.64	71.80	0.00	0.00	0.00	0.00	0.00	100.00
	指数	4.48	238.66	0.00	n. a.	n. a.	n. a.	0.00	36.10
2009	金额	0.00	200.60	0.00	0.00	0.00	0.00	0.00	740.58
	比例（%）	0.00	27.09	0.00	0.00	0.00	0.00	0.00	100.00
	指数	0.00	47.87	0.00	n. a.	n. a.	n. a.	0.00	19.19
2010	金额	0.00	238.00	0.00	0.00	0.00	92.40	0.00	800.40
	比例（%）	0.00	29.74	0.00	0.00	0.00	11.54	0.00	100.00
	指数	0.00	56.80	0.00	n. a.	n. a.	n. a.	0.00	20.75
2011	金额	94.30	531.57	0.00	0.00	0.00	0.00	141.00	1503.29
	比例（%）	6.27	35.36	0.00	0.00	0.00	0.00	9.38	100.00
	指数	47.12	126.86	0.00	n. a.	n. a.	n. a.	234.05	38.96
2012	金额	73.40	1367.73	0.00	0.00	0.00	0.00	0.00	2628.09
	比例（%）	2.79	52.04	0.00	0.00	0.00	0.00	0.00	100.00
	指数	36.68	326.42	0.00	n. a.	n. a.	n. a.	0.00	68.12
2013	金额	203.19	0.00	0.00	0.00	0.00	0.00	0.00	356.49
	比例（%）	57.00	0.00	0.00	0.00	0.00	0.00	0.00	100.00
	指数	101.53	0.00	0.00	n. a.	n. a.	n. a.	0.00	9.24

续表

年份		四川	重庆	云南	宁夏	黑龙江	其他	新疆	中西部合计
2014	金额	510.00	150.51	9367.58	0.00	0.00	0.00	100.00	10594.71
	比例（%）	4.81	1.42	88.42	0.00	0.00	0.00	0.94	100.00
	指数	254.84	35.92	494.45	n. a.	n. a.	n. a.	165.99	274.60
2015	金额	119.73	45.24	105.19	0.00	0.00	0.00	60.22	4208.82
	比例（%）	2.84	1.07	2.50	0.00	0.00	0.00	1.43	100.00
	指数	59.83	10.80	5.55	n. a.	n. a.	n. a.	99.96	109.09
2016	金额	27.78	119.40	0.00	0.00	200.00	0.00	223.90	8443.85
	比例（%）	0.33	1.41	0.00	0.00	2.37	0.00	2.65	100.00
	指数	13.88	28.50	0.00	n. a.	n. a.	n. a.	371.66	218.85
合计	金额	1037.36	3919.34	9472.77	0.00	200.00	102.40	525.12	31226.98
	比例（%）	3.32	12.55	30.34	0.00	0.64	0.33	1.68	100.00
	指数	—	—	—	—	—	—	—	—
2011—2015 均值		200.12	419.01	1894.55	0.00	0.00	0.00	60.24	3858.28

注：表中"其他"一项指所在地不详的企业。

从上述各省市区民营企业海外直接投资的表和图来看，在 2005—2016年间，各地的项目投资数量和投资金额差距很大。以每个项目的资金多少计算，可以看出不同地区项目的大小。如果按照项目数量排序，前五位的是，广东 213 件，浙江 153 件，江苏 88 件，上海 57 件，辽宁 43 件；如果按照金额排序，前五位的是，辽宁 446 亿美元，北京 337 亿美元，浙江184 亿美元，上海 168 亿美元，广东 132 亿美元。如果按照每个项目的平均投资金额计算，前五位的是，云南 31.3 亿美元，辽宁 10.37 亿美元，北京 9.1 亿美元，上海 2.94 亿美元，湖南 2.42 亿美元。云南省投资项目数只有 3 个，投资金额却达 94 亿美元，而且集中于 2014 年和 2015 年，项目分别为 1 件和 2 件，金额分别为 93.67 亿美元和 10.5 亿美元。说明 2014年进行的单笔投资的数额相当大。

第三节 民营企业海外直接投资标的国（地区）别指数

本节从投资项目数量和金额两方面，对我国民营样本企业标的国（地区）海外直接投资情况进行分析。

一、民营样本企业标的国（地区）项目数量在世界各大洲的分布

1. 标的国（地区）项目数量的区域分布

表2-3-1 海外直接投资样本企业标的国（地区）项目的数量区域指数汇总表

（单位：件、%）

年份	欧洲				北美				中南美洲			
	项目数	同比增长（%）	占比（%）	指数	项目数	同比增长（%）	占比（%）	指数	项目数	同比增长（%）	占比（%）	指数
2005	3		42.86	9.38	0		0.00	0.00	0		0.00	0.00
2006	3	0.0	37.50	9.38	2	n. a.	25.00	15.38	1	n. a.	12.50	10.64
2007	10	233.3	40.00	31.25	2	0.0	8.00	15.38	1	0.0	4.00	10.64
2008	21	110.0	48.84	65.63	2	0.0	4.65	15.38	2	100.0	4.65	21.28
2009	9	−57.1	24.32	28.13	2	0.0	5.41	15.38	2	0.0	5.41	21.28
2010	16	77.8	45.71	50.00	4	100.0	11.43	30.77	2	0.0	5.71	21.28
2011	37	131.3	37.37	115.63	14	250.0	14.14	107.69	11	450.0	11.11	117.02
2012	26	−29.7	38.24	81.25	7	−50.0	10.29	53.85	8	−27.3	11.76	85.11
2013	28	7.7	38.36	87.50	14	100.0	19.18	107.69	5	−37.5	6.85	53.19
2014	31	10.7	35.23	96.88	13	−7.1	14.77	100.00	13	160.0	14.77	138.30
2015	38	22.6	31.40	118.75	17	30.8	14.05	130.77	10	−23.1	8.26	106.38
2016	58	52.6	26.98	181.25	29	70.6	13.49	223.08	7	−30.0	3.26	74.47
合计	280		34.19		106		12.94		62		7.57	
2011—2015均值	32.00			100.00	13.00			100.00	9.40			100.00

续表

年份	亚洲				大洋洲				非洲			
	项目数	同比增长（%）	占比（%）	指数	项目数	同比增长（%）	占比（%）	指数	项目数	同比增长（%）	占比（%）	指数
2005	3		42.86	13.27	0		0.00	0.00	0		0.00	0.00
2006	2	-33.3	25.00	8.85	0	n. a.	0.00	0.00	0	n. a.	0.00	0.00
2007	10	400.0	40.00	44.25	0	n. a.	0.00	0.00	2	n. a.	8.00	41.67
2008	15	50.0	34.88	66.37	1	n. a.	2.33	20.00	0	-100.0	0.00	0.00
2009	19	26.7	51.35	84.07	1	0.0	2.70	20.00	2	n. a.	5.41	41.67
2010	9	-52.6	25.71	39.82	0	-100.0	0.00	0.00	1	-50.0	2.86	20.83
2011	23	155.6	23.23	101.77	7	n. a.	7.07	140.00	5	400.0	5.05	104.17
2012	14	-39.1	20.59	61.95	4	-42.9	5.88	80.00	8	60.0	11.76	166.67
2013	16	14.3	21.92	70.80	4	0.0	5.48	80.00	3	-62.5	4.11	62.50
2014	21	31.3	23.86	92.92	4	0.0	4.55	80.00	4	33.3	4.55	83.33
2015	39	85.7	32.23	172.57	6	50.0	4.96	120.00	4	0.0	3.31	83.33
2016	83	112.8	38.60	367.26	7	16.7	3.26	140.00	18	350.0	8.37	375.00
合计	254		31.01		34		4.15		47		5.74	
2011—2015 均值	22.60			100.00	5.00			100.00	4.80			100.00

年份	其他				合计			
	项目数	同比增长（%）	占比（%）	指数	项目数	同比增长（%）	占比（%）	指数
2005	1		14.29	33.33	7		100.00	7.80
2006	0	-100.0	0.00	0.00	8	14.3	100.00	8.91
2007	0	n. a.	0.00	0.00	25	212.5	100.00	27.84
2008	2	n. a.	4.65	66.67	43	72.0	100.00	47.88
2009	2	0.0	5.41	66.67	37	-14.0	100.00	41.20
2010	3	50.0	8.57	100.00	35	-5.4	100.00	38.98
2011	2	-33.3	2.02	66.67	99	182.9	100.00	110.24
2012	1	-50.0	1.47	33.33	68	-31.3	100.00	75.72
2013	3	200.0	4.11	100.00	73	7.4	100.00	81.29
2014	2	-33.3	2.27	66.67	88	20.5	100.00	98.00

年份	其他				合计			
	项目数	同比增长（%）	占比（%）	指数	项目数	同比增长（%）	占比（%）	指数
2015	7	250.0	5.79	233.33	121	37.5	100.00	134.74
2016	13	85.7	6.05	433.33	215	77.7	100.00	239.42
合计	36		4.40		819		100.00	
2011—2015均值	3.00			100.00	89.80			100.00

2. 标的国（地区）项目金额的区域分布

表2-3-2　海外直接投资标的国（地区）金额的区域指数汇总表

（单位：百万美元、%）

年份	欧洲				北美				中南美洲			
	金额	同比增长（%）	占比（%）	指数	金额	同比增长（%）	占比（%）	指数	金额	同比增长（%）	占比（%）	指数
2005	7.50		6.06	0.12	0.00		0.00	0.00	0.00		0.00	0.00
2006	41.70	456.0	17.40	0.65	67.00	n.a.	27.95	1.64	46.00	n.a.	19.19	3.37
2007	472.07	1032.1	21.17	7.39	34.50	−48.5	1.55	0.84	0.00	−100.0	0.00	0.00
2008	1055.28	123.5	33.61	16.52	10.50	−69.6	0.33	0.26	1500.00	n.a.	47.77	110.03
2009	487.67	−53.8	25.21	7.63	14.30	36.2	0.74	0.35	46.00	−96.9	2.38	3.37
2010	2732.29	460.3	71.86	42.77	211.90	1381.8	5.57	5.18	211.30	359.3	5.56	15.50
2011	5208.63	90.6	36.70	81.52	277.74	31.1	1.96	6.79	3220.50	1424.1	22.69	236.23
2012	2606.80	−50.0	29.66	40.80	2769.00	897.0	31.51	67.74	750.20	−76.7	8.54	55.03
2013	2297.32	−11.9	58.41	35.96	266.69	−90.4	6.78	6.52	71.60	−90.5	1.82	5.25
2014	12794.97	457.0	32.11	200.26	5576.30	1990.9	14.00	136.42	1794.87	2406.8	4.50	131.66
2015	9037.45	−29.4	29.51	141.45	11548.27	107.1	37.71	282.52	979.17	−45.4	3.20	71.83
2016	9387.56	3.9	14.18	146.93	8917.51	−22.8	13.47	218.16	597.20	−39.0	0.90	43.81
合计	46129.24		26.35		29693.71		16.96		9216.83		5.26	
2011—2015均值	6389.03			100.00	4087.60			100.00	1363.27			100.00

续表

年份	亚洲				大洋洲				非洲			
	金额	同比增长(%)	占比(%)	指数	金额	同比增长(%)	占比(%)	指数	金额	同比增长(%)	占比(%)	指数
2005	89.86		72.60	2.02	0.00		0.00	0.00	0.00		0.00	0.00
2006	85.00	-5.4	35.46	1.92	0.00	n.a.	0.00	0.00	0.00	n.a.	0.00	0.00
2007	1663.69	1857.3	74.60	37.49	0.00	n.a.	0.00	0.00	59.90	n.a.	2.69	56.17
2008	282.34	-83.0	8.99	6.36	2.00	n.a.	0.06	0.08	0.00	-100.0	0.00	0.00
2009	840.35	197.6	43.44	18.94	138.60	6830.0	7.16	5.45	117.60	n.a.	6.08	110.29
2010	553.26	-34.2	14.55	12.47	0.00	-100.0	0.00	0.00	0.00	-100.0	0.00	0.00
2011	5085.76	819.2	35.83	114.60	58.00	n.a.	0.41	2.28	139.20	n.a.	0.98	130.54
2012	1608.73	-68.4	18.30	36.25	490.37	745.5	5.58	19.29	210.26	51.0	2.39	197.18
2013	591.81	-63.2	15.05	13.34	475.07	-3.1	12.08	18.68	0.00	-100.0	0.00	0.00
2014	9075.09	1433.4	22.78	204.49	10267.58	2061.3	25.77	403.82	56.68	n.a.	0.14	53.16
2015	5827.85	-35.8	19.03	131.32	1422.05	-86.2	4.64	55.93	127.02	124.1	0.41	119.12
2016	18877.16	223.9	28.51	425.37	1813.48	27.5	2.74	71.32	21764.58	17034.8	32.87	20410.81
合计	44580.90		25.46		14667.15		8.38		22475.24		12.84	
2011—2015均值	4437.85			100.00	2542.61			100.00	106.63			100.00

年份	其他				合计			
	金额	同比增长(%)	占比(%)	指数	金额	同比增长(%)	占比(%)	指数
2005	26.42		21.34	4.80	123.78		100.00	0.64
2006	0.00	-100.0	0.00	0.00	239.70	93.7	100.00	1.23
2007	0.00	n.a.	0.00	0.00	2230.16	830.4	100.00	11.45
2008	289.98	n.a.	9.23	52.70	3140.10	40.8	100.00	16.12
2009	289.98	0.0	14.99	52.70	1934.50	-38.4	100.00	9.93
2010	93.32	-67.8	2.45	16.96	3802.07	96.5	100.00	19.52
2011	203.89	118.5	1.44	37.06	14193.72	273.3	100.00	72.87
2012	353.50	73.4	4.02	64.25	8788.86	-38.1	100.00	45.12
2013	230.86	-34.7	5.87	41.96	3933.35	-55.2	100.00	20.19

年份	其他				合计			
	金额	同比增长（%）	占比（%）	指数	金额	同比增长（%）	占比（%）	指数
2014	277.58	20.2	0.70	50.45	39843.07	913.0	100.00	204.56
2015	1685.31	507.1	5.50	306.29	30627.12	−23.1	100.00	157.25
2016	4862.92	188.5	7.34	883.80	66220.41	116.2	100.00	339.99
合计	8313.76		4.75		175076.84		100.00	
2011—2015 均值	550.23			100.00	19477.22			100.00

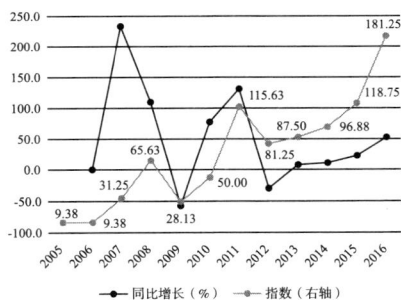

（1）欧洲数量别

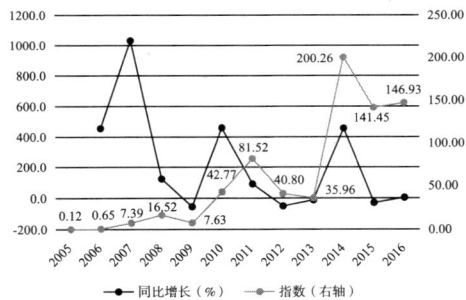

（2）欧洲金额别

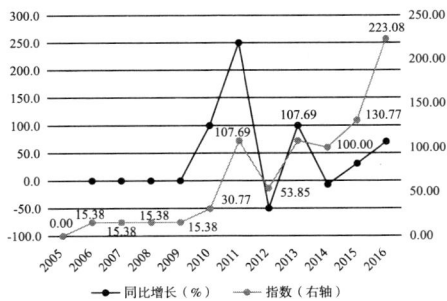

（3）北美数量别

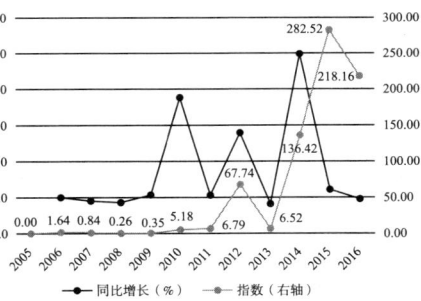

（4）北美金额别

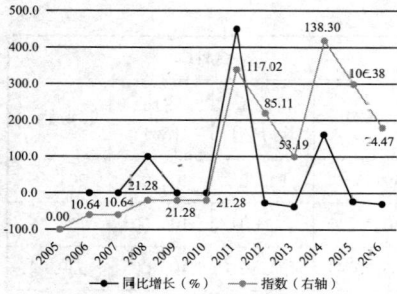

（5）中南美洲数量别

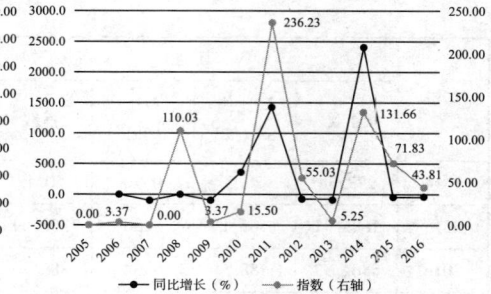

（6）中南美洲金额别

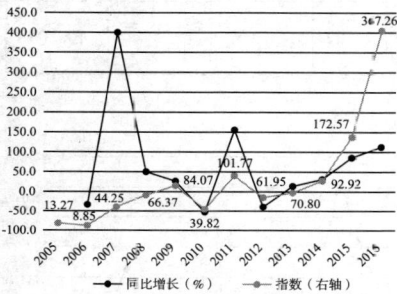

（7）亚洲数量别

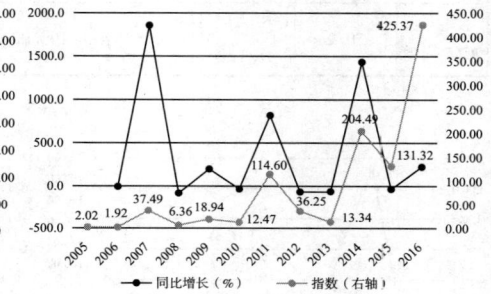

（8）亚洲金额别

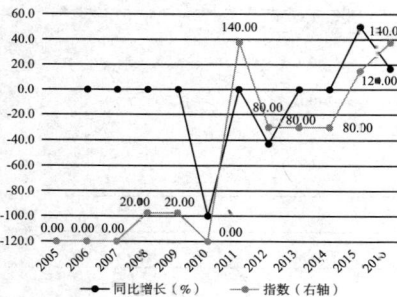

（9）大洋洲数量别

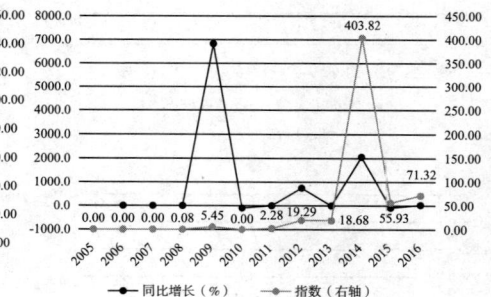

（10）大洋洲金额别

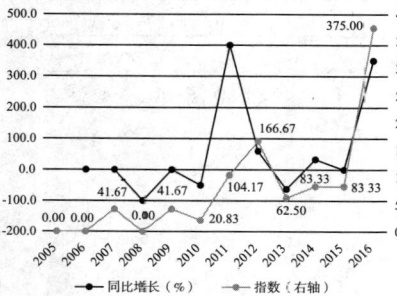

（11）非洲数量别

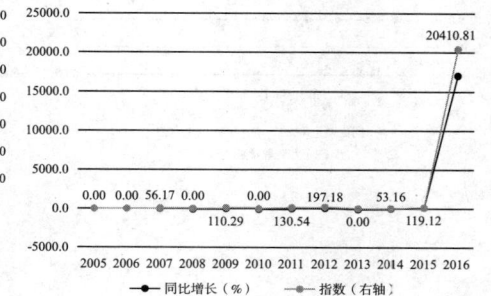

（12）非洲金额别

（13）其他数量别

（14）其他金额别

（15）标的国（地区合计）数量别

（16）标的国（地区合计）金额别

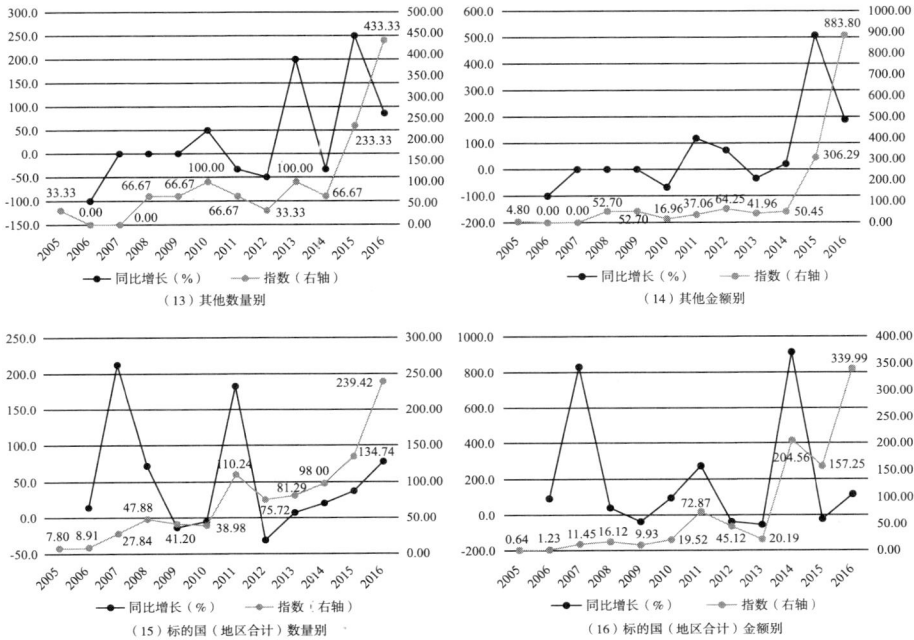

图 2-3-1　2005—2016 年海外直接投资标的国各地区项目数量和金额指数走势图

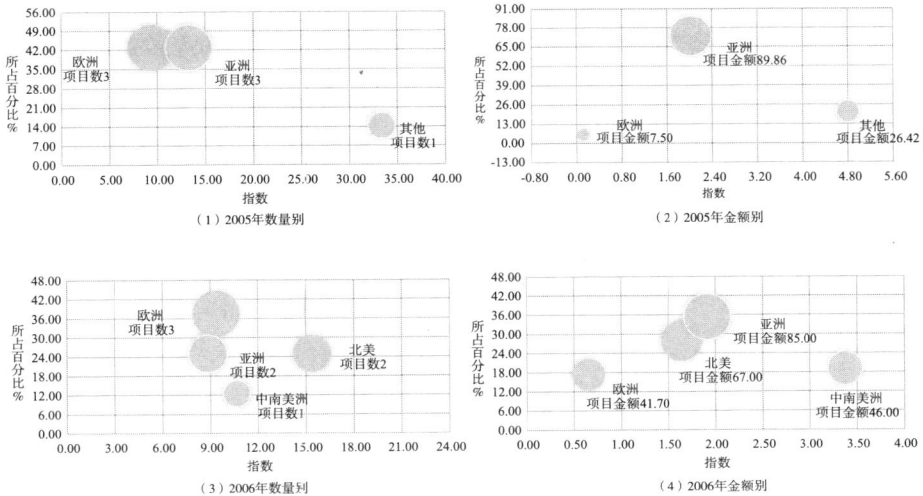

（1）2005年数量别

（2）2005年金额别

（3）2006年数量列

（4）2006年金额别

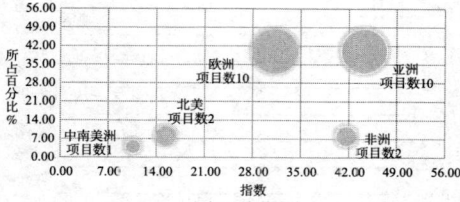

（5）2007年数量别

（6）2007年金额别

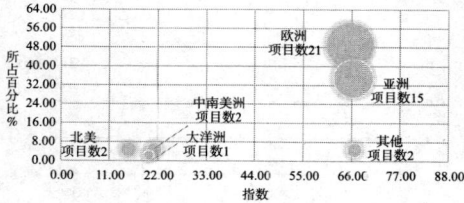

（7）2008年数量别

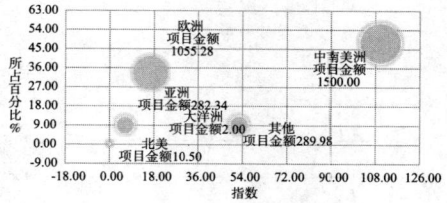

（8）2008年金额别

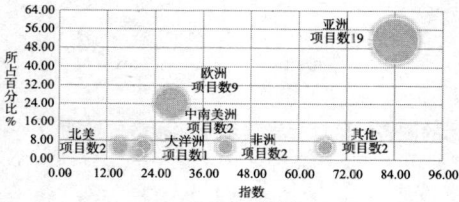

（9）2009年数量别

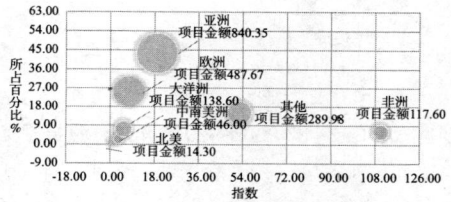

（10）2009年金额别

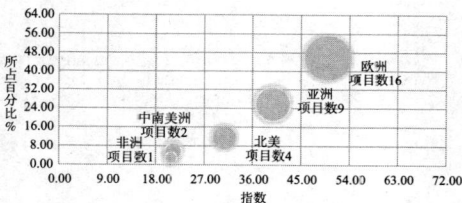

（11）2010年数量别

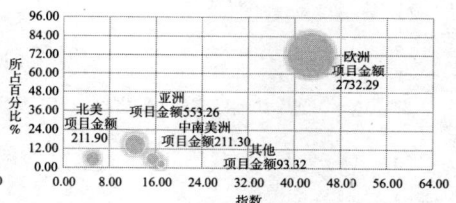

（12）2010年金额别

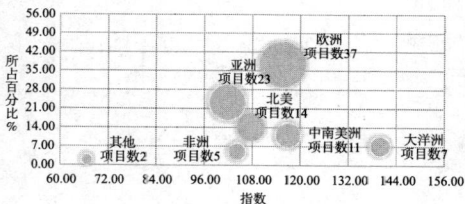

（13）2011年数量别

（14）2011年金额别

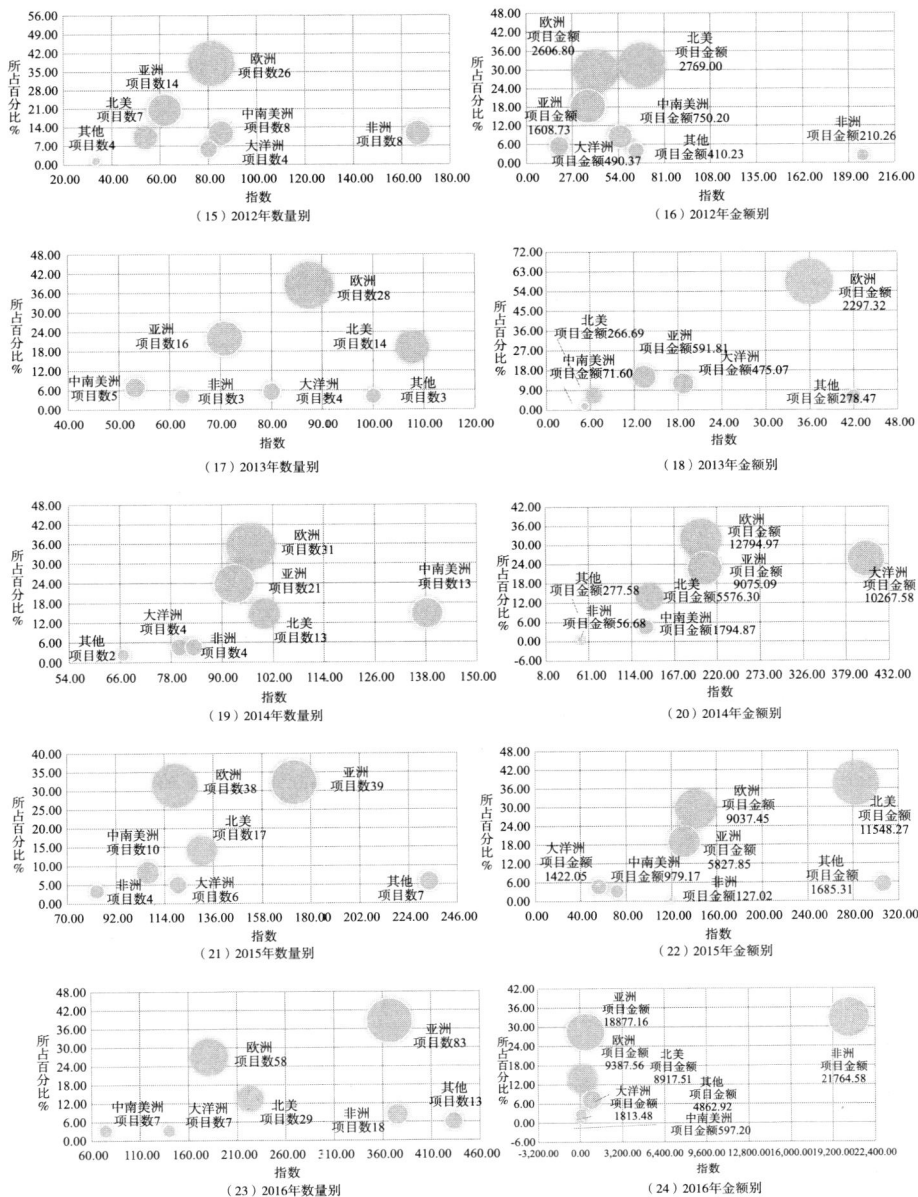

（15）2012年数量别

（16）2012年金额别

（17）2013年数量别

（18）2013年金额别

（19）2014年数量别

（20）2014年金额别

（21）2015年数量别

（22）2015年金额别

（23）2016年数量别

（24）2016年金额别

图 2-3-2　各年海外直接投资标的国（地区）项目数量和

金额区域分布指数图　（单位：件、百万美元）

2005—2016 年的 12 年间，本报告所筛选的民营样本企业在各个区域的投资交易数量前三位排序分别是亚洲、欧洲和非洲；投资金额的前三位依次是欧洲、亚洲和北美（美国和加拿大）。依平均每个项目的交易金额排序，以欧洲为最，平均 7.6 亿美元；非洲次之，为 4.78 亿美元；大洋洲位居第三，为 4.31 亿美元。亚洲投资项目数量虽然最多，为 254 件，但是项目平均金额为 1.75 亿美元。也就是说，欧洲的项目最大，亚洲的项目最小。

二、民营企业标的国（地区）投资项目数量和金额的国（地区）别分布

1. 标的国（地区）投资项目数量的国（地区）别分布

表 2-3-3　中国民营样本企业海外直接投资标的国（地区）数量指数——欧洲

（单位：件、%）

年份		英国	德国	法国	西班牙	比利时	奥地利	白俄罗斯	丹麦	俄罗斯	荷兰
2005	数量	1	0	0	0	1	0	0	0	0	0
	比例（%）	33.33	0.00	0.00	0.00	33.33	0.00	0.00	0.00	0.00	0.00
	指数	17.24	0.00	0.00	0.00	125.00	0.00	0.00	0.00	0.00	0.00
2006	数量	1	1	0	0	0	0	0	0	0	0
	比例（%）	33.33	33.33	0.00	0.00	0.00	0.00	0.00	0.00	0.00	0.00
	指数	17.24	16.67	0.00	0.00	0.00	0.00	0.00	0.00	0.00	0.00
2007	数量	2	0	0	0	4	0	0	0	2	0
	比例（%）	20.00	0.00	0.00	0.00	40.00	0.00	0.00	0.00	20.00	0.00
	指数	34.48	0.00	0.00	0.00	500.00	0.00	0.00	0.00	100.00	0.00
2008	数量	0	4	0	8	0	0	0	0	1	1
	比例（%）	0.00	19.05	0.00	38.10	0.00	0.00	0.00	0.00	4.76	4.76
	指数	0.00	66.67	0.00	666.67	0.00	0.00	0.00	0.00	50.00	33.33

年份		英国	德国	法国	西班牙	比利时	奥地利	白俄罗斯	丹麦	俄罗斯	荷兰
2009	数量	0	2	0	0	3	0	0	0	0	2
	比例（%）	0.00	22.22	0.00	0.00	33.33	0.00	0.00	0.00	0.00	22.22
	指数	0.00	33.33	0.00	0.00	375.00	0.00	0.00	0.00	0.00	66.67
2010	数量	0	3	0	2	2	0	0	0	2	1
	比例（%）	0.00	18.75	0.00	12.50	12.50	0.00	0.00	0.00	12.50	6.25
	指数	0.00	50.00	0.00	166.67	250.00	0.00	0.00	0.00	100.00	33.33
2011	数量	4	10	2	3	1	1	2	0	3	2
	比例（%）	10.81	27.03	5.41	8.11	2.70	2.70	5.41	0.00	8.11	5.41
	指数	68.97	166.67	142.86	250.00	125.00	83.33	250.00	0.00	150.00	66.67
2012	数量	4	6	1	0	1	1	0	0	2	4
	比例（%）	15.38	23.08	3.85	0.00	3.85	3.85	0.00	0.00	7.69	15.38
	指数	68.97	100.00	71.43	0.00	125.00	83.33	0.00	0.00	100.00	133.33
2013	数量	8	3	1	0	0	2	2	1	0	4
	比例（%）	28.57	10.71	3.57	0.00	0.00	7.14	7.14	3.57	0.00	14.29
	指数	137.93	50.00	71.43	0.00	0.00	166.67	250.00	250.00	0.00	133.33
2014	数量	8	7	2	2	0	2	0	1	2	1
	比例（%）	25.81	22.58	6.45	6.45	0.00	6.45	0.00	3.23	6.45	3.23
	指数	137.93	116.67	142.86	166.67	0.00	166.67	0.00	250.00	100.00	33.33
2015	数量	5	4	1	1	2	0	0	0	3	4
	比例（%）	13.16	10.53	2.63	2.63	5.26	0.00	0.00	0.00	7.89	10.53
	指数	86.21	66.67	71.43	83.33	250.00	0.00	0.00	0.00	150.00	133.33
2016	数量	10	9	4	4	0	2	1	0	4	3
	比例（%）	17.24	15.52	6.90	6.90	0.00	3.45	1.72	0.00	6.90	5.17
	指数	172.41	150.00	285.71	333.33	0.00	166.67	125.00	0.00	200.00	100.00
合计	数量	43	49	11	20	14	8	5	2	19	22
	比例（%）	15.36	17.50	3.93	7.14	5.00	2.86	1.79	0.71	6.79	7.86
2011—2015 均值		5.80	6.00	1.40	1.20	0.80	1.20	0.80	0.40	2.00	3.00

年份		捷克共和国	立陶宛	罗马尼亚	挪威	葡萄牙	瑞典	瑞士	斯洛伐克	意大利	波兰
2005	数量	0	0	0	0	0	0	0	0	1	0
	比例（%）	0.00	0.00	0.00	0.00	0.00	0.00	0.00	0.00	33.33	0.00
	指数	0.00	0.00	0.00	n.a.	0.00	0.00	0.00	0.00	125.00	0.00
2006	数量	0	0	0	0	0	0	0	0	0	0
	比例（%）	0.00	0.00	0.00	0.00	0.00	0.00	0.00	0.00	0.00	0.00
	指数	0.00	0.00	0.00	n.a.	0.00	0.00	0.00	0.00	0.00	0.00
2007	数量	0	0	0	0	0	0	0	0	2	0
	比例（%）	0.00	0.00	0.00	0.00	0.00	0.00	0.00	0.00	20.00	0.00
	指数	0.00	0.00	0.00	n.a.	0.00	0.00	0.00	0.00	250.00	0.00
2008	数量	0	0	0	0	1	0	1	0	4	0
	比例（%）	0.00	0.00	0.00	0.00	4.76	0.00	4.76	0.00	19.05	0.00
	指数	0.00	0.00	0.00	n.a.	500.00	0.00	100.00	0.00	500.00	0.00
2009	数量	0	0	0	0	0	0	0	0	1	0
	比例（%）	0.00	0.00	0.00	0.00	0.00	0.00	0.00	0.00	11.11	0.00
	指数	0.00	0.00	0.00	n.a.	0.00	0.00	0.00	0.00	125.00	0.00
2010	数量	0	1	0	2	0	1	1	0	0	0
	比例（%）	0.00	6.25	0.00	12.50	0.00	6.25	6.25	0.00	0.00	0.00
	指数	0.00	500.00	0.00	n.a.	0.00	166.67	100.00	0.00	0.00	0.00
2011	数量	0	1	1	0	1	1	0	0	2	1
	比例（%）	0.00	2.70	2.70	0.00	2.70	2.70	0.00	0.00	5.41	2.70
	指数	0.00	500.00	83.33	n.a.	500.00	166.67	0.00	0.00	250.00	166.67
2012	数量	0	0	1	0	0	0	1	0	0	0
	比例（%）	0.00	0.00	3.85	0.00	0.00	0.00	3.85	0.00	0.00	0.00
	指数	0.00	0.00	83.33	n.a.	0.00	0.00	100.00	0.00	0.00	0.00
2013	数量	0	0	2	0	0	1	0	0	0	1
	比例（%）	0.00	0.00	7.14	0.00	0.00	3.57	0.00	0.00	0.00	3.57
	指数	0.00	0.00	166.67	n.a.	0.00	166.67	0.00	0.00	0.00	166.67

续表

年份		捷克共和国	立陶宛	罗马尼亚	挪威	葡萄牙	瑞典	瑞士	斯洛伐克	意大利	波兰
2014	数量	1	0	1	0	0	1	1	0	0	1
	比例（%）	3.23	0.00	3.23	0.00	0.00	3.23	3.23	0.00	0.00	3.23
	指数	50.00	0.00	83.33	n.a.	0.00	166.67	100.00	0.00	0.00	166.67
2015	数量	9	0	1	0	0	0	3	2	2	0
	比例（%）	23.68	0.00	2.63	0.00	0.00	0.00	7.89	5.26	5.26	0.00
	指数	450.00	0.00	83.33	n.a.	0.00	0.00	300.00	500.00	250.00	0.00
2016	数量	7	0	1	0	1	3	1	0	3	0
	比例（%）	12.07	0.00	1.72	0.00	1.72	5.17	1.72	0.00	5.17	0.00
	指数	350.00	0.00	83.33	n.a.	500.00	500.00	100.00	0.00	375.00	0.00
合计	数量	17	2	7	2	3	7	8	2	15	3
	比例（%）	6.07	0.71	2.50	0.71	1.07	2.50	2.86	0.71	5.36	1.07
2011—2015均值		2.00	0.20	1.20	0.00	0.20	0.60	1.00	0.40	0.80	0.60

年份		芬兰	克罗地亚	马耳他	塞尔维亚	乌克兰	匈牙利	希腊	爱尔兰	保加利亚	合计
2005	数量	0	0	0	0	0	0	0	0	0	3
	比例（%）	0.00	0.00	0.00	0.00	0.00	0.00	0.00	0.00	0.00	100.00
	指数	0.00	n.a.	n.a.	n.a.	n.a.	0.00	0.00	0.00	0.00	9.38
2006	数量	0	0	0	0	1	0	0	0	0	3
	比例（%）	0.00	0.00	0.00	0.00	33.33	0.00	0.00	0.00	0.00	100.00
	指数	0.00	n.a.	n.a.	n.a.	n.a.	0.00	0.00	0.00	0.00	9.38
2007	数量	0	0	0	0	0	0	0	0	0	10
	比例（%）	0.00	0.00	0.00	0.00	0.00	0.00	0.00	0.00	0.00	100.00
	指数	0.00	n.a.	n.a.	n.a.	n.a.	0.00	0.00	0.00	0.00	31.25
2008	数量	0	0	0	0	0	0	1	0	0	21
	比例（%）	0.00	0.00	0.00	0.00	0.00	0.00	4.76	0.00	0.00	100.00
	指数	0.00	n.a.	n.a.	n.a.	n.a.	0.00	250.00	0.00	0.00	65.63

续表

年份		芬兰	克罗地亚	马耳他	塞尔维亚	乌克兰	匈牙利	希腊	爱尔兰	保加利亚	合计
2009	数量	0	0	0	0	0	1	0	0	0	9
	比例（%）	0.00	0.00	0.00	0.00	0.00	11.11	0.00	0.00	0.00	100.00
	指数	0.00	n.a.	n.a.	n.a.	n.a.	166.67	0.00	0.00	0.00	28.13
2010	数量	0	1	0	0	0	0	0	0	0	16
	比例（%）	0.00	6.25	0.00	0.00	0.00	0.00	0.00	0.00	0.00	100.00
	指数	0.00	n.a.	n.a.	n.a.	n.a.	0.00	0.00	0.00	0.00	50.00
2011	数量	0	0	0	0	0	1	1	0	0	37
	比例（%）	0.00	0.00	0.00	0.00	0.00	2.70	2.70	0.00	0.00	100.00
	指数	0.00	n.a.	n.a.	n.a.	n.a.	166.67	250.00	0.00	0.00	115.63
2012	数量	1	0	0	0	0	1	0	0	3	26
	比例（%）	3.85	0.00	0.00	0.00	0.00	3.85	0.00	0.00	11.54	100.00
	指数	500.00	n.a.	n.a.	n.a.	n.a.	166.67	0.00	0.00	500.00	81.25
2013	数量	0	0	0	0	0	0	1	2	0	28
	比例（%）	0.00	0.00	0.00	0.00	0.00	0.00	3.57	7.14	0.00	100.00
	指数	0.00	n.a.	n.a.	n.a.	n.a.	0.00	250.00	333.33	0.00	87.50
2014	数量	0	0	0	0	0	1	0	0	0	31
	比例（%）	0.00	0.00	0.00	0.00	0.00	3.23	0.00	0.00	0.00	100.00
	指数	0.00	n.a.	n.a.	n.a.	n.a.	166.67	0.00	0.00	0.00	96.88
2015	数量	0	0	0	0	0	0	0	1	0	38
	比例（%）	0.00	0.00	0.00	0.00	0.00	0.00	0.00	2.63	0.00	100.00
	指数	0.00	n.a.	n.a.	n.a.	n.a.	0.00	0.00	166.67	0.00	118.75
2016	数量	1	0	1	1	0	1	0	1	0	58
	比例（%）	1.72	0.00	1.72	1.72	0.00	1.72	0.00	1.72	0.00	100.00
	指数	500.00	n.a.	n.a.	n.a.	n.a.	166.67	0.00	166.67	0.00	181.25
合计	数量	2	1	1	1	1	5	3	4	3	280
	比例（%）	0.71	0.36	0.36	0.36	0.36	1.79	1.07	1.43	1.07	100.00
2011—2015 均值		0.20	0.00	0.00	0.00	0.00	0.60	0.40	0.60	0.60	32.00

表 2-3-4 中国民营样本企业海外直接投资标的国（地区）数量指数——北美洲

（单位：件、%）

年份		美国	加拿大	合计
2005	数量	0	0	0
	比例（%）	n. a.	n. a.	n. a.
	指数	0.00	0.00	0.00
2006	数量	2	0	2
	比例（%）	100.00	0.00	100.00
	指数	18.87	0.00	15.38
2007	数量	2	0	2
	比例（%）	100.00	0.00	100.00
	指数	18.87	0.00	15.38
2008	数量	2	0	2
	比例（%）	100.00	0.00	100.00
	指数	18.87	0.00	15.38
2009	数量	2	0	2
	比例（%）	100.00	0.00	100.00
	指数	18.87	0.00	15.38
2010	数量	4	0	4
	比例（%）	100.00	0.00	100.00
	指数	37.74	0.00	30.77
2011	数量	11	3	14
	比例（%）	78.57	21.43	100.00
	指数	103.77	125.00	107.69
2012	数量	5	2	7
	比例（%）	71.43	28.57	100.00
	指数	47.17	83.33	53.85
2013	数量	11	3	14
	比例（%）	78.57	21.43	100.00
	指数	103.77	125.00	107.69

续表

年份		美国	加拿大	合计
2014	数量	11	2	13
	比例（%）	84.62	15.38	100.00
	指数	103.77	83.33	100.00
2015	数量	15	2	17
	比例（%）	88.24	11.76	100.00
	指数	141.51	83.33	130.77
2016	数量	28	1	29
	比例（%）	96.55	3.45	100.00
	指数	264.15	41.67	223.08
合计	数量	93	13	106
	比例（%）	87.74	12.26	100.00
2011—2015 均值		10.60	2.40	13.00

表 2-3-5　中国民营样本企业海外直接投资标的国（地区）数量指数——中南美洲

（单位：件、%）

年份		墨西哥	玻利维亚	哥伦比亚	巴西	委内瑞拉	秘鲁
2005	数量	0	0	0	0	0	0
	比例（%）	n.a.	n.a.	n.a.	n.a.	n.a.	n.a.
	指数	0.00	n.a.	0.00	0.00	0.00	0.00
2006	数量	0	0	0	0	0	0
	比例（%）	0.00	0.00	0.00	0.00	0.00	0.00
	指数	0.00	n.a.	0.00	0.00	0.00	0.00
2007	数量	0	0	0	0	0	0
	比例（%）	0.00	0.00	0.00	0.00	0.00	0.00
	指数	0.00	n.a.	0.00	0.00	0.00	0.00
2008	数量	1	0	0	0	0	0
	比例（%）	50.00	0.00	0.00	0.00	0.00	0.00
	指数	62.50	n.a.	0.00	0.00	0.00	0.00

年份		墨西哥	玻利维亚	哥伦比亚	巴西	委内瑞拉	秘鲁
2009	数量	0	0	0	1	0	0
	比例（%）	0.00	0.00	0.00	50.00	0.00	0.00
	指数	0.00	n. a.	0.00	20.83	0.00	0.00
2010	数量	0	0	0	2	0	0
	比例（%）	0.00	0.00	0.00	100.00	0.00	0.00
	指数	0.00	n. a.	0.00	41.67	0.00	0.00
2011	数量	0	0	1	6	0	0
	比例（%）	0.00	0.00	9.09	54.55	0.00	0.00
	指数	0.00	n. a.	500.00	125.00	0.00	0.00
2012	数量	0	0	0	5	0	1
	比例（%）	0.00	0.00	0.00	62.50	0.00	12.50
	指数	0.00	n. a.	0.00	104.17	0.00	500.00
2013	数量	0	0	0	2	1	0
	比例（%）	0.00	0.00	0.00	40.00	20.00	0.00
	指数	0.00	n. a.	0.00	41.67	125.00	0.00
2014	数量	5	0	0	7	1	0
	比例（%）	38.46	0.00	0.00	53.85	7.69	0.00
	指数	312.50	n. a.	0.00	145.83	125.00	0.00
2015	数量	3	0	0	4	2	0
	比例（%）	30.00	0.00	0.00	40.00	20.00	0.00
	指数	187.50	n. a.	0.00	83.33	250.00	0.00
2016	数量	3	1	0	0	0	0
	比例（%）	42.86	14.29	0.00	0.00	0.00	0.00
	指数	187.50	n. a.	0.00	0.00	0.00	0.00
合计	数量	12	1	1	27	4	1
	比例（%）	19.35	1.61	1.61	43.55	6.45	1.61
2011—2015 均值		1.60	0.00	0.20	4.80	0.80	0.20

续表

年份		阿根廷	乌拉圭	巴拿马	智利	圭亚那	巴巴多斯	合计
2005	数量	0	0	0	0	0	0	0
	比例（%）	n. a.	n. a.	n. a.	n. a.	n. a.	n. a.	n. a.
	指数	0.00	0.00	0.00	0.00	0.00	0.00	0.00
2006	数量	0	0	0	0	1	0	1
	比例（%）	0.00	0.00	0.00	0.00	100.00	0.00	100.00
	指数	0.00	0.00	0.00	0.00	500.00	0.00	10.64
2007	数量	0	0	0	1	0	0	1
	比例（%）	0.00	0.00	0.00	100.00	0.00	0.00	100.00
	指数	0.00	0.00	0.00	250.00	0.00	0.00	10.64
2008	数量	0	0	0	0	1	0	2
	比例（%）	0.00	0.00	0.00	0.00	50.00	0.00	100.00
	指数	0.00	0.00	0.00	0.00	500.00	0.00	21.28
2009	数量	0	0	0	0	1	0	2
	比例（%）	0.00	0.00	0.00	0.00	50.00	0.00	100.00
	指数	0.00	0.00	0.00	0.00	500.00	0.00	21.28
2010	数量	0	0	0	0	0	0	2
	比例（%）	0.00	0.00	0.00	0.00	0.00	0.00	100.00
	指数	0.00	0.00	0.00	0.00	0.00	0.00	21.28
2011	数量	1	1	1	0	0	1	11
	比例（%）	9.09	9.09	9.09	0.00	0.00	9.09	100.00
	指数	250.00	500.00	250.00	0.00	0.00	500.00	117.02
2012	数量	0	0	0	1	1	0	8
	比例（%）	0.00	0.00	0.00	12.50	12.50	0.00	100.00
	指数	0.00	0.00	0.00	250.00	500.00	0.00	85.11
2013	数量	1	0	0	1	0	0	5
	比例（%）	20.00	0.00	0.00	20.00	0.00	0.00	100.00
	指数	250.00	0.00	0.00	250.00	0.00	0.00	53.19

续表

年份		阿根廷	乌拉圭	巴拿马	智利	圭亚那	巴巴多斯	合计
2014	数量	0	0	0	0	0	0	13
	比例（%）	0.00	0.00	0.00	0.00	0.00	0.00	100.00
	指数	0.00	0.00	0.00	0.00	0.00	0.00	138.30
2015	数量	0	0	1	0	0	0	10
	比例（%）	0.00	0.00	10.00	0.00	0.00	0.00	100.00
	指数	0.00	0.00	250.00	0.00	0.00	0.00	106.38
2016	数量	2	0	1	0	0	0	7
	比例（%）	28.57	0.00	14.29	0.00	0.00	0.00	100.00
	指数	500.00	0.00	250.00	0.00	0.00	0.00	74.47
合计	数量	4	1	3	3	4	1	62
	比例（%）	6.45	1.61	4.84	4.84	6.45	1.61	100.00
2011—2015均值		0.40	0.20	0.40	0.40	0.20	0.20	9.40

表2-3-6　中国民营样本企业海外直接投资标的国（地区）数量指数——亚洲

（单位：件、%）

年份		日本	蒙古	新加坡	韩国	中国台湾	中国香港	马来西亚	泰国	越南	老挝
2005	数量	0	0	0	0	0	0	1	0	1	0
	比例（%）	0.00	0.00	0.00	0.00	0.00	0.00	33.33	0.00	33.33	0.00
	指数	0.00	0.00	0.00	0.00	0.00	0.00	83.33	0.00	166.67	n. a.
2006	数量	0	0	0	0	0	0	0	0	1	0
	比例（%）	0.00	0.00	0.00	0.00	0.00	0.00	0.00	0.00	50.00	0.00
	指数	0.00	0.00	0.00	0.00	0.00	0.00	0.00	0.00	166.67	n. a.
2007	数量	0	0	1	0	0	2	1	0	1	0
	比例（%）	0.00	0.00	10.00	0.00	0.00	20.00	10.00	0.00	10.00	0.00
	指数	0.00	0.00	55.56	0.00	0.00	38.46	83.33	0.00	166.67	n. a.
2008	数量	0	0	0	2	0	4	0	1	4	0
	比例（%）	0.00	0.00	0.00	13.33	0.00	26.67	0.00	6.67	26.67	0.00
	指数	0.00	0.00	0.00	111.11	0.00	76.92	0.00	50.00	666.67	n. a.

年份		日本	蒙古	新加坡	韩国	中国台湾	中国香港	马来西亚	泰国	越南	老挝
2009	数量	3	0	2	0	0	4	0	0	2	1
	比例（%）	15.79	0.00	10.53	0.00	0.00	21.05	0.00	0.00	10.53	5.26
	指数	300.00	0.00	111.11	0.00	0.00	76.92	0.00	0.00	333.33	n. a.
2010	数量	2	0	1	0	1	1	0	0	0	0
	比例（%）	22.22	0.00	11.11	0.00	11.11	11.11	0.00	0.00	0.00	0.00
	指数	200.00	0.00	55.56	0.00	166.67	19.23	0.00	0.00	0.00	n. a.
2011	数量	0	0	4	1	0	9	0	2	0	0
	比例（%）	0.00	0.00	17.39	4.35	0.00	39.13	0.00	8.70	0.00	0.00
	指数	0.00	0.00	222.22	55.56	0.00	173.08	0.00	100.00	0.00	n. a.
2012	数量	1	0	3	0	0	3	1	0	0	0
	比例（%）	7.14	0.00	21.43	0.00	0.00	21.43	7.14	0.00	0.00	0.00
	指数	100.00	0.00	166.67	0.00	0.00	57.69	83.33	0.00	0.00	n. a.
2013	数量	1	1	1	1	1	4	1	1	0	0
	比例（%）	6.25	6.25	6.25	6.25	6.25	25.00	6.25	6.25	0.00	0.00
	指数	100.00	250.00	55.56	55.56	166.67	76.92	83.33	50.00	0.00	n. a.
2014	数量	2	0	1	2	1	5	1	1	2	0
	比例（%）	9.52	0.00	4.76	9.52	4.76	23.81	4.76	4.76	9.52	0.00
	指数	200.00	0.00	55.56	111.11	166.67	96.15	83.33	50.00	333.33	n. a.
2015	数量	1	1	0	5	1	5	3	6	1	0
	比例（%）	2.56	2.56	0.00	12.82	2.56	12.82	7.69	15.38	2.56	0.00
	指数	100.00	250.00	0.00	277.78	166.67	96.15	250.00	300.00	166.67	n. a.
2016	数量	5	0	6	3	0	17	6	6	1	0
	比例（%）	6.02	0.00	7.23	3.61	0.00	20.48	7.23	7.23	1.20	0.00
	指数	500.00	0.00	333.33	166.67	0.00	326.92	500.00	300.00	166.67	n. a.
合计	数量	15	2	19	14	4	54	14	17	13	1
	比例（%）	5.91	0.79	7.48	5.51	1.57	21.26	5.51	6.69	5.12	0.39
2011—2015 均值		1.00	0.40	1.80	1.80	0.60	5.20	1.20	2.00	0.60	0.00

年份		文莱	菲律宾	柬埔寨	印度尼西亚	印度	巴基斯坦	孟加拉国	斯里兰卡	尼泊尔	哈萨克斯坦	乌兹别克斯坦
2005	数量	0	0	0	0	1	0	0	0	0	0	0
	比例（%）	0.00	0.00	0.00	0.00	33.33	0.00	0.00	0.00	0.00	0.00	0.00
	指数	0.00	n.a.	n.a.	0.00	33.33	n.a.	n.a.	n.a.	0.00	0.00	0.00
2006	数量	0	0	0	0	1	0	0	0	0	0	0
	比例（%）	0.00	0.00	0.00	0.00	50.00	0.00	0.00	0.00	0.00	0.00	0.00
	指数	0.00	n.a.	n.a.	0.00	33.33	n.a.	n.a.	n.a.	0.00	0.00	0.00
2007	数量	0	2	0	2	0	0	0	0	0	0	0
	比例（%）	0.00	20.00	0.00	20.00	0.00	0.00	0.00	0.00	0.00	0.00	0.00
	指数	0.00	n.a.	n.a.	166.67	0.00	n.a.	n.a.	n.a.	0.00	0.00	0.00
2008	数量	0	0	0	0	3	1	0	0	0	0	0
	比例（%）	0.00	0.00	0.00	0.00	20.00	6.67	0.00	0.00	0.00	0.00	0.00
	指数	0.00	n.a.	n.a.	0.00	100.00	n.a.	n.a.	n.a.	0.00	0.00	0.00
2009	数量	0	1	0	3	0	0	0	0	0	0	0
	比例（%）	0.00	5.26	0.00	15.79	0.00	0.00	0.00	0.00	0.00	0.00	0.00
	指数	0.00	n.a.	n.a.	250.00	0.00	n.a.	n.a.	n.a.	0.00	0.00	0.00
2010	数量	0	0	0	1	1	0	0	0	0	0	0
	比例（%）	0.00	0.00	0.00	11.11	11.11	0.00	0.00	0.00	0.00	0.00	0.00
	指数	0.00	n.a.	n.a.	83.33	33.33	n.a.	n.a.	n.a.	0.00	0.00	0.00
2011	数量	1	0	0	0	2	0	0	0	0	0	0
	比例（%）	4.35	0.00	0.00	0.00	8.70	0.00	0.00	0.00	0.00	0.00	0.00
	指数	500.00	n.a.	n.a.	0.00	66.67	n.a.	n.a.	n.a.	0.00	0.00	0.00
2012	数量	0	0	0	1	3	0	0	0	0	0	1
	比例（%）	0.00	0.00	0.00	7.14	21.43	0.00	0.00	0.00	0.00	0.00	7.14
	指数	0.00	n.a.	n.a.	83.33	100.00	n.a.	n.a.	n.a.	0.00	0.00	250.00
2013	数量	0	0	0	0	2	0	0	0	0	0	0
	比例（%）	0.00	0.00	0.00	0.00	12.50	0.00	0.00	0.00	0.00	0.00	0.00
	指数	0.00	n.a.	n.a.	0.00	66.67	n.a.	n.a.	n.a.	0.00	0.00	0.00

年份		文莱	菲律宾	柬埔寨	印度尼西亚	印度	巴基斯坦	孟加拉国	斯里兰卡	尼泊尔	哈萨克斯坦	乌兹别克斯坦
2014	数量	0	0	0	3	2	0	0	0	0	0	0
	比例（%）	0.00	0.00	0.00	14.29	9.52	0.00	0.00	0.00	0.00	0.00	0.00
	指数	0.00	n. a.	n. a.	250.00	66.67	n. a.	n. a.	n. a.	0.00	0.00	0.00
2015	数量	0	0	0	2	6	0	0	0	1	3	1
	比例（%）	0.00	0.00	0.00	5.13	15.38	0.00	0.00	0.00	2.56	7.69	2.56
	指数	0.00	n. a.	n. a.	166.67	200.00	n. a.	n. a.	n. a.	500.00	500.00	250.00
2016	数量	0	2	2	3	15	0	1	4	0	3	1
	比例（%）	0.00	2.41	2.41	3.61	18.07	0.00	1.20	4.82	0.00	3.61	1.20
	指数	0.00	n. a.	n. a.	250.00	500.00	n. a.	n. a.	n. a.	0.00	500.00	250.00
合计	数量	1	5	2	15	36	1	1	4	1	6	3
	比例（%）	0.39	1.97	0.79	5.91	14.17	0.39	0.39	1.57	0.39	2.36	1.18
2011—2015 均值		0.20	0.00	0.00	1.20	3.00	0.00	0.00	0.00	0.20	0.60	0.40

年份		沙特阿拉伯	约旦	科威特	巴林	阿拉伯联合酋长国	阿塞拜疆	土耳其	伊拉克	伊朗	以色列	合计
2005	数量	0	0	0	0	0	0	0	0	0	0	3
	比例（%）	0.00	0.00	0.00	0.00	0.00	0.00	0.00	0.00	0.00	0.00	100.00
	指数	0.00	n. a.	0.00	0.00	0.00	0.00	0.00	0.00	n. a.	n. a.	13.27
2006	数量	0	0	0	0	0	0	0	0	0	0	2
	比例（%）	0.00	0.00	0.00	0.00	0.00	0.00	0.00	0.00	0.00	0.00	100.00
	指数	0.00	n. a.	0.00	0.00	0.00	0.00	0.00	0.00	n. a.	n. a.	8.85
2007	数量	0	0	0	0	0	0	0	0	1	0	10
	比例（%）	0.00	0.00	0.00	0.00	0.00	0.00	0.00	0.00	10.00	0.00	100.00
	指数	0.00	n. a.	0.00	0.00	0.00	0.00	0.00	0.00	n. a.	n. a.	44.25
2008	数量	0	0	0	0	0	0	0	0	0	0	15
	比例（%）	0.00	0.00	0.00	0.00	0.00	0.00	0.00	0.00	0.00	0.00	100.00
	指数	0.00	n. a.	0.00	0.00	0.00	0.00	0.00	0.00	n. a.	n. a.	66.37

年份		沙特阿拉伯	约旦	科威特	巴林	阿拉伯联合酋长国	阿塞拜疆	土耳其	伊拉克	伊朗	以色列	合计
2009	数量	0	0	0	0	0	2	1	0	0	0	19
	比例（%）	0.00	0.00	0.00	0.00	0.00	10.53	5.26	0.00	0.00	0.00	100.00
	指数	0.00	n.a.	0.00	0.00	0.00	1000.00	166.67	0.00	n.a.	n.a.	84.07
2010	数量	0	0	0	0	0	1	0	0	0	1	9
	比例（%）	0.00	0.00	0.00	0.00	0.00	11.11	0.00	0.00	0.00	11.11	100.00
	指数	0.00	n.a.	0.00	0.00	0.00	500.00	0.00	0.00	n.a.	n.a.	39.82
2011	数量	0	0	0	0	0	1	2	1	0	0	23
	比例（%）	0.00	0.00	0.00	0.00	0.00	4.35	8.70	4.35	0.00	0.00	100.00
	指数	0.00	n.a.	0.00	0.00	0.00	500.00	333.33	500.00	n.a.	n.a.	101.77
2012	数量	0	0	0	0	1	0	0	0	0	0	14
	比例（%）	0.00	0.00	0.00	0.00	7.14	0.00	0.00	0.00	0.00	0.00	100.00
	指数	0.00	n.a.	0.00	0.00	250.00	0.00	0.00	0.00	n.a.	n.a.	61.95
2013	数量	0	0	0	1	1	0	1	0	0	0	16
	比例（%）	0.00	0.00	0.00	6.25	6.25	0.00	6.25	0.00	0.00	0.00	100.00
	指数	0.00	n.a.	0.00	250.00	250.00	0.00	166.67	0.00	n.a.	n.a.	70.80
2014	数量	0	0	1	0	0	0	0	0	0	0	21
	比例（%）	0.00	0.00	4.76	0.00	0.00	0.00	0.00	0.00	0.00	0.00	100.00
	指数	0.00	n.a.	250.00	0.00	0.00	0.00	0.00	0.00	n.a.	n.a.	92.92
2015	数量	1	0	1	1	0	0	0	0	0	0	39
	比例（%）	2.56	0.00	2.56	2.56	0.00	0.00	0.00	0.00	0.00	0.00	100.00
	指数	500.00	n.a.	250.00	250.00	0.00	0.00	0.00	0.00	n.a.	n.a.	172.57
2016	数量	1	1	0	0	3	1	1	0	0	1	83
	比例（%）	1.20	1.20	0.00	0.00	3.61	1.20	1.20	0.00	0.00	1.20	100.00
	指数	500.00	n.a.	0.00	0.00	750.00	500.00	166.67	0.00	n.a.	n.a.	367.26
合计	数量	2	1	2	2	5	5	5	1	1	2	254
	比例（%）	0.79	0.39	0.79	0.79	1.97	1.97	1.97	0.39	0.39	0.79	100.00
2011—2015均值		0.20	0.00	0.40	0.40	0.40	0.20	0.60	0.20	0.00	0.00	22.60

表 2-3-7 中国民营样本企业海外直接投资标的国（地区）数量指数——大洋洲

（单位：件、%）

年份		澳大利亚	合计
2005	数量	0	0
	比例（%）	n. a.	n. a.
	指数	0.00	0.00
2006	数量	0	0
	比例（%）	n. a.	n. a.
	指数	0.00	0.00
2007	数量	0	0
	比例（%）	n. a.	n. a.
	指数	0.00	0.00
2008	数量	1	1
	比例（%）	100.00	100.00
	指数	20.00	20.00
2009	数量	1	1
	比例（%）	100.00	100.00
	指数	20.00	20.00
2010	数量	0	0
	比例（%）	n. a.	n. a.
	指数	0.00	0.00
2011	数量	7	7
	比例（%）	100.00	100.00
	指数	140.00	140.00
2012	数量	4	4
	比例（%）	100.00	100.00
	指数	80.00	80.00
2013	数量	4	4
	比例（%）	100.00	100.00
	指数	80.00	80.00

年份		澳大利亚	合计
2014	数量	4	4
	比例（%）	100.00	100.00
	指数	80.00	80.00
2015	数量	6	6
	比例（%）	100.00	100.00
	指数	120.00	120.00
2016	数量	7	7
	比例（%）	100.00	100.00
	指数	140.00	140.00
合计	数量	34	34
	比例（%）	100.00	100.00
2011—2015 均值		5.00	5.00

表 2-3-8　中国民营样本企业海外直接投资标的国（地区）数量指数——非洲

（单位：件、%）

年份		坦桑尼亚	加纳	加蓬	津巴布韦	南非	埃及	埃塞俄比亚
2005	数量	0	0	0	0	0	0	0
	比例（%）	n. a.	n. a.	n. a.	n. a.	n. a.	n. a.	n. a.
	指数	0.00	0.00	0.00	0.00	0.00	0.00	0.00
2006	数量	0	0	0	0	0	0	0
	比例（%）	n. a.	n. a.	n. a.	n. a.	n. a.	n. a.	n. a.
	指数	0.00	0.00	0.00	0.00	0.00	0.00	0.00
2007	数量	0	0	0	0	1	0	0
	比例（%）	0.00	0.00	0.00	0.00	50.00	0.00	0.00
	指数	0.00	0.00	0.00	0.00	62.50	0.00	0.00
2008	数量	0	0	0	0	0	0	0
	比例（%）	n. a.	n. a.	n. a.	n. a.	n. a.	n. a.	n. a.
	指数	0.00	0.00	0.00	0.00	0.00	0.00	0.00

年份		坦桑尼亚	加纳	加蓬	津巴布韦	南非	埃及	埃塞俄比亚
2009	数量	0	0	0	0	0	0	1
	比例（%）	0.00	0.00	0.00	0.00	0.00	0.00	50.00
	指数	0.00	0.00	0.00	0.00	0.00	0.00	500.00
2010	数量	0	1	0	0	0	0	0
	比例（%）	0.00	100.00	0.00	0.00	0.00	0.00	0.00
	指数	0.00	500.00	0.00	0.00	0.00	0.00	0.00
2011	数量	1	0	0	0	3	0	1
	比例（%）	20.00	0.00	0.00	0.00	60.00	0.00	20.00
	指数	250.00	0.00	0.00	0.00	187.50	0.00	500.00
2012	数量	0	1	1	0	0	2	0
	比例（%）	0.00	12.50	12.50	0.00	0.00	25.00	0.00
	指数	0.00	500.00	250.00	0.00	0.00	333.33	0.00
2013	数量	1	0	0	0	1	0	0
	比例（%）	33.33	0.00	0.00	0.00	33.33	0.00	0.00
	指数	250.00	0.00	0.00	0.00	62.50	0.00	0.00
2014	数量	0	0	1	1	2	0	0
	比例（%）	0.00	0.00	25.00	25.00	50.00	0.00	0.00
	指数	0.00	0.00	250.00	500.00	125.00	0.00	0.00
2015	数量	0	0	0	0	2	1	0
	比例（%）	0.00	0.00	0.00	0.00	50.00	25.00	0.00
	指数	0.00	0.00	0.00	0.00	125.00	166.67	0.00
2016	数量	0	1	0	0	3	6	4
	比例（%）	0.00	5.56	0.00	0.00	16.67	33.33	22.22
	指数	0.00	500.00	0.00	0.00	187.50	1000.00	2000.00
合计	数量	2	3	2	1	12	9	6
	比例（%）	4.26	6.38	4.26	2.13	25.53	19.15	12.77
2011—2015 均值		0.40	0.20	0.40	0.20	1.60	0.60	0.20

年份		阿尔及利亚	多哥	科特迪瓦	摩洛哥	尼日利亚	塞内加尔	赞比亚	合计
2005	数量	0	0	0	0	0	0	0	0
	比例（%）	n. a.	n. a.	n. a.	n. a.	n. a.	n. a.	n. a.	n. a.
	指数	0.00	n. a.	0.00	0.00	0.00	n. a.	0.00	0.00
2006	数量	0	0	0	0	0	0	0	0
	比例（%）	n. a.	n. a.	n. a.	n. a.	n. a.	n. a.	n. a.	n. a.
	指数	0.00	n. a.	0.00	0.00	0.00	n. a.	0.00	0.00
2007	数量	0	0	0	0	1	0	0	2
	比例（%）	0.00	0.00	0.00	0.00	50.00	0.00	0.00	100.00
	指数	0.00	n. a.	0.00	0.00	500.00	n. a.	0.00	41.67
2008	数量	0	0	0	0	0	0	0	0
	比例（%）	n. a.	n. a.	n. a.	n. a.	n. a.	n. a.	n. a.	n. a.
	指数	0.00	n. a.	0.00	0.00	0.00	n. a.	0.00	0.00
2009	数量	1	0	0	0	0	0	0	2
	比例（%）	50.00	0.00	0.00	0.00	0.00	0.00	0.00	100.00
	指数	500.00	n. a.	0.00	0.00	0.00	n. a.	0.00	41.67
2010	数量	0	0	0	0	0	0	0	1
	比例（%）	0.00	0.00	0.00	0.00	0.00	0.00	0.00	100.00
	指数	0.00	n. a.	0.00	0.00	0.00	n. a.	0.00	20.83
2011	数量	0	0	0	0	0	0	0	5
	比例（%）	0.00	0.00	0.00	0.00	0.00	0.00	0.00	100.00
	指数	0.00	n. a.	0.00	0.00	0.00	n. a.	0.00	104.17
2012	数量	0	0	1	1	1	0	1	8
	比例（%）	0.00	0.00	12.50	12.50	12.50	0.00	12.50	100.00
	指数	0.00	n. a.	500.00	250.00	500.00	n. a.	500.00	166.67
2013	数量	1	0	0	0	0	0	0	3
	比例（%）	33.33	0.00	0.00	0.00	0.00	0.00	0.00	100.00
	指数	500.00	n. a.	0.00	0.00	0.00	n. a.	0.00	62.50

年份		阿尔及利亚	多哥	科特迪瓦	摩洛哥	尼日利亚	塞内加尔	赞比亚	合计
2014	数量	0	0	0	0	0	0	0	4
	比例（％）	0.00	0.00	0.00	0.00	0.00	0.00	0.00	100.00
	指数	0.00	n. a.	0.00	0.00	0.00	n. a.	0.00	83.33
2015	数量	0	0	0	1	0	0	0	4
	比例（％）	0.00	0.00	0.00	25.00	0.00	0.00	0.00	100.00
	指数	0.00	n. a.	0.00	250.00	0.00	n. a.	0.00	83.33
2016	数量	0	0	1	0	1	1	1	18
	比例（％）	0.00	0.00	5.56	0.00	5.56	5.56	5.56	100.00
	指数	0.00	n. a.	500.00	0.00	500.00	n. a.	500.00	375.00
合计	数量	2	0	2	2	3	1	2	47
	比例（％）	4.26	0.00	4.26	4.26	6.38	2.13	4.26	100.00
2011—2015 均值		0.20	0.00	0.20	0.40	0.20	0.00	0.20	4.80

表 2-3-9　中国民营样本企业海外直接投资标的国（地区）数量指数——其他地区

（单位：件、％）

年份		开曼群岛	维京群岛（英属）	百慕大群岛	合计
2005	数量	1	0	0	1
	比例（％）	100.00	0.00	0.00	100.00
	指数	38.46	0.00	n. a.	33.33
2006	数量	0	0	0	0
	比例（％）	n. a.	n. a.	n. a.	n. a.
	指数	0.00	0.00	n. a.	0.00
2007	数量	0	0	0	0
	比例（％）	n. a.	n. a.	n. a.	n. a.
	指数	0.00	0.00	n. a.	0.00

年份		开曼群岛	维京群岛 （英属）	百慕大群岛	合计
2008	数量	1	1	0	2
	比例（%）	50.00	50.00	0.00	100.00
	指数	38.46	250.00	n. a.	66.67
2009	数量	1	1	0	2
	比例（%）	50.00	50.00	0.00	100.00
	指数	38.46	250.00	n. a.	66.67
2010	数量	1	0	2	3
	比例（%）	33.33	0.00	66.67	100.00
	指数	38.46	0.00	n. a.	100.00
2011	数量	1	1	0	2
	比例（%）	50.00	50.00	0.00	100.00
	指数	38.46	250.00	n. a.	66.67
2012	数量	1	0	0	1
	比例（%）	100.00	0.00	0.00	100.00
	指数	38.46	0.00	n. a.	33.33
2013	数量	2	1	0	3
	比例（%）	66.67	33.33	0.00	100.00
	指数	76.92	250.00	n. a.	100.00
2014	数量	2	0	0	2
	比例（%）	100.00	0.00	0.00	100.00
	指数	76.92	0.00	n. a.	66.67
2015	数量	7	0	0	7
	比例（%）	100.00	0.00	0.00	100.00
	指数	269.23	0.00	n. a.	233.33
2016	数量	5	7	1	13
	比例（%）	38.46	53.85	7.69	100.00
	指数	192.31	1750.00	n. a.	433.33

续表

年份		开曼群岛	维京群岛（英属）	百慕大群岛	合计
合计	数量	22	11	3	36
	比例（%）	51.11	30.56	8.33	100.00
2011—2015 均值		2.60	0.40	0.00	3.00

2. 标的国（地区）项目金额的国（地区）别分布

表 2-3-10　中国民营样本企业海外直接投资标的国（地区）金额指数——欧洲

（单位：百万美元、%）

年份		英国	德国	法国	西班牙	比利时	奥地利	白俄罗斯	丹麦	俄罗斯	荷兰
2005	金额	1.80	0.00	0.00	0.00	3.70	0.00	0.00	0.00	0.00	0.00
	比例（%）	24.00	0.00	0.00	0.00	49.33	0.00	0.00	0.00	0.00	0.00
	指数	0.12	0.00	0.00	0.00	1.71	0.00	n.a.	n.a.	0.00	0.00
2006	金额	6.70	0.00	0.00	0.00	0.00	0.00	0.00	0.00	0.00	0.00
	比例（%）	16.07	0.00	0.00	0.00	0.00	0.00	0.00	0.00	0.00	0.00
	指数	0.46	0.00	0.00	0.00	0.00	0.00	n.a.	n.a.	0.00	0.00
2007	金额	9.67	0.00	0.00	0.00	46.80	0.00	0.00	0.00	413.60	0.00
	比例（%）	2.05	0.00	0.00	0.00	9.91	0.00	0.00	0.00	87.61	0.00
	指数	0.67	0.00	0.00	0.00	21.64	0.00	n.a.	n.a.	179.33	0.00
2008	金额	0.00	96.47	0.00	539.11	0.00	0.00	0.00	0.00	5.20	10.20
	比例（%）	0.00	9.14	0.00	51.09	0.00	0.00	0.00	0.00	0.49	0.97
	指数	0.00	5.37	0.00	107.34	0.00	0.00	n.a.	n.a.	2.25	4.98
2009	金额	0.00	2.17	0.00	0.00	0.00	0.00	0.00	0.00	0.00	2.00
	比例（%）	0.00	0.44	0.00	0.00	0.00	0.00	0.00	0.00	0.00	0.41
	指数	0.00	0.12	0.00	0.00	0.00	0.00	n.a.	n.a.	0.00	0.98
2010	金额	0.00	41.95	0.00	54.14	57.50	0.00	0.00	0.00	279.90	22.80
	比例（%）	0.00	1.54	0.00	1.98	2.10	0.00	0.00	0.00	10.24	0.83
	指数	0.00	2.34	0.00	10.78	26.58	0.00	n.a.	n.a.	121.36	11.13

年份		英国	德国	法国	西班牙	比利时	奥地利	白俄罗斯	丹麦	俄罗斯	荷兰
2011	金额	1291.83	717.31	3.10	880.24	70.00	60.00	n.a.	0.00	406.80	201.00
	比例（%）	24.80	13.77	0.06	16.90	1.34	1.15	n.a.	0.00	7.81	3.86
	指数	89.65	39.93	101.97	175.26	32.36	84.22	n.a.	n.a.	176.38	98.10
2012	金额	500.89	677.79	2.30	0.00	1011.49	0.00	0.00	0.00	0.00	13.03
	比例（%）	19.21	26.00	0.09	0.00	38.80	0.00	0.00	0.00	0.00	0.50
	指数	34.76	37.73	75.66	0.00	467.64	0.00	n.a.	n.a.	0.00	6.36
2013	金额	1907.64	42.16	0.00	0.00	0.00	148.10	0.00	0.00	0.00	199.43
	比例（%）	83.04	1.84	0.00	0.00	0.00	6.45	0.00	0.00	0.00	8.68
	指数	132.39	2.35	0.00	0.00	0.00	207.89	n.a.	n.a.	0.00	97.34
2014	金额	2752.33	7435.46	7.00	98.30	0.00	148.10	0.00	0.00	650.00	0.00
	比例（%）	21.51	58.11	0.05	0.77	0.00	1.16	0.00	0.00	5.08	0.00
	指数	191.01	413.96	230.26	19.57	0.00	207.89	n.a.	n.a.	281.82	0.00
2015	金额	751.85	108.26	2.80	1532.63	0.00	0.00	0.00	0.00	96.40	610.98
	比例（%）	8.32	1.20	0.03	16.96	0.00	0.00	0.00	0.00	1.07	6.76
	指数	52.18	6.03	92.11	305.16	0.00	0.00	n.a.	n.a.	41.80	298.20
2016	金额	1643.47	242.67	3644.58	1458.72	0.00	45.10	199.80	0.00	84.50	128.08
	比例（%）	17.51	2.59	38.82	15.54	0.00	0.48	2.13	0.00	0.90	1.36
	指数	114.06	13.51	119887.50	290.45	0.00	63.31	n.a.	n.a.	36.64	62.51
合计	金额	8866.17	9364.24	3659.78	4563.14	1189.49	401.30	199.80		1936.40	1187.52
	比例（%）	19.22	20.30	7.93	9.89	2.58	0.87	0.43		4.20	2.57
2011—2015 均值		1440.91	1796.20	3.04	502.23	216.30	71.24	0.00	0.00	230.64	204.89

年份		捷克共和国	立陶宛	罗马尼亚	挪威	葡萄牙	瑞典	瑞士	斯洛伐克	意大利	波兰
2005	金额	0.00	0.00	0.00	0.00	0.00	0.00	0.00	0.00	2.00	0.00
	比例（%）	0.00	0.00	0.00	0.00	0.00	0.00	0.00	0.00	26.67	0.00
	指数	0.00	0.00	0.00	n.a.	0.00	0.00	0.00	0.00	0.57	0.00

续表

年份		捷克共和国	立陶宛	罗马尼亚	挪威	葡萄牙	瑞典	瑞士	斯洛伐克	意大利	波兰
2006	金额	0.00	0.00	0.00	0.00	0.00	0.00	0.00	0.00	0.00	0.00
	比例（%）	0.00	0.00	0.00	0.00	0.00	0.00	0.00	0.00	0.00	0.00
	指数	0.00	0.00	0.00	n. a.	0.00	0.00	0.00	0.00	0.00	0.00
2007	金额	0.00	0.00	0.00	0.00	0.00	0.00	0.00	0.00	2.00	0.00
	比例（%）	0.00	0.00	0.00	0.00	0.00	0.00	0.00	0.00	0.42	0.00
	指数	0.00	0.00	0.00	n. a.	0.00	0.00	0.00	0.00	0.57	0.00
2008	金额	0.00	0.00	0.00	0.00	0.00	0.00	2.30	0.00	399.70	0.00
	比例（%）	0.00	0.00	0.00	0.00	0.00	0.00	0.22	0.00	37.88	0.00
	指数	0.00	0.00	0.00	n. a.	0.00	0.00	0.33	0.00	114.48	0.00
2009	金额	0.00	0.00	0.00	0.00	0.00	0.00	0.00	0.00	5.50	0.00
	比例（%）	0.00	0.00	0.00	0.00	0.00	0.00	0.00	0.00	1.13	0.00
	指数	0.00	0.00	0.00	n. a.	0.00	0.00	0.00	0.00	1.58	0.00
2010	金额	0.00	0.00	0.00	380.00	0.00	1800.00	3.60	0.00	0.00	0.00
	比例（%）	0.00	0.00	0.00	13.91	0.00	65.88	0.13	0.00	0.00	0.00
	指数	0.00	0.00	0.00	n. a.	0.00	968.99	0.51	0.00	0.00	0.00
2011	金额	0.00	38.90	23.10	0.00	1.70	389.00	0.00	0.00	833.45	55.00
	比例（%）	0.00	0.75	0.44	0.00	0.03	7.47	0.00	0.00	16.00	1.06
	指数	0.00	500.00	424.63	n. a.	500.00	209.41	0.00	0.00	238.71	500.00
2012	金额	0.00	0.00	0.00	0.00	0.00	0.00	0.00	0.00	0.00	0.00
	比例（%）	0.00	0.00	0.00	0.00	0.00	0.00	0.00	0.00	0.00	0.00
	指数	0.00	0.00	0.00	n. a.	0.00	0.00	0.00	0.00	0.00	0.00
2013	金额	0.00	0.00	0.00	0.00	0.00	0.00	0.00	0.00	0.00	0.00
	比例（%）	0.00	0.00	0.00	0.00	0.00	0.00	0.00	0.00	0.00	0.00
	指数	0.00	0.00	0.00	n. a.	0.00	0.00	0.00	0.00	0.00	0.00
2014	金额	3.23	0.00	0.00	0.00	0.00	539.80	1160.75	0.00	0.00	0.00
	比例（%）	0.03	0.00	0.00	0.00	0.00	4.22	9.07	0.00	0.00	0.00
	指数	1.41	0.00	0.00	n. a.	0.00	290.59	165.83	0.00	0.00	0.00

年份		捷克共和国	立陶宛	罗马尼亚	挪威	葡萄牙	瑞典	瑞士	斯洛伐克	意大利	波兰
2015	金额	1139.74	0.00	4.10	0.00	0.00	0.00	2339.00	1525.17	912.32	0.00
	比例（%）	12.61	0.00	0.05	0.00	0.00	0.00	25.88	16.88	10.09	0.00
	指数	498.59	0.00	75.37	n.a.	0.00	0.00	334.17	500.00	261.29	0.00
2016	金额	1411.82	0.00	26.20	0.00	36.80	62.60	12.31	0.00	313.04	0.00
	比例（%）	15.04	0.00	0.28	0.00	0.39	0.67	0.13	0.00	3.33	0.00
	指数	617.61	0.00	481.62	n.a.	10823.53	33.70	1.76	0.00	89.66	0.00
合计	金额	2554.79	38.90	53.40	380.00	38.50	2791.40	3517.96	1525.17	2468.01	55.00
	比例（%）	5.54	0.08	0.12	0.82	0.08	6.05	7.63	3.31	5.35	0.12
2011—2015均值		228.59	7.78	5.44	0.00	0.34	185.76	699.95	305.03	349.15	11.00

年份		芬兰	克罗地亚	马耳他	塞尔维亚	乌克兰	匈牙利	希腊	爱尔兰	保加利亚	合计
2005	金额	0.00	0.00	0.00	0.00	0.00	0.00	0.00	0.00	0.00	7.50
	比例（%）	0.00	0.00	0.00	0.00	0.00	0.00	0.00	0.00	0.00	100.00
	指数	0.00	n.a.	n.a.	n.a.	n.a.	0.00	0.00	0.00	0.00	0.12
2006	金额	0.00	0.00	0.00	0.00	0.00	35.00	0.00	0.00	0.00	41.70
	比例（%）	0.00	0.00	0.00	0.00	0.00	83.93	0.00	0.00	0.00	100.00
	指数	0.00	n.a.	n.a.	n.a.	n.a.	0.00	0.00	0.00	0.00	0.65
2007	金额	0.00	0.00	0.00	0.00	0.00	0.00	0.00	0.00	0.00	472.07
	比例（%）	0.00	0.00	0.00	0.00	0.00	0.00	0.00	0.00	0.00	100.00
	指数	0.00	n.a.	n.a.	n.a.	n.a.	0.00	0.00	0.00	0.00	7.39
2008	金额	0.00	0.00	0.00	0.00	0.00	0.00	2.30	0.00	0.00	1055.28
	比例（%）	0.00	0.00	0.00	0.00	0.00	0.00	0.22	0.00	0.00	100.00
	指数	0.00	n.a.	n.a.	n.a.	n.a.	0.00	6.33	0.00	0.00	16.52
2009	金额	0.00	0.00	0.00	0.00	0.00	478.00	0.00	0.00	0.00	487.67
	比例（%）	0.00	0.00	0.00	0.00	0.00	98.02	0.00	0.00	0.00	100.00
	指数	0.00	n.a.	n.a.	n.a.	n.a.	2769.41	0.00	0.00	0.00	7.63

年份		芬兰	克罗地亚	马耳他	塞尔维亚	乌克兰	匈牙利	希腊	爱尔兰	保加利亚	合计
2010	金额	0.00	92.40	0.00	0.00	0.00	0.00	0.00	0.00	0.00	2732.29
	比例（%）	0.00	3.38	0.00	0.00	0.00	0.00	0.00	0.00	0.00	100.00
	指数	0.00	n. a.	n. a.	n. a.	n. a.	0.00	0.00	0.00	0.00	42.77
2011	金额	0.00	0.00	0.00	0.00	0.00	55.40	181.80	0.00	0.00	5208.63
	比例（%）	0.00	0.00	0.00	0.00	0.00	1.06	3.49	0.00	0.00	100.00
	指数	0.00	n. a.	n. a.	n. a.	n. a.	320.97	500.00	0.00	0.00	81.52
2012	金额	90.50	0.00	0.00	0.00	0.00	30.90	0.00	0.00	279.90	2606.80
	比例（%）	3.47	0.00	0.00	0.00	0.00	1.19	0.00	0.00	10.74	100.00
	指数	500.00	n. a.	n. a.	n. a.	n. a.	179.03	0.00	0.00	500.00	40.80
2013	金额	0.00	0.00	0.00	0.00	0.00	0.00	0.00	0.00	0.00	2297.32
	比例（%）	0.00	0.00	0.00	0.00	0.00	0.00	0.00	0.00	0.00	100.00
	指数	0.00	n. a.	n. a.	n. a.	n. a.	0.00	0.00	0.00	0.00	35.96
2014	金额	0.00	0.00	0.00	0.00	0.00	0.00	0.00	0.00	0.00	12794.97
	比例（%）	0.00	0.00	0.00	0.00	0.00	0.00	0.00	0.00	0.00	100.00
	指数	0.00	n. a.	n. a.	n. a.	n. a.	0.00	0.00	0.00	0.00	200.26
2015	金额	0.00	0.00	0.00	0.00	0.00	0.00	0.00	14.20	0.00	9037.45
	比例（%）	0.00	0.00	0.00	0.00	0.00	0.00	0.00	0.16	0.00	100.00
	指数	0.00	n. a.	n. a.	n. a.	n. a.	0.00	0.00	500.00	0.00	141.45
2016	金额	3.40	0.00	23.10	13.00	0.00	21.77	0.00	16.60	0.00	9387.56
	比例（%）	0.04	0.00	0.25	0.14	0.00	0.23	0.00	0.18	0.00	100.00
	指数	18.78	n. a.	n. a.	n. a.	n. a.	126.12	0.00	584.51	0.00	146.93
合计	金额	93.90	92.40	23.10	13.00	35.00	586.07	184.10	30.80	279.90	46129.24
	比例（%）	0.20	0.20	0.05	0.03	0.08	1.27	0.40	0.07	0.61	100.00
2011—2015 均值		18.10	0.00	0.00	0.00	0.00	17.26	36.36	2.84	55.98	6389.03

表 2-3-11　中国民营样本企业海外直接投资标的国（地区）金额指数——北美洲

（单位：百万美元、%）

年份		美国	加拿大	合计
2005	金额	0.00	0.00	0.00
	比例（%）	n. a.	n. a.	n. a.
	指数	0.00	0.00	0.00
2006	金额	67.00	0.00	67.00
	比例（%）	100.00	0.00	100.00
	指数	1.66	0.00	1.64
2007	金额	34.50	0.00	34.50
	比例（%）	100.00	0.00	100.00
	指数	0.85	0.00	0.84
2008	金额	10.50	0.00	10.50
	比例（%）	100.00	0.00	100.00
	指数	0.26	0.00	0.26
2009	金额	14.30	0.00	14.30
	比例（%）	100.00	0.00	100.00
	指数	0.35	0.00	0.35
2010	金额	211.90	0.00	211.90
	比例（%）	100.00	0.00	100.00
	指数	5.25	0.00	5.18
2011	金额	245.17	32.57	277.74
	比例（%）	88.27	11.73	100.00
	指数	6.07	63.01	6.79
2012	金额	2769.00	0.00	2769.00
	比例（%）	100.00	0.00	100.00
	指数	68.61	0.00	67.74
2013	金额	266.69	0.00	266.69
	比例（%）	100.00	0.00	100.00
	指数	6.61	0.00	6.52

续表

年份		美国	加拿大	合计
2014	金额	5366.30	210.00	5576.30
	比例（%）	96.23	3.77	100.00
	指数	132.96	406.24	136.42
2015	金额	11532.37	15.90	11548.27
	比例（%）	99.86	0.14	100.00
	指数	285.74	30.76	282.52
2016	金额	8913.91	3.60	8917.51
	比例（%）	99.96	0.04	100.00
	指数	220.87	6.96	218.16
合计	金额	29431.64	262.07	29693.71
	比例（%）	99.12	0.88	100.00
2011—2015 均值		4035.91	51.69	4087.60

表 2-3-12　中国民营样本企业海外直接投资标的国（地区）金额指数——中南美洲

（单位：百万美元、%）

年份		巴西	智利	圭亚那	巴巴多斯	墨西哥	玻利维亚
2005	金额	0.00	0.00	0.00	0.00	0.00	0.00
	比例（%）	n.a.	n.a.	n.a.	n.a.	n.a.	n.a.
	指数	0.00	n.a.	0.00	0.00	0.00	n.a.
2006	金额	0.00	0.00	46.00	0.00	0.00	0.00
	比例（%）	0.00	0.00	100.00	0.00	0.00	0.00
	指数	0.00	n.a.	76.67	0.00	0.00	n.a.
2007	金额	0.00	n.a.	0.00	0.00	0.00	0.00
	比例（%）	0.00	n.a.	0.00	0.00	0.00	0.00
	指数	0.00	n.a.	0.00	0.00	0.00	n.a.
2008	金额	0.00	0.00	1000.00	0.00	500.00	0.00
	比例（%）	0.00	0.00	66.67	0.00	33.33	0.00
	指数	0.00	n.a.	1666.67	0.00	128.87	n.a.

续表

年份		巴西	智利	圭亚那	巴巴多斯	墨西哥	玻利维亚
2009	金额	0.00	0.00	46.00	0.00	0.00	0.00
	比例（%）	0.00	0.00	100.00	0.00	0.00	0.00
	指数	0.00	n. a.	76.67	0.00	0.00	n. a.
2010	金额	211.30	0.00	0.00	0.00	0.00	0.00
	比例（%）	100.00	0.00	0.00	0.00	0.00	0.00
	指数	59.35	n. a.	0.00	0.00	0.00	n. a.
2011	金额	529.00	0.00	0.00	2500.00	0.00	0.00
	比例（%）	16.43	0.00	0.00	77.63	0.00	0.00
	指数	148.59	n. a.	0.00	500.00	0.00	n. a.
2012	金额	450.20	n. a.	300.00	0.00	0.00	0.00
	比例（%）	60.01	n. a.	39.99	0.00	0.00	0.00
	指数	126.46	n. a.	500.00	0.00	0.00	n. a.
2013	金额	51.60	0.00	0.00	0.00	0.00	0.00
	比例（%）	72.07	0.00	0.00	0.00	0.00	0.00
	指数	14.49	n. a.	0.00	0.00	0.00	n. a.
2014	金额	263.87	0.00	0.00	0.00	1500.00	0.00
	比例（%）	14.70	0.00	0.00	0.00	83.57	0.00
	指数	74.12	n. a.	0.00	0.00	386.60	n. a.
2015	金额	485.40	0.00	0.00	0.00	439.97	0.00
	比例（%）	49.57	0.00	0.00	0.00	44.93	0.00
	指数	136.34	n. a.	0.00	0.00	113.40	n. a.
2016	金额	0.00	0.00	0.00	0.00	444.60	6.40
	比例（%）	0.00	0.00	0.00	0.00	74.45	1.07
	指数	0.00	n. a.	0.00	0.00	114.59	n. a.
合计	金额	1991.36	n. a.	1392.00	2500.00	2884.57	6.40
	比例（%）	21.61	n. a.	15.10	27.12	31.30	0.07
2011—2015 均值		356.01	0.00	60.00	500.00	387.99	0.00

年份		哥伦比亚	委内瑞拉	秘鲁	阿根廷	乌拉圭	巴拿马	合计
	金额	0.00	0.00	0.00	0.00	0.00	0.00	0.00
2005	比例（%）	n.a.	n.a.	n.a.	n.a.	n.a.	n.a.	n.a.
	指数	0.00	0.00	n.a.	0.00	0.00	0.00	0.00
	金额	0.00	0.00	0.00	0.00	0.00	0.00	46.00
2006	比例（%）	0.00	0.00	0.00	0.00	0.00	0.00	100.00
	指数	0.00	0.00	0.00	0.00	0.00	0.00	3.37
	金额	0.00	0.00	0.00	0.00	0.00	0.00	n.a.
2007	比例（%）	n.a.	n.a.	n.a.	n.a.	n.a.	n.a.	n.a.
	指数	0.00	0.00	n.a.	0.00	0.00	0.00	n.a.
	金额	0.00	0.00	0.00	0.00	0.00	0.00	1500.00
2008	比例（%）	0.00	0.00	0.00	0.00	0.00	0.00	100.00
	指数	0.00	0.00	n.a.	0.00	0.00	0.00	110.03
	金额	0.00	0.00	0.00	0.00	0.00	0.00	46.00
2009	比例（%）	0.00	0.00	0.00	0.00	0.00	0.00	100.00
	指数	0.00	0.00	n.a.	0.00	0.00	0.00	3.37
	金额	0.00	0.00	0.00	0.00	0.00	0.00	211.30
2010	比例（%）	0.00	0.00	0.00	0.00	0.00	0.00	100.00
	指数	0.00	0.00	n.a.	0.00	0.00	0.00	15.50
	金额	4.90	0.00	0.00	144.60	35.00	7.00	3220.50
2011	比例（%）	0.15	0.00	0.00	4.49	1.09	0.22	100.00
	指数	500.00	0.00	n.a.	439.25	500.00	104.79	236.23
	金额	0.00	0.00	n.a.	0.00	0.00	0.00	750.20
2012	比例（%）	0.00	0.00	n.a.	0.00	0.00	0.00	n.a.
	指数	0.00	0.00	n.a.	0.00	0.00	0.00	55.03
	金额	0.00	0.00	0.00	20.00	0.00	0.00	71.60
2013	比例（%）	0.00	0.00	0.00	27.93	0.00	0.00	100.00
	指数	0.00	0.00	n.a.	60.75	0.00	0.00	5.25

年份		哥伦比亚	委内瑞拉	秘鲁	阿根廷	乌拉圭	巴拿马	合计
2014	金额	0.00	31.00	0.00	0.00	0.00	0.00	1794.87
	比例（%）	0.00	1.73	0.00	0.00	0.00	0.00	100.00
	指数	0.00	265.41	n.a.	0.00	0.00	0.00	131.66
2015	金额	0.00	27.40	0.00	0.00	0.00	26.40	979.17
	比例（%）	0.00	2.80	0.00	0.00	0.00	2.70	100.00
	指数	0.00	234.59	n.a.	0.00	0.00	395.21	71.83
2016	金额	0.00	0.00	0.00	139.80	0.00	6.40	597.20
	比例（%）	0.00	0.00	0.00	23.41	0.00	1.07	100.00
	指数	0.00	0.00	n.a.	424.67	0.00	95.81	43.81
合计	金额	4.90	58.40	n.a.	304.40	35.00	39.80	9216.83
	比例（%）	0.05	0.63	n.a.	3.30	0.38	0.43	n.a.
2011—2015 均值		0.98	11.68	0.00	32.92	7.00	6.68	1363.27

表 2-3-13　中国民营样本企业海外直接投资标的国（地区）金额指数——亚洲

（单位：百万美元、%）

年份		日本	蒙古	新加坡	韩国	中国台湾	中国香港	马来西亚	泰国	越南	老挝
2005	金额	0.00	0.00	0.00	0.00	0.00	0.00	39.70	0.00	39.86	0.00
	比例（%）	0.00	0.00	0.00	0.00	0.00	0.00	44.18	0.00	44.36	0.00
	指数	0.00	0.00	0.00	0.00	0.00	0.00	5.72	0.00	109.51	n.a.
2006	金额	0.00	0.00	0.00	0.00	0.00	0.00	0.00	0.00	15.00	0.00
	比例（%）	0.00	0.00	0.00	0.00	0.00	0.00	0.00	0.00	17.65	0.00
	指数	0.00	0.00	0.00	0.00	0.00	0.00	0.00	0.00	41.21	n.a.
2007	金额	0.00	0.00	0.00	0.00	0.00	121.00	340.20	0.00	10.00	0.00
	比例（%）	0.00	0.00	0.00	0.00	0.00	7.27	20.45	0.00	0.60	0.00
	指数	0.00	0.00	0.00	0.00	0.00	43.17	49.02	0.00	27.47	n.a.
2008	金额	0.00	0.00	0.00	0.00	2.80	129.96	0.00	9.39	59.28	0.00
	比例（%）	0.00	0.00	0.00	0.00	0.99	46.03	0.00	3.33	21.00	0.00
	指数	0.00	0.00	0.00	0.00	0.36	46.36	0.00	6.30	162.86	n.a.

续表

年份		日本	蒙古	新加坡	韩国	中国台湾	中国香港	马来西亚	泰国	越南	老挝
2009	金额	35.22	0.00	69.50	0.00	0.00	135.43	0.00	0.00	15.00	106.90
	比例（%）	4.19	0.00	8.27	0.00	0.00	16.12	0.00	0.00	1.78	12.72
	指数	187.94	0.00	122.57	0.00	0.00	48.32	0.00	0.00	41.21	n. a.
2010	金额	3.26	0.00	0.00	0.00	32.30	21.00	0.00	0.00	0.00	0.00
	比例（%）	0.59	0.00	0.00	0.00	5.84	3.80	0.00	0.00	0.00	0.00
	指数	17.40	0.00	0.00	0.00	440.90	7.49	0.00	0.00	0.00	n. a.
2011	金额	0.00	0.00	280.50	2.00	0.00	239.07	0.00	59.29	0.00	0.00
	比例（%）	0.00	0.00	5.52	0.04	0.00	4.70	0.00	1.17	0.00	0.00
	指数	0.00	0.00	494.71	0.26	0.00	85.29	0.00	39.77	0.00	n. a.
2012	金额	0.00	0.00	3.00	0.00	0.00	56.73	0.00	0.00	0.00	0.00
	比例（%）	0.00	0.00	0.19	0.00	0.00	3.53	0.00	0.00	0.00	0.00
	指数	0.00	0.00	5.29	0.00	0.00	20.24	0.00	0.00	0.00	n. a.
2013	金额	0.00	0.28	0.00	519.63	0.70	47.61	0.00	3.59	0.00	0.00
	比例（%）	0.00	0.05	0.00	87.80	0.12	8.04	0.00	0.61	0.00	0.00
	指数	0.00	250.00	0.00	67.33	9.56	16.99	0.00	2.41	0.00	n. a.
2014	金额	8.20	0.00	0.00	3233.10	8.20	895.59	3250.00	0.00	150.00	0.00
	比例（%）	0.09	0.00	0.00	35.63	0.09	9.87	35.81	0.00	1.65	0.00
	指数	43.76	0.00	0.00	418.91	111.93	319.51	468.30	0.00	412.09	n. a.
2015	金额	85.50	0.28	0.00	104.23	27.73	162.52	220.00	682.55	32.00	0.00
	比例（%）	1.47	0.00	0.00	1.79	0.48	2.79	3.77	11.71	0.55	0.00
	指数	456.24	250.00	0.00	13.50	378.51	57.98	31.70	457.82	87.91	n. a.
2016	金额	222.70	0.00	415.42	96.21	0.00	2957.80	1102.21	901.90	53.72	0.00
	比例（%）	1.18	0.00	2.20	0.51	0.00	15.67	5.84	4.78	0.28	0.00
	指数	1188.37	0.00	732.66	12.47	0.00	1055.21	158.82	604.95	147.58	n. a.
合计	金额	354.88	0.56	768.42	3957.97	68.93	4766.71	4952.11	1656.72	374.86	106.90
	比例（%）	0.80	0.00	1.72	8.88	0.15	10.69	11.11	3.72	0.84	0.24
2011—2015 均值		18.74	0.11	56.70	771.79	7.33	280.30	694.00	149.09	36.40	0.00

续表

年份		文莱	菲律宾	柬埔寨	印度尼西亚	印度	巴基斯坦	孟加拉国	斯里兰卡	尼泊尔	哈萨克斯坦	乌兹别克斯坦
2005	金额	0.00	0.00	0.00	0.00	10.30	0.00	0.00	0.00	0.00	0.00	0.00
	比例（%）	0.00	0.00	0.00	0.00	11.46	0.00	0.00	0.00	0.00	0.00	0.00
	指数	0.00	n. a.	n. a.	0.00	1.18	n. a.	n. a.	n. a.	0.00	0.00	0.00
2006	金额	0.00	0.00	0.00	0.00	70.00	0.00	0.00	0.00	0.00	0.00	0.00
	比例（%）	0.00	0.00	0.00	0.00	82.35	0.00	0.00	0.00	0.00	0.00	0.00
	指数	0.00	n. a.	n. a.	0.00	8.02	n. a.	n. a.	n. a.	0.00	0.00	0.00
2007	金额	0.00	225.80	0.00	953.20	0.00	0.00	0.00	0.00	0.00	0.00	0.00
	比例（%）	0.00	13.57	0.00	57.29	0.00	0.00	0.00	0.00	0.00	0.00	0.00
	指数	0.00	n. a.	n. a.	190.94	0.00	n. a.	n. a.	n. a.	0.00	0.00	0.00
2008	金额	0.00	0.00	0.00	0.00	75.91	5.00	0.00	0.00	0.00	0.00	0.00
	比例（%）	0.00	0.00	0.00	0.00	26.89	1.77	0.00	0.00	0.00	0.00	0.00
	指数	0.00	n. a.	n. a.	0.00	8.70	n. a.	n. a.	n. a.	0.00	0.00	0.00
2009	金额	0.00	25.80	0.00	196.80	0.00	0.00	0.00	0.00	0.00	0.00	0.00
	比例（%）	0.00	3.07	0.00	23.42	0.00	0.00	0.00	0.00	0.00	0.00	0.00
	指数	0.00	n. a.	n. a.	39.42	0.00	n. a.	n. a.	n. a.	0.00	0.00	0.00
2010	金额	0.00	0.00	0.00	200.00	70.00	0.00	0.00	0.00	0.00	0.00	0.00
	比例（%）	0.00	0.00	0.00	36.15	12.65	0.00	0.00	0.00	0.00	0.00	0.00
	指数	0.00	n. a.	n. a.	40.06	8.02	n. a.	n. a.	n. a.	0.00	0.00	0.00
2011	金额	4300.00	0.00	0.00	0.00	149.80	0.00	0.00	0.00	0.00	0.00	0.00
	比例（%）	84.55	0.00	0.00	0.00	2.95	0.00	0.00	0.00	0.00	0.00	0.00
	指数	500.00	n. a.	n. a.	0.00	17.17	n. a.	n. a.	n. a.	0.00	0.00	0.00
2012	金额	0.00	0.00	0.00	1000.00	537.80	0.00	0.00	0.00	0.00	0.00	5.00
	比例（%）	0.00	0.00	0.00	62.16	33.43	0.00	0.00	0.00	0.00	0.00	0.31
	指数	0.00	n. a.	n. a.	200.31	61.65	n. a.	n. a.	n. a.	0.00	0.00	500.00
2013	金额	0.00	0.00	0.00	0.00	0.00	0.00	0.00	0.00	0.00	0.00	0.00
	比例（%）	0.00	0.00	0.00	0.00	0.00	0.00	0.00	0.00	0.00	0.00	0.00
	指数	0.00	n. a.	n. a.	0.00	0.00	n. a.	n. a.	n. a.	0.00	0.00	0.00

年份		文莱	菲律宾	柬埔寨	印度尼西亚	印度	巴基斯坦	孟加拉国	斯里兰卡	尼泊尔	哈萨克斯坦	乌兹别克斯坦
2014	金额	0.00	0.00	0.00	1430.00	100.00	0.00	0.00	0.00	0.00	0.00	0.00
	比例（%）	0.00	0.00	0.00	15.76	1.10	0.00	0.00	0.00	0.00	0.00	0.00
	指数	0.00	n. a.	n. a.	286.45	11.46	n. a.	n. a.	n. a.	0.00	0.00	0.00
2015	金额	0.00	0.00	0.00	66.10	3574.02	0.00	0.00	0.00	300.00	480.22	0.00
	比例（%）	0.00	0.00	0.00	1.13	61.33	0.00	0.00	0.00	5.15	8.24	0.00
	指数	0.00	n. a.	n. a.	13.24	409.71	n. a.	n. a.	n. a.	500.00	500.00	0.00
2016	金额	0.00	42.60	2006.00	1807.01	7963.02	8.80	26.60	0.00	200.60	8.80
	比例（%）	0.00	0.23	10.63	9.57	42.18	0.00	0.05	0.14	0.00	1.06	0.05
	指数	0.00	n. a.	n. a.	361.97	912.85	n. a.	n. a.	n. a.	208.86	880.00
合计	金额	4300.00	294.20	2006.00	5653.11	12550.85	5.00	8.80	26.60	300.00	680.82	13.80
	比例（%）	9.65	0.66	4.50	12.68	28.15	0.01	0.02	0.06	0.67	1.53	0.03
2011—2015 均值		860.00		0.00	499.22	872.32	0.00			60.00	96.04	1.00

年份		沙特阿拉伯	约旦	科威特	巴林	阿拉伯联合酋长国	阿塞拜疆	土耳其	伊拉克	伊朗	以色列	合计
2005	金额	0.00	0.00	0.00	0.00	0.00	0.00	0.00	0.00	0.00	0.00	89.86
	比例（%）	0.00	0.00	0.00	0.00	0.00	0.00	0.00	0.00	0.00	0.00	100.00
	指数	0.00	0.00	n. a.	0.00	0.00	0.00	n. a.	n. a.	0.00	n. a.	n. a.	2.02
2006	金额	0.00	0.00	0.00	0.00	0.00	0.00	0.00	0.00	0.00	0.00	85.00
	比例（%）	0.00	0.00	0.00	0.00	0.00	0.00	0.00	0.00	0.00	0.00	100.00
	指数	0.00	0.00	0.00	0.00	0.00	0.00	0.00	0.00	0.00	0.00	1.92
2007	金额	0.00	0.00	0.00	0.00	0.00	0.00	0.00	0.00	13.49	0.00	1663.69
	比例（%）	0.00	0.00	0.00	0.00	0.00	0.00	0.00	0.00	0.81	0.00	100.00
	指数	0.00	n. a.	0.00	0.00	0.00	n. a.	n. a.	0.00	n. a.	n. a.	37.49
2008	金额	0.00	0.00	0.00	0.00	0.00	0.00	0.00	0.00	0.00	0.00	282.34
	比例（%）	0.00	0.00	0.00	0.00	0.00	0.00	0.00	0.00	0.00	0.00	100.00
	指数	0.00	n. a.	0.00	0.00	0.00	n. a.	n. a.	0.00	n. a.	n. a.	6.36

年份		文莱	菲律宾	柬埔寨	印度尼西亚	印度	巴基斯坦	孟加拉国	斯里兰卡	尼泊尔	哈萨克斯坦	乌兹别克斯坦
2009	金额	0.00	0.00	0.00	0.00	0.00	5.70	250.00	0.00	0.00	0.00	840.35
	比例（%）	0.00	0.00	0.00	0.00	0.00	0.68	29.75	0.00	0.00	0.00	100.00
	指数	0.00	n.a.	0.00	0.00	0.00	n.a.	n.a.	0.00	n.a.	n.a.	18.94
2010	金额	0.00	0.00	0.00	0.00	0.00	226.70	0.00	0.00	0.00	0.00	553.26
	比例（%）	0.00	0.00	0.00	0.00	0.00	40.98	0.00	0.00	0.00	0.00	100.00
	指数	0.00	n.a.	0.00	0.00	0.00	n.a.	n.a.	0.00	n.a.	n.a.	12.47
2011	金额	0.00	0.00	0.00	0.00	0.00	n.a.	0.00	55.10	0.00	0.00	5085.76
	比例（%）	0.00	0.00	0.00	0.00	0.00	n.a.	0.00	1.08	0.00	0.00	100.00
	指数	0.00	n.a.	0.00	0.00	0.00	n.a.	n.a.	500.00	n.a.	n.a.	114.60
2012	金额	0.00	0.00	0.00	0.00	6.20	0.00	0.00	0.00	0.00	0.00	1608.73
	比例（%）	0.00	0.00	0.00	0.00	0.39	0.00	0.00	0.00	0.00	0.00	100.00
	指数	0.00	n.a.	0.00	0.00	118.32	n.a.	n.a.	0.00	n.a.	n.a.	36.25
2013	金额	0.00	0.00	0.00	0.00	20.00	0.00	0.00	0.00	0.00	0.00	591.81
	比例（%）	0.00	0.00	0.00	0.00	3.38	0.00	0.00	0.00	0.00	0.00	100.00
	指数	0.00	n.a.	0.00	0.00	381.68	n.a.	n.a.	0.00	n.a.	n.a.	13.34
2014	金额	0.00	0.00	0.00	0.00	0.00	0.00	0.00	0.00	0.00	0.00	9075.09
	比例（%）	0.00	0.00	0.00	0.00	0.00	0.00	0.00	0.00	0.00	0.00	100.00
	指数	0.00	n.a.	0.00	0.00	0.00	n.a.	n.a.	0.00	n.a.	n.a.	204.49
2015	金额	40.10	0.00	7.50	45.10	0.00	0.00	0.00	0.00	0.00	0.00	5827.85
	比例（%）	0.69	0.00	0.13	0.77	0.00	0.00	0.00	0.00	0.00	0.00	100.00
	指数	500.00	n.a.	500.00	500.00	0.00	n.a.	n.a.	0.00	n.a.	n.a.	131.32
2016	金额	7.00	9.70	0.00	0.00	938.57	107.00	0.50	0.00	0.00	1.00	18877.16
	比例（%）	0.04	0.05	0.00	0.00	4.97	0.57	0.00	0.00	0.00	0.01	100.00
	指数	87.28	n.a.	0.00	0.00	17911.64	n.a.	n.a.	0.00	n.a.	n.a.	425.37
合计	金额	47.10	9.70	7.50	45.10	964.77	339.40	250.50	55.10	13.49	1.00	44580.90
	比例（%）	0.11	0.02	0.02	0.10	2.16	0.76	0.56	0.12	0.03	0.00	100.00
2011—2015均值		8.02	0.00	1.50	9.02	5.24	0.00	0.00	11.02	0.00	0.00	4437.85

表 2-3-14　中国民营样本企业海外直接投资标的国（地区）金额指数——大洋洲

（单位：百万美元、%）

年份		澳大利亚	合计
2005	金额	0.00	0.00
	比例（%）	n. a.	n. a.
	指数	0.00	0.00
2006	金额	0.00	0.00
	比例（%）	n. a.	n. a.
	指数	0.00	0.00
2007	金额	0.00	0.00
	比例（%）	n. a.	n. a.
	指数	0.00	0.00
2008	金额	2.00	2.00
	比例（%）	100.00	100.00
	指数	0.08	0.08
2009	金额	138.60	138.60
	比例（%）	100.00	100.00
	指数	5.45	5.45
2010	金额	0.00	0.00
	比例（%）	n. a.	n. a.
	指数	0.00	0.00
2011	金额	58.00	58.00
	比例（%）	100.00	100.00
	指数	2.28	2.28
2012	金额	490.37	490.37
	比例（%）	100.00	100.00
	指数	19.29	19.29
2013	金额	475.07	475.07
	比例（%）	100.00	100.00
	指数	18.68	18.68

续表

年份		澳大利亚	合计
2014	金额	10267.58	10267.58
	比例（%）	100.00	100.00
	指数	403.82	403.82
2015	金额	1422.05	1422.05
	比例（%）	100.00	100.00
	指数	55.93	55.93
2016	金额	1813.48	1813.48
	比例（%）	100.00	100.00
	指数	71.32	71.32
合计	金额	14667.15	14667.15
	比例（%）	100.00	100.00
2011—2015 均值		2542.61	2542.61

表 2-3-15　中国民营样本企业海外直接投资标的国（地区）金额指数

（单位：百万美元、%）

年份		坦桑尼亚	加纳	加蓬	津巴布韦	南非	埃及	埃塞俄比亚
2005	金额	0.00	0.00	0.00	0.00	0.00	0.00	0.00
	比例（%）	n.a.	n.a.	n.a.	n.a.	n.a.	n.a.	n.a.
	指数	n.a.	0.00	0.00	n.a.	0.00	0.00	0.00
2006	金额	0.00	0.00	0.00	0.00	0.00	0.00	0.00
	比例（%）	n.a.	n.a.	n.a.	n.a.	n.a.	n.a.	n.a.
	指数	n.a.	0.00	0.00	n.a.	0.00	0.00	0.00
2007	金额	0.00	0.00	0.00	0.00	10.10	0.00	0.00
	比例（%）	n.a.	n.a.	n.a.	n.a.	16.86	n.a.	n.a.
	指数	n.a.	0.00	0.00	n.a.	33.82	0.00	0.00
2008	金额	0.00	0.00	0.00	0.00	0.00	0.00	0.00
	比例（%）	n.a.	n.a.	n.a.	n.a.	n.a.	n.a.	n.a.
	指数	n.a.	0.00	0.00	n.a.	0.00	0.00	0.00

年份		坦桑尼亚	加纳	加蓬	津巴布韦	南非	埃及	埃塞俄比亚
2009	金额	0.00	0.00	0.00	0.00	0.00	0.00	10.00
	比例（%）	0.00	0.00	0.00	0.00	0.00	0.00	8.50
	指数	n. a.	0.00	0.00	n. a.	0.00	0.00	52.91
2010	金额	0.00	n. a.	0.00	0.00	0.00	0.00	0.00
	比例（%）	n. a.	n. a.	n. a.	n. a.	n. a.	n. a.	n. a.
	指数	n. a.	n. a.	n. a.	n. a.	0.00	0.00	0.00
2011	金额	n. a.	0.00	0.00	0.00	44.70	0.00	94.50
	比例（%）	n. a.	0.00	0.00	0.00	32.11	0.00	67.89
	指数	n. a.	0.00	0.00	n. a.	149.70	0.00	500.00
2012	金额	0.00	62.00	38.36	0.00	0.00	73.40	0.00
	比例（%）	0.00	29.49	18.24	0.00	0.00	34.91	0.00
	指数	n. a.	500.00	250.00	n. a.	0.00	475.14	0.00
2013	金额	n. a.	0.00	0.00	0.00	0.00	0.00	0.00
	比例（%）	n. a.	n. a.	n. a.	n. a.	n. a.	n. a.	n. a.
	指数	n. a.	0.00	0.00	n. a.	0.00	0.00	0.00
2014	金额	0.00	0.00	38.36	n. a.	18.32	0.00	0.00
	比例（%）	0.00	0.00	67.67	n. a.	32.33	0.00	0.00
	指数	n. a.	0.00	250.00	n. a.	61.36	0.00	0.00
2015	金额	0.00	0.00	0.00	0.00	86.28	3.84	0.00
	比例（%）	0.00	0.00	0.00	0.00	67.93	3.02	0.00
	指数	n. a.	0.00	0.00	n. a.	288.94	24.86	0.00
2016	金额	0.00	36.90	0.00	0.00	90.28	20230.30	1231.70
	比例（%）	0.00	0.17	0.00	0.00	0.41	92.95	5.66
	指数	n. a.	297.58	0.00	n. a.	302.34	130957.41	6516.93
合计	金额	0.00	98.90	76.72	0.00	249.68	20307.54	1336.20
	比例（%）	0.00	0.44	0.34	0.00	1.11	90.36	5.95
2011—2015 均值		0.00	12.40	15.34	0.00	29.86	15.45	18.90

年份		阿尔及利亚	多哥	科特迪瓦	摩洛哥	尼日利亚	塞内加尔	赞比亚	合计
2005	金额	0.00	0.00	0.00	0.00	0.00	0.00	0.00	0.00
	比例（%）	n. a.	n. a.	n. a.	n. a.	n. a.	n. a.	n. a.	n. a.
	指数	n. a.	n. a.	0.00	0.00	n. a.	n. a.	n. a.	0.00
2006	金额	0.00	0.00	0.00	0.00	0.00	0.00	0.00	0.00
	比例（%）	n. a.	n. a.	n. a.	n. a.	n. a.	n. a.	n. a.	n. a.
	指数	n. a.	n. a.	0.00	0.00	n. a.	n. a.	n. a.	0.00
2007	金额	0.00	0.00	0.00	0.00	49.80	0.00	0.00	59.90
	比例（%）	0.00	0.00	0.00	0.00	83.14	0.00	0.00	100.00
	指数	n. a.	n. a.	0.00	0.00	n. a.	n. a.	n. a.	56.17
2008	金额	0.00	0.00	0.00	0.00	0.00	0.00	0.00	0.00
	比例（%）	n. a.	n. a.	n. a.	n. a.	n. a.	n. a.	n. a.	n. a.
	指数	n. a.	n. a.	0.00	0.00	n. a.	n. a.	n. a.	0.00
2009	金额	107.60	0.00	0.00	0.00	0.00	0.00	0.00	117.60
	比例（%）	91.50	0.00	0.00	0.00	0.00	0.00	0.00	100.00
	指数	n. a.	n. a.	0.00	0.00	n. a.	n. a.	n. a.	110.29
2010	金额	0.00	0.00	0.00	0.00	0.00	0.00	0.00	0.00
	比例（%）	n. a.	n. a.	n. a.	n. a.	n. a.	n. a.	n. a.	n. a.
	指数	n. a.	n. a.	0.00	0.00	n. a.	n. a.	n. a.	0.00
2011	金额	0.00	0.00	0.00	0.00	0.00	0.00	0.00	139.20
	比例（%）	0.00	0.00	0.00	0.00	0.00	0.00	0.00	n. a.
	指数	n. a.	n. a.	0.00	0.00	n. a.	n. a.	n. a.	130.54
2012	金额	0.00	0.00	30.00	6.50	0.00	0.00	0.00	210.26
	比例（%）	0.00	0.00	14.27	3.09	n. a.	0.00	n. a.	n. a.
	指数	n. a.	n. a.	500.00	74.88	n. a.	n. a.	n. a.	197.18
2013	金额	n. a.	0.00	0.00	0.00	0.00	0.00	0.00	0.00
	比例（%）	n. a.	n. a.	n. a.	n. a.	n. a.	n. a.	n. a.	n. a.
	指数	n. a.	n. a.	0.00	0.00	n. a.	n. a.	n. a.	0.00

年份		阿尔及利亚	多哥	科特迪瓦	摩洛哥	尼日利亚	塞内加尔	赞比亚	合计
2014	金额	0.00	0.00	0.00	0.00	0.00	0.00	0.00	56.68
	比例（%）	0.00	0.00	0.00	0.00	0.00	0.00	0.00	n. a.
	指数	n. a.	r. a.	0.00	0.00	n. a.	n. a.	n. a.	53.16
2015	金额	0.00	0.00	0.00	36.90	0.00	0.00	0.00	127.02
	比例（%）	0.00	0.00	0.00	29.05	0.00	0.00	0.00	100.00
	指数	n. a.	n. a.	0.00	425.12	n. a.	n. a.	n. a.	119.12
2016	金额	0.00	0.00	9.70	0.00	6.00	9.70	150.00	21764.58
	比例（%）	0.00	0.00	0.04	0.00	0.03	0.04	0.69	100.00
	指数	n. a.	n. a.	161.67	0.00	n. a.	n. a.	n. a.	20410.81
合计	金额	107.60	0.00	39.70	43.40	55.80	9.70	150.00	22475.24
	比例（%）	0.48	0.00	0.18	0.19	0.25	0.04	0.67	100.00
2011—2015 均值		0.00	0.00	6.00	8.68	0.00	0.00	0.00	106.63

表 2-3-16　中国民营样本企业海外直接投资标的国（地区）金额指数——其他地区

（单位：百万美元、%）

年份		开曼群岛	维京群岛（英属）	百慕大群岛	合计
2005	金额	26.42	0.00	0.00	26.42
	比例（%）	100.00	0.00	0.00	100.00
	指数	5.18	0.00	n. a.	4.80
2006	金额	0.00	0.00	0.00	0.00
	比例（%）	n. a.	n. a.	n. a.	n. a.
	指数	0.00	0.00	0.00	0.00
2007	金额	0.00	0.00	0.00	0.00
	比例（%）	n. a.	n. a.	n. a.	n. a.
	指数	0.00	0.00	0.00	0.00

年份		开曼群岛	维京群岛（英属）	百慕大群岛	合计
2008	金额	n. a.	289. 98	0. 00	289. 98
	比例（%）	n. a.	100. 00	0. 00	n. a.
	指数	n. a.	717. 70	n. a.	52. 70
2009	金额	n. a.	289. 98	0. 00	289. 98
	比例（%）	n. a.	100. 00	0. 00	n. a.
	指数	n. a.	717. 70	n. a.	52. 70
2010	金额	41. 06	0. 00	52. 26	93. 32
	比例（%）	44. 00	0. 00	56. 00	100. 00
	指数	8. 05	0. 00	n. a.	16. 96
2011	金额	1. 87	202. 02	0. 00	203. 89
	比例（%）	0. 92	99. 08	0. 00	100. 00
	指数	0. 37	500. 00	n. a.	37. 06
2012	金额	353. 50	0. 00	0. 00	353. 50
	比例（%）	100. 00	0. 00	0. 00	100. 00
	指数	69. 34	0. 00	n. a.	64. 25
2013	金额	230. 86	0. 00	0. 00	230. 86
	比例（%）	100. 00	0. 00	0. 00	100. 00
	指数	45. 28	0. 00	n. a.	41. 96
2014	金额	277. 58	0. 00	0. 00	277. 58
	比例（%）	100. 00	0. 00	0. 00	100. 00
	指数	54. 45	0. 00	n. a.	50. 45
2015	金额	1685. 31	0. 00	0. 00	1685. 31
	比例（%）	100. 00	0. 00	0. 00	100. 00
	指数	330. 57	0. 00	n. a.	306. 29
2016	金额	3916. 10	905. 80	41. 02	4862. 92
	比例（%）	80. 53	18. 63	0. 84	100. 00
	指数	768. 13	2241. 86	n. a.	883. 80

年份		开曼群岛	维京群岛（英属）	百慕大群岛	合计
合计	金额	6532.70	1687.78	93.28	8313.76
	比例（%）	78.58	20.30	1.12	100.00
2011—2015 均值		509.82	40.40	0.00	550.23

2005—2016 年的 12 年间，民营样本企业在世界各国（地区）的投资交易项目数量前三位排序分别是美国、中国香港和德国，投资金额的前三位依次是美国、埃及和澳大利亚。依平均每个项目的交易金额排序，以埃及为最，平均 22.56 亿美元，澳大利亚次之，为 4.31 亿美元，而中国香港平均仅仅为 0.88 亿美元，美国和德国的平均金额分别是 3.16 亿美元和 1.9 亿美元。另外，作为资金中转地的开曼群岛在这 12 年间里，一共吸引了中国民营样本企业 22 个对外直接投资项目，平均每个项目金额为 2.97 亿美元。

第四节　民营企业海外直接投资行业别指数

本节对所筛选的中国民营样本企业进行投资标的行业分析。投资标的行业可以分为两大部分，即制造业和非制造业。其中制造业按照 OECD 技术划分标准分为 4 大类，分别是高技术、中高技术、中低技术和低技术。在本报告中，非制造业类别以"其他"代之。

表 2-4-1　海外直接投资行业别项目的数量分布及指数汇总表

（单位：件、%）

年份	高技术				中高技术				中低技术			
	项目数	同比增长（%）	占比（%）	指数	项目数	同比增长（%）	占比（%）	指数	项目数	同比增长（%）	占比（%）	指数
2005	1		14.29	4.59	3		42.86	15.46	2		28.57	27.03

年份	高技术				中高技术				中低技术			
	项目数	同比增长（%）	占比（%）	指数	项目数	同比增长（%）	占比（%）	指数	项目数	同比增长（%）	占比（%）	指数
2006	2	100.0	25.00	9.17	3	0.0	37.50	15.46	0	−100.0	0.00	0.00
2007	2	0.0	8.00	9.17	8	166.7	32.00	41.24	6	n. a.	24.00	81.08
2008	20	900.0	46.51	91.74	7	−12.5	16.28	36.08	4	−33.3	9.30	54.05
2009	5	−75.0	13.89	22.94	13	85.7	36.11	67.01	3	−25.0	8.33	40.54
2010	6	20.0	17.14	27.52	16	23.1	45.71	82.47	3	0.0	8.57	40.54
2011	17	183.3	17.00	77.98	25	56.3	25.00	128.87	9	200.0	9.00	121.62
2012	16	−5.9	23.19	73.39	14	−44.0	20.29	72.16	6	−33.3	8.70	81.08
2013	23	43.8	31.51	105.50	13	−7.1	17.81	67.01	6	0.0	8.22	81.08
2014	15	−34.8	16.85	68.81	22	69.2	24.72	113.40	6	0.0	6.74	81.08
2015	38	153.3	31.67	174.31	23	4.5	19.17	118.56	10	66.7	8.33	135.14
2016	53	39.5	24.65	243.12	39	69.6	18.14	201.03	16	60.0	7.44	216.22
合计	198		24.15		186		22.68		71		8.66	
2011—2015均值	21.80		100.00		19.40		100.00		7.40		100.00	

年份	低技术				其他				合计			
	项目数	同比增长（%）	占比（%）	指数	项目数	同比增长（%）	占比（%）	指数	项目数	同比增长（%）	占比（%）	指数
2005	0		0.00	0.00	1		14.29	2.70	7		100.00	7.76
2006	2	n. a.	25.00	43.48	1	0.0	12.50	2.70	8	14.3	100.00	8.87
2007	4	100.0	16.00	86.96	5	400.0	20.00	13.51	25	212.5	100.00	27.72
2008	5	25.0	11.63	108.70	7	40.0	16.28	18.92	43	72.0	100.00	47.67
2009	4	−20.0	11.11	86.96	11	57.1	30.56	29.73	36	−16.3	100.00	39.91
2010	1	−75.0	2.86	21.74	9	−18.2	25.71	24.32	35	−2.8	100.00	38.80
2011	5	400.0	5.00	108.70	44	388.9	44.00	118.92	100	185.7	100.00	110.86
2012	6	20.0	8.70	130.43	27	−38.6	39.13	72.97	69	−31.0	100.00	76.50

续表

年份	低技术				其他				合计			
	项目数	同比增长（%）	占比（%）	指数	项目数	同比增长（%）	占比（%）	指数	项目数	同比增长（%）	占比（%）	指数
2013	1	−83.3	1.37	21.74	30	11.1	41.10	81.08	73	5.8	100.00	80.93
2014	8	700.0	8.99	173.91	38	26.7	42.70	102.70	89	21.9	100.00	98.67
2015	3	−62.5	2.50	65.22	46	21.1	38.33	124.32	120	34.8	100.00	133.04
2016	13	333.3	6.05	282.61	94	104.3	43.72	254.05	215	79.2	100.00	238.36
合计	52		6.34		313		38.17		820		100.00	
2011—2015均值	4.60		100.00		37.00		100.00		90.20			100.00

表 2-4-2　海外直接投资行业别项目的金额分布及指数汇总表

（单位：百万美元、%）

年份	高技术				中高技术			
	金额	同比增长（%）	占比（%）	指数	金额	同比增长（%）	占比（%）	指数
2005	26.42		21.34	2.89	83.26		67.26	5.34
2006	22.00	−16.7	9.18	2.41	165.00	98.2	68.84	10.58
2007	8.10	−63.2	0.36	0.89	539.79	227.1	24.20	34.60
2008	196.71	2328.5	6.26	21.54	1293.34	139.6	41.19	82.90
2009	85.80	−56.4	4.44	9.39	1313.78	1.6	67.91	84.21
2010	127.91	49.1	3.36	14.00	3088.01	135.0	81.22	197.94
2011	497.30	288.8	3.50	54.44	1937.90	−37.2	13.63	124.22
2012	108.20	−78.2	1.23	11.85	708.40	−63.4	8.03	45.41
2013	375.44	247.0	9.55	41.10	489.10	−31.0	12.43	31.35
2014	1759.82	368.7	4.41	192.67	3129.05	539.8	7.85	200.57
2015	1826.24	3.8	5.98	199.94	1536.09	−50.9	5.03	98.46
2016	1514.16	−17.1	2.28	165.77	2131.27	38.7	3.21	136.61
合计	6548.11		3.74		16414.98		9.37	
2011—2015均值	913.40		100.00		1560.11			100.00

续表

年份	中低技术				低技术			
	金额	同比增长（%）	占比（%）	指数	金额	同比增长（%）	占比（%）	指数
2005	3.80		3.07	0.14	0.00		0.00	0.00
2006	0.00	-100.0	0.00	0.00	6.70	n.a.	2.80	1.65
2007	1495.40	n.a.	67.05	54.67	137.07	1945.8	6.15	33.78
2008	1068.79	-28.5	34.04	39.08	168.30	22.8	5.36	41.48
2009	2.70	-99.7	0.14	0.10	179.90	6.9	9.30	44.34
2010	40.65	1405.6	1.07	1.49	0.00	-100.0	0.00	0.00
2011	6043.53	14767.2	42.50	220.96	110.90	n.a.	0.78	27.33
2012	2517.01	-58.4	28.51	92.03	126.76	14.3	1.44	31.24
2013	794.01	-68.5	20.19	29.03	0.00	-100.0	0.00	0.00
2014	1242.60	56.5	3.12	45.43	1688.36	n.a.	4.23	416.12
2015	3078.38	147.7	10.08	112.55	102.66	-93.9	0.34	25.30
2016	1835.18	-40.4	2.77	67.10	7929.93	7624.5	11.96	1954.46
合计	18122.05		10.34		10450.58		5.96	
2011—2015均值	2735.11			100.00	405.74			100.00

年份	其他				合计			
	金额	同比增长（%）	占比（%）	指数	金额	同比增长（%）	占比（%）	指数
2005	10.30		8.32	0.07	123.78		100.00	0.64
2006	46.00	346.6	19.19	0.33	239.70	93.7	100.00	1.23
2007	49.80	8.3	2.23	0.36	2230.16	830.4	100.00	11.45
2008	412.96	729.2	13.15	2.98	3140.10	40.8	100.00	16.12
2009	352.32	-14.7	18.21	2.54	1934.50	-38.4	100.00	9.93
2010	545.50	54.8	14.35	3.93	3802.07	96.5	100.00	19.52
2011	5629.39	932.0	39.59	40.60	14219.02	274.0	100.00	72.99
2012	5366.85	-4.7	60.80	38.70	8827.22	-37.9	100.00	45.31
2013	2274.81	-57.6	57.83	16.40	3933.35	-55.4	100.00	20.19

年份	其他				合计			
	金额	同比增长（%）	占比（%）	指数	金额	同比增长（%）	占比（%）	指数
2014	32061.60	1309.4	80.39	231.21	39881.43	913.9	100.00	204.72
2015	24000.37	−25.1	78.58	173.08	30543.74	−23.4	100.00	156.79
2016	52919.55	120.5	79.78	381.63	66330.09	117.2	100.00	340.49
合计	123669.45		70.59		175205.16		100.00	
2011—2015均值	13866.60			100.00	19480.95			100.00

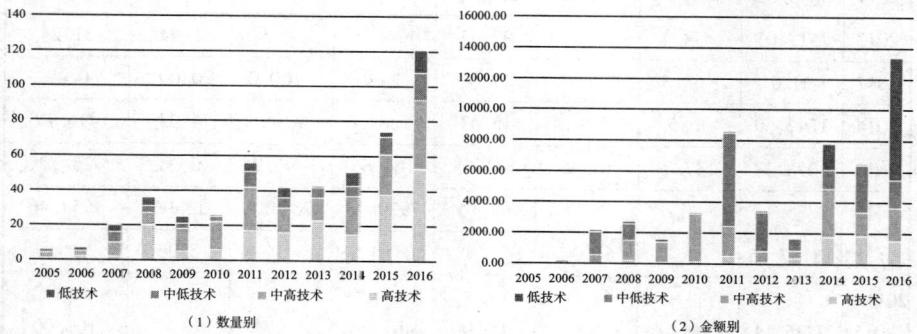

（1）数量别

（2）金额别

图 2-4-1　各年海外直接投资制造业行业别项目数量和金额堆积柱状图

（单位：件、百万美元）

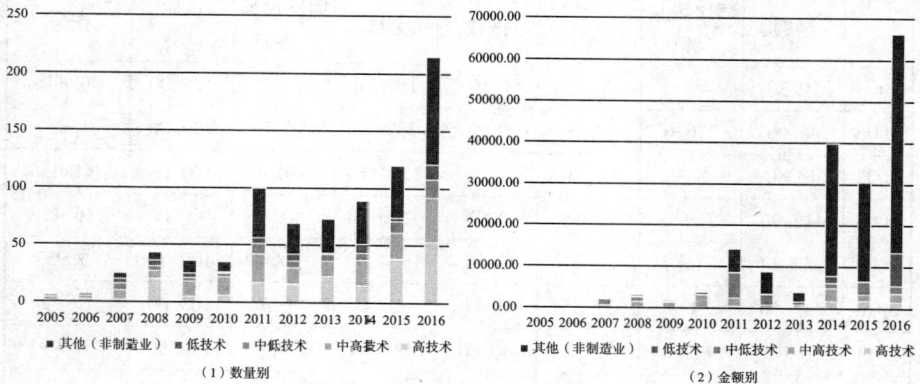

（1）数量别

（2）金额别

图 2-4-2　各年海外直接投资行业别项目数量和金额（含非制造业）

堆积柱状图　（单位：件、百万美元）

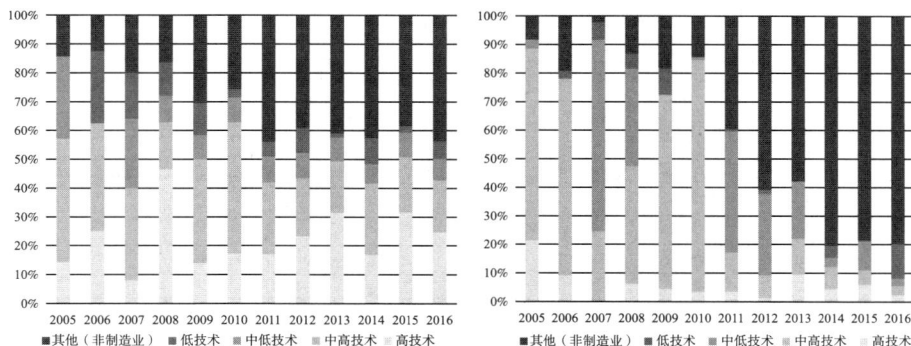

图 2-4-3 各年海外直接投资行业别项目数量和金额

（含非制造业）百分比堆积柱状图

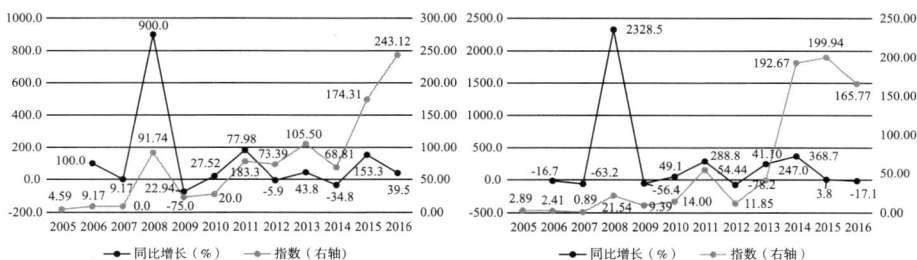

（1）高技术数量别

（2）高技术金额别

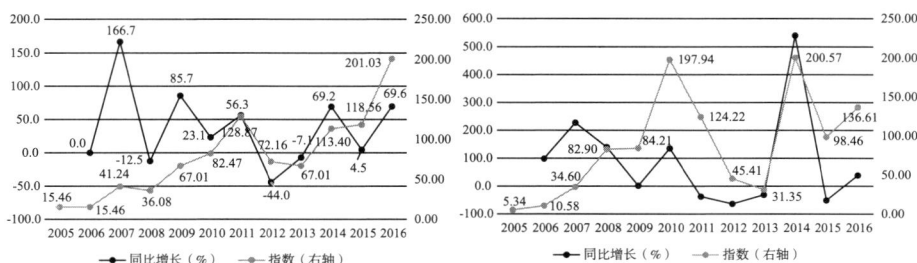

（3）中高技术数量别

（4）中高技术金额别

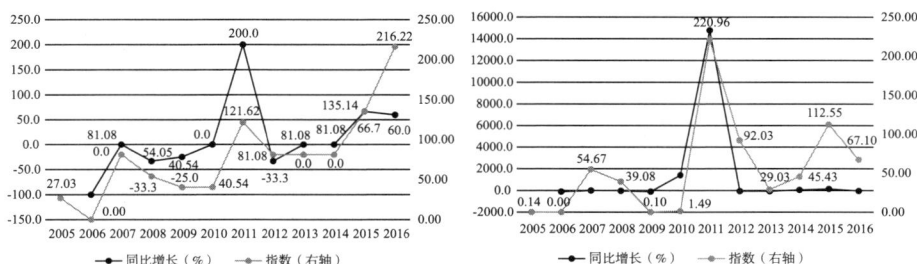

（5）中低技术数量别

（6）中低技术金额别

（7）低技术数量别

（8）低技术金额别

（9）其他数量别

（10）其他金额别

（11）海外直接投资数量别

（12）海外直接投资金额别

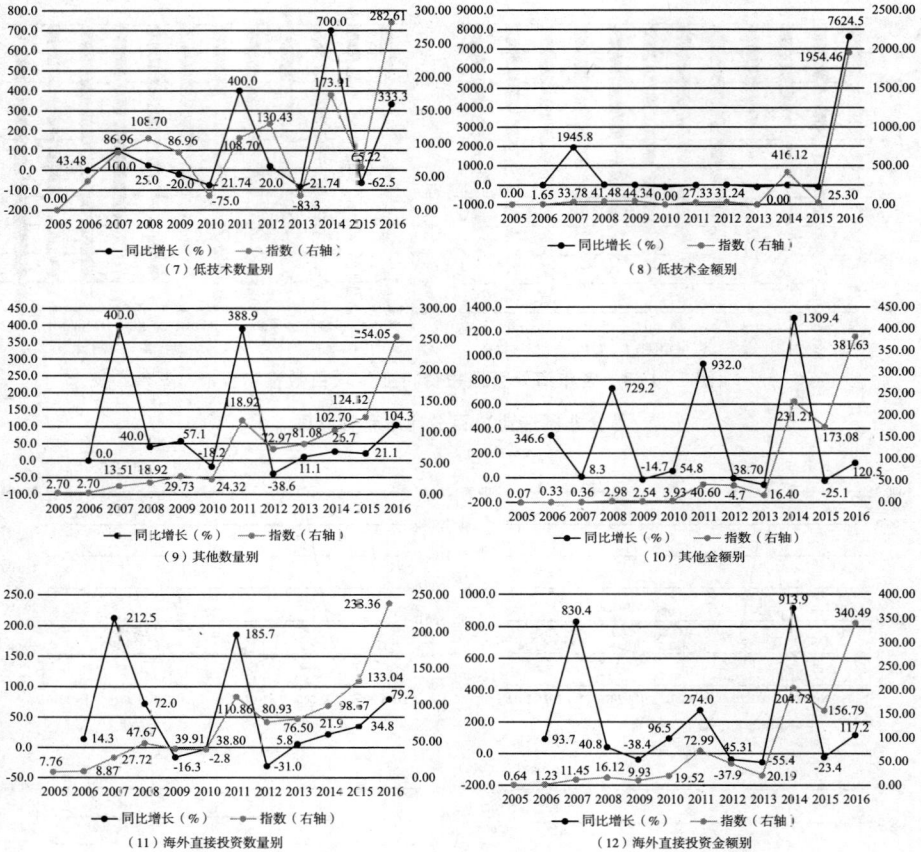

图 2-4-4　各年海外直接投资行业别项目数量和金额指数走势图

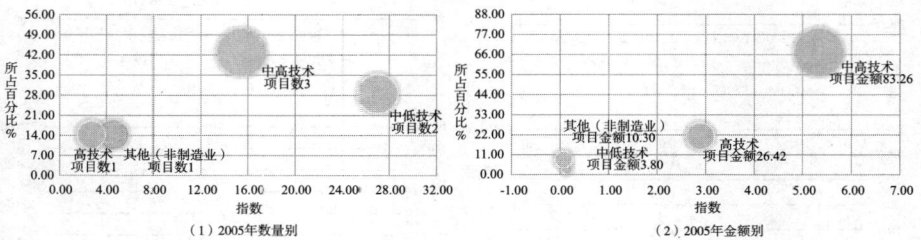

（1）2005年数量别

（2）2005年金额别

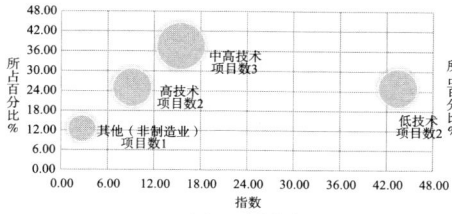

（3）2006年数量别

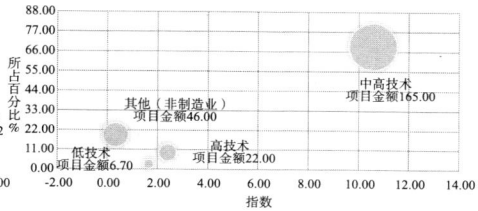

（4）2006年金额别

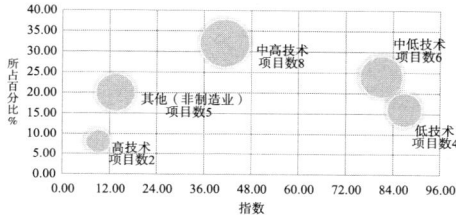

（5）2007年数量别

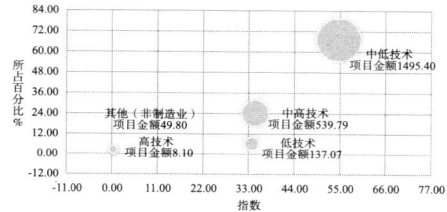

（6）2007年金额别

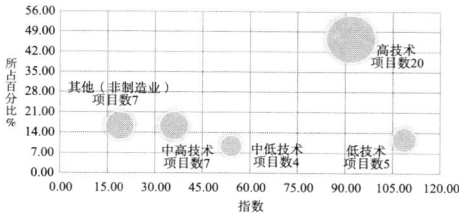

（7）2008年数量别

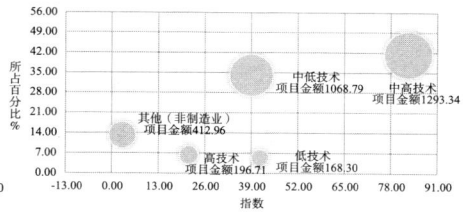

（8）2008年金额别

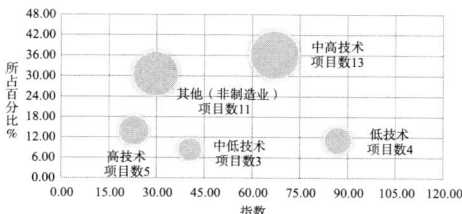

（9）2009年数量别

（10）2009年金额别

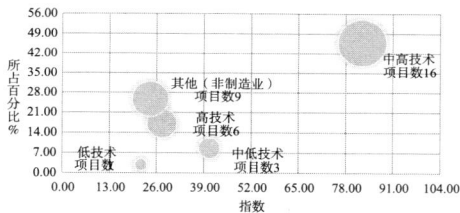

（11）2010年数量别

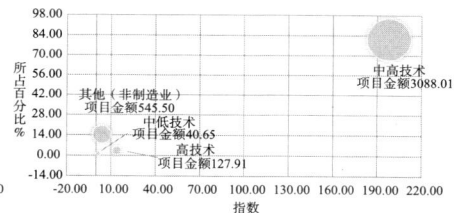

（12）2010年金额别

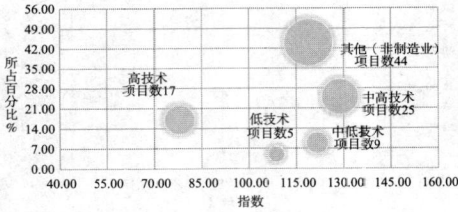

（13）2011年数量别

（14）2011年金额别

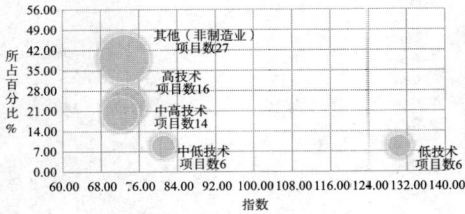

（15）2012年数量别

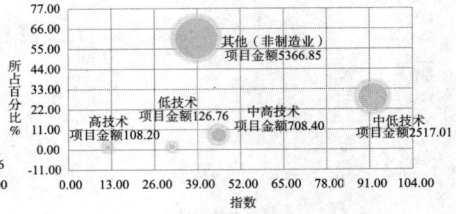

（16）2012年金额别

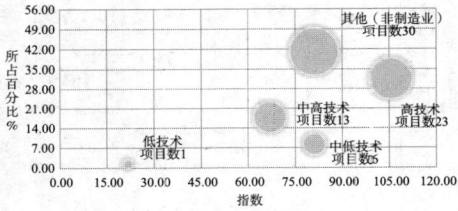

（17）2013年数量别

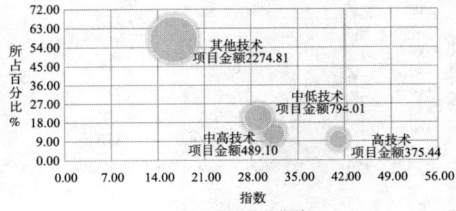

（18）2013年金额别

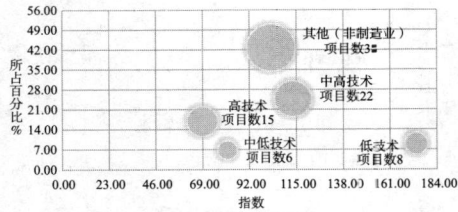

（19）2014年数量别

（20）2014年金额别

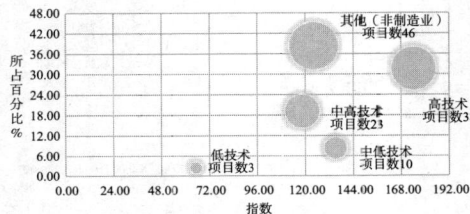

（21）2015年数量别

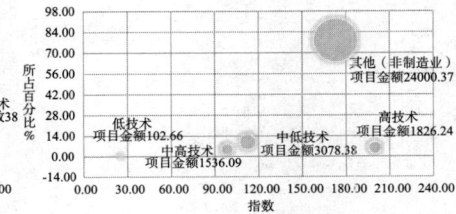

（22）2015年金额别

（23）2016年数量别

（24）2017年金额别

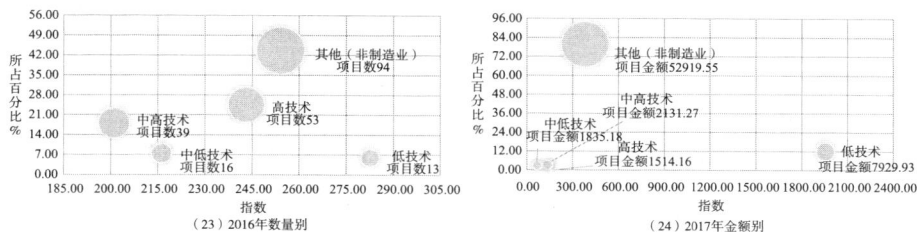

图 2-4-5　各年海外直接投资行业别项目数量和金额分布指数图　　（单位：件、百万美元）

　　从上述表和图中可以看出，2011—2016 年的 12 年间，样本企业对外直接投资的项目数量，制造业合计占比 61.83%，非制造业占比 38.17%；项目金额上看，制造业占比 29.41%，非制造业占到 70.59%。虽然制造业项目数量占到半数以上，但是项目金额却不及总和的三分之一。可见投资金额主要集中在房地产、娱乐、金融等服务业上，且近年来显示出不断迅速扩大的趋势（参见图 2-4-2 和图 2-4-3）。

　　就制造业而言，2011—2016 年的 12 年间，如果以其为 100% 的话，高技术项目虽然占到 39.05%，但是金额只占到 12.71%；中高技术和中低技术的项目数量占到 50.63%，金额占到 67.05%，成为制造业投资对象行业的主体，其中，中低技术的平均项目金额更大一些。低技术行业的项目数量只为 10.25%，金额却占到 20.27%，虽然项目数量占比少于高技术行业，但项目金额的比重却高于高技术行业。

第三章 中国民营企业海外直接投资指数：并购投资篇

本章分析我国民营企业海外并购投资问题。从总量出发，对投资来源地、投资标的国（地区）、投资标的行业分布以及融资模式 4 个领域所选样本的数据进行测算。

第一节 海外并购投资指数

本节对样本企业海外并购作总体分析。

一、民营样本企业海外并购投资与全国海外并购投资的比较

表 3-1-1 历年民营样本企业海外并购投资数量金额汇总及其增长率

（单位：件、千欧元、%）

年份	民营样本企业海外并购				全国海外并购			
	数量	同比增长	金额	同比增长	数量	同比增长	金额	同比增长
2005	3		51533.76		135		2686846.11	
2006	4	33.3	45167.07	-12.4	177	31.1	17762249.10	561.1
2007	10	150.0	88502.88	95.9	205	15.8	26849765.79	51.2
2008	11	10.0	582131.06	557.8	285	39.0	13854960.89	-48.4
2009	13	18.2	430272.66	-26.1	292	2.5	31126809.29	124.7
2010	16	23.1	1794289.71	317.0	286	-2.1	40212014.29	29.2

年份	民营样本企业海外并购				全国海外并购			
	数量	同比增长	金额	同比增长	数量	同比增长	金额	同比增长
2011	38	137.5	4932653.40	174.9	328	14.7	28796103.89	−28.4
2012	24	−36.8	4576672.07	−7.2	286	−12.8	24583607.26	−14.6
2013	28	16.7	1511218.10	−67.0	284	−0.7	34310098.71	39.6
2014	32	14.3	16913319.70	1019.2	419	47.5	47715260.51	39.1
2015	55	71.9	20553892.08	21.5	688	64.2	74806641.62	56.8
2016	92	67.3	21357316.66	3.9	917	33.3	129138713.57	72.6
合计	326		72836969.15		4302		471843071.03	

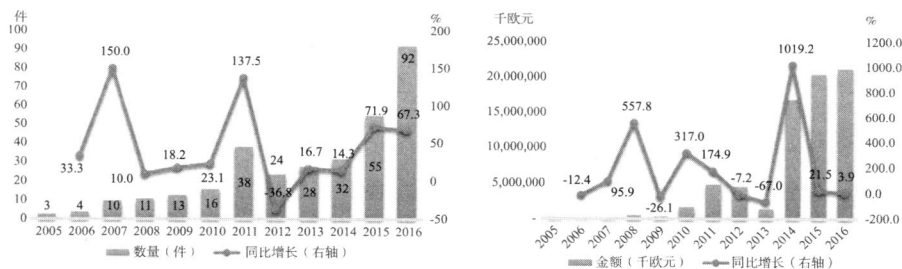

图 3-1-1 历年民营样本企业海外并购投资项目数量和金额的增长变化图

从以上表和图中可以看出，民营企业对外并购和全国的增长趋势基本一致。

在 2005—2016 年间，民营样本企业并购项目数量占到全国企业并购中的 7.5%，并购金额占到 15.4%。可见，样本企业的并购项目较大。

二、民营企业海外并购项目的数量指数和金额指数

表 3-1-2 历年民营样本企业海外并购投资项目数量及金额指数

年份	项目数量指数	项目金额指数
2005	8.47	0.53
2006	11.30	0.47

续表

年份	项目数量指数	项目金额指数
2007	28.25	0.91
2008	31.07	6.00
2009	36.72	4.44
2010	45.20	18.50
2011	107.34	50.86
2012	67.80	47.19
2013	79.10	15.58
2014	90.40	174.41
2015	155.37	211.95
2016	259.89	220.23
2011—2015 均值	100.00	100.00

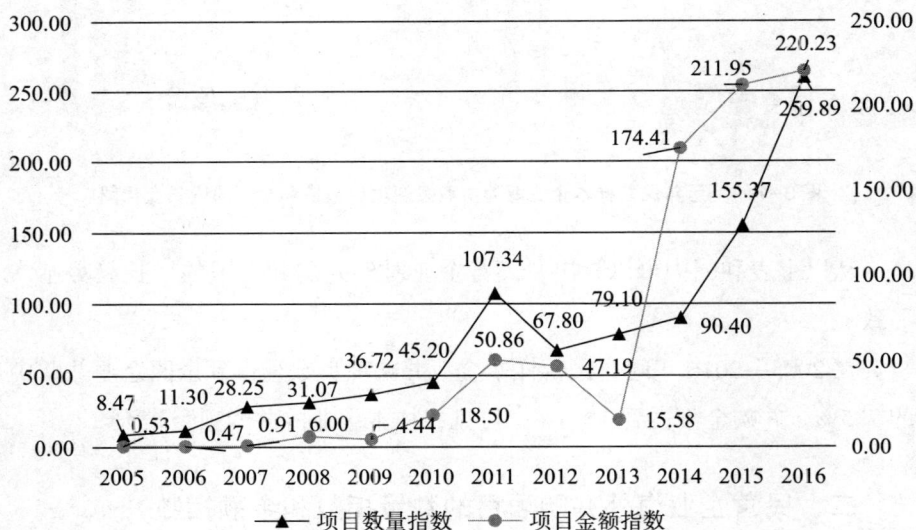

图 3-1-2　历年民营样本企业海外并购投资项目数量及金额指数

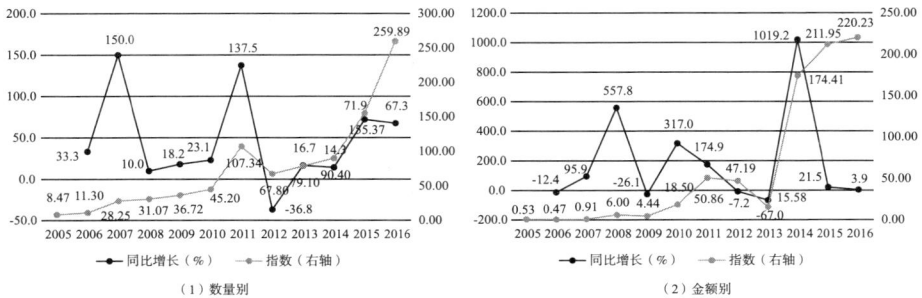

图3-1-3　历年民营样本企业海外并购投资项目数量金额的同比增长率及指数变化图

在民营样本企业海外并购投资中，除去 2014 和 2015 年之外，均为项目的数量指数大于金额指数。

第二节　海外并购投资来源地别指数

本节对中国民营样本企业海外并购的来源地，从项目数量和项目金额两个方面展开分析。

一、来源地区域分析

表 3-2-1　历年并购投资来源地项目数量分区域的分布及指数汇总表

（单位：件、%）

年份	环渤海地区				长三角地区				珠三角地区			
	项目数	同比增长（%）	占比（%）	指数	项目数	同比增长（%）	占比（%）	指数	项目数	同比增长（%）	占比（%）	指数
2005	1		33.33	13.16	1		33.33	6.33	0		0.00	0.00
2006	0	-100.0	0.00	0.00	2	100.0	50.00	12.66	0	n.a.	0.00	0.00
2007	0	n.a.	0.00	0.00	5	150.0	50.00	31.65	4	n.a.	40.00	80.00
2008	3	n.a.	27.27	39.47	4	-20.0	36.36	25.32	2	-50.0	18.18	40.00
2009	2	-33.3	15.38	26.32	4	0.0	30.77	25.32	3	50.0	23.08	60.00
2010	2	0.0	12.50	26.32	8	100.0	50.00	50.63	5	66.7	31.25	100.00

续表

年份	环渤海地区				长三角地区				珠三角地区			
	项目数	同比增长（%）	占比（%）	指数	项目数	同比增长（%）	占比（%）	指数	项目数	同比增长（%）	占比（%）	指数
2011	3	50.0	7.89	39.47	15	87.5	39.47	94.94	13	160.0	34.21	260.00
2012	4	33.3	16.67	52.63	12	-20.0	50.00	75.95	4	-69.2	16.67	80.00
2013	5	25.0	17.86	65.79	11	-8.3	39.29	69.62	2	-50.0	7.14	40.00
2014	13	160.0	40.63	171.05	12	9.1	37.50	75.95	2	0.0	6.25	40.00
2015	13	0.0	23.21	171.05	29	141.7	51.79	183.54	4	100.0	7.14	80.00
2016	21	61.5	22.58	276.32	46	58.6	49.46	291.14	7	75.0	7.53	140.00
合计	67		20.43		149		45.43		46		14.02	
均值	7.60			100.00	15.80			100.00	5.00			100.00

年份	中西部地区				合计			
	项目数	同比增长（%）	占比（%）	指数	项目数	同比增长（%）	占比（%）	指数
2005	1		33.33	13.89	3		100.00	8.43
2006	2	100.0	50.00	27.78	4	33.3	100.00	11.24
2007	1	-50.0	10.00	13.89	10	150.0	100.00	28.09
2008	2	100.0	18.18	27.78	11	10.0	100.00	30.90
2009	4	100.0	30.77	55.56	13	18.2	100.00	36.52
2010	1	-75.0	6.25	13.89	16	23.1	100.00	44.94
2011	7	600.0	18.42	97.22	38	137.5	100.00	106.74
2012	4	-42.9	16.67	55.56	24	-36.8	100.00	67.42
2013	10	150.0	35.71	138.89	28	16.7	100.00	78.65
2014	5	-50.0	15.63	69.44	32	14.3	100.00	89.89
2015	10	100.0	17.86	138.89	56	75.0	100.00	157.30
2016	19	90.0	20.43	263.89	93	66.1	100.00	261.24
合计	66		20.12		328		100.00	
均值	7.20			100.00	35.60			100.00

表3-2-2 历年并购投资来源地项目分区域的金额分布及指数汇总表

（单位：千欧元、%）

年份	环渤海地区				长三角地区				珠三角地区			
	金额	同比增长（%）	占比（%）	指数	金额	同比增长（%）	占比（%）	指数	金额	同比增长（%）	占比（%）	指数
2005	21940.92		42.58	0.38	1487.4		2.89	0.12	0		0.00	0.00
2006	0	−100.0	0.00	0.00	10555.98	609.7	23.37	0.86	0	n. a.	0.00	0.00
2007	0	n. a.	0.00	0.00	88502.88	738.4	100.00	7.21	0	n. a.	0.00	0.00
2008	286433.62	n. a.	49.20	4.94	87822.5	−0.8	15.09	7.16	0	n. a.	0.00	0.00
2009	0	−100.0	0.00	0.00	194369.84	121.3	45.17	15.84	0	n. a.	0.00	0.00
2010	39192.99	n. a.	2.18	0.68	1698618.73	773.9	94.67	138.42	56477.99	n. a.	3.15	6.55
2011	25369.43	−35.3	0.51	0.44	833584.9	−50.9	16.90	67.93	3550847.41	6187.1	71.99	411.73
2012	3188044.05	12466.5	69.66	55.01	203944.37	−75.5	4.46	16.62	330221.84	−90.7	7.22	38.29
2013	900024.25	−71.8	59.56	15.53	298307.7	46.3	19.74	24.31	47723.11	−85.5	3.16	5.53
2014	9657510.82	973.0	57.10	166.64	266858.47	−10.5	1.58	21.75	28083.43	−41.2	0.17	3.26
2015	15206071.47	57.5	73.02	262.38	4533129.11	1598.7	21.77	369.40	355252.73	1165.0	1.71	41.19
2016	8996175.78	−40.8	42.12	155.23	6377170.15	40.7	29.86	519.67	2492955.14	601.7	11.67	289.06
合计	38320763.33		52.42		14594352.03		19.96		6861561.65		9.39	
均值	5795404.00			100.00	1227164.91			100.00	862425.70			100.00

年份	中西部地区				合计			
	金额	同比增长（%）	占比（%）	指数	金额	同比增长（%）	占比（%）	指数
2005	28105.44		54.54	1.51	51533.76		100.00	0.53
2006	34611.09	23.1	76.63	1.85	45167.07	−12.4	100.00	0.46
2007	0	−100.0	0.00	0.00	88502.88	95.9	100.00	0.91
2008	207874.94	n. a.	35.71	11.14	582131.06	557.8	100.00	5.97
2009	235902.82	13.5	54.83	12.64	430272.66	−26.1	100.00	4.41
2010	0	−100.0	0.00	0.00	1794289.71	317.0	100.00	18.40
2011	522851.66	n. a.	10.60	28.01	4932653.4	174.9	100.00	50.58
2012	854461.81	63.4	18.67	45.78	4576672.07	−7.2	100.00	46.93

续表

年份	中西部地区				合计			
	金额	同比增长（%）	占比（%）	指数	金额	同比增长（%）	占比（%）	指数
2013	265163.04	−69.0	17.55	14.21	1511218.1	−67.0	100.00	15.50
2014	6960866.98	2525.1	41.16	372.91	16913319.7	1019.2	100.00	173.44
2015	729777.14	−89.5	3.50	39.10	20824230.45	23.1	100.00	213.55
2016	3491474.77	378.4	16.35	187.05	21357775.84	2.6	100.00	219.02
合计	13331089.69		18.23		73107766.70		100.00	
均值	1866624.13			100.00	9751618.74			100.00

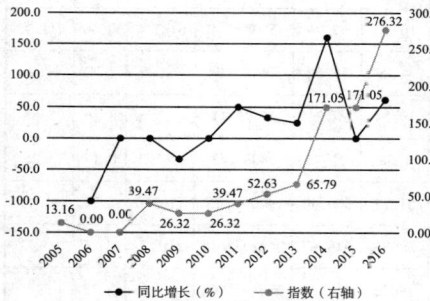

（1）环渤海地区数量别

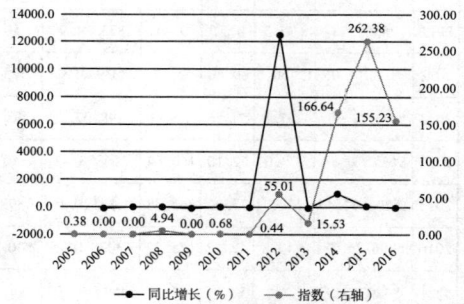

（2）环渤海地区金额别

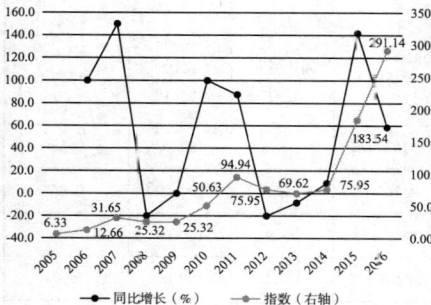

（3）长三角地区数量别

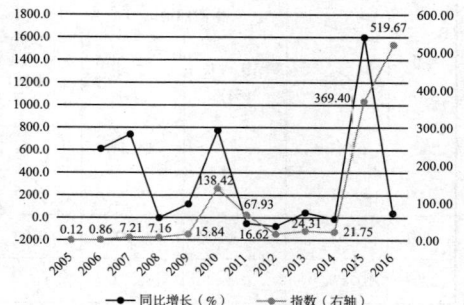

（4）长三角地区金额别

（5）珠三角地区数量别

（6）珠三角地区金额别

（7）中西部地区数量别

（8）中西部地区金额别

（9）来源地合计数量别

（10）来源地合计金额别

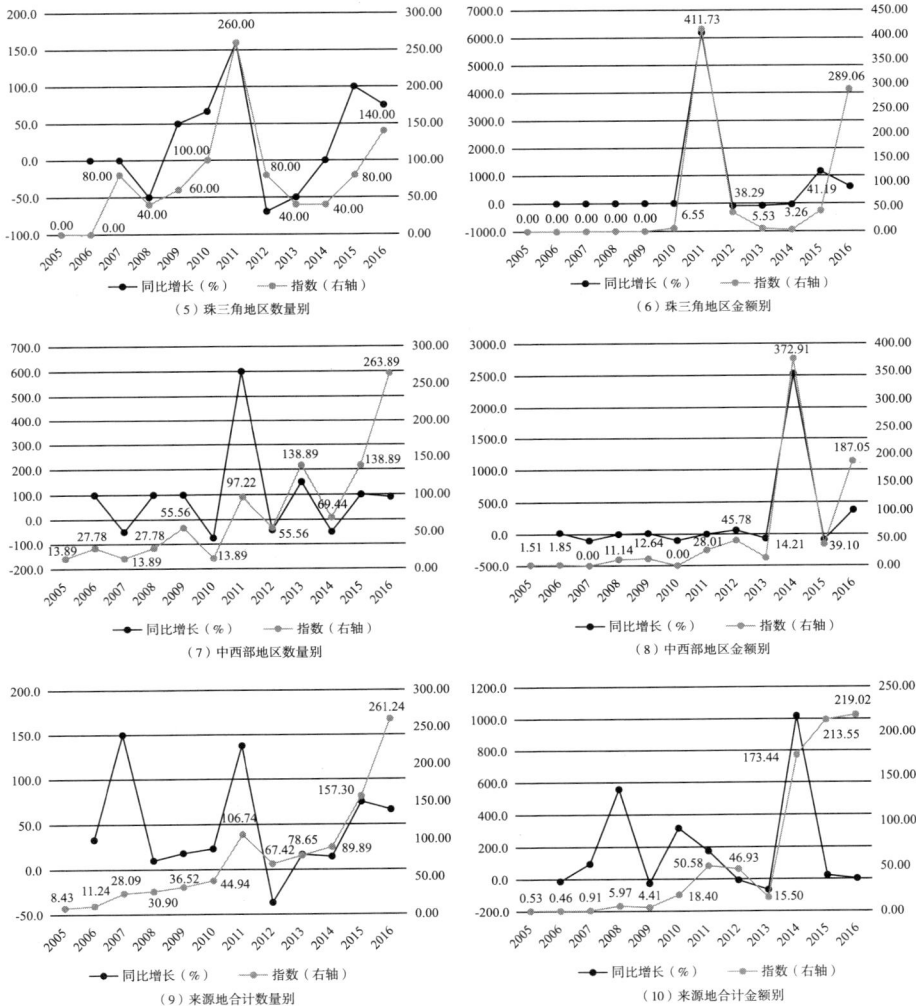

图 3-2-1　2005—2016 年并购投资来源地分区域项目数量和金额指数走势图

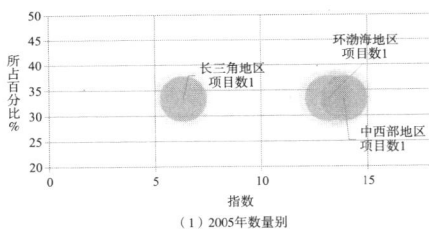

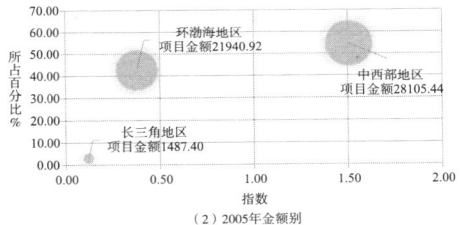

（1）2005年数量别

（2）2005年金额别

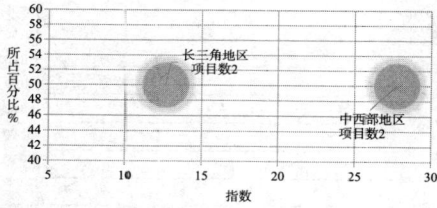

（3）2006年数量别

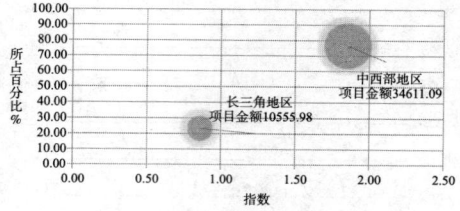

（4）2006年金额别

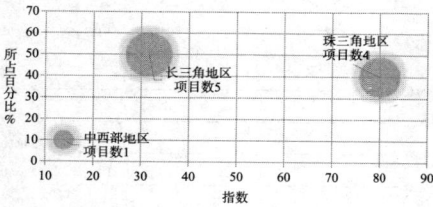

（5）2007年数量别

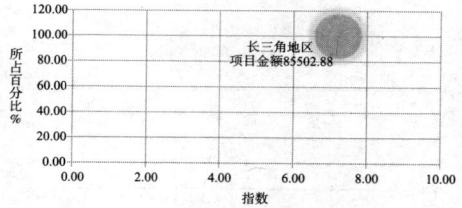

（6）2007年金额别

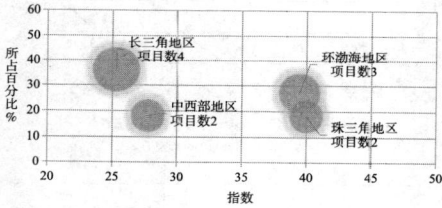

（7）2008年数量别

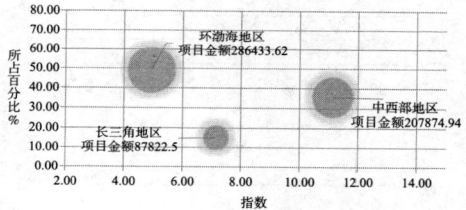

（8）2008年金额别

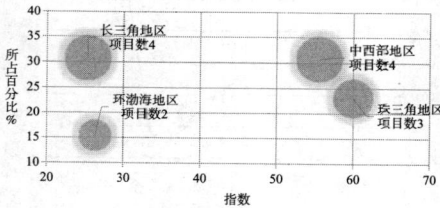

（9）2009年数量别

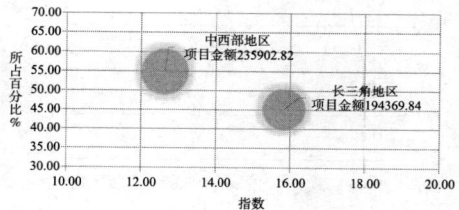

（10）2009年金额别

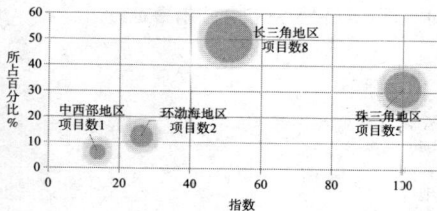

（11）2010年数量别

（12）2010年金额别

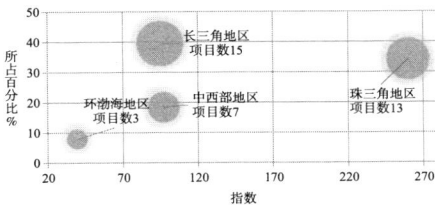

（13）2011年数量别

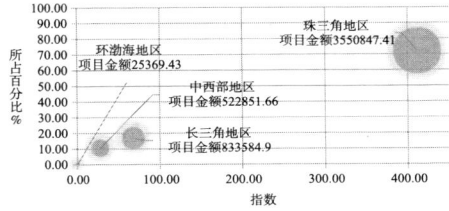

（14）2011年金额别

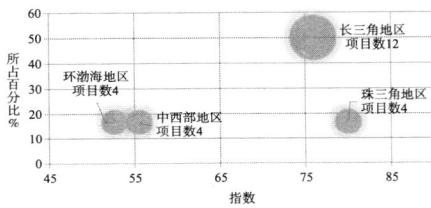

（15）2012年数量别

（16）2012年金额别

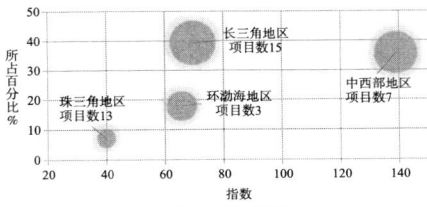

（17）2013年数量别

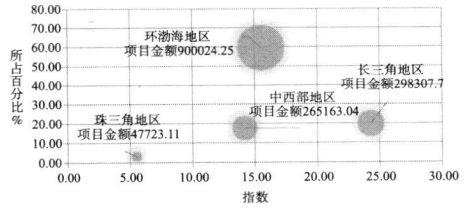

（18）2013年金额别

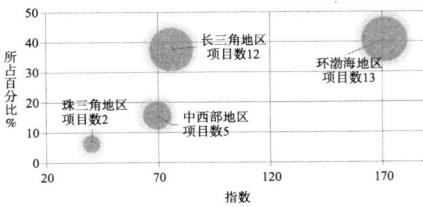

（19）2014年数量别

（20）2014年金额别

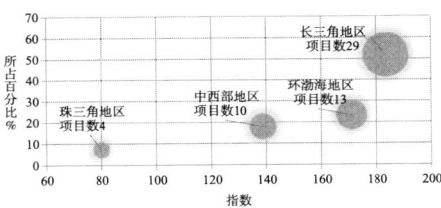

（21）2015年数量别

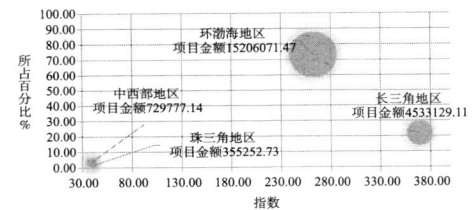

（22）2015年金额别

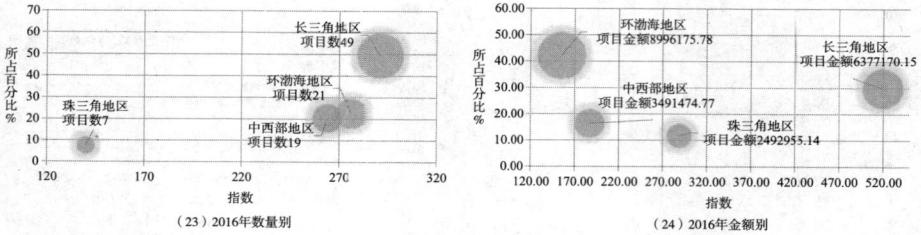

（23）2016年数量别　　　　　　　　　　（24）2016年金额别

图 3-2-2　各年并购投资来源地分区域项目数量和金额分布气泡图　（单位：件、千欧元）

并购投资来源地从区域看，2005—2016 年的 12 年间，项目数量以长三角最多，占比 45.43%，环渤海次之，占 20.43%，之后是中西部和珠三角，分别占 20.12%；但在项目金额方面的占比上，环渤海地区为最多，占到 52.42%，其次是长三角地区，占 18.96%，之后是中西部地区，占 18.23%。环渤海地区虽然项目数量只占五分之一多一点，但是项目金额占比却过半。由此可以推断，环渤海地区的海外并购投资以大项目为多。

二、来源地的省市区分布

表 3-2-3　中国民营样本企业并购投资来源地数量——环渤海地区

（单位：件、%）

年份		北京	天津	河北	辽宁	山东	环渤海合计
2005	数量	1	0	0	0	0	1
	比例（%）	100.00	0.00	0.00	0.00	0.00	100.00
	指数	50.00	n. a.	n. a.	0.00	0.00	13.16
2006	数量	0	0	0	0	0	0
	比例（%）	0.00	0.00	0.00	0.00	0.00	0.00
	指数	0.00	n. a.	n. a.	0.00	0.00	0.00
2007	数量	0	0	0	0	0	0
	比例（%）	0.00	0.00	0.00	0.00	0.00	0.00
	指数	0.00	n. a.	n. a.	0.00	0.00	0.00

年份		北京	天津	河北	辽宁	山东	环渤海合计
2008	数量	2	0	0	1	0	3
	比例（%）	66.67	0.00	0.00	33.33	0.00	100.00
	指数	100.00	n.a.	n.a.	31.25	0.00	39.47
2009	数量	0	0	1	0	1	2
	比例（%）	0.00	0.00	50.00	0.00	50.00	100.00
	指数	0.00	n.a.	n.a.	0.00	41.67	26.32
2010	数量	1	0	0	0	1	2
	比例（%）	50.00	0.00	0.00	0.00	50.00	100.00
	指数	50.00	n.a.	n.a.	0.00	41.67	26.32
2011	数量	0	0	0	1	2	3
	比例（%）	0.00	0.00	0.00	33.33	66.67	100.00
	指数	0.00	n.a.	n.a.	31.25	83.33	39.47
2012	数量	1	0	0	3	0	4
	比例（%）	25.00	0.00	0.00	75.00	0.00	100.00
	指数	50.00	n.a.	n.a.	93.75	0.00	52.63
2013	数量	0	0	0	2	3	5
	比例（%）	0.00	0.00	0.00	40.00	60.00	100.00
	指数	0.00	n.a.	n.a.	62.50	125.00	65.79
2014	数量	4	0	0	4	5	13
	比例（%）	30.77	0.00	0.00	30.77	38.46	100.00
	指数	200.00	n.a.	n.a.	125.00	208.33	171.05
2015	数量	5	0	0	6	2	13
	比例（%）	38.46	0.00	0.00	46.15	15.38	100.00
	指数	250.00	n.a.	n.a.	187.50	83.33	171.05
2016	数量	7	1	0	9	4	21
	比例（%）	33.33	4.76	0.00	42.86	19.05	100.00
	指数	350.00	n.a.	n.a.	281.25	166.67	276.32

年份		北京	天津	河北	辽宁	山东	环渤海合计
合计	数量	21	1	1	26	18	67
	比例（%）	31.34	1.49	1.49	38.81	26.87	100.00
	指数						
2011—2015 均值		2.00	0.00	0.00	3.20	2.40	7.60

表 3-2-4　中国民营样本企业并购投资来源地数量——长三角地区

（单位：件、%）

年份		上海	江苏	浙江	长三角合计
2005	数量	0	0	1	1
	比例（%）	0.00	0.00	100.00	100.00
	指数	0.00	0.00	11.63	6.33
2006	数量	0	0	2	2
	比例（%）	0.00	0.00	100.00	100.00
	指数	0.00	0.00	23.26	12.66
2007	数量	0	1	4	5
	比例（%）	0.00	20.00	80.00	100.00
	指数	0.00	29.41	46.51	31.65
2008	数量	0	1	3	4
	比例（%）	0.00	25.00	75.00	100.00
	指数	0.00	29.41	34.88	25.32
2009	数量	0	2	2	4
	比例（%）	0.00	50.00	50.00	100.00
	指数	0.00	58.82	23.26	25.32
2010	数量	2	1	5	8
	比例（%）	25.00	12.50	62.50	100.00
	指数	52.63	29.41	58.14	50.63
2011	数量	0	3	12	15
	比例（%）	0.00	20.00	80.00	100.00
	指数	0.00	88.24	139.53	94.94

年份		上海	江苏	浙江	长三角合计
2012	数量	0	3	9	12
	比例（%）	0.00	25.00	75.00	100.00
	指数	0.00	88.24	104.65	75.95
2013	数量	0	0	11	11
	比例（%）	0.00	0.00	100.00	100.00
	指数	0.00	0.00	127.91	69.62
2014	数量	2	5	5	12
	比例（%）	16.67	41.67	41.67	100.00
	指数	52.63	147.06	58.14	75.95
2015	数量	17	6	6	29
	比例（%）	58.62	20.69	20.69	100.00
	指数	447.37	176.47	69.77	183.54
2016	数量	14	12	20	46
	比例（%）	30.43	26.09	43.48	100.00
	指数	368.42	352.94	232.56	291.14
合计	数量	35	34	80	149
	比例（%）	23.49	22.82	53.69	100.00
	指数				
2011—2015 均值		3.80	3.40	8.60	15.80

表 3-2-5 中国民营样本企业并购投资来源地数量——珠三角地区

（单位：件、%）

年份		广东	福建	海南	珠三角合计
2005	数量	0	0	0	0
	比例（%）	0.00	0.00	0.00	0.00
	指数	0.00	0.00	0.00	0.00
2006	数量	0	0	0	0
	比例（%）	0.00	0.00	0.00	100.00
	指数	0.00	0.00	0.00	0.00

年份		广东	福建	海南	珠三角合计
2007	数量	0	0	4	4
	比例（%）	0.00	0.00	100.00	100.00
	指数	0.00	0.00	250.00	80.00
2008	数量	0	0	2	2
	比例（%）	0.00	0.00	100.00	100.00
	指数	0.00	0.00	125.00	40.00
2009	数量	0	0	3	3
	比例（%）	0.00	0.00	100.00	100.00
	指数	0.00	0.00	187.50	60.00
2010	数量	1	1	3	5
	比例（%）	20.00	20.00	60.00	100.00
	指数	45.45	83.33	187.50	100.00
2011	数量	2	3	8	13
	比例（%）	15.38	23.08	61.54	100.00
	指数	90.91	250.00	500.00	260.00
2012	数量	3	1	0	4
	比例（%）	75.00	25.00	0.00	100.00
	指数	136.36	83.33	0.00	80.00
2013	数量	1	1	0	2
	比例（%）	50.00	50.00	0.00	100.00
	指数	45.45	83.33	0.00	40.00
2014	数量	2	0	0	2
	比例（%）	100.00	0.00	0.00	100.00
	指数	90.91	0.00	0.00	40.00
2015	数量	3	1	0	4
	比例（%）	75.00	25.00	0.00	100.00
	指数	136.36	83.33	0.00	80.00
2016	数量	6	1	0	7
	比例（%）	85.71	14.29	0.00	100.00
	指数	272.73	83.33	0.00	140.00

年份		广东	福建	海南	珠三角合计
合计	数量	18	8	20	46
	比例（%）	39.13	17.39	43.48	100.00
	指数				
2011—2015 均值		2.20	1.20	1.60	

表 3-2-6 中国民营样本企业并购投资来源地数量——中西部地区

（单位：件、%）

年份		山西	安徽	江西	河南	湖北	湖南
2005	数量	0	0	0	0	1	0
	比例（%）	0.00	0.00	0.00	0.00	100.00	0.00
	指数	0.00	0.00	0.00	0.00	n.a.	0.00
2006	数量	0	0	0	0	0	0
	比例（%）	0.00	0.00	0.00	0.00	0.00	0.00
	指数	0.00	0.00	0.00	0.00	n.a.	0.00
2007	数量	0	0	0	0	0	0
	比例（%）	0.00	0.00	0.00	0.00	0.00	0.00
	指数	0.00	0.00	0.00	0.00	n.a.	0.00
2008	数量	0	0	0	0	0	1
	比例（%）	0.00	0.00	0.00	0.00	0.00	50.00
	指数	0.00	0.00	0.00	0.00	n.a.	71.43
2009	数量	0	0	0	0	0	1
	比例（%）	0.00	0.00	0.00	0.00	0.00	25.00
	指数	0.00	0.00	0.00	0.00	n.a.	71.43
2010	数量	0	0	0	0	0	0
	比例（%）	0.00	0.00	0.00	0.00	0.00	0.00
	指数	0.00	0.00	0.00	0.00	n.a.	0.00
2011	数量	0	0	0	0	0	1
	比例（%）	0.00	0.00	0.00	0.00	0.00	14.29
	指数	0.00	0.00	0.00	0.00	n.a.	71.43

年份		山西	安徽	江西	河南	湖北	湖南
2012	数量	1	0	1	0	0	1
	比例（%）	25.00	0.00	25.00	0.00	0.00	25.00
	指数	500.00	0.00	250.00	0.00	n.a.	71.43
2013	数量	0	0	0	1	0	2
	比例（%）	0.00	0.00	0.00	10.00	0.00	20.00
	指数	0.00	0.00	0.00	250.00	n.a.	142.86
2014	数量	0	1	0	0	0	2
	比例（%）	0.00	20.00	0.00	0.00	0.00	40.00
	指数	0.00	166.67	0.00	0.00	n.a.	142.86
2015	数量	0	2	1	1	0	1
	比例（%）	0.00	20.00	10.00	10.00	0.00	10.00
	指数	0.00	333.33	250.00	250.00	n.a.	71.43
2016	数量	1	6	1	1	1	0
	比例（%）	5.26	31.58	5.26	5.26	5.26	0.00
	指数	500.00	1000.00	250.00	250.00	n.a.	0.00
合计	数量	2	9	3	3	2	9
	比例（%）	3.03	13.64	4.55	4.55	3.03	13.64
	指数						
2011—2015 均值		0.20	0.60	0.40	0.40	0.00	1.40
年份		内蒙	四川	重庆	云南	宁夏	黑龙江	中西部合计
2005	数量	0	0	0	0	0	0	1
	比例（%）	0.00	0.00	0.00	0.00	0.00	0.00	100.00
	指数	0.00	0.00	0.00	0.00	0.00	n.a.	13.89
2006	数量	0	0	2	0	0	0	2
	比例（%）	0.00	0.00	100.00	0.00	0.00	0.00	100.00
	指数	0.00	0.00	250.00	0.00	0.00	n.a.	27.78
2007	数量	0	1	0	0	0	0	1
	比例（%）	0.00	100.00	0.00	0.00	0.00	0.00	100.00
	指数	0.00	41.67	0.00	0.00	0.00	n.a.	13.89

年份		内蒙	四川	重庆	云南	宁夏	黑龙江	中西部合计
2008	数量	0	1	0	0	0	0	2
	比例（%）	0.00	50.00	0.00	0.00	0.00	0.00	100.00
	指数	0.00	41.67	0.00	0.00	0.00	n. a.	27.78
2009	数量	0	0	3	0	0	0	4
	比例（%）	0.00	0.00	75.00	0.00	0.00	0.00	100.00
	指数	0.00	0.00	375.00	0.00	0.00	n. a.	55.56
2010	数量	0	0	1	0	0	0	1
	比例（%）	0.00	0.00	100.00	0.00	0.00	0.00	100.00
	指数	0.00	0.00	125.00	0.00	0.00	n. a.	13.89
2011	数量	0	4	2	0	0	0	7
	比例（%）	0.00	57.14	28.57	0.00	0.00	0.00	100.00
	指数	0.00	166.67	250.00	0.00	0.00	n. a.	97.22
2012	数量	0	0	1	0	0	0	4
	比例（%）	0.00	0.00	25.00	0.00	0.00	0.00	100.00
	指数	0.00	0.00	125.00	0.00	0.00	n. a.	55.56
2013	数量	1	6	0	0	0	0	10
	比例（%）	10.00	60.00	0.00	0.00	0.00	0.00	100.00
	指数	250.00	250.00	0.00	0.00	0.00	n. a.	138.89
2014	数量	0	0	0	1	1	0	5
	比例（%）	0.00	0.00	0.00	20.00	20.00	0.00	100.00
	指数	0.00	0.00	0.00	250.00	500.00	n. a.	69.44
2015	数量	1	2	1	1	0	0	10
	比例（%）	10.00	20.00	10.00	10.00	0.00	0.00	100.00
	指数	250.00	83.33	125.00	250.00	0.00	n. a.	138.89
2016	数量	4	2	2	0	0	1	19
	比例（%）	21.05	10.53	10.53	0.00	0.00	5.26	100.00
	指数	1000.00	83.33	250.00	0.00	0.00	n. a.	263.89
合计	数量	6	16	12	2	1	1	66
	比例（%）	9.09	24.24	18.18	3.03	1.52	1.52	100.00
	指数							

续表

年份		内蒙	四川	重庆	云南	宁夏	黑龙江	中西部合计
2011—2015 均值		0.40	2.40	0.80	0.40	0.20	0.00	7.20

表 3-2-7　中国民营样本企业并购投资来源地金额——环渤海地区

（单位：千欧元、%）

年份		北京	天津	河北	辽宁	山东	环渤海合计
2005	金额	21940.92	0.00	0.00	0.00	0.00	21940.92
	比例（%）	100.00	0.00	0.00	0.00	0.00	100.00
	指数	3.04	n.a.	n.a.	0.00	0.00	0.38
2006	金额	0.00	0.00	0.00	0.00	0.00	0.00
	比例（%）	0.00	0.00	0.00	0.00	0.00	0.00
	指数	0.00	n.a.	n.a.	0.00	0.00	0.00
2007	金额	0.00	0.00	0.00	0.00	0.00	0.00
	比例（%）	0.00	0.00	0.00	0.00	0.00	0.00
	指数	0.00	n.a.	n.a.	0.00	0.00	0.00
2008	金额	271000.00	0.00	0.00	15433.62	0.00	286433.62
	比例（%）	94.61	0.00	0.00	5.39	0.00	100.00
	指数	37.59	n.a.	n.a.	0.31	0.00	4.94
2009	金额	0.00	0.00	0.00	0.00	n.a.	0.00
	比例（%）	0.00	0.00	0.00	0.00	0.00	0.00
	指数	0.00	n.a.	n.a.	0.00	0.00	0.00
2010	金额	30231.97	0.00	0.00	0.00	8961.02	39192.99
	比例（%）	77.14	0.00	0.00	0.00	22.86	100.00
	指数	4.19	n.a.	n.a.	0.00	28.81	0.68
2011	金额	0.00	0.00	0.00	1309.62	24059.81	25369.43
	比例（%）	0.00	0.00	0.00	5.16	94.84	100.00
	指数	0.00	n.a.	n.a.	0.03	77.35	0.44
2012	金额	750000.00	0.00	0.00	2438044.05	0.00	3188044.05
	比例（%）	23.53	0.00	0.00	76.47	0.00	100.00
	指数	104.04	n.a.	n.a.	48.34	0.00	55.01

年份		北京	天津	河北	辽宁	山东	环渤海合计
2013	金额	0.00	0.00	0.00	841122.45	58901.80	900024.25
	比例（%）	0.00	0.00	0.00	93.46	6.54	100.00
	指数	0.00	n.a.	n.a.	16.68	189.36	15.53
2014	金额	1914248.85	0.00	0.00	7718862.38	24399.59	9657510.82
	比例（%）	19.82	0.00	0.00	79.93	0.25	100.00
	指数	265.56	n.a.	n.a.	153.05	78.44	166.64
2015	金额	939990.23	0.00	0.00	14217916.33	48164.91	15206071.47
	比例（%）	6.18	0.00	0.00	93.50	0.32	100.00
	指数	130.40	n.a.	n.a.	281.91	154.85	262.38
2016	金额	1714811.90	13511.08	0.00	7061656.52	206196.28	8996175.78
	比例（%）	19.06	0.15	0.00	78.50	2.29	100.00
	指数	237.89	n.a.	n.a.	140.02	662.90	155.23
合计	金额	5642223.87	13511.08	0.00	32294344.97	370683.41	38320763.33
	比例（%）	14.72	0.04	0.00	84.27	0.97	100.00
	指数						
2011— 2015 均值		720847.82	0.00	0.00	5043450.97	31105.22	5795404.00

表 3-2-8　中国民营样本企业并购投资来源地金额——长三角地区

（单位：千欧元、%）

年份		上海	江苏	浙江	长三角合计
2005	金额	0.00	0.00	1487.40	1487.40
	比例（%）	0.00	0.00	100.00	100.00
	指数	0.00	0.00	0.37	0.12
2006	金额	0.00	0.00	10555.98	10555.98
	比例（%）	0.00	0.00	100.00	100.00
	指数	0.00	0.00	2.60	0.86

续表

年份		上海	江苏	浙江	长三角合计
2007	金额	0.00	n.a.	88502.88	88502.88
	比例（%）	0.00	n.a.	100.00	100.00
	指数	0.00	n.a.	21.81	7.21
2008	金额	0.00	n.a.	87822.50	87822.50
	比例（%）	0.00	n.a.	100.00	100.00
	指数	0.00	n.a.	21.64	7.16
2009	金额	0.00	101253.22	93116.62	194369.84
	比例（%）	0.00	52.09	47.91	100.00
	指数	0.00	61.69	22.94	15.84
2010	金额	308536.97	n.a.	1390081.76	1698618.73
	比例（%）	18.16	n.a.	81.84	100.00
	指数	46.95	n.a.	342.50	138.42
2011	金额	0.00	31215.74	802369.16	833584.90
	比例（%）	0.00	3.74	96.26	100.00
	指数	0.00	19.02	197.70	67.93
2012	金额	0.00	125572.90	78371.47	203944.37
	比例（%）	0.00	61.57	38.43	100.00
	指数	0.00	76.51	19.31	16.62
2013	金额	0.00	0.00	298307.70	298307.70
	比例（%）	0.00	0.00	100.00	100.00
	指数	0.00	0.00	73.50	24.31
2014	金额	2878.69	242178.18	21801.60	266858.47
	比例（%）	1.08	90.75	8.17	100.00
	指数	0.44	147.56	5.37	21.75
2015	金额	3283026.87	421656.15	828446.09	4533129.11
	比例（%）	72.42	9.30	18.28	100.00
	指数	499.56	256.91	204.12	369.40
2016	金额	2426016.63	926368.41	3024785.11	6377170.15
	比例（%）	38.04	14.53	47.43	100.00
	指数	369.15	564.43	745.28	519.67

续表

年份		上海	江苏	浙江	长三角合计
合计	金额	6020459.16	1848244.60	6725648.27	14594352.03
	比例（%）	41.25	12.66	46.08	100.00
	指数				
2011—2015均值		657181.11	164124.59	405859.20	1227164.91

表3-2-9 中国民营样本企业并购投资来源地金额——珠三角地区

（单位：千欧元、%）

年份		广东	福建	海南	珠三角合计
2005	金额	0.00	0.00	0.00	0.00
	比例（%）	0.00	0.00	0.00	0.00
	指数	0.00	0.00	0.00	0.00
2006	金额	0.00	0.00	0.00	0.00
	比例（%）	0.00	0.00	0.00	0.00
	指数	0.00	0.00	0.00	0.00
2007	金额	0.00	0.00	n.a.	0.00
	比例（%）	0.00	0.00	n.a.	0.00
	指数	0.00	0.00	n.a.	0.00
2008	金额	0.00	0.00	n.a.	0.00
	比例（%）	0.00	0.00	n.a.	0.00
	指数	0.00	0.00	n.a.	0.00
2009	金额	0.00	0.00	n.a.	0.00
	比例（%）	0.00	0.00	n.a.	0.00
	指数	0.00	0.00	n.a.	0.00
2010	金额	n.a.	16477.99	40000.00	56477.99
	比例（%）	n.a.	29.18	70.82	100.00
	指数	n.a.	156.02	5.66	6.55
2011	金额	n.a.	17821.91	3533025.50	3550847.41
	比例（%）	n.a.	0.50	99.50	100.00
	指数	n.a.	168.74	500.00	411.73

年份		广东	福建	海南	珠三角合计
2012	金额	313743.85	16477.99	0.00	330221.84
	比例（%）	95.01	4.99	0.00	100.00
	指数	172.79	156.02	0.00	38.29
2013	金额	38468.99	9254.12	0.00	47723.11
	比例（%）	80.61	19.39	0.00	100.00
	指数	21.19	87.62	0.00	5.53
2014	金额	28083.43	0.00	0.00	28083.43
	比例（%）	100.00	0.00	0.00	100.00
	指数	15.47	0.00	0.00	3.26
2015	金额	345998.61	9254.12	0.00	355252.73
	比例（%）	97.40	2.60	0.00	100.00
	指数	190.56	87.62	0.00	41.19
2016	金额	2315524.57	177430.57	0.00	2492955.14
	比例（%）	92.88	7.12	0.00	100.00
	指数	1275.25	1679.95	0.00	289.06
合计	金额	3041819.45	246716.70	3573025.50	6861561.65
	比例（%）	44.33	3.60	52.07	100.00
	指数				
2011—2015 均值		181573.72	10561.63	706605.10	862425.70

表 3-2-10　中国民营样本企业并购投资来源地金额——中西部地区

（单位：千欧元、%）

年份		山西	安徽	江西	河南	湖北	湖南
2005	金额	0.00	0.00	0.00	0.00	28105.44	0.00
	比例（%）	0.00	0.00	0.00	0.00	100.00	0.00
	指数	0.00	0.00	0.00	0.00	n.a.	0.00
2006	金额	0.00	0.00	0.00	0.00	0.00	0.00
	比例（%）	0.00	0.00	0.00	0.00	0.00	0.00
	指数	0.00	0.00	0.00	0.00	n.a.	0.00

年份		山西	安徽	江西	河南	湖北	湖南
2007	金额	0.00	0.00	0.00	0.00	0.00	0.00
	比例（%）	0.00	0.00	0.00	0.00	0.00	0.00
	指数	0.00	0.00	0.00	0.00	n. a.	0.00
2008	金额	0.00	0.00	0.00	0.00	0.00	201291.73
	比例（%）	0.00	0.00	0.00	0.00	0.00	96.83
	指数	0.00	0.00	0.00	0.00	n. a.	66.21
2009	金额	0.00	0.00	0.00	0.00	0.00	201291.73
	比例（%）	0.00	0.00	0.00	0.00	0.00	85.33
	指数	0.00	0.00	0.00	0.00	n. a.	66.21
2010	金额	0.00	0.00	0.00	0.00	0.00	0.00
	比例（%）	0.00	0.00	0.00	0.00	0.00	0.00
	指数	0.00	0.00	0.00	0.00	n. a.	0.00
2011	金额	0.00	0.00	0.00	0.00	0.00	500000.00
	比例（%）	0.00	0.00	0.00	0.00	0.00	95.63
	指数	0.00	0.00	0.00	0.00	n. a.	164.46
2012	金额	347752.37	0.00	2322.01	0.00	0.00	500000.00
	比例（%）	40.70	0.00	0.27	0.00	0.00	58.52
	指数	500.00	0.00	10.29	0.00	n. a.	164.46
2013	金额	0.00	0.00	0.00	3782.24	0.00	108068.00
	比例（%）	0.00	0.00	0.00	1.43	0.00	40.76
	指数	0.00	0.00	0.00	6.90	n. a.	35.54
2014	金额	0.00	73205.97	0.00	0.00	0.00	108068.00
	比例（%）	0.00	1.05	0.00	0.00	0.00	1.55
	指数	0.00	106.23	0.00	0.00	n. a.	35.54
2015	金额	0.00	271346.70	110532.71	270338.37	0.00	n. a.
	比例（%）	0.00	37.18	15.15	37.04	0.00	n. a.
	指数	0.00	393.77	489.71	493.10	n. a.	n. a.
2016	金额	0.00	233640.69	0.00	n. a.	622769.73	0.00
	比例（%）	0.00	6.69	0.00	n. a.	17.84	0.00
	指数	0.00	339.05	0.00	n. a.	n. a.	0.00

续表

年份		山西	安徽	江西	河南	湖北	湖南
合计	金额	347752.37	578193.36	112854.72	274120.61	650875.17	1618719.46
	比例（%）	2.61	4.34	0.85	2.06	4.88	12.14
	指数						
2011—2015 均值		69550.47	68910.53	22570.94	54824.12	0.00	304034.00

年份		内蒙	四川	重庆	云南	宁夏	黑龙江	中西部合计
2005	金额	0.00	0.00	0.00	0.00	0.00	0.00	28105.44
	比例（%）	0.00	0.00	0.00	0.00	0.00	0.00	100.00
	指数	0.00	0.00	0.00	0.00	n.a.	n.a.	1.51
2006	金额	0.00	0.00	34611.09	0.00	0.00	0.00	34611.09
	比例（%）	0.00	0.00	100.00	0.00	0.00	0.00	100.00
	指数	0.00	0.00	1317.00	0.00	n.a.	n.a.	1.85
2007	金额	0.00	n.a.	0.00	0.00	0.00	0.00	0.00
	比例（%）	0.00	0.00	0.00	0.00	0.00	0.00	0.00
	指数	0.00	n.a.	0.00	0.00	n.a.	n.a.	0.00
2008	金额	0.00	6533.21	0.00	0.00	0.00	0.00	207874.94
	比例（%）	0.00	3.17	0.00	0.00	0.00	0.00	100.00
	指数	0.00	13.82	0.00	0.00	n.a.	n.a.	11.14
2009	金额	0.00	0.00	34611.09	0.00	0.00	0.00	235902.82
	比例（%）	0.00	0.00	14.67	0.00	0.00	0.00	100.00
	指数	0.00	0.00	1317.00	0.00	n.a.	n.a.	12.64
2010	金额	0.00	0.00	n.a.	0.00	0.00	0.00	0.00
	比例（%）	0.00	0.00	0.00	0.00	0.00	0.00	0.00
	指数	0.00	0.00	0.00	0.00	n.a.	n.a.	0.00
2011	金额	0.00	22851.66	n.a.	0.00	0.00	0.00	522851.66
	比例（%）	0.00	4.37	n.a.	0.00	0.00	0.00	100.00
	指数	0.00	47.97	n.a.	0.00	n.a.	n.a.	28.01
2012	金额	0.00	0.00	4387.43	0.00	0.00	0.00	854461.81
	比例（%）	0.00	0.00	0.51	0.00	0.00	0.00	100.00
	指数	0.00	0.00	166.95	0.00	n.a.	n.a.	45.78

年份		内蒙	四川	重庆	云南	宁夏	黑龙江	中西部合计
2013	金额	244.69	153068.11	0.00	0.00	0.00	0.00	265163.04
	比例（%）	0.09	57.73	0.00	0.00	0.00	0.00	100.00
	指数	250.00	321.31	0.00	0.00	n. a.	n. a.	14.21
2014	金额	0.00	0.00	n. a.	6779593.01	n. a.	0.00	6960866.98
	比例（%）	0.00	0.00	0.00	97.40	0.00	0.00	100.00
	指数	0.00	0.00	n. a.	499.15	n. a.	n. a.	372.91
2015	金额	244.69	62276.98	3496.64	11541.05	0.00	0.00	729777.14
	比例（%）	0.03	8.53	0.48	1.58	0.00	0.00	100.00
	指数	250.00	130.73	133.05	0.85	n. a.	n. a.	39.10
2016	金额	2353395.25	14801.73	89798.10	0.00	0.00	177069.27	3491474.77
	比例（%）	67.40	0.42	2.57	0.00	0.00	5.07	100.00
	指数	2404466.11	31.07	3416.94	0.00	n. a.		187.05
合计	金额	2353884.63	259581.69	166904.35	6791134.06	0.00	177069.27	13331089.69
	比例（%）	17.66	1.95	1.25	50.94	0.00	1.33	100.00
	指数							
2011—2015 均值		97.88	47639.35	2628.02	1358226.81	n. a.	0.00	1866624.13

　　如果将并购投资企业来源地再细分至各省、直辖市和自治区来观察会发现，2005—2016 年的 12 年间，以项目数量计，排前五位的分别是浙江、上海、江苏、辽宁和北京；以项目金额计，排前五位的分别是辽宁、云南、浙江、上海和北京。但是各地项目金额的平均值却有很大差别。按照每项交易的平均金额计，排前五位的分别是，云南为 33.95 亿欧元、辽宁为 12.42 亿欧元、内蒙为 3.92 亿欧元、福建为 3.08 亿欧元、北京为 2.68 亿欧元。可见，云南和内蒙在海外并购投资中均以大项目为主。

第三节　海外并购投资标的国（地区）别指数

　　本节对中国民营样本企业海外并购投资的标的国（地区），从项目数量和金额两个方面进行分析。

一、并购的标的国（地区）的各大洲分布

1. 标的国（地区）的项目数量的区域分布

表 3-3-1　并购投资在各大洲的项目数量分布及指数汇总表

（单位：件、%）

年份	欧洲				北美				中南美洲			
	项目数	同比增长（%）	占比（%）	指数	项目数	同比增长（%）	占比（%）	指数	项目数	同比增长（%）	占比（%）	指数
2005	1		33.33	7.35	0		0.00	0.00	0		0.00	0.00
2006	2	100.0	50.00	14.71	1	n.a.	25.00	18.52	1	n.a.	25.00	83.33
2007	6	200.0	60.00	44.12	0	-100.0	0.00	0.00	1	0.0	10.00	83.33
2008	3	-50.0	27.27	22.06	1	n.a.	9.09	18.52	0	-100.0	0.00	0.00
2009	3	0.0	23.08	22.06	0	-100.0	0.00	0.00	2	n.a.	15.38	166.67
2010	6	100.0	37.50	44.12	1	n.a.	6.25	18.52	0	-100.0	0.00	0.00
2011	14	133.3	35.90	102.94	7	600.0	17.95	129.63	2	n.a.	5.13	166.67
2012	10	-28.6	41.67	73.53	4	-42.9	16.67	74.07	1	-50.0	4.17	83.33
2013	10	0.0	35.71	73.53	4	0.0	14.29	74.07	1	0.0	3.57	83.33
2014	12	20.0	37.50	88.24	5	25.0	15.63	92.59	1	0.0	3.13	83.33
2015	22	83.3	39.29	161.76	7	40.0	12.50	129.63	1	0.0	1.79	83.33
2016	22		22.92	161.76	19	171.4	19.79	351.85	0	-100.0	0.00	0.00
合计	111		33.43		49		14.76		10		3.01	
2011—2015均值	13.60			100.00	5.40			100.00	1.20			100.00

年份	亚洲				大洋洲				非洲			
	项目数	同比增长（%）	占比（%）	指数	项目数	同比增长（%）	占比（%）	指数	项目数	同比增长（%）	占比（%）	指数
2005	1		33.33	10.87	0		0.00	0.00	0		0.00	0.00
2006	0	-100.0	0.00	0.00	0	n.a.	0.00	0.00	0	n.a.	0.00	0.00

年份	亚洲				大洋洲				非洲			
	项目数	同比增长（%）	占比（%）	指数	项目数	同比增长（%）	占比（%）	指数	项目数	同比增长（%）	占比（%）	指数
2007	3	n. a.	30.00	32.61	0	n. a.	0.00	0.00	0	n. a.	0.00	0.00
2008	5	66.7	45.45	54.35	0	n. a.	0.00	0.00	0	n. a.	0.00	0.00
2009	5	0.0	38.46	54.35	1	n. a.	7.69	50.00	0	n. a.	0.00	0.00
2010	5	0.0	31.25	54.35	0	−100.0	0.00	0.00	1	n. a.	6.25	71.43
2011	13	160.0	33.33	141.30	0	n. a.	0.00	0.00	1	0.0	2.56	71.43
2012	5	−61.5	20.83	54.35	2	n. a.	8.33	100.00	1	0.0	4.17	71.43
2013	7	40.0	25.00	76.09	2	0.0	7.14	100.00	1	0.0	3.57	71.43
2014	7	0.0	21.88	76.09	3	50.0	9.38	150.00	2	100.0	6.25	142.86
2015	14	100.0	25.00	152.17	3	0.0	5.36	150.00	2	0.0	3.57	142.86
2016	34	142.9	35.42	369.57	6	100.0	6.25	300.00	2	0.0	2.08	142.86
合计	99		29.82		17		5.12		10		3.01	
2011—2015 均值	9.20			100.00	2.00			100.00	1.40			100.00

年份	其他				合计			
	项目数	同比增长（%）	占比（%）	指数	项目数	同比增长（%）	占比（%）	指数
2005	1		33.33	33.33	3		100.00	8.38
2006	0	−100.0	0.00	0.00	4	33.3	100.00	11.17
2007	0	n. a.	0.00	0.00	10	150.0	100.00	27.93
2008	2	n. a.	18.18	66.67	11	10.0	100.00	30.73
2009	2	0.0	15.38	66.67	13	18.2	100.00	36.31
2010	3	50.0	18.75	100.00	16	23.1	100.00	44.69
2011	2	−33.3	5.13	66.67	39	143.8	100.00	108.94
2012	1	−50.0	4.17	33.33	24	−38.5	100.00	67.04
2013	3	200.0	10.71	100.00	28	16.7	100.00	78.21
2014	2	−33.3	6.25	66.67	32	14.3	100.00	89.39
2015	7	250.0	12.50	233.33	56	75.0	100.00	156.42

续表

年份	其他				合计			
	项目数	同比增长（%）	占比（%）	指数	项目数	同比增长（%）	占比（%）	指数
2016	13	85.7	13.54	433.33	96	71.4	100.00	268.16
合计	85		25.60		332		100.00	
2011—2015均值	3.00			100.00	35.80			100.00

2. 标的国（地区）项目金额的区域分布

表 3-3-2　并购投资在各大洲的金额分布及指数汇总表

（单位：千欧元、%）

年份	欧洲				北美洲				中南美洲			
	金额	同比增长（%）	占比（%）	指数	金额	同比增长（%）	占比（%）	指数	金额	同比增长（%）	占比（%）	指数
2005	1487.40		2.89	0.04	0.00		0.00	0.00	0.00		0.00	0.00
2006	5049.78	239.5	11.18	0.12	5506.20	n.a.	12.19	0.21	34611.09	n.a.	76.63	8.81
2007	6186.58	22.5	6.99	0.15	0.00	−100.0	0.00	0.00	0.00	−100.0	0.00	0.00
2008	271000.00	4280.4	46.55	6.43	5506.20	n.a.	0.95	0.21	0.00	n.a.	0.00	0.00
2009	0.00	−100.0	0.00	0.00	0.00	−100.0	0.00	0.00	34611.09	n.a.	8.04	8.81
2010	1705059.44	n.a.	95.03	40.48	995.20	n.a.	0.06	0.04	0.00	−100.0	0.00	0.00
2011	2700868.00	58.4	54.54	64.12	60490.16	5978.2	1.22	2.26	1925511.01	n.a.	38.89	490.06
2012	1642867.09	−39.2	35.90	39.00	2198102.03	3533.8	48.03	82.25	289.83	−100.0	0.01	0.07
2013	695917.08	−57.6	46.05	16.52	47239.77	−97.9	3.13	1.77	38468.99	13172.9	2.55	9.79
2014	8293909.03	1091.8	49.04	196.91	781286.51	1553.9	4.62	29.23	289.83	−99.2	0.00	0.07
2015	7727052.44	−6.8	37.46	183.45	10275997.58	1215.3	49.81	384.49	0.00	−100.0	0.00	0.00
2016	3816965.05	−50.6	17.60	90.62	6571869.36	−35.1	30.76	249.64	0.00	n.a.	0.00	0.00
合计	26866302.89		36.67		20046993.01		27.36		2033781.84		2.78	
2011—2015均值	4212110.73			100.00	2672623.21			100.00	392911.93			100.00

续表

年份	亚洲				大洋洲				非洲			
	金额	同比增长(%)	占比(%)	指数	金额	同比增长(%)	占比(%)	指数	金额	同比增长(%)	占比(%)	指数
2005	28105.44		54.54	6.66	0.00		0.00	0.00	0.00		0.00	0.00
2006	0.00	−100.0	0.00	0.00	0.00	n.a.	0.00	0.00	0.00	n.a.	0.00	0.00
2007	82316.30	n.a.	93.01	19.51	0.00	n.a.	0.00	0.00	0.00	n.a.	0.00	0.00
2008	104333.13	26.7	17.92	24.73	0.00	n.a.	0.00	0.00	0.00	n.a.	0.00	0.00
2009	99024.06	−5.1	23.01	23.47	95345.78	n.a.	22.16	6.30	0.00	n.a.	0.00	0.00
2010	18934.15	−80.9	1.06	4.49	0.00	−100.0	0.00	0.00	0.00	n.a.	0.00	0.00
2011	121828.12	543.4	2.46	28.87	0.00	n.a.	0.00	0.00	0.00	n.a.	0.00	0.00
2012	48965.02	−59.8	1.07	11.61	380346.25	n.a.	8.31	25.15	28083.43	n.a.	0.61	104.19
2013	506686.75	934.8	33.53	120.09	37509.48	−90.1	2.48	2.48	0.00	−100.0	0.00	0.00
2014	788269.54	55.6	4.66	186.83	6779593.01	17974.3	40.08	448.24	28083.43	n.a.	0.17	104.19
2015	643865.32	−18.3	3.12	152.60	364982.13	−94.6	1.77	24.13	78603.15	179.9	0.38	291.62
2016	4843158.09	652.2	22.33	1147.88	1837755.35	403.5	8.47	121.51	79502.67	1.1	0.37	294.96
合计	7285485.92		9.94		9495532.00		12.96		214272.68		0.29	
2011—2015均值	421922.95			100.00	1512486.17			100.00	26954.00			100.00

年份	其他				合计			
	金额	同比增长(%)	占比(%)	指数	金额	同比增长(%)	占比(%)	指数
2005	21940.92		42.58	4.53	51533.76		100.00	0.53
2006	0.00	−100.0	0.00	0.00	45167.07	−12.4	100.00	0.46
2007	0.00	n.a.	0.00	0.00	88502.88	95.9	100.00	0.91
2008	201291.73	n.a.	34.58	41.55	582131.06	557.8	100.00	5.99
2009	201291.73	0.0	46.78	41.55	430272.66	−26.1	100.00	4.43
2010	69300.92	−65.6	3.86	14.31	1794289.71	317.0	100.00	18.47
2011	142956.11	106.3	2.89	29.51	4951653.40	176.0	100.00	50.96
2012	278078.42	94.5	6.08	57.40	4576672.07	−7.6	100.00	47.10

续表

年份	其他				合计			
	金额	同比增长（%）	占比（%）	指数	金额	同比增长（%）	占比（%）	指数
2013	220839.44	—20.6	14.61	45.59	1511218.10	−67.0	100.00	15.55
2014	241888.35	9.5	1.43	49.93	16913319.70	1019.2	100.00	174.07
2015	1538497.97	536.0	7.46	317.57	20628998.59	22.0	100.00	212.31
2016	4441872.81	188.7	20.43	916.89	21691124.33	5.1	100.00	223.24
合计	11411023.54		15.58		73264883.33		100.00	
2011—2015均值	484452.06			100.00	9716372.37			100.00

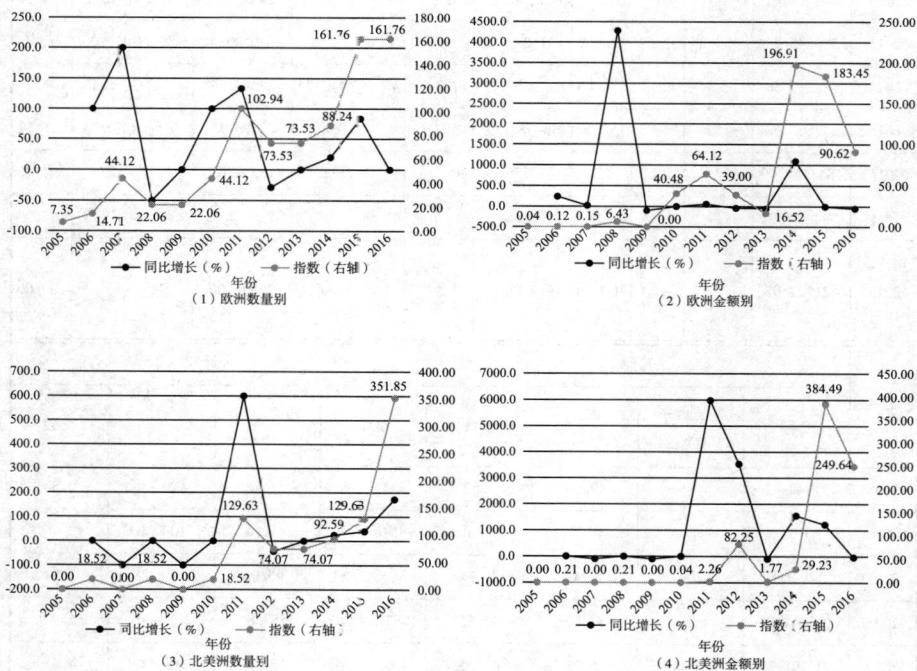

图 3-3-1　2005—2016 年并购投资标的国（地区）分区域的项目数量和

金额指数走势图

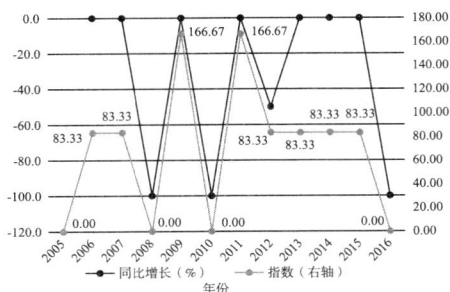

（5）中南美洲数量别

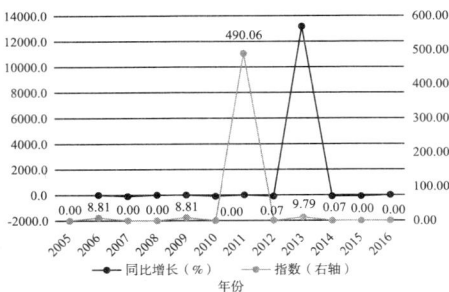

（6）中南美洲金额别

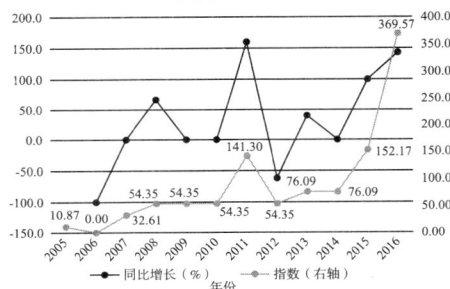

（7）亚洲数量别

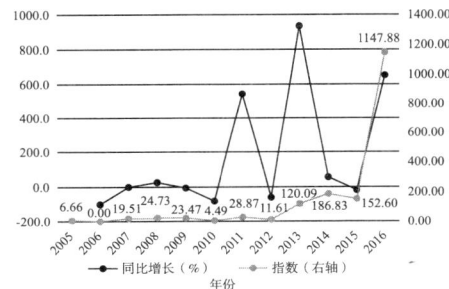

（8）亚美洲金额别

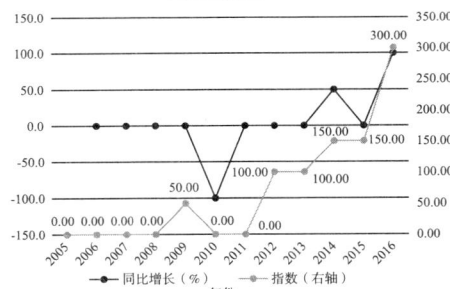

（9）大洋洲数量别

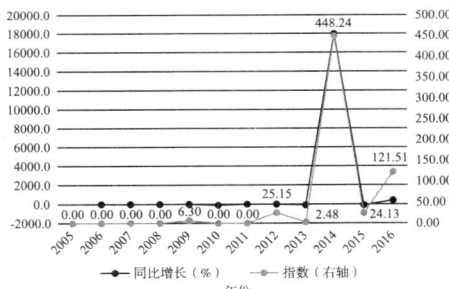

（10）大洋洲金额别

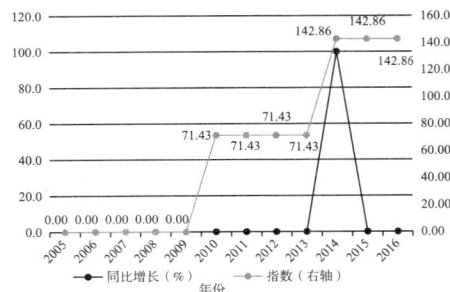

（11）非洲数量别

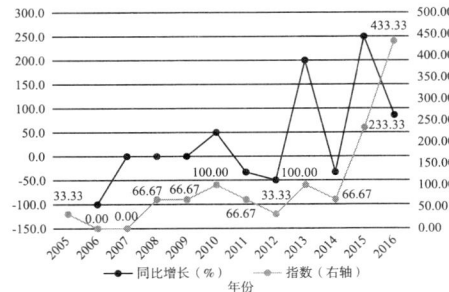

（12）非洲金额别

图 3-3-1　2005—2016 年并购投资标的国（地区）分区域的项目数量和

金额指数走势图（续1）

（13）其他数量别

（14）其他金额别

（15）标的国（地区）合计数量别

（16）标的国（地区）合计金额别

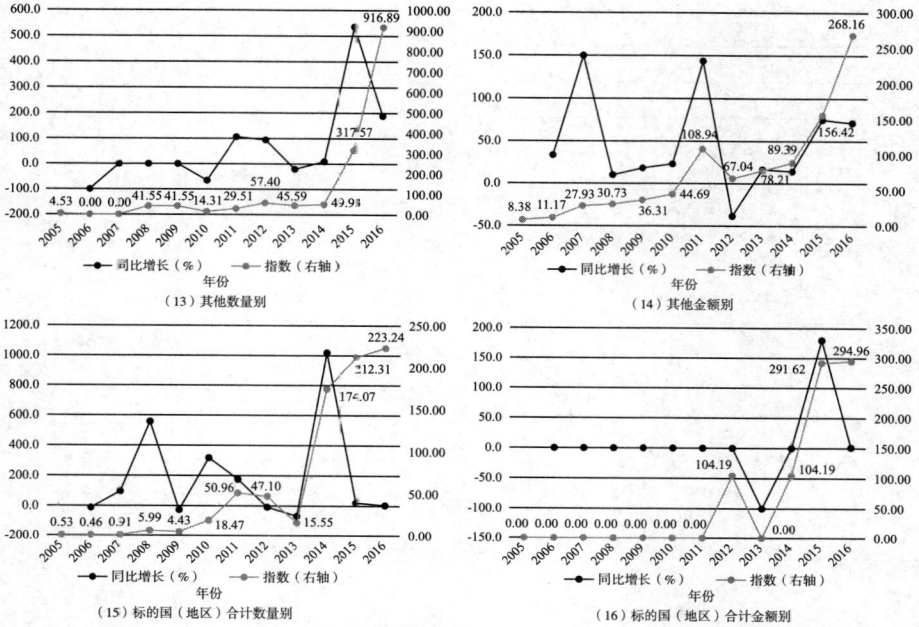

图 3-3-1　2005—2016 年并购投资标的国（地区）分区域的项目数量和

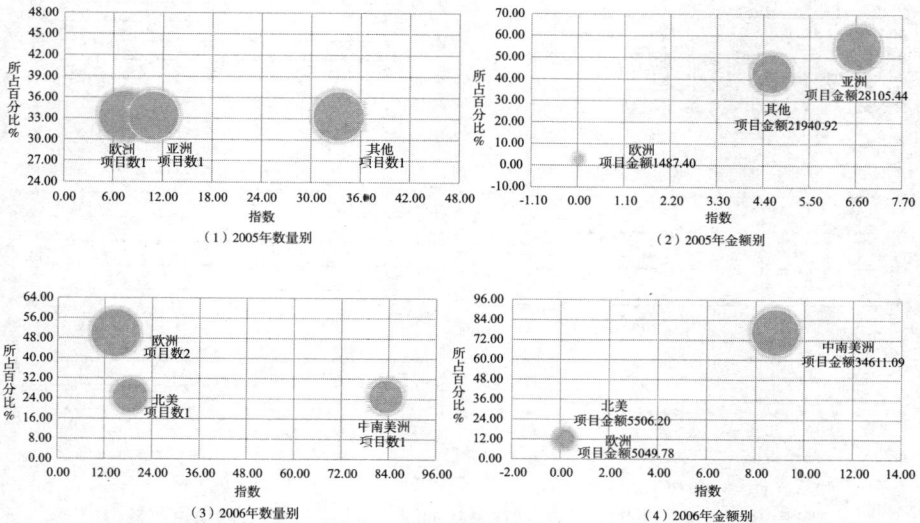

金额指数走势图（续 2）

（1）2005年数量别

（2）2005年金额别

（3）2006年数量别

（4）2006年金额别

图 3-3-2　并购标的区域别项目数量和金额分布指数图　（单位：件、千欧元）

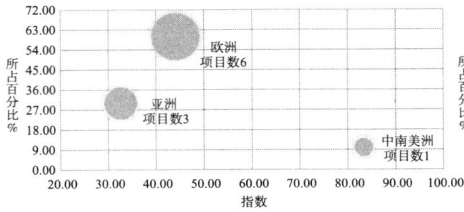

（5）2007年数量别

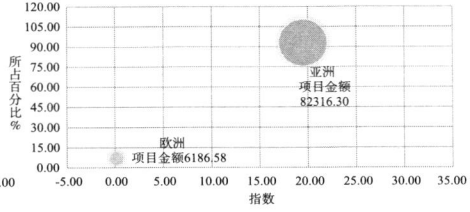

（6）2007年金额别

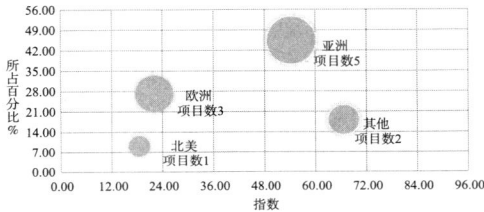

（7）2008年数量别

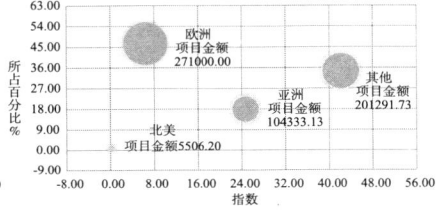

（8）2008年金额别

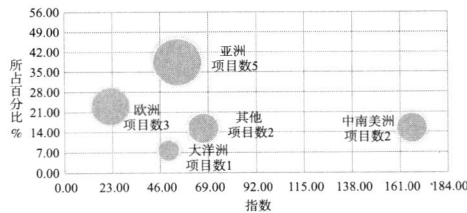

（9）2009年数量别

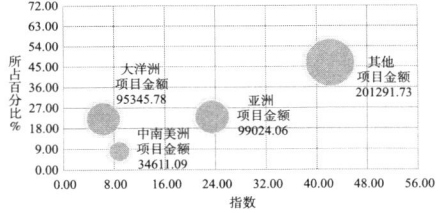

（10）2009年金额别

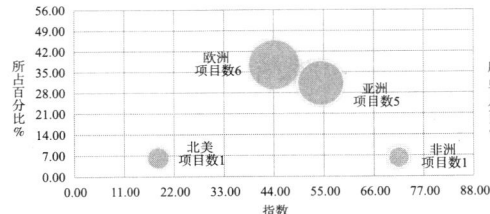

（11）2010年数量别

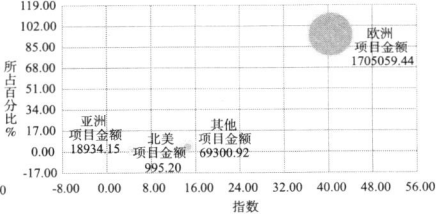

（12）2010年金额别

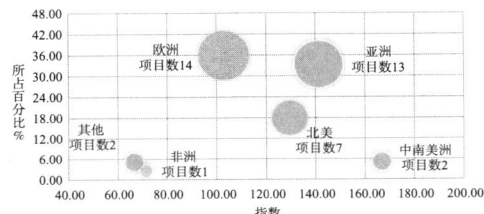

（13）2011年数量别

（14）2011年金额别

图 3-3-2　并购标的区域别项目数量和金额分布指数图（续 1）　　（单位：件、千欧元）

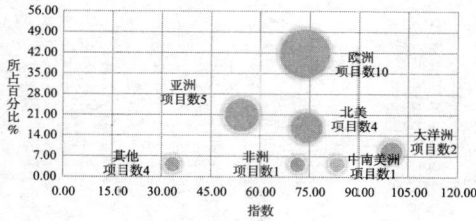

（15）2012年数量别

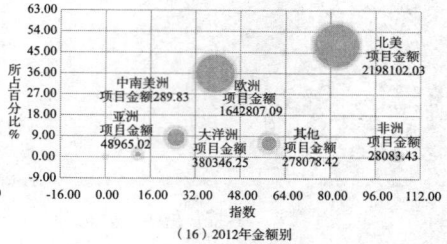

（16）2012年金额别

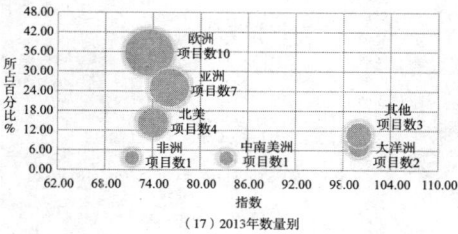

（17）2013年数量别

（18）2013年金额别

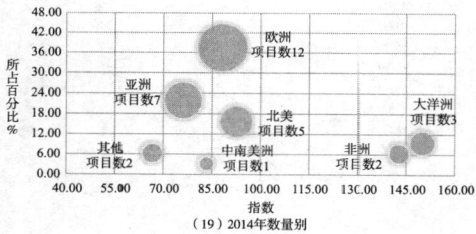

（19）2014年数量别

（20）2014年金额别

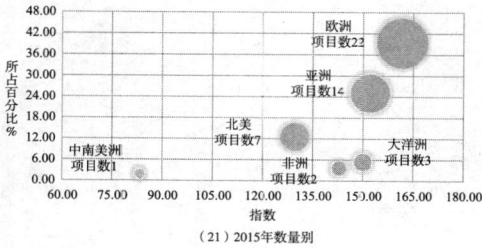

（21）2015年数量别

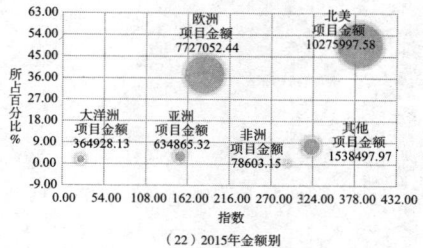

（22）2015年金额别

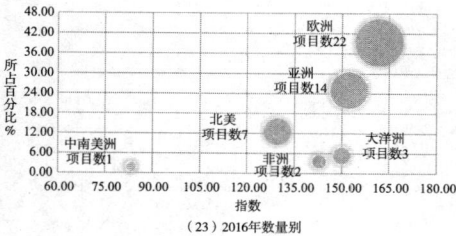

（23）2016年数量别

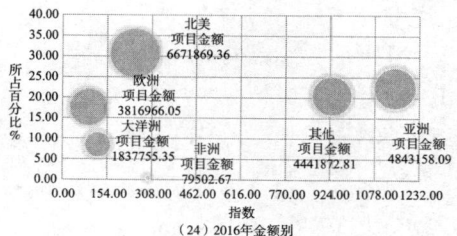

（24）2016年金额别

图 3-3-2　并购标的区域别项目数量和金额分布指数图（续2）　　（单位：件、千欧元）

从上述表和图可以得出，2005—2016 年的 12 年间，在并购项目数量上的排名前三位分别是欧洲占比 33.43%，亚洲占比 29.82%，其他（开曼群岛、英属维京群岛和百慕大群岛）占比 25.6%；而在并购项目金额上，排名前三位的分别是，欧洲占比 36.67%，北美占比 27.36%，其他（开曼群岛、英属维京群岛和百慕大群岛）占比 15.58%。另外，每个项目的平均金额以大洋洲为最多，北美次之，欧洲第三，分别是 5.58 亿欧元，4.09 亿欧元和 2.4 亿欧元。

二、并购的标的国（地区）分布

1. 标的国（地区）项目数量别分布

表 3-3-3　中国民营样本企业并购投资标的国（地区）数量指数——欧洲

（单位：件、%）

年份		英国	德国	法国	西班牙	比利时	奥地利	白俄罗斯	丹麦	俄罗斯	荷兰
2005	数量	0	0	0	0	0	0	0	0	0	0
	比例（%）	0.00	0.00	0.00	0.00	0.00	0.00	0.00	0.00	0.00	0.00
	指数	0.00	0.00	0.00	0.00	0.00	0.00	0.00	0.00	0.00	0.00
2006	数量	1	1	0	0	0	0	0	0	0	0
	比例（%）	50.00	50.00	0.00	0.00	0.00	0.00	0.00	0.00	0.00	0.00
	指数	50.00	38.46	0.00	0.00	0.00	0.00	0.00	0.00	0.00	0.00
2007	数量	1	0	0	0	3	0	0	0	0	0
	比例（%）	16.67	0.00	0.00	0.00	50.00	0.00	0.00	0.00	0.00	0.00
	指数	50.00	0.00	0.00	0.00	1500.00	0.00	0.00	0.00	0.00	0.00
2008	数量	0	0	0	0	0	0	0	0	0	0
	比例（%）	0.00	0.00	0.00	0.00	0.00	0.00	0.00	0.00	0.00	0.00
	指数	0.00	0.00	0.00	0.00	0.00	0.00	0.00	0.00	0.00	0.00
2009	数量	0	0	0	0	3	0	0	0	0	0
	比例（%）	0.00	0.00	0.00	0.00	100.00	0.00	0.00	0.00	0.00	0.00
	指数	0.00	0.00	0.00	0.00	1500.00	0.00	0.00	0.00	0.00	0.00

续表

年份		英国	德国	法国	西班牙	比利时	奥地利	白俄罗斯	丹麦	俄罗斯	荷兰
2010	数量	0	1	0	1	0	0	0	0	0	0
	比例（%）	0.00	16.67	0.00	16.67	0.00	0.00	0.00	0.00	0.00	0.00
	指数	0.00	38.46	0.00	125.00	0.00	0.00	0.00	0.00	0.00	0.00
2011	数量	1	4	1	2	0	0	2	0	1	1
	比例（%）	7.14	28.57	7.14	14.29	0.00	0.00	14.29	0.00	7.14	7.14
	指数	50.00	153.85	500.00	250.00	0.00	0.00	333.33	0.00	500.00	55.56
2012	数量	2	3	0	0	1	0	0	0	0	4
	比例（%）	20.00	30.00	0.00	0.00	10.00	0.00	0.00	0.00	0.00	40.00
	指数	100.00	115.38	0.00	0.00	500.00	0.00	0.00	0.00	0.00	222.22
2013	数量	2	2	0	0	0	2	1	0	0	2
	比例（%）	20.00	20.00	0.00	0.00	0.00	20.00	10.00	0.00	0.00	20.00
	指数	100.00	76.92	0.00	0.00	0.00	250.00	166.67	0.00	0.00	111.11
2014	数量	2	3	0	1	0	2	0	1	0	0
	比例（%）	16.67	25.00	0.00	8.33	0.00	16.67	0.00	8.33	0.00	0.00
	指数	100.00	115.38	0.00	125.00	0.00	250.00	0.00	500.00	0.00	0.00
2015	数量	3	1	0	1	0	0	0	0	0	2
	比例（%）	13.64	4.55	0.00	4.55	0.00	0.00	0.00	0.00	0.00	9.09
	指数	150.00	38.46	0.00	125.00	0.00	0.00	0.00	0.00	0.00	111.11
2016	数量	3	3	1	2	0	1	0	0	0	1
	比例（%）	13.64	13.64	4.55	9.09	0.00	4.55	0.00	0.00	0.00	4.55
	指数	150.00	115.38	500.00	250.00	0.00	125.00	0.00	0.00	0.00	55.56
合计	数量	15	18	2	7	7	5	3	1	1	10
	比例（%）	13.51	16.22	1.80	6.31	6.31	4.50	2.70	0.90	0.90	9.01
2011—2015 均值		2.00	2.60	0.20	0.80	0.20	0.80	0.60	0.20	0.20	1.80

年份		捷克共和国	立陶宛	罗马尼亚	挪威	葡萄牙	瑞典	瑞士	斯洛伐克	意大利	波兰	合计
2005	数量	0	0	0	0	0	0	0	0	1	0	1
	比例（%）	0.00	0.00	0.00	0.00	0.00	0.00	0.00	0.00	100.00	0.00	100.00
	指数	0.00	n. a.	0.00	n. a.	n. a.	n. a.	0.00	0.00	125.00	0.00	7.35

年份		捷克共和国	立陶宛	罗马尼亚	挪威	葡萄牙	瑞典	瑞士	斯洛伐克	意大利	波兰	合计
2006	数量	0	0	0	0	0	0	0	0	0	0	2
	比例（%）	0.00	0.00	0.00	0.00	0.00	0.00	0.00	0.00	0.00	0.00	100.00
	指数	0.00	n. a.	0.00	n. a.	n. a.	n. a.	0.00	0.00	0.00	0.00	14.71
2007	数量	0	0	0	0	0	0	0	0	2	0	6
	比例（%）	0.00	0.00	0.00	0.00	0.00	0.00	0.00	0.00	33.33	0.00	100.00
	指数	0.00	n. a.	0.00	n. a.	n. a.	n. a.	0.00	0.00	250.00	0.00	44.12
2008	数量	0	0	0	0	1	0	0	0	2	0	3
	比例（%）	0.00	0.00	0.00	0.00	33.33	0.00	0.00	0.00	66.67	0.00	100.00
	指数	0.00	n. a.	0.00	n. a.	n. a.	n. a.	0.00	0.00	250.00	0.00	22.06
2009	数量	0	0	0	0	0	0	0	0	0	0	3
	比例（%）	0.00	0.00	0.00	0.00	0.00	0.00	0.00	0.00	0.00	0.00	100.00
	指数	0.00	n. a.	0.00	n. a.	n. a.	n. a.	0.00	0.00	0.00	0.00	22.06
2010	数量	0	1	0	2	0	1	0	0	0	0	6
	比例（%）	0.00	16.67	0.00	33.33	0.00	16.67	0.00	0.00	0.00	0.00	100.00
	指数	0.00	n. a.	0.00	n. a.	n. a.	n. a.	0.00	0.00	0.00	0.00	44.12
2011	数量	0	0	0	0	0	0	0	0	2	0	14
	比例（%）	0.00	0.00	0.00	0.00	0.00	0.00	0.00	0.00	14.29	0.00	100.00
	指数	0.00	n. a.	0.00	n. a.	n. a.	n. a.	0.00	0.00	250.00	0.00	102.94
2012	数量	0	0	0	0	0	0	0	0	0	0	10
	比例（%）	0.00	0.00	0.00	0.00	0.00	0.00	0.00	0.00	0.00	0.00	100.00
	指数	0.00	n. a.	0.00	n. a.	n. a.	n. a.	0.00	0.00	0.00	0.00	73.53
2013	数量	0	0	0	0	0	0	0	0	0	1	10
	比例（%）	0.00	0.00	0.00	0.00	0.00	0.00	0.00	0.00	0.00	10.00	100.00
	指数	0.00	n. a.	0.00	n. a.	n. a.	n. a.	0.00	0.00	0.00	500.00	73.53
2014	数量	1	0	1	0	0	0	1	0	0	0	12
	比例（%）	8.33	0.00	8.33	0.00	0.00	0.00	8.33	0.00	0.00	0.00	100.00
	指数	50.00	n. a.	500.00	n. a.	n. a.	n. a.	166.67	0.00	0.00	0.00	88.24

年份		捷克共和国	立陶宛	罗马尼亚	挪威	葡萄牙	瑞典	瑞士	斯洛伐克	意大利	波兰	合计
2015	数量	9	0	0	0	0	0	2	2	2	0	22
	比例（%）	40.91	0.00	0.00	0.00	0.00	0.00	9.09	9.09	9.09	0.00	100.00
	指数	450.00	n. a.	0.00	n. a.	n. a.	n. a.	333.33	500.00	250.00	0.00	161.76
2016	数量	7	0	0	0	0	1	1	0	2	0	22
	比例（%）	31.82	0.00	0.00	0.00	0.00	4.55	4.55	0.00	9.09	0.00	100.00
	指数	350.00	n. a.	0.00	n. a.	n. a.	n. a.	166.67	0.00	250.00	0.00	161.76
合计	数量	17	1	1	2	1	2	4	2	11	1	111
	比例（%）	15.32	0.90	0.90	1.80	0.90	1.80	3.60	1.80	9.91	0.90	100.00
2011—2015均值		2.00	0.00	0.20	0.00	0.00	0.00	0.60	0.40	0.80	0.20	13.60

表 3-3-4　中国民营样本企业并购投资标的国（地区）数量指数——北美洲

（单位：件、%）

年份		美国	加拿大	合计
2005	数量	0	0	0
	比例（%）	n. a.	n. a.	n. a.
	指数	0.00	0.00	0.00
2006	数量	1	0	1
	比例（%）	100.00	0.00	100.00
	指数	20.83	0.00	18.52
2007	数量	0	0	0
	比例（%）	n. a.	n. a.	n. a.
	指数	0.00	0.00	0.00
2008	数量	1	0	1
	比例（%）	100.00	0.00	100.00
	指数	20.83	0.00	18.52
2009	数量	0	0	0
	比例（%）	n. a.	n. a.	n. a.
	指数	0.00	0.00	0.00

年份		美国	加拿大	合计
2010	数量	1	0	1
	比例（%）	100.00	0.00	100.00
	指数	20.83	0.00	18.52
2011	数量	6	1	7
	比例（%）	85.71	14.29	100.00
	指数	125.00	166.67	129.63
2012	数量	4	0	4
	比例（%）	100.00	0.00	100.00
	指数	83.33	0.00	74.07
2013	数量	4	0	4
	比例（%）	100.00	0.00	100.00
	指数	83.33	0.00	74.07
2014	数量	4	1	5
	比例（%）	80.00	20.00	100.00
	指数	83.33	166.67	92.59
2015	数量	6	1	7
	比例（%）	85.71	14.29	100.00
	指数	125.00	166.67	129.63
2016	数量	18	1	19
	比例（%）	94.74	5.26	100.00
	指数	375.00	166.67	351.85
合计	数量	45	4	49
	比例（%）	91.84	8.16	100.00
2011—2015 均值		4.80	0.60	5.40

表 3-3-5　中国民营样本企业并购投资标的国（地区）数量指数——中南美洲

（单位：件、%）

年份		巴西	智利	圭亚那	巴巴多斯	合计
2005	数量	0	0	0	0	0
	比例（%）	n. a.	n. a.	n. a.	n. a.	n. a.
	指数	0.00	n. a.	n. a.	0.00	0.00
2006	数量	0	0	1	0	1
	比例（%）	0.00	0.00	100.00	0.00	100.00
	指数	0.00	n. a.	n. a.	0.00	83.33
2007	数量	0	1	0	0	1
	比例（%）	0.00	100.00	0.00	0.00	100.00
	指数	0.00	n. a.	n. a.	0.00	83.33
2008	数量	0	0	0	0	0
	比例（%）	n. a.	n. a.	n. a.	n. a.	n. a.
	指数	0.00	n. a.	n. a.	0.00	0.00
2009	数量	1	0	1	0	2
	比例（%）	50.00	0.00	50.00	0.00	100.00
	指数	100.00	n. a.	n. a.	0.00	166.67
2010	数量	0	0	0	0	0
	比例（%）	n. a.	n. a.	n. a.	n. a.	n. a.
	指数	0.00	n. a.	n. a.	0.00	0.00
2011	数量	1	0	0	1	2
	比例（%）	50.00	0.00	0.00	50.00	100.00
	指数	100.00	n. a.	n. a.	500.00	166.67
2012	数量	1	0	0	0	1
	比例（%）	100.00	0.00	0.00	0.00	100.00
	指数	100.00	n. a.	n. a.	0.00	83.33
2013	数量	1	0	0	0	1
	比例（%）	100.00	0.00	0.00	0.00	100.00
	指数	100.00	n. a.	n. a.	0.00	83.33

年份		巴西	智利	圭亚那	巴巴多斯	合计
2014	数量	1	0	0	0	1
	比例（%）	100.00	0.00	0.00	0.00	100.00
	指数	100.00	n.a.	n.a.	0.00	83.33
2015	数量	1	0	0	0	1
	比例（%）	100.00	0.00	0.00	0.00	100.00
	指数	100.00	n.a.	n.a.	0.00	83.33
2016	数量	0	0	0	0	0
	比例（%）	n.a.	n.a.	n.a.	n.a.	n.a.
	指数	0.00	n.a.	n.a.	0.00	0.00
合计	数量	6	1	2	1	10
	比例（%）	60.00	10.00	20.00	10.00	100.00
2011—2015均值		1.00	0.00	0.00	0.20	1.20

表3-3-6 中国民营样本企业并购投资标的国（地区）数量指数——亚洲

（单位：件、%）

年份		日本	蒙古	新加坡	韩国	中国台湾	中国香港	马来西亚	泰国	越南
2005	数量	0	0	0	0	0	0	0	0	1
	比例（%）	0.00	0.00	0.00	0.00	0.00	0.00	0.00	0.00	100.00
	指数	0.00	0.00	0.00	0.00	0.00	0.00	n.a.	0.00	500.00
2006	数量	0	0	0	0	0	0	0	0	0
	比例（%）	n.a.	n.a.	n.a.	n.a.	n.a.	n.a.	n.a.	n.a.	n.a.
	指数	0.00	0.00	0.00	0.00	0.00	0.00	0.00	0.00	0.00
2007	数量	0	0	1	0	0	2	0	0	0
	比例（%）	0.00	0.00	33.33	0.00	0.00	66.67	0.00	0.00	0.00
	指数	0.00	0.00	166.67	0.00	0.00	43.48	n.a.	0.00	0.00
2008	数量	0	0	0	0	0	4	0	0	0
	比例（%）	0.00	0.00	0.00	0.00	0.00	80.00	0.00	0.00	0.00
	指数	0.00	0.00	0.00	0.00	0.00	86.96	n.a.	0.00	0.00

续表

年份		日本	蒙古	新加坡	韩国	中国台湾	中国香港	马来西亚	泰国	越南
2009	数量	1	0	0	0	0	2	0	0	1
	比例（%）	20.00	0.00	0.00	0.00	0.00	40.00	0.00	0.00	20.00
	指数	500.00	0.00	0.00	0.00	0.00	43.48	n. a.	0.00	500.00
2010	数量	2	0	1	0	0	1	0	0	0
	比例（%）	40.00	0.00	20.00	0.00	0.00	20.00	0.00	0.00	0.00
	指数	1000.00	0.00	166.67	0.00	0.00	21.74	n. a.	0.00	0.00
2011	数量	0	0	1	0	0	8	0	1	0
	比例（%）	0.00	0.00	7.69	0.00	0.00	61.54	0.00	7.69	0.00
	指数	0.00	0.00	166.67	0.00	0.00	173.91	n. a.	166.67	0.00
2012	数量	0	0	1	0	0	3	0	0	0
	比例（%）	0.00	0.00	20.00	0.00	0.00	60.00	0.00	0.00	0.00
	指数	0.00	0.00	166.67	0.00	0.00	65.22	n. a.	0.00	0.00
2013	数量	0	1	0	1	0	4	0	1	0
	比例（%）	0.00	14.29	0.00	14.29	0.00	57.14	0.00	14.29	0.00
	指数	0.00	250.00	0.00	83.33	0.00	86.96	n. a.	166.67	0.00
2014	数量	1	0	1	0	0	4	0	0	0
	比例（%）	14.29	0.00	14.29	0.00	0.00	57.14	0.00	0.00	0.00
	指数	500.00	0.00	166.67	0.00	0.00	86.96	n. a.	0.00	0.00
2015	数量	0	1	0	5	1	4	0	1	1
	比例（%）	0.00	7.14	0.00	35.71	7.14	28.57	0.00	7.14	7.14
	指数	0.00	250.00	0.00	416.67	500.00	86.96	n. a.	166.67	500.00
2016	数量	0	0	3	2	0	17	1	2	0
	比例（%）	0.00	0.00	8.82	5.88	0.00	50.00	2.94	5.88	0.00
	指数	0.00	0.00	500.00	166.67	0.00	369.57	n. a.	333.33	0.00
合计	数量	4	2	8	8	1	49	1	5	3
	比例（%）	4.04	2.02	8.08	8.08	1.01	49.49	1.01	5.05	3.03
2011—2015 均值		0.20	0.40	0.60	1.20	0.20	4.60	0.00	0.60	0.20

年份		印度尼西亚	印度	斯里兰卡	哈萨克斯坦	乌兹别克斯坦	阿拉伯联合酋长国	阿塞拜疆	土耳其	以色列	合计
2005	数量	0	0	0	0	0	0	0	0	0	1
	比例（%）	0.00	0.00	0.00	0.00	0.00	0.00	0.00	0.00	0.00	100.00
	指数	n. a.	0.00	n. a.	0.00	0.00	n. a.	0.00	0.00	n. a.	10.87
2006	数量	0	0	0	0	0	0	0	0	0	0
	比例（%）	n. a.	n. a.	n. a.	n. a.	n. a.	n. a.	n. a.	n. a.	n. a.	n. a.
	指数	n. a.	0.00	n. a.	0.00	0.00	n. a.	0.00	0.00	n. a.	0.00
2007	数量	0	0	0	0	0	0	0	0	0	3
	比例（%）	0.00	0.00	0.00	0.00	0.00	0.00	0.00	0.00	0.00	100.00
	指数	n. a.	0.00	n. a.	0.00	0.00	n. a.	0.00	0.00	n. a.	32.61
2008	数量	0	1	0	0	0	0	0	0	0	5
	比例（%）	0.00	20.00	0.00	0.00	0.00	0.00	0.00	0.00	0.00	100.00
	指数	n. a.	500.00	n. a.	0.00	0.00	n. a.	0.00	0.00	n. a.	54.35
2009	数量	0	0	0	0	0	0	1	0	0	5
	比例（%）	0.00	0.00	0.00	0.00	0.00	20.00	0.00	0.00	0.00	100.00
	指数	n. a.	0.00	n. a.	0.00	0.00	500.00	0.00	0.00	n. a.	54.35
2010	数量	0	0	0	0	0	0	0	0	1	5
	比例（%）	0.00	0.00	0.00	0.00	0.00	0.00	0.00	0.00	20.00	100.00
	指数	n. a.	0.00	n. a.	0.00	0.00	n. a.	0.00	0.00	n. a.	54.35
2011	数量	0	0	0	0	0	0	1	2	0	13
	比例（%）	0.00	0.00	0.00	0.00	0.00	0.00	7.69	15.38	0.00	100.00
	指数	n. a.	0.00	n. a.	0.00	0.00	n. a.	500.00	500.00	n. a.	141.30
2012	数量	0	0	0	0	1	0	0	0	0	5
	比例（%）	0.00	0.00	0.00	0.00	20.00	0.00	0.00	0.00	0.00	100.00
	指数	n. a.	0.00	n. a.	0.00	500.00	n. a.	0.00	0.00	n. a.	54.35
2013	数量	0	0	0	0	0	0	0	0	0	7
	比例（%）	0.00	0.00	0.00	0.00	0.00	0.00	0.00	0.00	0.00	100.00
	指数	n. a.	0.00	n. a.	0.00	0.00	n. a.	0.00	0.00	n. a.	76.09

续表

年份		印度尼西亚	印度	斯里兰卡	哈萨克斯坦	乌兹别克斯坦	阿拉伯联合酋长国	阿塞拜疆	土耳其	以色列	合计
2014	数量	0	1	0	0	0	0	0	0	0	7
	比例（%）	0.00	14.29	0.00	0.00	0.00	0.00	0.00	0.00	0.00	100.00
	指数	n. a.	500.00	n. a.	0.00	0.00	n. a.	0.00	0.00	n. a.	76.09
2015	数量	0	0	0	1	0	0	0	0	0	14
	比例（%）	0.00	0.00	0.00	7.14	0.00	0.00	0.00	0.00	0.00	100.00
	指数	n. a.	0.00	n. a.	500.00	0.00	n. a.	0.00	0.00	n. a.	152.17
2016	数量	1	1	1	3	0	2	0	0	1	34
	比例（%）	2.94	2.94	2.94	8.82	0.00	5.88	0.00	0.00	2.94	100.00
	指数	n. a.	500.00	n. a.	1500.00	0.00	n. a.	0.00	0.00	n. a.	369.57
合计	数量	1	3	1	4	1	2	2	2	2	99
	比例（%）	1.01	3.03	1.01	4.04	1.01	2.02	2.02	2.02	2.02	100.00
2011—2015 均值		0.00	0.20	0.00	0.20	0.20	0.00	0.20	0.40	0.00	9.20

表 3-3-7　中国民营样本企业并购投资标的国（地区）数量指数——大洋洲

（单位：件、%）

年份		澳大利亚	合计
2005	数量	0	0
	比例（%）	n. a.	n. a.
	指数	0.00	0.00
2006	数量	0	0
	比例（%）	n. a.	n. a.
	指数	0.00	0.00
2007	数量	0	0
	比例（%）	n. a.	n. a.
	指数	0.00	0.00

年份		澳大利亚	合计
2008	数量	0	0
	比例（%）	n. a.	n. a.
	指数	0.00	0.00
2009	数量	1	1
	比例（%）	100.00	100.00
	指数	50.00	50.00
2010	数量	0	0
	比例（%）	n. a.	n. a.
	指数	0.00	0.00
2011	数量	0	0
	比例（%）	n. a.	n. a.
	指数	0.00	0.00
2012	数量	2	2
	比例（%）	100.00	100.00
	指数	100.00	100.00
2013	数量	2	2
	比例（%）	100.00	100.00
	指数	100.00	100.00
2014	数量	3	3
	比例（%）	100.00	100.00
	指数	150.00	150.00
2015	数量	3	3
	比例（%）	100.00	100.00
	指数	150.00	150.00
2016	数量	6	6
	比例（%）	100.00	100.00
	指数	300.00	300.00
合计	数量	17	17
	比例（%）	100.00	100.00
2011—2015 均值		2.00	2.00

表 3-3-8　中国民营样本企业并购投资标的国（地区）数量指数——非洲

（单位：件、%）

年份		坦桑尼亚	加纳	加蓬	津巴布韦	南非	埃及	埃塞俄比亚	合计
2005	数量	0	0	0	0	0	0	0	0
	比例（%）	n. a.	n. a.	n. a.	n. a.	n. a.	n. a.	n. a.	n. a.
	指数	0.00	n. a.	0.00	0.00	0.00	0.00	n. a.	0.00
2006	数量	0	0	0	0	0	0	0	0
	比例（%）	n. a.	n. a.	n. a.	n. a.	n. a.	n. a.	n. a.	n. a.
	指数	0.00	n. a.	0.00	0.00	0.00	0.00	n. a.	0.00
2007	数量	0	0	0	0	0	0	0	0
	比例（%）	n. a.	n. a.	n. a.	n. a.	n. a.	n. a.	n. a.	n. a.
	指数	0.00	n. a.	0.00	0.00	0.00	0.00	n. a.	0.00
2008	数量	0	0	0	0	0	0	0	0
	比例（%）	n. a.	n. a.	n. a.	n. a.	n. a.	n. a.	n. a.	n. a.
	指数	0.00	n. a.	0.00	0.00	0.00	0.00	n. a.	0.00
2009	数量	0	0	0	0	0	0	0	0
	比例（%）	n. a.	n. a.	n. a.	n. a.	n. a.	n. a.	n. a.	n. a.
	指数	0.00	n. a.	0.00	0.00	0.00	0.00	n. a.	0.00
2010	数量	0	1	0	0	0	0	0	1
	比例（%）	0.00	100.00	0.00	0.00	0.00	0.00	0.00	100.00
	指数	0.00	n. a.	0.00	0.00	0.00	0.00	n. a.	71.43
2011	数量	1	0	0	0	0	0	0	1
	比例（%）	100.00	0.00	0.00	0.00	0.00	0.00	0.00	100.00
	指数	250.00	n. a.	0.00	0.00	0.00	0.00	n. a.	71.43
2012	数量	0	0	1	0	0	0	0	1
	比例（%）	0.00	0.00	100.00	0.00	0.00	0.00	0.00	100.00
	指数	0.00	n. a.	250.00	0.00	0.00	0.00	n. a.	71.43
2013	数量	1	0	0	0	0	0	0	1
	比例（%）	100.00	0.00	0.00	0.00	0.00	0.00	0.00	100.00
	指数	250.00	n. a.	0.00	0.00	0.00	0.00	n. a.	71.43

年份		坦桑尼亚	加纳	加蓬	津巴布韦	南非	埃及	埃塞俄比亚	合计
2014	数量	0	0	1	1	0	0	0	2
	比例（%）	0.00	0.00	50.00	50.00	0.00	0.00	0.00	100.00
	指数	0.00	n. a.	250.00	500.00	0.00	0.00	n. a.	142.86
2015	数量	0	0	0	0	1	1	0	2
	比例（%）	0.00	0.00	0.00	0.00	50.00	50.00	0.00	100.00
	指数	0.00	n. a.	0.00	0.00	500.00	500.00	n. a.	142.86
2016	数量	0	0	0	0	1	0	1	2
	比例（%）	0.00	0.00	0.00	0.00	50.00	0.00	50.00	100.00
	指数	0.00	n. a.	0.00	0.00	500.00	0.00	n. a.	142.86
合计	数量	2	1	2	1	2	1	1	10
	比例（%）	20.00	10.00	20.00	10.00	20.00	10.00	10.00	100.00
2011—2015均值		0.40	0.00	0.40	0.20	0.20	0.20	0.00	1.40

表3-3-9　中国民营样本企业并购投资标的国（地区）数量指数——其他地区

（单位：件、%）

年份		百慕大群岛	开曼群岛	维尔京群岛（英属）	合计
2005	数量	0	1	0	1
	比例（%）	0.00	100.00	0.00	100.00
	指数	n. a.	38.46	0.00	33.33
2006	数量	0	0	0	0
	比例（%）	n. a.	n. a.	n. a.	n. a.
	指数	n. a.	0.00	0.00	0.00
2007	数量	0	0	0	0
	比例（%）	0.00	0.00	0.00	n. a.
	指数	n. a.	0.00	0.00	0.00
2008	数量	0	1	1	2
	比例（%）	0.00	50.00	50.00	100.00
	指数	n. a.	38.46	250.00	66.67

续表

年份		百慕大群岛	开曼群岛	维尔京群岛（英属）	合计
2009	数量	0	1	1	2
	比例（%）	0.00	50.00	50.00	100.00
	指数	n. a.	38.46	250.00	66.67
2010	数量	2	1	0	3
	比例（%）	66.67	33.33	0.00	100.00
	指数	n. a.	38.46	0.00	100.00
2011	数量	0	1	1	2
	比例（%）	0.00	50.00	50.00	100.00
	指数	n. a.	38.46	250.00	66.67
2012	数量	0	1	0	1
	比例（%）	0.00	100.00	0.00	100.00
	指数	n. a.	38.46	0.00	33.33
2013	数量	0	2	1	3
	比例（%）	0.00	66.67	33.33	100.00
	指数	n. a.	76.92	250.00	100.00
2014	数量	0	2	0	2
	比例（%）	0.00	100.00	0.00	100.00
	指数	n. a.	76.92	0.00	66.67
2015	数量	0	7	0	7
	比例（%）	0.00	100.00	0.00	100.00
	指数	n. a.	269.23	0.00	233.33
2016	数量	1	5	7	13
	比例（%）	7.69	38.46	53.85	100.00
	指数	n. a.	192.31	1750.00	433.33
合计	数量	3	22	11	36
	比例（%）	8.33	61.11	30.56	100.00
2011—2015 均值		0.00	2.60	0.40	3.00

2. 标的国（地区）项目金额别分布

表 3-3-10　中国民营样本企业并购投资标的国（地区）金额指数——欧洲

（单位：千欧元、%）

年份		英国	德国	法国	西班牙	比利时	奥地利	白俄罗斯	丹麦	俄罗斯	荷兰
2005	金额	0.00	0.00	0.00	0.00	0.00	0.00	0.00	0.00	0.00	0.00
	比例（%）	0.00	0.00	0.00	0.00	0.00	0.00	0.00	0.00	0.00	0.00
	指数	0.00	0.00	n.a.	0.00	0.00	0.00	n.a.	n.a.	n.a.	0.00
2006	金额	5049.78	n.a.	0.00	0.00	0.00	0.00	0.00	0.00	0.00	0.00
	比例（%）	100.00	n.a.	0.00	0.00	0.00	0.00	0.00	0.00	0.00	0.00
	指数	0.79	n.a.	0.00	0.00	0.00	0.00	n.a.	n.a.	n.a.	0.00
2007	金额	4699.18	0.00	0.00	0.00	n.a.	0.00	0.00	0.00	0.00	0.00
	比例（%）	75.96	0.00	0.00	0.00	n.a.	0.00	0.00	0.00	0.00	0.00
	指数	0.74	0.00	n.a.	0.00	n.a.	0.00	n.a.	n.a.	n.a.	0.00
2008	金额	0.00	0.00	0.00	0.00	0.00	0.00	0.00	0.00	0.00	0.00
	比例（%）	0.00	0.00	0.00	0.00	0.00	0.00	0.00	0.00	0.00	0.00
	指数	0.00	0.00	n.a.	0.00	0.00	0.00	n.a.	n.a.	n.a.	0.00
2009	金额	0.00	0.00	0.00	0.00	0.00	0.00	0.00	0.00	0.00	0.00
	比例（%）	n.a.	n.a.	n.a.	n.a.	n.a.	n.a.	n.a.	n.a.	n.a.	n.a.
	指数	0.00	0.00	n.a.	0.00	0.00	0.00	n.a.	n.a.	n.a.	0.00
2010	金额	0.00	8633.00	0.00	40000.00	0.00	0.00	0.00	0.00	0.00	0.00
	比例（%）	0.00	0.51	0.00	2.35	0.00	0.00	0.00	0.00	0.00	0.00
	指数	0.00	0.60	n.a.	8.14	0.00	0.00	n.a.	n.a.	n.a.	0.00
2011	金额	800000.00	519000.00	n.a.	665868.00	0.00	0.00		0.00	n.a.	136000.00
	比例（%）	29.62	19.22		24.65	0.00	0.00	n.a.	0.00	n.a.	5.04
	指数	125.49	36.25	n.a.	135.49	0.00	0.00	n.a.	n.a.	n.a.	81.86
2012	金额	372807.09	510000.00	0.00	0.00	750000.00	0.00	0.00	0.00	0.00	10000.00
	比例（%）	22.69	31.04	0.00	0.00	45.65	0.00	0.00	0.00	0.00	0.61
	指数	58.48	35.62	n.a.	0.00	500.00	0.00	n.a.	n.a.	n.a.	6.02

续表

年份		英国	德国	法国	西班牙	比利时	奥地利	白俄罗斯	丹麦	俄罗斯	荷兰
2013	金额	407649.08	34200.00	0.00	0.00	0.00	108068.00	n.a.	0.00	0.00	146000.00
	比例（%）	58.58	4.91	0.00	0.00	0.00	15.53	n.a.	0.00	0.00	20.98
	指数	63.94	2.39	n.a.	0.00	0.00	250.00	n.a.	n.a.	n.a.	87.88
2014	金额	1132962.34	600000.00	0.00	n.a.	0.00	108068.00	0.00	0.00	0.00	0.00
	比例（%）	13.66	72.34	0.00	n.a.	0.00	1.30	0.00	0.00	0.00	0.00
	指数	177.71	419.10	n.a.	n.a.	0.00	250.00	n.a.	n.a.	n.a.	0.00
2015	金额	474208.49	95000.00	0.00	1300000.00	0.00	0.00	0.00	0.00	0.00	538715.35
	比例（%）	6.14	1.23	0.00	16.82	0.00	0.00	0.00	0.00	0.00	6.97
	指数	74.38	6.64	n.a.	264.51	0.00	0.00	0.00	n.a.	n.a.	324.25
2016	金额	582672.33	180000.00	300000.00	1158094.00	0.00	n.a.	0.00	0.00	0.00	75106.51
	比例（%）	15.27	4.72	7.86	30.34	0.00	n.a.	0.00	0.00	0.00	1.97
	指数	91.40	12.57	n.a.	235.64	0.00	n.a.	0.00	n.a.	n.a.	45.21
合计	金额	3780048.29	7346833.00	300000.00	3163962.00	750000.00	216136.00	0.00	0.00	0.00	905821.86
	比例（%）	14.07	27.35	1.12	11.78	2.79	0.80	0.00	0.00	0.00	3.37
2011—2015 均值		637525.40	1431640.00	0.00	491467.00	150000.00	43227.20	0.00	0.00	0.00	166143.07

年份		捷克共和国	立陶宛	罗马尼亚	挪威	葡萄牙	瑞典	瑞士	斯洛伐克	意大利	汊兰	合计
2005	金额	0.00	0.00	0.00	0.00	0.00	0.00	0.00	0.00	1487.40	0.00	1487.40
	比例（%）	0.00	0.00	0.00	0.00	0.00	0.00	0.00	0.00	100.00	0.00	100.00
	指数	0.00	n.a.	n.a.	n.a.	n.a.	0.00	0.00	0.00	0.53	n.a.	0.04
2006	金额	0.00	0.00	0.00	0.00	0.00	0.00	0.00	0.00	0.00	0.00	5049.78
	比例（%）	0.00	0.00	0.00	0.00	0.00	0.00	0.00	0.00	0.00	0.00	100.00
	指数	0.00	n.a.	n.a.	n.a.	n.a.	0.00	0.00	0.00	0.00	n.a.	0.12
2007	金额	0.00	0.00	0.00	0.00	0.00	0.00	0.00	0.00	1487.40	0.00	6186.58
	比例（%）	0.00	0.00	0.00	0.00	0.00	0.00	0.00	0.00	24.04	0.00	100.00
	指数	0.00	n.a.	n.a.	n.a.	n.a.	0.00	0.00	0.00	0.53	n.a.	0.15
2008	金额	0.00	0.00	0.00	0.00	0.00	0.00	0.00	0.00	271000.00	0.00	271000.00
	比例（%）	0.00	0.00	0.00	0.00	0.00	0.00	0.00	0.00	100.00	0.00	100.00
	指数	0.00	n.a.	n.a.	n.a.	n.a.	0.00	0.00	0.00	96.92	n.a.	6.43

年份		捷克共和国	立陶宛	罗马尼亚	挪威	葡萄牙	瑞典	瑞士	斯洛伐克	意大利	波兰	合计
2009	金额	0.00	0.00	0.00	0.00	0.00	0.00	0.00	0.00	0.00	0.00	0.00
	比例（%）	n. a.	n. a.	n. a.	n. a.	n. a.	n. a.	n. a.	n. a.	n. a.	n. a.	n. a.
	指数	0.00	n. a.	n. a.	n. a.	n. a.	n. a.	0.00	0.00	0.00	n. a.	0.00
2010	金额	0.00	n. a.	0.00	278429.04	0.00	1377997.40	0.00	0.00	0.00	0.00	1705059.44
	比例（%）	0.00	n. a.	0.00	16.33	0.00	80.82	0.00	0.00	0.00	0.00	100.00
	指数	0.00	n. a.	n. a.	n. a.	n. a.	n. a.	0.00	0.00	0.00	n. a.	40.48
2011	金额	0.00	0.00	0.00	0.00	0.00	0.00	0.00	0.00	580000.00	0.00	2700868.00
	比例（%）	0.00	0.00	0.00	0.00	0.00	0.00	0.00	0.00	21.47	0.00	100.00
	指数	0.00	n. a.	n. a.	n. a.	n. a.	n. a.	0.00	0.00	207.44	n. a.	64.12
2012	金额	0.00	0.00	0.00	0.00	0.00	0.00	0.00	0.00	0.00	0.00	1642807.09
	比例（%）	0.00	0.00	0.00	0.00	0.00	0.00	0.00	0.00	0.00	0.00	100.00
	指数	0.00	n. a.	n. a.	n. a.	n. a.	n. a.	0.00	0.00	0.00	n. a.	39.00
2013	金额	0.00	0.00	0.00	0.00	0.00	0.00	0.00	0.00	0.00	0.00	695917.08
	比例（%）	0.00	0.00	0.00	0.00	0.00	0.00	0.00	0.00	0.00	0.00	100.00
	指数	0.00	n. a.	n. a.	n. a.	n. a.	n. a.	0.00	0.00	0.00	n. a.	16.52
2014	金额	2878.69	0.00	0.00	0.00	0.00	0.00	1050000.00	0.00	0.00	0.00	8293909.03
	比例（%）	0.03	0.00	0.00	0.00	0.00	0.00	12.66	0.00	0.00	0.00	100.00
	指数	1.43	n. a.	n. a.	n. a.	n. a.	n. a.	166.67	0.00	0.00	n. a.	196.91
2015	金额	1001128.60	0.00	0.00	0.00	0.00	0.00	2100000.00	1400000.00	818000.00	0.00	7727052.44
	比例（%）	12.96	0.00	0.00	0.00	0.00	0.00	27.18	18.12	10.59	0.00	100.00
	指数	498.57	n. a.	n. a.	n. a.	n. a.	n. a.	333.33	500.00	292.56	n. a.	183.45
2016	金额	1240084.79	0.00	0.00	0.00	0.00	0.00	11008.42	n. a.	270000.00	0.00	3816966.05
	比例（%）	32.49	0.00	0.00	0.00	0.00	0.00	0.29	n. a.	7.07	0.00	100.00
	指数	617.57	n. a.	n. a.	n. a.	n. a.	n. a.	1.75	n. a.	96.57	n. a.	90.62
合计	金额	2244092.08	0.00	0.00	278429.04	0.00	1377997.40	3161008.42	1400000.00	1941974.80	0.00	26866302.89
	比例（%）	8.35	0.00	0.00	1.04	0.00	5.13	11.77	5.21	7.23	0.00	100.00
2011—2015均值		200801.46	0.00	n. a.	0.00	0.00	0.00	630000.00	280000.00	279600.00	n. a.	4212110.73

表 3-3-11　中国民营样本企业并购投资标的国（地区）金额指数——北美洲

（单位：千欧元、%）

年份		美国	加拿大	合计
2005	金额	0.00	0.00	0.00
	比例（%）	0.00	0.00	0.00
	指数	0.00	0.00	0.00
2006	金额	5506.20	0.00	5506.20
	比例（%）	100.00	0.00	100.00
	指数	0.21	0.00	0.21
2007	金额	0.00	0.00	0.00
	比例（%）	0.00	0.00	0.00
	指数	0.00	0.00	0.00
2008	金额	5506.20	0.00	5506.20
	比例（%）	100.00	0.00	100.00
	指数	0.21	0.00	0.21
2009	金额	0.00	0.00	0.00
	比例（%）	0.00	0.00	0.00
	指数	0.00	0.00	0.00
2010	金额	995.20	0.00	995.20
	比例（%）	100.00	0.00	100.00
	指数	0.04	0.00	0.04
2011	金额	60490.16	n.a.	60490.16
	比例（%）	100.00	n.a.	100.00
	指数	2.27	n.a.	2.26
2012	金额	2198102.03	0.00	2198102.03
	比例（%）	100.00	0.00	100.00
	指数	82.32	0.00	82.25
2013	金额	47239.77	0.00	47239.77
	比例（%）	100.00	0.00	100.00
	指数	1.77	0.00	1.77

年份		美国	加拿大	合计
2014	金额	781286.51	n. a.	781286.51
	比例（%）	100.00	n. a.	100.00
	指数	29.26	n. a.	29.23
2015	金额	10263993.70	12003.88	10275997.58
	比例（%）	99.88	0.12	100.00
	指数	384.39	300.00	384.49
2016	金额	6668659.41	3209.95	6671869.36
	比例（%）	99.95	0.05	100.00
	指数	249.74	80.22	249.64
合计	金额	20031779.18	15213.83	20046993.01
	比例（%）	99.92	0.08	100.00
2011—2015 均值		2670222.43	4001.29	2672623.21

表 3-3-12　中国民营样本企业并购投资标的国（地区）金额指数——中南美洲

（单位：千欧元、%）

年份		巴西	智利	圭亚那	巴巴多斯	合计
2005	金额	0.00	0.00	0.00	0.00	0.00
	比例（%）	0.00	0.00	0.00	0.00	0.00
	指数	0.00	n. a.	n. a.	0.00	0.00
2006	金额	0.00	0.00	34611.09	0.00	34611.09
	比例（%）	0.00	0.00	100.00	0.00	100.00
	指数	0.00	n. a.	n. a.	0.00	8.81
2007	金额	0.00	n. a.	0.00	0.00	0.00
	比例（%）	n. a.	n. a.	n. a.	n. a.	n. a.
	指数	0.00	n. a.	n. a.	0.00	0.00
2008	金额	0.00	0.00	0.00	0.00	0.00
	比例（%）	n. a.	n. a.	n. a.	n. a.	n. a.
	指数	0.00	n. a.	n. a.	0.00	0.00

年份		巴西	智利	圭亚那	巴巴多斯	合计
2009	金额	n. a.	0.00	34611.09	0.00	34611.09
	比例（%）	n. a.	0.00	100.00	0.00	100.00
	指数	n. a.	n. a.	n. a.	0.00	8.81
2010	金额	0.00	0.00	0.00	0.00	0.00
	比例（%）	0.00	n. a.	n. a.	n. a.	n. a.
	指数	0.00	n. a.	n. a.	0.00	0.00
2011	金额	n. a.	0.00	0.00	1925511.01	1925511.01
	比例（%）	n. a.	0.00	0.00	100.00	100.00
	指数	n. a.	n. a.	n. a.	500.00	490.06
2012	金额	289.83	0.00	0.00	0.00	289.83
	比例（%）	100.00	0.00	0.00	0.00	100.00
	指数	2.23	n. a.	n. a.	0.00	0.07
2013	金额	38468.99	0.00	0.00	0.00	38468.99
	比例（%）	100.00	0.00	0.00	0.00	100.00
	指数	295.55	n. a.	n. a.	0.00	9.79
2014	金额	289.83	0.00	0.00	0.00	289.83
	比例（%）	100.00	0.00	0.00	0.00	100.00
	指数	2.23	n. a.	n. a.	0.00	0.07
2015	金额	n. a.	0.00	0.00	0.00	0.00
	比例（%）	n. a.	n. a.	n. a.	n. a.	n. a.
	指数	n. a.	n. a.	n. a.	0.00	0.00
2016	金额	0.00	0.00	0.00	0.00	0.00
	比例（%）	0.00	n. a.	n. a.	n. a.	n. a.
	指数	0.00	n. a.	n. a.	0.00	0.00
合计	金额	39048.65	0.00	69222.18	1925511.01	2033781.84
	比例（%）	1.92	0.00	3.40	94.68	100.00
2011—2015 均值		13016.22	0.00	0.00	385102.20	392911.93

表 3-3-13 中国民营样本企业并购投资标的国（地区）金额指数——亚洲

（单位：千欧元、%）

年份		日本	蒙古	新加坡	韩国	中国台湾	中国香港	马来西亚	泰国	越南
2005	金额	0.00	0.00	0.00	0.00	0.00	0.00	0.00	0.00	28105.44
	比例（%）	0.00	0.00	0.00	0.00	0.00	0.00	0.00	0.00	100.00
	指数	0.00	0.00	0.00	0.00	0.00	0.00	n. a.	0.00	468.99
2006	金额	0.00	0.00	0.00	0.00	0.00	0.00	0.00	0.00	0.00
	比例（%）	0.00	0.00	0.00	0.00	0.00	0.00	0.00	0.00	0.00
	指数	0.00	0.00	0.00	0.00	0.00	0.00	n. a.	0.00	0.00
2007	金额	0.00	0.00	n. a.	0.00	0.00	82316.30	0.00	0.00	0.00
	比例（%）	0.00	0.00	n. a.	0.00	0.00	100.00	0.00	0.00	0.00
	指数	0.00	0.00	n. a.	0.00	0.00	36.85	n. a.	0.00	0.00
2008	金额	0.00	0.00	0.00	0.00	0.00	88899.51	0.00	0.00	0.00
	比例（%）	0.00	0.00	0.00	0.00	0.00	85.21	0.00	0.00	0.00
	指数	0.00	0.00	0.00	0.00	0.00	39.80	n. a.	0.00	0.00
2009	金额	5907.44	0.00	0.00	0.00	0.00	93116.62	0.00	0.00	n. a.
	比例（%）	5.97	0.00	0.00	0.00	0.00	94.03	0.00	0.00	n. a.
	指数	719.40	0.00	0.00	0.00	0.00	41.69	n. a.	0.00	n. a.
2010	金额	2456.16	0.00	n. a.	0.00	0.00	16477.99	0.00	0.00	0.00
	比例（%）	12.97	0.00	n. a.	0.00	0.00	87.03	0.00	0.00	0.00
	指数	299.11	0.00	n. a.	0.00	0.00	7.38	n. a.	0.00	0.00
2011	金额	0.00	0.00	7732.38	0.00	0.00	111412.45	0.00	2683.29	0.00
	比例（%）	0.00	0.00	6.35	0.00	0.00	91.45	0.00	2.20	0.00
	指数	0.00	0.00	307.62	0.00	0.00	49.88	n. a.	79.35	0.00
2012	金额	0.00	0.00	2322.01	0.00	0.00	42667.02	0.00	0.00	0.00
	比例（%）	0.00	0.00	4.74	0.00	0.00	87.14	0.00	0.00	0.00
	指数	0.00	0.00	92.38	0.00	0.00	19.10	n. a.	0.00	0.00
2013	金额	0.00	244.69	0.00	468315.36	0.00	35443.41	0.00	2683.29	0.00
	比例（%）	0.00	0.05	0.00	92.43	0.00	7.00	0.00	0.53	0.00
	指数	0.00	250.00	0.00	415.66	0.00	15.87	n. a.	79.35	0.00

续表

年份		日本	蒙古	新加坡	韩国	中国台湾	中国香港	马来西亚	泰国	越南
2014	金额	4105.82	0.00	n.a.	0.00	0.00	784163.72	0.00	0.00	0.00
	比例（%）	0.52	0.00	n.a.	0.00	0.00	99.48	0.00	0.00	0.00
	指数	500.00	0.00	n.a.	0.00	0.00	351.06	n.a.	0.00	0.00
2015	金额	0.00	244.69	0.00	95022.38	24767.50	143150.06	0.00	11541.05	29963.66
	比例（%）	0.00	0.04	0.00	14.76	3.85	22.23	0.00	1.79	4.65
	指数	0.00	250.00	0.00	84.34	500.00	64.09	n.a.	341.30	500.00
2016	金额	0.00	0.00	323421.80	55290.15	0.00	2690861.47	n.a.	741769.73	0.00
	比例（%）	0.00	0.00	6.68	1.14	0.00	55.56	n.a.	15.32	0.00
	指数	0.00	0.00	12866.89	49.07	0.00	1204.68	n.a.	21935.95	0.00
合计	金额	12469.42	489.38	333476.19	618627.89	24767.50	4088508.55	0.00	758677.36	58069.10
	比例（%）	0.17	0.01	4.58	8.49	0.34	56.12	0.00	10.41	0.80
2011—2015 均值		821.16	97.88	2513.60	112667.55	4953.50	223367.33	0.00	3381.53	5992.73

年份		印度尼西亚	印度	斯里兰卡	哈萨克斯坦	乌兹别克斯坦	阿拉伯联合酋长国	阿塞拜疆	土耳其	以色列	合计
2005	金额	0.00	0.00	0.00	0.00	0.00	0.00	0.00	0.00	0.00	28105.44
	比例（%）	0.00	0.00	0.00	0.00	0.00	0.00	0.00	0.00	0.00	100.00
	指数	n.a.	n.a.	n.a.	0.00	0.00	n.a.	n.a.	n.a.	n.a.	6.66
2006	金额	0.00	0.00	0.00	0.00	0.00	0.00	0.00	0.00	0.00	0.00
	比例（%）	0.00	0.00	0.00	0.00	0.00	0.00	0.00	0.00	0.00	n.a.
	指数	n.a.	n.a.	n.a.	0.00	0.00	n.a.	n.a.	n.a.	n.a.	0.00
2007	金额	0.00	0.00	0.00	0.00	0.00	0.00	0.00	0.00	0.00	82316.30
	比例（%）	0.00	0.00	0.00	0.00	0.00	0.00	0.00	0.00	0.00	100.00
	指数	n.a.	n.a.	n.a.	0.00	0.00	n.a.	n.a.	n.a.	n.a.	19.51
2008	金额	0.00	15433.62	0.00	0.00	0.00	0.00	0.00	0.00	0.00	104333.13
	比例（%）	0.00	14.79	0.00	0.00	0.00	0.00	0.00	0.00	0.00	100.00
	指数	n.a.	n.a.	n.a.	0.00	0.00	n.a.	n.a.	n.a.	n.a.	24.73

年份		印度尼西亚	印度	斯里兰卡	哈萨克斯坦	乌兹别克斯坦	阿拉伯联合酋长国	阿塞拜疆	土耳其	以色列	合计
2009	金额	0.00	0.00	0.00	0.00	0.00	0.00	n. a.	0.00	0.00	99024.06
	比例（%）	0.00	0.00	0.00	0.00	0.00	0.00		0.00	0.00	100.00
	指数	n. a.	n. a.	n. a.	0.00	0.00	n. a.	n. a.	n. a.	n. a.	23.47
2010	金额	0.00	0.00	0.00	0.00	0.00	0.00	0.00	0.00	n. a.	18934.15
	比例（%）	0.00	0.00	0.00	0.00	0.00	0.00	0.00	0.00		n. a.
	指数	n. a.	n. a.	n. a.	0.00	0.00	n. a.	n. a.	n. a.	n. a.	4.49
2011	金额	0.00	0.00	0.00	0.00	0.00	0.00	n. a.	0.00	0.00	121828.12
	比例（%）	0.00	0.00	0.00	0.00	0.00	0.00		0.00	0.00	100.00
	指数	n. a.	n. a.	n. a.	0.00	0.00	n. a.	n. a.	n. a.	n. a.	28.87
2012	金额	0.00	0.00	0.00	0.00	3975.99	0.00	0.00	0.00	0.00	48965.02
	比例（%）	0.00	0.00	0.00	0.00	8.12	0.00	0.00	0.00	0.00	100.00
	指数	n. a.	n. a.	n. a.	0.00	500.00	n. a.	n. a.	n. a.	n. a.	11.61
2013	金额	0.00	0.00	0.00	0.00	0.00	0.00	0.00	0.00	0.00	506686.75
	比例（%）	0.00	0.00	0.00	0.00	0.00	0.00	0.00	0.00	0.00	100.00
	指数	n. a.	n. a.	n. a.	0.00	0.00	n. a.	n. a.	n. a.	n. a.	120.09
2014	金额	0.00	0.00	0.00	0.00	0.00	0.00	0.00	0.00	0.00	788269.54
	比例（%）	0.00	0.00	0.00	0.00	0.00	0.00	0.00	0.00	0.00	100.00
	指数	n. a.	n. a.	n. a.	0.00	0.00	n. a.	n. a.	n. a.	n. a.	186.83
2015	金额	0.00	0.00	0.00	339175.98	0.00	0.00	0.00	0.00	0.00	643865.32
	比例（%）	0.00	0.00	0.00	52.68	0.00	0.00	0.00	0.00	0.00	100.00
	指数	n. a.	n. a.	n. a.	500.00	0.00	n. a.	n. a.	n. a.	n. a.	152.60
2016	金额	459.18	n. a.	181.93	184346.18	0.00	845911.47	0.00	0.00	916.18	4843158.09
	比例（%）	0.01	n. a.	0.00	3.81	0.00	17.47	0.00	0.00	0.02	100.00
	指数	n. a.	n. a.	n. a.	271.76	0.00	n. a.	n. a.	n. a.	n. a.	1147.88
合计	金额	459.18	15433.62	181.93	523522.16	3975.99	845911.47	0.00	0.00	916.18	7285485.92
	比例（%）	0.01	0.21	0.00	7.19	0.05	11.61	0.00	0.00	0.01	100.00
2011—2015 均值		0.00	0.00	0.00	67835.20	795.20	0.00	0.00	0.00	0.00	421922.95

表 3-3-14　中国民营样本企业并购投资标的国（地区）金额指数——大洋洲

（单位：千欧元、%）

年份		澳大利亚	合计
2005	金额	0.00	0.00
	比例（%）	0.00	0.00
	指数	0.00	0.00
2006	金额	0.00	0.00
	比例（%）	0.00	0.00
	指数	0.00	0.00
2007	金额	0.00	0.00
	比例（%）	0.00	0.00
	指数	0.00	0.00
2008	金额	0.00	0.00
	比例（%）	0.00	0.00
	指数	0.00	0.00
2009	金额	0.00	0.00
	比例（%）	95345.78	95345.78
	指数	100.00	100.00
2010	金额	6.30	6.30
	比例（%）	0.00	0.00
	指数	0.00	0.00
2011	金额	0.00	0.00
	比例（%）	0.00	0.00
	指数	0.00	0.00
2012	金额	0.00	0.00
	比例（%）	380346.25	380346.25
	指数	100.00	100.00
2013	金额	25.15	25.15
	比例（%）	37509.48	37509.48
	指数	100.00	100.00

年份		澳大利亚	合计
2014	金额	2.48	2.48
	比例（%）	6779593.01	6779593.01
	指数	100.00	100.00
2015	金额	448.24	448.24
	比例（%）	364982.13	364982.13
	指数	100.00	100.00
2016	金额	24.13	24.13
	比例（%）	1837755.35	1837755.35
	指数	100.00	100.00
合计	金额	121.51	121.51
	比例（%）	9495532.00	9495532.00
2011—2015 均值		627.81	627.81

表 3-3-15 中国民营样本企业并购投资标的国（地区）金额指数——非洲

（单位：千欧元、%）

年份		坦桑尼亚	加纳	加蓬	津巴布韦	南非	埃及	埃塞俄比亚	合计
2005	金额	0.00	0.00	0.00	0.00	0.00	0.00	0.00	0.00
	比例（%）	0.00	0.00	0.00	0.00	0.00	0.00	0.00	0.00
	指数	n.a.	n.a.	0.00	n.a.	0.00	0.00	n.a.	0.00
2006	金额	0.00	0.00	0.00	0.00	0.00	0.00	0.00	0.00
	比例（%）	0.00	0.00	0.00	0.00	0.00	0.00	0.00	0.00
	指数	n.a.	n.a.	0.00	n.a.	0.00	0.00	n.a.	0.00
2007	金额	0.00	0.00	0.00	0.00	0.00	0.00	0.00	0.00
	比例（%）	0.00	0.00	0.00	0.00	0.00	0.00	0.00	0.00
	指数	n.a.	n.a.	0.00	n.a.	0.00	0.00	n.a.	0.00
2008	金额	0.00	0.00	0.00	0.00	0.00	0.00	0.00	0.00
	比例（%）	0.00	0.00	0.00	0.00	0.00	0.00	0.00	0.00
	指数	n.a.	n.a.	0.00	n.a.	0.00	0.00	n.a.	0.00

年份		坦桑尼亚	加纳	加蓬	津巴布韦	南非	埃及	埃塞俄比亚	合计
2009	金额	0.00	0.00	0.00	0.00	0.00	0.00	0.00	0.00
	比例（%）	0.00	0.00	0.00	0.00	0.00	0.00	0.00	0.00
	指数	n. a.	n. a.	0.00	n. a.	0.00	0.00	n. a.	0.00
2010	金额	0.00	n. a.	0.00	0.00	0.00	0.00	0.00	0.00
	比例（%）	0.00	n. a.	0.00	0.00	0.00	0.00	0.00	0.00
	指数	n. a.	n. a.	0.00	n. a.	0.00	0.00	n. a.	0.00
2011	金额	n. a.	0.00	0.00	0.00	0.00	0.00	0.00	0.00
	比例（%）	n. a.	0.00	0.00	0.00	0.00	0.00	0.00	0.00
	指数	n. a.	n. a.	0.00	n. a.	0.00	0.00	n. a.	0.00
2012	金额	0.00	0.00	28083.43	0.00	0.00	0.00	0.00	28083.43
	比例（%）	0.00	0.00	100.00	0.00	0.00	0.00	0.00	100.00
	指数	n. a.	n. a.	250.00	n. a.	0.00	0.00	n. a.	104.19
2013	金额	n. a.	0.00	0.00	0.00	0.00	0.00	0.00	0.00
	比例（%）	n. a.	0.00	0.00	0.00	0.00	0.00	0.00	0.00
	指数	n. a.	r. a.	0.00	n. a.	0.00	0.00	n. a.	0.00
2014	金额	0.00	0.00	28083.43	0.00	0.00	0.00	0.00	28083.43
	比例（%）	0.00	0.00	100.00	n. a.	0.00	0.00	0.00	100.00
	指数	n. a.	r. a.	250.00	n. a.	0.00	0.00	n. a.	104.19
2015	金额	0.00	0.00	0.00	0.00	75106.51	3496.64	0.00	78603.15
	比例（%）	0.00	0.00	0.00	0.00	95.55	4.45	0.00	100.00
	指数	n. a.	r. a.	0.00	n. a.	500.00	500.00	n. a.	291.62
2016	金额	0.00	0.00	0.00	0.00	75106.51	0.00	4396.16	79502.67
	比例（%）	0.00	0.00	0.00	0.00	94.47	0.00	5.53	100.00
	指数	n. a.	n. a.	0.00	n. a.	500.00	0.00	n. a.	294.96
合计	金额	0.00	0.00	56166.86	0.00	150213.02	3496.64	4396.16	214272.68
	比例（%）	0.00	0.00	26.21	0.00	70.10	1.63	2.05	100.00
2011—2015 均值		0.00	0.00	11233.37	0.00	15021.30	699.33	0.00	26954.00

表 3-3-16　中国民营样本企业并购投资标的国（地区）金额指数——其他地区

（单位：千欧元、%）

年份		百慕大群岛	开曼群岛	维尔京群岛（英属）	合计
2005	金额	0.00	21940.92	0.00	21940.92
	比例（%）	0.00	100.00	0.00	100.00
	指数	n. a.	4.89	n. a.	4.60
2006	金额	0.00	0.00	0.00	0.00
	比例（%）	n. a.	n. a.	n. a.	n. a.
	指数	n. a.	0.00	n. a.	0.00
2007	金额	0.00	0.00	0.00	0.00
	比例（%）	0.00	0.00	0.00	0.00
	指数	n. a.	0.00	n. a.	0.00
2008	金额	0.00	n. a.	201291.73	201291.73
	比例（%）	0.00	n. a.	100.00	n. a.
	指数	n. a.	n. a.	n. a.	42.17
2009	金额	0.00	0.00	201291.73	201291.73
	比例（%）	0.00	0.00	100.00	n. a.
	指数	n. a.	n. a.	n. a.	42.17
2010	金额	39068.95	30231.97	0.00	69300.92
	比例（%）	56.38	43.62	0.00	100.00
	指数	n. a.	6.73	n. a.	14.52
2011	金额	0.00	1309.62	141646.49	142956.11
	比例（%）	0.00	0.92	99.08	100.00
	指数	n. a.	0.29	n. a.	29.95
2012	金额	0.00	278078.42	0.00	278078.42
	比例（%）	0.00	100.00	0.00	100.00
	指数	n. a.	61.93	n. a.	58.25
2013	金额	0.00	185396.03	0.00	185396.03
	比例（%）	0.00	100.00	0.00	n. a.
	指数	n. a.	41.29	n. a.	38.84

年份		百慕大群岛	开曼群岛	维尔京群岛（英属）	合计
2014	金额	0.00	241888.35	0.00	241888.35
	比例（%）	0.00	100.00	0.00	100.00
	指数	n.a.	53.87	n.a.	50.67
2015	金额	0.00	1538497.97	0.00	1538497.97
	比例（%）	0.00	100.00	0.00	100.00
	指数	n.a.	342.62	n.a.	322.29
2016	金额	37082.44	3582534.07	822256.30	4441872.81
	比例（%）	0.83	80.65	18.51	100.00
	指数	n.a.	797.83	n.a.	930.50
合计	金额	76151.39	5879877.35	1366486.25	7322514.99
	比例（%）	1.04	80.30	18.66	100.00
2011—2015 均值		0.00	449034.08	0.00	477363.38

在 2005—2016 年的 12 年间，分国别（地区）作为投资对象，从并购项目上看，排前五位的分别是，中国香港有 49 项，美国有 45 项，开曼群岛为 22 项，德国有 18 项，澳大利亚和捷克并列为 17 项；在并购金额分布上排前五位的分别是，美国为 200.3 亿欧元，澳大利亚为 94.9 亿欧元，德国为 73.4 亿欧元，开曼群岛为 58.7 亿欧元，中国香港为 40.8 亿欧元。如果按照平均每个项目的金额排名，前五位分别是，瑞士为 7.9 亿欧元，澳大利亚为 5.6 亿欧元，美国为 4.4 亿欧元，德国 4.1 亿欧元，开曼群岛为 2.7 亿欧元。瑞士虽然只有 4 个项目的投资，但项目金额最多。

第四节　海外并购投资行业别指数

本节分析中国民营样本企业在海外并购的投资行业分布。

表 3-4-1　并购投资行业别项目的数量分布及指数汇总表

（单位：件、％）

年份	高技术				中高技术				中低技术			
	项目数	同比增长（％）	占比（％）	指数	项目数	同比增长（％）	占比（％）	指数	项目数	同比增长（％）	占比（％）	指数
2005	1		33.33	55.56	1		33.33	11.11	1		33.33	33.33
2006	1	100.0	25.00	55.56	0	0.0	0.00	0.00	0	0.0	0.00	0.00
2007	0	0.0	0.00	0.00	1	n.a.	10.00	11.11	2	n.a.	20.00	66.67
2008	1	n.a.	9.09	55.56	2	200.0	18.18	22.22	1	50.0	9.09	33.33
2009	0	0.0	0.00	0.00	3	150.0	25.00	33.33	0	0.0	0.00	0.00
2010	1	n.a.	6.25	55.56	3	100.0	18.75	33.33	3	n.a.	18.75	100.00
2011	3	300.0	7.50	166.67	9	300.0	22.50	100.00	5	166.7	12.50	166.67
2012	0	0.0	0.00	0.00	7	77.8	28.00	77.78	2	40.0	8.00	66.67
2013	1	n.a.	3.57	55.56	10	142.9	35.71	111.11	2	100.0	7.14	66.67
2014	0	0.0	0.00	0.00	9	90.0	27.27	100.00	1	50.0	3.03	33.33
2015	5	n.a.	9.09	277.78	10	111.1	18.18	111.11	5	500.0	9.09	166.67
2016	5	100.0	5.21	277.78	19	190.0	19.79	211.11	6	120.0	6.25	200.00
合计	18		5.41		74		22.22		28		8.41	
2011—2015均值	1.80			100.00	9.00			100.00	3.00			100.00

年份	低技术				其他				合计			
	项目数	同比增长（％）	占比（％）	指数	项目数	同比增长（％）	占比（％）	指数	项目数	同比增长（％）	占比（％）	指数
2005	0		0.00	0.00	0		0.00	0.00	3		100.00	8.29
2006	2	n.a.	50.00	83.33	1	n.a.	25.00	5.00	4	133.3	100.00	11.05
2007	3	150.0	30.00	125.00	4	400.0	40.00	20.00	10	250.0	100.00	27.62
2008	4	133.3	36.36	166.67	3	75.0	27.27	15.00	11	110.0	100.00	30.39
2009	1	25.0	8.33	41.67	8	266.7	66.67	40.00	12	109.1	100.00	33.15
2010	1	100.0	6.25	41.67	8	100.0	50.00	40.00	16	133.3	100.00	44.20

续表

年份	低技术				其他				合计			
	项目数	同比增长(%)	占比(%)	指数	项目数	同比增长(%)	占比(%)	指数	项目数	同比增长(%)	占比(%)	指数
2011	2	200.0	5.00	83.33	21	262.5	52.50	105.00	40	250.0	100.00	110.50
2012	3	150.0	12.00	125.00	13	61.9	52.00	65.00	25	62.5	100.00	69.06
2013	1	33.3	3.57	41.67	14	107.7	50.00	70.00	28	112.0	100.00	77.35
2014	5	500.0	15.15	208.33	18	128.6	54.55	90.00	33	117.9	100.00	91.16
2015	1	20.0	1.82	41.67	34	188.9	61.82	170.00	55	166.7	100.00	151.93
2016	10	1000.0	10.42	416.67	56	164.7	58.33	280.00	96	174.5	100.00	265.19
合计	33		9.91		180		54.05		333		100.00	
2011—2015均值	2.40			100.00	20.00			100.00	36.20			100.00

表 3-4-2　并购投资行业别项目的金额分布及指数汇总表

(单位：千欧元、%)

年份	高技术				中高技术				中低技术			
	金额	同比增长(%)	占比(%)	指数	金额	同比增长(%)	占比(%)	指数	金额	同比增长(%)	占比(%)	指数
2005	21940.92		42.58	58.47	28105.44		54.54	10.34	1487.40		2.89	0.15
2006	5506.20	25.1	12.19	14.67	0.00	0.0	0.00	0.00	0.00	0.0	0.00	0.00
2007	0.00	0.0	0.00	0.00	0.00		0.00	0.00	1487.40	n.a.	1.68	0.15
2008	5506.20	n.a.	0.95	14.67	472291.73	n.a.	81.13	173.78	15433.62	1037.6	2.65	1.58
2009	0.00	0.0	0.00	0.00	201291.73	42.6	46.78	74.06	0.00	0.0	0.00	0.00
2010	8961.02	n.a.	0.50	23.88	1416862.37	703.9	78.97	521.33	31103.13	n.a.	1.73	3.18
2011	0.00	0.0	0.00	0.00	185415.67	13.1	3.73	68.22	1080309.62	3473.3	21.73	110.39
2012	0.00	0.0	0.00	0.00	88728.88	47.9	1.93	32.65	872807.09	80.8	18.95	89.19
2013	99290.18	n.a.	6.57	264.58	364262.27	410.5	24.10	134.03	458912.94	52.6	30.37	46.89
2014	0.00	0.0	0.00	0.00	128651.60	35.3	0.76	47.34	0.00	0.0	0.00	0.00

年份	高技术				中高技术				中低技术			
	金额	同比增长(%)	占比(%)	指数	金额	同比增长(%)	占比(%)	指数	金额	同比增长(%)	占比(%)	指数
2015	88343.63	n.a.	0.43	235.42	591841.19	460.0	2.88	217.76	2481057.46	n.a.	12.07	253.53
2016	27028.22	30.6	0.12	72.02	1018676.95	172.1	4.68	374.82	1092850.53	44.0	5.02	111.67
合计	256576.37		0.35		4496127.83		6.13		6035449.19		8.23	
2011—2015均值	37526.76			100.00	271779.92			100.00	978617.42			100.00

年份	低技术				其他				合计			
	金额	同比增长(%)	占比(%)	指数	金额	同比增长(%)	占比(%)	指数	金额	同比增长(%)	占比(%)	指数
2005	0.00		0.00	0.00	0.00		0.00	0.00	51533.76		100.00	0.53
2006	5049.78	n.a.	11.18	2.73	34611.09	n.a.	76.63	0.42	45167.07	87.6	100.00	0.46
2007	87015.48	1723.2	98.32	46.99	0.00	0.0	0.00	0.00	88502.88	195.9	100.00	0.91
2008	82316.30	94.6	14.14	44.45	6583.21	n.a.	1.13	0.08	582131.06	657.8	100.00	5.99
2009	0.00	0.0	0.00	0.00	228980.93	3478.3	53.22	2.78	430272.66	73.9	100.00	4.43
2010	0.00	n.a.	0.00	0.00	337363.19	147.3	18.80	4.09	1794289.71	417.0	100.00	18.47
2011	19000.00	n.a.	0.38	10.26	3685928.11	1092.6	74.15	44.71	4970653.40	277.0	100.00	51.16
2012	39641.42	208.6	0.86	21.41	3603578.11	97.8	78.26	43.72	4604755.50	92.6	100.00	47.39
2013	0.00	0.0	0.00	0.00	588752.71	16.3	38.96	7.14	1511218.10	32.8	100.00	15.55
2014	772241.28	n.a.	4.56	417.03	16040510.25	2724.5	94.68	194.59	16941403.13	1121.0	100.00	174.36
2015	95000.00	12.3	0.46	51.30	17297649.80	107.8	84.16	209.84	20553892.08	121.3	100.00	211.54
2016	6957952.81	7324.2	31.93	3757.47	12691622.32	73.4	58.25	153.96	21788130.83	106.0	100.00	224.24
合计	8058217.07		10.98		54515579.72		74.31		73361950.18		100.00	
2011—2015均值	185176.54			100.00	8243283.80			100.00	9716384.44			100.00

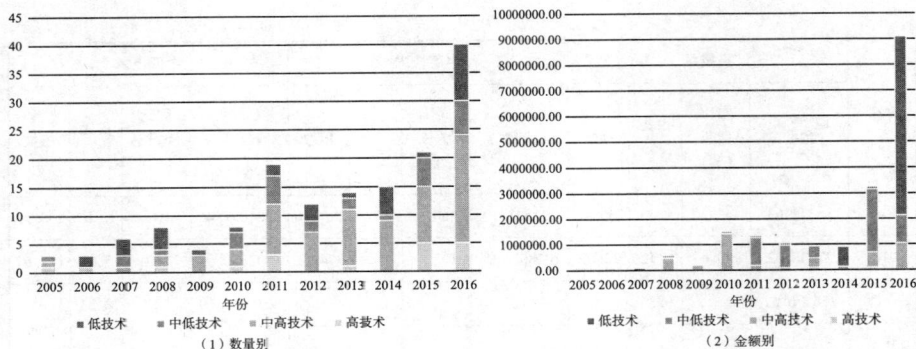

图 3-4-1 2005—2016 年并购行业（制造业）别项目数量和金额堆积柱状图

（单位：件、千欧元）

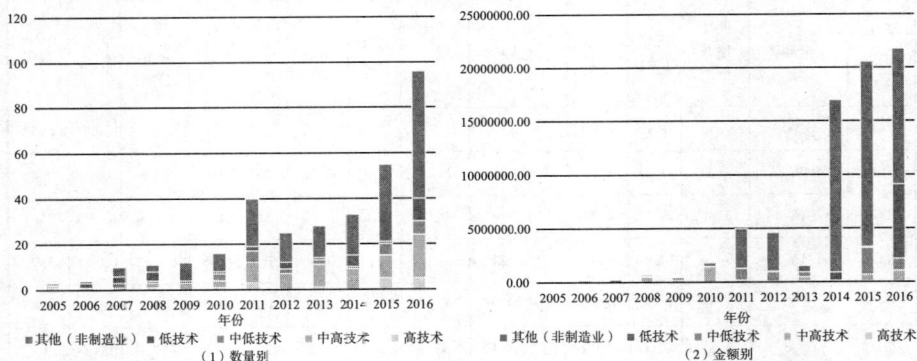

图 3-4-2 2005—2016 年并购行业（含非制造业）别项目数量和金额堆积柱状图

（单位：件、千欧元）

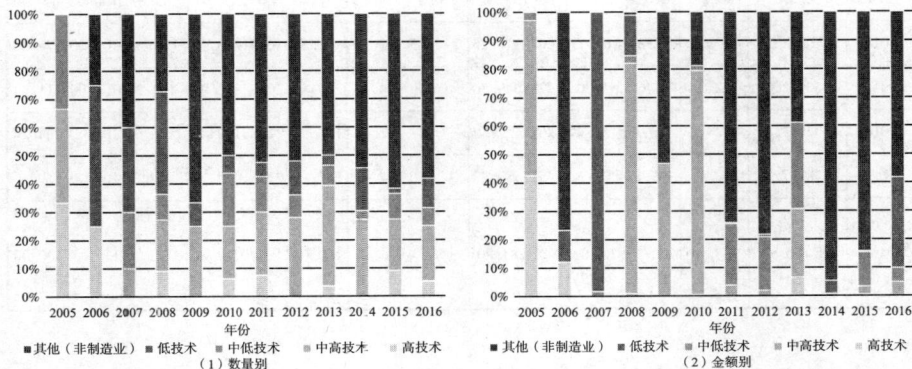

图 3-4-3 2005—2016 年并购行业（含非制造业）别项目数量和金额百分比堆积柱状图

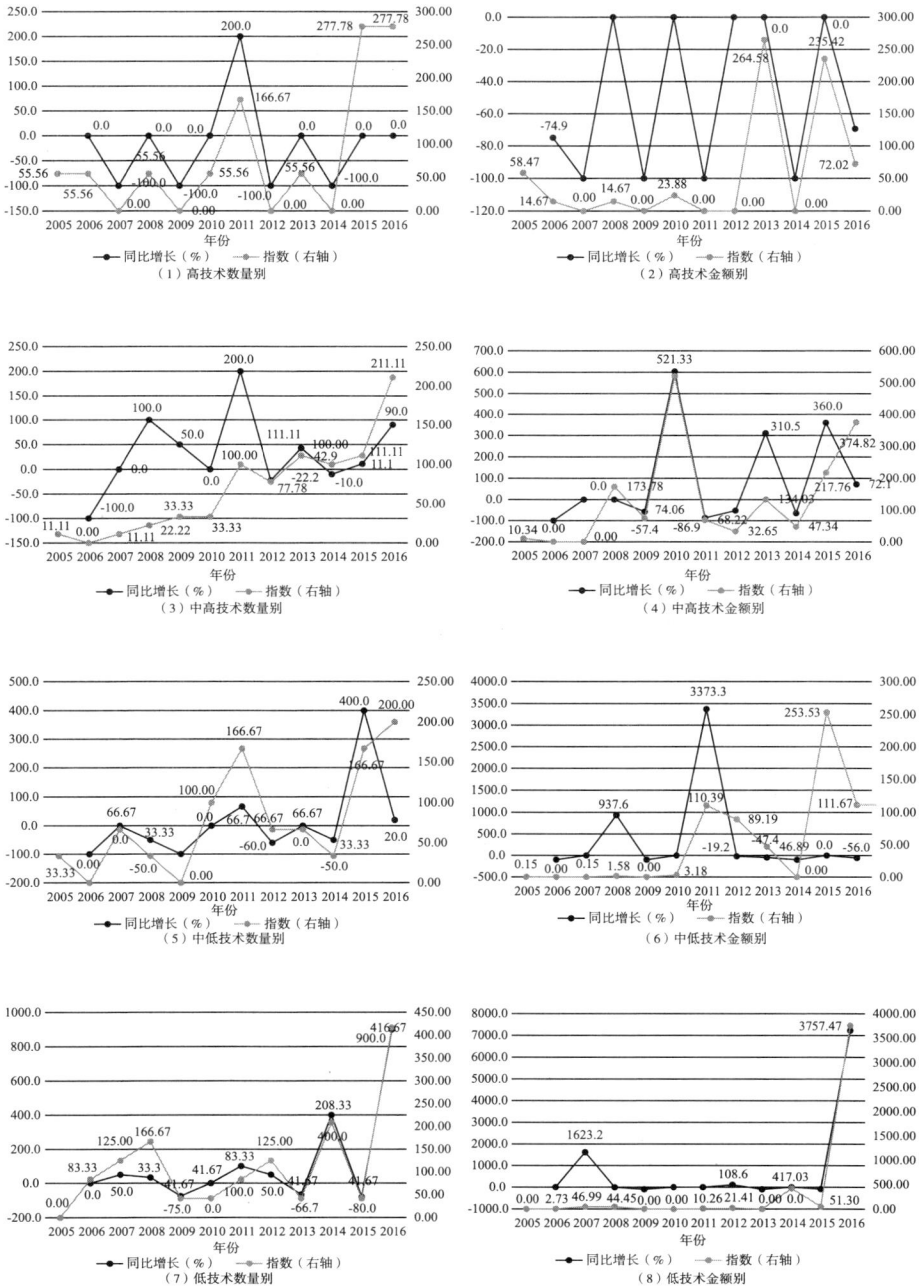

图 3-4-4 海外并购行业别项目数量和金额指数走势图

（9）其他数量别

（10）其他金额别

（11）并购数量别

（12）并购金额别

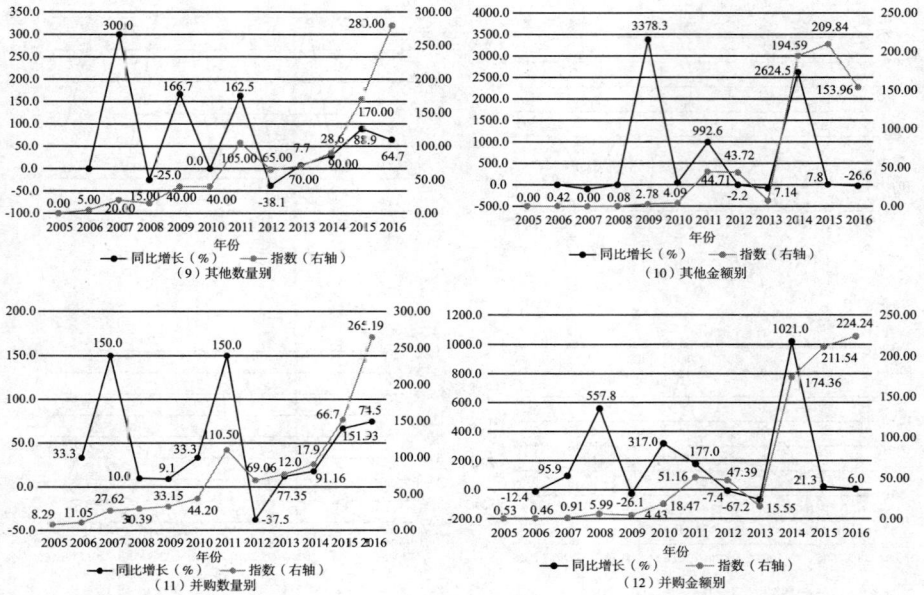

图 3-4-4　海外并购行业别项目数量和金额指数走势图（续）

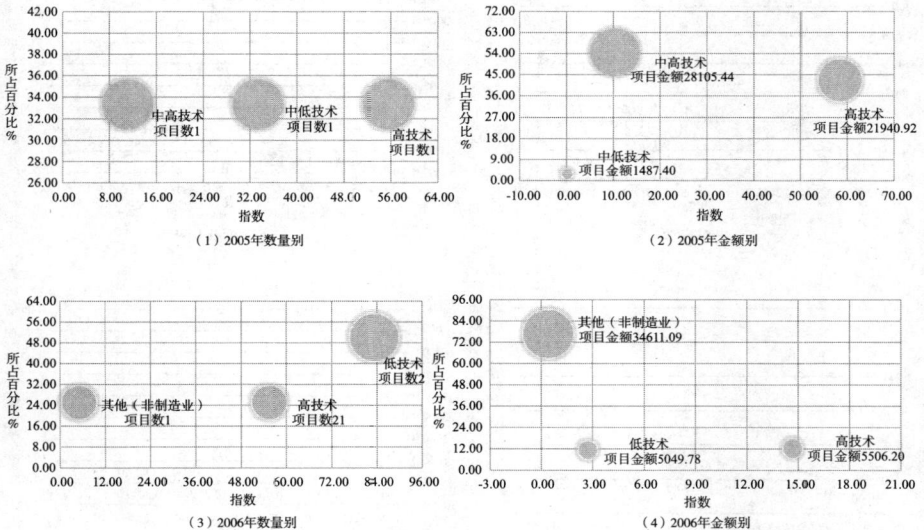

（1）2005年数量别

（2）2005年金额别

（3）2006年数量别

（4）2006年金额别

图 3-4-5　各年并购行业别项目数量和金额分布指数图　（单位：件、千欧元）

（5）2007年数量别

（6）2007年金额别

（7）2008年数量别

（8）2008年金额别

（9）2009年数量别

（10）2009年金额别

（11）2010年数量别

（12）2010年金额别

（13）2011年数量别

（14）2011年金额别

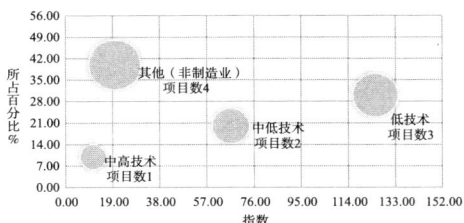

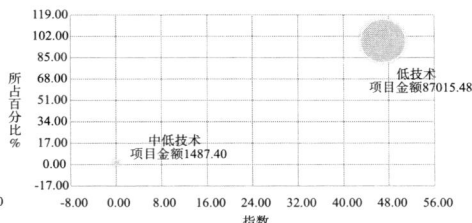

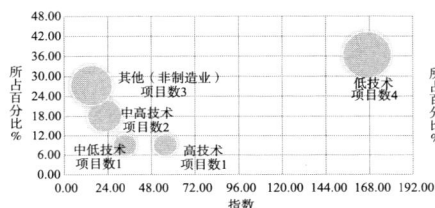

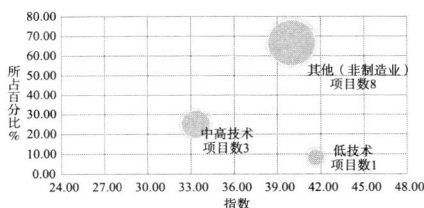

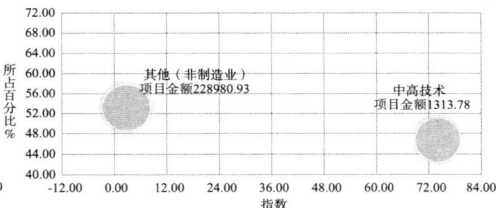

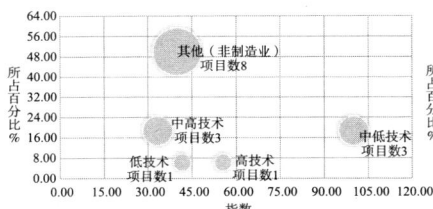

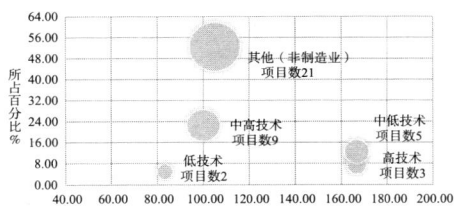

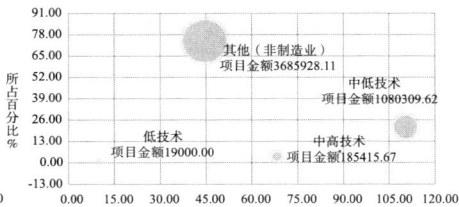

图 3-4-5　各年并购行业别项目数量和金额分布指数图（续1）　（单位：件、千欧元）

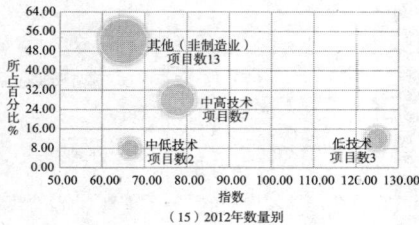

（15）2012年数量别

（16）2012年金额别

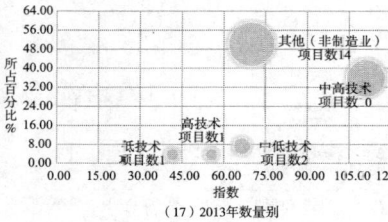

（17）2013年数量别

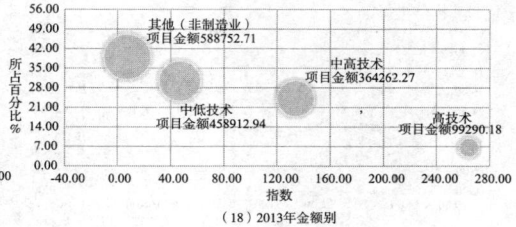

（18）2013年金额别

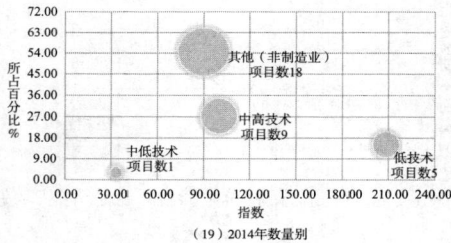

（19）2014年数量别

（20）2014年金额别

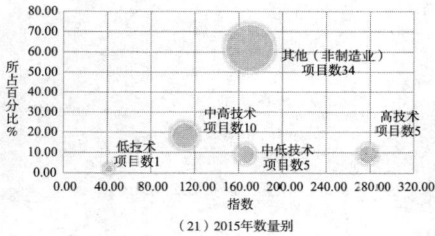

（21）2015年数量别

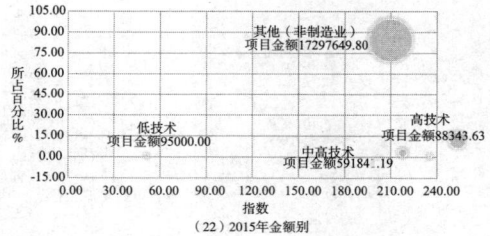

（22）2015年金额别

（23）2016年数量别

（24）2016年金额别

图 3-4-5　各年并购行业别项目数量和金额分布指数图（续 2）　　（单位：件、千欧元）

从中国民营企业 2005—2016 年海外投资行业分布的样本数据可以看出，在投资项目数量上，制造业占比 45.95%，非制造业占比 54.05%；在投资金额上，制造业和非制造业的占比分别是 29.69% 和 74.31%。可见，在项目的投资金额上，非制造业远远大于制造业。

如果制造业总和为 100%，按照 OECD 行业分类标准划分，投资项目数量以低技术项目最多，占比 21.56%，其后依次分别是中高技术占比 48.3%，中低技术占比 18.3%，高技术只占 11.76%。如果从项目的投资金额看，依然以低技术为最多，占比达到 42.77%，其后依次是，中低技术占比 32.04%，中高技术占比 23.86%，高技术占比仅为 1.33%。

第五节　海外并购投资融资模式别指数

本节通过筛选民营 500 强企业在海外并购时的融资渠道和支付方式等相关数据作为样本，分析中国民营企业海外并购融资模式。

按照并购投资时的两种融资类型，本节计算了单一融资渠道和多渠道融资指数，以及包含其中的各种融资渠道的指数，另外还计算了以现金为主的各种支付方式的指数。

一、海外并购融资渠道的总体情况

表 3-5-1　2005—2016 年中国民营样本企业海外并购投资的融资渠道汇总

融资渠道	并购项目数（件）	并购金额（百万美元）	并购金额涉及的并购项目数（件）
增资	40	3297.08	40
增资—可转债	0	0	0
增资—卖方配售	7	1047.62	7
注资	38	3093.88	38
发行可转债	2	190.84	2
可转债证明	2	26.06	2

融资渠道	并购项目数 （件）	并购金额 （百万美元）	并购金额涉及的 并购项目数（件）
企业风险投资	8	3368.5	6
众筹	0	0	0
杠杆收购	2	3051.7	2
夹层融资	0	0	0
新银行信贷便利	5	5991.02	5
通道融资	0	0	0
配售	0	0	0
私募股权	28	17172.22	23
私人配售	39	2297.29	36
公募	0	0	0
新股发行	1	138.6	1
风险资本	5	131.47	3
合计	177	39806.28	165

注：存在重复统计的情况，处理方式和行业别统计一致。

海外并购融资渠道，按照国内大多数研究采用的标准，分为内源融资和外源融资，而外源融资又可以分为四类，债务融资方式、股权融资方式、混合融资方式和特殊融资方式①。为了保证数据的一致性，本报告采用了 BvD-Zephyr 数据库的分类标准，将海外并购融资渠道分为 18 种，分别为：增资（capital increase）、增资—可转债（capital increase—converted debt）、增资—卖方配售（capital increase—vendor placing）、注资（capital injection）、发行可转债（convertible bond issue）、可转债证明（convertible loan notes）、企业风险投资（corporate venturing）、众筹（crowd funding）、杠杆收购（leveraged buy out）、夹层融资（Mezzanine）、新银行信贷便利（new bank facilities）、通道融资（PIPE）、配售（placing）、私募股权（private equity）、私人配售（private placing）、公募（public offer）、新股发行（rights issue）、风险资本（venture capital）。按照这个标准，本节统计

---

① 刘坪：《不同类型中国企业的海外并购融资方式研究》，北京交通大学出版社 2014 年版。

了 BvD-Zephyr 数据库中有明确融资渠道信息的中国民营企业 500 强海外并购项目样本，共 123 件。

通过这些样本企业数据可以看出，中国民营企业的海外并购融资模式有三个显著的特征：第一，从并购投资项目数量上看，以增资、注资、私募股权和私人配售四种融资方式为主，以增资—卖方配售、发行可转债、可转债证明、企业风险投资、杠杆收购、新银行信贷便利、新股发行和风险资本为辅，而公募、众筹、夹层融资等融资渠道根本没有被采用。第二，从并购投资项目金额上看，杠杆收购、新银行贷款便利和私募股权三个融资渠道涉及的资金明显大于其他几种融资渠道。第三，随着国内金融市场的发展，风险资本和杠杆收购两种融资模式开始出现，5 个风险资本的并购项目分别出现在 2010 年、2012 年、2014 年和 2015 年，2 个杠杆收购的并购项目分别出现在 2014 年和 2016 年。

表 3-5-2　2005—2016 年中国民营样本企业海外并购融资渠道的数量分布

（单位：件、%）

年份		增资	增资可转债	增资卖方配售	注资	发行可转债	可转债证明	企业风险投资	众筹	杠杆收购
2005	数量	0	0	0	0	0	0	0	0	0
	比例（%）	0.00	0.00	0.00	0.00	0.00	0.00	0.00	0.00	0.00
	指数	0.00	n. a.	0.00	0.00	0.00	0.00	0.00	n. a.	0.00
2006	数量	0	0	0	0	0	0	0	0	0
	比例（%）	n. a.	n. a.	n. a.	n. a.	n. a.	n. a.	n. a.	n. a.	n. a.
	指数	0.00	n. a.	0.00	0.00	0.00	0.00	0.00		0.00
2007	数量	0	0	0	0	0	0	0	0	0
	比例（%）	n. a.	n. a.	n. a.	n. a.	n. a.	n. a.	n. a.	n. a.	n. a.
	指数	0.00	n. a.	0.00	0.00	0.00	0.00	0.00		0.00
2008	数量	0	0	1	0	0	0	0	0	0
	比例（%）	0.00	0.00	25.00	0.00	0.00	0.00	0.00	0.00	0.00
	指数	0.00	n. a.	125.00	0.00	0.00	0.00	0.00		0.00

年份		增资	增资可转债	增资卖方配售	注资	发行可转债	可转债证明	企业风险投资	众筹	杠杆收购
2009	数量	0	0	1	0	0	0	0	0	0
	比例（%）	0.00	0.00	33.33	0.00	0.00	0.00	0.00	0.00	0.00
	指数	0.00	n.a.	125.00	0.00	0.00	0.00	0.00	n.a.	0.00
2010	数量	1	0	0	1	0	0	1	0	0
	比例（%）	12.50	0.00	0.00	12.50	0.00	0.00	12.50	0.00	0.00
	指数	22.73	n.a.	0.00	23.81	0.00	0.00	166.67	n.a.	0.00
2011	数量	5	0	2	5	0	0	0	0	0
	比例（%）	22.73	0.00	9.09	22.73	0.00	0.00	0.00	0.00	0.00
	指数	113.64	n.a.	250.00	119.05	0.00	0.00	0.00	n.a.	0.00
2012	数量	4	0	0	4	0	1	0	0	0
	比例（%）	26.67	0.00	0.00	26.67	0.00	6.67	0.00	0.00	0.00
	指数	90.91	n.a.	0.00	95.24	0.00	250.00	0.00	n.a.	0.00
2013	数量	4	0	2	4	1	1	0	0	0
	比例（%）	23.53	0.00	11.76	23.53	5.88	5.88	0.00	0.00	0.00
	指数	90.91	n.a.	250.00	95.24	250.00	250.00	0.00	n.a.	0.00
2014	数量	3	0	0	3	0	0	0	0	1
	比例（%）	20.00	0.00	0.00	20.00	0.00	0.00	0.00	0.00	6.67
	指数	68.18	n.a.	0.00	71.43	0.00	0.00	0.00	n.a.	500.00
2015	数量	6	0	0	5	1	0	3	0	0
	比例（%）	17.14	0.00	0.00	14.29	2.86	0.00	8.57	0.00	0.00
	指数	136.36	n.a.	0.00	119.05	250.00	0.00	500.00	n.a.	0.00
2016	数量	17	0	1	16	0	0	4	0	1
	比例（%）	29.82	0.00	1.75	28.07	0.00	0.00	7.02	0.00	1.75
	指数	386.36	n.a.	125.00	380.95	0.00	0.00	666.67	n.a.	500.00
合计	数量	40	0	7	38	2	2	8	0	2
	比例（%）	22.60	0.00	3.95	21.47	1.13	1.13	4.52	0.00	1.13
2011—2015均值		4.40	0.00	0.80	4.20	0.40	0.40	0.60	0.00	0.20

年份		夹层融资	新银行信贷便利	通道融资	配售	私募股权	私人配售	公募	新股发行	风险资本	合计
2005	数量	0	0	0	0	1	0	0	0	0	1
	比例（%）	0.00	0.00	0.00	0.00	100.00	0.00	0.00	0.00	0.00	100.00
	指数	n. a.	0.00	n. a.	n. a.	33.33	0.00	n. a.	n. a.	0.00	4.81
2006	数量	0	0	0	0	0	0	0	0	0	0
	比例（%）	n. a.	n. a.	n. a.	n. a.	n. a.	n. a.	n. a.	n. a.	n. a.	n. a.
	指数	n. a.	0.00	n. a.	n. a.	0.00	0.00	n. a.	n. a.	0.00	0.00
2007	数量	0	0	0	0	0	0	0	0	0	0
	比例（%）	n. a.	n. a.	n. a.	n. a.	n. a.	n. a.	n. a.	n. a.	n. a.	n. a.
	指数	n. a.	0.00	n. a.	n. a.	0.00	0.00	n. a.	n. a.	0.00	0.00
2008	数量	0	1	0	0	2	0	0	0	0	4
	比例（%）	0.00	25.00	0.00	0.00	50.00	0.00	0.00	0.00	0.00	100.00
	指数	n. a.	166.67	n. a.	n. a.	66.67	0.00	n. a.	n. a.	0.00	19.23
2009	数量	0	0	0	0	0	1	0	1	0	3
	比例（%）	0.00	0.00	0.00	0.00	0.00	33.33	0.00	33.33	0.00	100.00
	指数	n. a.	0.00	n. a.	n. a.	0.00	18.52	n. a.	n. a.	0.00	14.42
2010	数量	0	0	0	0	1	3	0	0	1	8
	比例（%）	0.00	0.00	0.00	0.00	12.50	37.50	0.00	0.00	12.50	100.00
	指数	n. a.	0.00	n. a.	n. a.	33.33	55.56	n. a.	n. a.	125.00	38.46
2011	数量	0	1	0	0	5	4	0	0	0	22
	比例（%）	0.00	4.55	0.00	0.00	22.73	18.18	0.00	0.00	0.00	100.00
	指数	n. a.	166.67	n. a.	n. a.	166.67	74.07	n. a.	n. a.	0.00	105.77
2012	数量	0	0	0	0	2	3	0	0	1	15
	比例（%）	0.00	0.00	0.00	0.00	13.33	20.00	0.00	0.00	6.67	100.00
	指数	n. a.	0.00	n. a.	n. a.	66.67	55.56	n. a.	n. a.	125.00	72.12
2013	数量	0	1	0	0	1	3	0	0	0	17
	比例（%）	0.00	5.88	0.00	0.00	5.88	17.65	0.00	0.00	0.00	100.00
	指数	n. a.	166.67	n. a.	n. a.	33.33	55.56	n. a.	n. a.	0.00	81.73

续表

年份		夹层融资	新银行信贷便利	通道融资	配售	私募股权	私人配售	公募	新股发行	风险资本	合计
2014	数量	0	1	0	0	2	4	0	0	1	15
	比例（%）	0.00	6.67	0.00	0.00	13.33	26.67	0.00	0.00	6.67	100.00
	指数	n.a.	166.67	n.a.	n.a.	66.67	74.07	n.a.	n.a.	125.00	72.12
2015	数量	0	0	0	0	5	13	0	0	2	35
	比例（%）	0.00	0.00	0.00	0.00	14.29	37.14	0.00	0.00	5.71	100.00
	指数	n.a.	0.00	n.a.	n.a.	166.67	240.74	n.a.	n.a.	250.00	168.27
2016	数量	0	1	0	0	9	8	0	0	0	57
	比例（%）	0.00	1.75	0.00	0.00	15.79	14.04	0.00	0.00	0.00	100.00
	指数	n.a.	166.67	n.a.		300.00	148.15	n.a.	n.a.	0.00	274.04
合计	数量	0	5	0	0	28	39	0	1	5	177
	比例（%）	0.00	2.82	0.00	0.00	15.82	22.03	0.00	0.56	2.82	100.00
2011—2015均值		0.00	0.60	0.00	0.00	3.00	5.40	0.00	0.00	0.80	20.80

注：存在重复统计的情况，处理方式和行业别统计一致。

表 3-5-3　2005—2016 年中国民营样本企业海外并购融资渠道的金额分布

（单位：百万美元、%）

年份		增资	增资可转债	增资卖方配售	注资	发行可转债	可转债证明	企业风险投资	众筹	杠杆收购
2005	金额	0.00	0.00	0.00	0.00	0.00	0.00	0.00	0.00	0.00
	比例（%）	0.00	0.00	0.00	0.00	0.00	0.00	0.00	0.00	0.00
	指数	0.00	n.a.	0.00	0.00	0.00	0.00	0.00	n.a.	0.00
2006	金额	0.00	0.00	0.00	0.00	0.00	0.00	0.00	0.00	0.00
	比例（%）	n.a.	n.a.	n.a.	n.a.	n.a.	n.a.	n.a.	n.a.	n.a.
	指数	0.00	n.a.	0.00	0.00	0.00	0.00	0.00	n.a.	0.00
2007	金额	0.00	0.00	0.00	0.00	0.00	0.00	0.00	0.00	0.00
	比例（%）	n.a.	n.a.	n.a.	n.a.	n.a.	n.a.	n.a.	n.a.	n.a.
	指数	0.00	n.a.	0.00	0.00	0.00	0.00	0.00	n.a.	0.00

年份		增资	增资可转债	增资卖方配售	注资	发行可转债	可转债证明	企业风险投资	众筹	杠杆收购
2008	金额	0.00	0.00	289.98	0.00	0.00	0.00	0.00	0.00	0.00
	比例（%）	0.00	0.00	26.85	0.00	0.00	0.00	0.00	0.00	0.00
	指数	0.00	n.a.	2294.51	0.00	0.00	0.00	0.00	n.a.	0.00
2009	金额	0.00	0.00	289.98	0.00	0.00	0.00	0.00	0.00	0.00
	比例（%）	0.00	0.00	51.13	0.00	0.00	0.00	0.00	0.00	0.00
	指数	0.00	n.a.	2294.51	0.00	0.00	0.00	0.00	n.a.	0.00
2010	金额	21.00	0.00	0.00	21.00	0.00	0.00	0.00	0.00	0.00
	比例（%）	15.15	0.00	0.00	15.15	0.00	0.00	0.00	0.00	0.00
	指数	14.05	n.a.	0.00	19.18	0.00	0.00	0.00	n.a.	0.00
2011	金额	64.08	0.00	32.44	64.08	0.00	0.00	0.00	0.00	0.00
	比例（%）	0.74	0.00	0.37	0.74	0.00	0.00	0.00	0.00	0.00
	指数	42.86	n.a.	256.69	58.52	0.00	0.00	0.00	n.a.	0.00
2012	金额	66.73	0.00	0.00	66.73	0.00	13.03	0.00	0.00	0.00
	比例（%）	3.46	0.00	0.00	3.46	0.00	0.68	0.00	0.00	0.00
	指数	44.63	n.a.	0.00	60.94	0.00	250.00	0.00	n.a.	0.00
2013	金额	97.50	0.00	30.75	97.50	95.42	13.03	0.00	0.00	0.00
	比例（%）	9.69	0.00	3.06	9.69	9.48	1.30	0.00	0.00	0.00
	指数	65.21	n.a.	243.31	89.04	250.00	250.00	0.00	n.a.	0.00
2014	金额	115.00	0.00	0.00	115.00	0.00	0.00	0.00	0.00	1541.63
	比例（%）	1.91	0.00	0.00	1.91	0.00	0.00	0.00	0.00	25.65
	指数	76.92	n.a.	0.00	105.02	0.00	0.00	0.00	n.a.	500.00
2015	金额	404.22	0.00	0.00	204.22	95.42	0.00	868.50	0.00	0.00
	比例（%）	10.27	0.00	0.00	5.19	2.42	0.00	22.07	0.00	0.00
	指数	270.37	n.a.	0.00	186.49	250.00	0.00	500.00	n.a.	0.00
2016	金额	2528.55	0.00	404.47	2525.35	0.00	0.00	2500.00	0.00	1510.07
	比例（%）	15.36	0.00	2.46	15.34	0.00	0.00	15.18	0.00	9.17
	指数	1691.27	n.a.	3200.43	2306.13	0.00	0.00	1439.26	n.a.	489.76

年份		增资	增资可转债	增资卖方配售	注资	发行可转债	可转债证明	企业风险投资	众筹	杠杆收购
合计	金额	3297.08	0.00	1047.62	3093.88	190.84	26.06	3368.50	0.00	3051.70
	比例（%）	8.28	0.00	2.63	7.77	0.48	0.07	8.46	0.00	7.67
2011—2015均值		149.51	0.00	12.64	109.51	38.17	5.21	173.70	0.00	308.33

年份		夹层融资	新银行信贷便利	通道融资	配售	私募股权	私人配售	公募	新股发行	风险资本	合计
2005	金额	0.00	0.00	0.00	0.00	26.42	0.00	0.00	0.00	0.00	26.42
	比例（%）	0.00	0.00	0.00	0.00	100.00	0.00	0.00	0.00	0.00	100.00
	指数	n.a.	0.00	n.a.	0.00	1.14	0.00	n.a.	n.a.	0.00	0.61
2006	金额	0.00	0.00	0.00	0.00	0.00	0.00	0.00	0.00	0.00	0.00
	比例（%）	n.a.	n.a.	n.a.	n.a.	n.a.	n.a.	n.a.	n.a.	n.a.	n.a.
	指数	n.a.	0.00	0.00	0.00	0.00	0.00	0.00	0.00	0.00	0.00
2007	金额	0.00	0.00	0.00	0.00	0.00	0.00	0.00	0.00	0.00	0.00
	比例（%）	n.a.	n.a.	n.a.	n.a.	n.a.	n.a.	n.a.	n.a.	n.a.	n.a.
	指数	n.a.	0.00	0.00	0.00	0.00	0.00	0.00	0.00	0.00	0.00
2008	金额	0.00	395.10	0.00	0.00	395.10	0.00	0.00	0.00	0.00	1080.18
	比例（%）	0.00	36.58	0.00	0.00	36.58	0.00	0.00	0.00	0.00	100.00
	指数	n.a.	48.35	n.a.	0.00	17.07	0.00	n.a.	n.a.	0.00	25.09
2009	金额	0.00	0.00	0.00	0.00	0.00	138.60	0.00	138.60	0.00	567.18
	比例（%）	0.00	0.00	0.00	0.00	0.00	24.44	0.00	24.44	0.00	100.00
	指数	n.a.	0.00	n.a.	125.00	0.00	39.44	n.a.	n.a.	0.00	13.17
2010	金额	0.00	0.00	0.00	0.00	41.06	55.52	0.00	0.00	0.00	138.58
	比例（%）	0.00	0.00	0.00	0.00	29.63	40.06	0.00	0.00	0.00	100.00
	指数	n.a.	0.00	n.a.	0.00	1.77	15.80	n.a.	n.a.	0.00	3.22
2011	金额	0.00	2500.00	0.00	0.00	5065.09	925.09	0.00	0.00	0.00	8650.78
	比例（%）	0.00	28.90	0.00	0.00	58.55	10.69	0.00	0.00	0.00	100.00
	指数	n.a.	305.93	n.a.	500.00	218.90	263.27	n.a.	n.a.	0.00	200.91

年份		夹层融资	新银行信贷便利	通道融资	配售	私募股权	私人配售	公募	新股发行	风险资本	合计
2012	金额	0.00	0.00	0.00	0.00	1667.91	28.40	0.00	0.00	84.00	1926.80
	比例（%）	0.00	0.00	0.00	0.00	86.56	1.47	0.00	0.00	4.36	100.00
	指数	n.a.	0.00	n.a.	0.00	72.08	8.08	n.a.	n.a.	319.46	44.75
2013	金额	0.00	44.22	0.00	0.00	519.63	108.12	0.00	0.00	0.00	1006.17
	比例（%）	0.00	4.39	0.00	0.00	51.64	10.75	0.00	0.00	0.00	100.00
	指数	n.a.	5.41	n.a.	0.00	22.46	30.77	n.a.	n.a.	0.00	23.37
2014	金额	0.00	1541.63	0.00	0.00	2541.63	155.26	0.00	0.00	0.00	6010.15
	比例（%）	0.00	25.65	0.00	0.00	42.29	2.58	0.00	0.00	0.00	100.00
	指数	n.a.	188.65	n.a.	0.00	109.84	44.18	n.a.	n.a.	0.00	139.58
2015	金额	0.00	0.00	0.00	0.00	1775.32	540.07	0.00	0.00	47.47	3935.22
	比例（%）	0.00	0.00	0.00	0.00	45.11	13.72	0.00	0.00	1.21	100.00
	指数	n.a.	0.00	n.a.	0.00	76.72	153.70	n.a.	n.a.	180.54	91.39
2016	金额	0.00	1510.07	0.00	0.00	5140.06	346.23	0.00	0.00	0.00	16464.80
	比例（%）	0.00	9.17	0.00	0.00	31.22	2.10	0.00	0.00	0.00	100.00
	指数	n.a.	184.79	n.a.	500.00	222.14	98.53	n.a.	n.a.	0.00	382.38
合计	金额	0.00	5991.02	0.00	0.00	17172.22	2297.29	0.00	138.60	131.47	39806.28
	比例（%）	0.00	15.05	0.00	0.00	43.14	5.77	0.00	0.35	0.33	100.00
2011—2015均值		0.00	817.17	0.00	0.00	2313.92	351.39	0.00	0.00	26.29	4305.82

注：存在重复统计的情况，处理方式和行业别统计一致。

二、单一融资渠道和多融资渠道的选择

表 3-5-4　2005—2016 年中国民营样本企业海外并购中单一融资渠道和多融资渠道的汇总

项目	融资模式	并购项目数（件）	并购金额（百万美元）	并购金额涉及的并购项目数（件）
单一融资渠道	增资	2	203.20	2
	增资—可转债	0	0	0
	增资—卖方配售	7	1047.62	7
	注资	0	0	0
	发行可转债	2	190.84	2
	可转债证明	0	0	0
	企业风险投资	0	0	0
	众筹	0	0	0
	杠杆收购	0	0	0
	夹层融资	0	0	0
	新银行信贷便利	1	44.22	1
	通道融资	0	0	0
	配售	0	0	0
	私募股权	19	9372.49	15
	私人配售	36	2132.63	33
	公募	0	0	0
	新股发行	0	0	0
	风险资本	3	125.97	2
	合计	70	13116.97	62
多融资渠道	增资+注资	38	3093.88	38
	企业风险投资+私募股权	6	3363	5
	新银行信贷便利+杠杆收购	1	1510.07	1
	新银行信贷便利+私募股权	2	2895.1	2
	私人配售+可转债证明	2	26.06	2
	私人配售+新股发行	1	138.6	1
	风险资本+企业风险投资	2	5.5	1
	新银行信贷便利+杠杆收购+私募股权	1	1541.63	1
	合计	53	12573.84	51

在民营样本企业跨国并购的融资渠道方面，单一渠道和多渠道的使用上并没有太大的偏向性，单一渠道的为 70 件并购项目，多渠道的为 53 件并购案件（涉及年份的重复统计，处理方式和报告前文一致）。通过进一步地展开分析，可以发现两种不同选择下有四个特点：第一，注资、可转债证明、企业风险投资、杠杆收购和新股发行只出现在多渠道融资方式中，没有作为单一融资方式出现。第二，从整体上而言，多渠道融资方式所涉及的并购项目金额高于单渠道融资方式下的并购项目。第三，在多渠道组合"新银行信贷便利+私募股权"和"新银行信贷便利+杠杆收购+私募股权"中，主要的资金来源是私募股权和杠杆收购，新银行信贷便利只是作为一种补充渠道。第四，从整体上看，单一融资渠道主要集中在私募股权和私人配售，多渠道融资模式就交易数量而言，集中在"增资+注资"模式，而就金额上来说，主要分布在"增资+注资""新银行信贷便利+杠杆收购""新银行信贷便利+私募股权"和"新银行信贷便利+杠杆收购+私募股权"。

表 3-5-5　2005—2016 年中国民营样本企业海外并购投资中单一融资渠道的数量分布

（单位：件、%）

年份		增资	增资可转债	增资卖方配售	注资	发行可转债	可转债证明	企业风险投资	众筹	杠杆收购
2005	数量	0	0	0	0	0	0	0	0	0
	比例（%）	0.00	0.00	0.00	0.00	0.00	0.00	0.00	0.00	0.00
	指数	0.00	n. a.	0.00	n. a.	0.00	n. a.	n. a.	n. a.	n. a.
2006	数量	0	0	0	0	0	0	0	0	0
	比例（%）	n. a.	n. a.	n. a.	n. a.	n. a.	n. a.	n. a.	n. a.	n. a.
	指数	0.00	n. a.	0.00	n. a.	0.00	n. a.	n. a.	n. a.	n. a.
2007	数量	0	0	0	0	0	0	0	0	0
	比例（%）	n. a.	n. a.	n. a.	n. a.	n. a.	n. a.	n. a.	n. a.	n. a.
	指数	0.00	n. a.	0.00	n. a.	0.00	n. a.	n. a.	n. a.	n. a.

年份		增资	增资可转债	增资卖方配售	注资	发行可转债	可转债证明	企业风险投资	众筹	杠杆收购
2008	数量	0	0	1	0	0	0	0	0	0
	比例（%）	0.00	0.00	50.00	0.00	0.00	0.00	0.00	0.00	0.00
	指数	0.00	n.a.	125.00	n.a.	0.00	n.a.	n.a.	n.a.	n.a.
2009	数量	0	0	1	0	0	0	0	0	0
	比例（%）	0.00	0.00	100.00	0.00	0.00	0.00	0.00	0.00	0.00
	指数	0.00	n.a.	125.00	n.a.	0.00	n.a.	n.a.	n.a.	n.a.
2010	数量	0	0	0	0	0	0	0	0	0
	比例（%）	0.00	0.00	0.00	0.00	0.00	0.00	0.00	0.00	0.00
	指数	0.00	n.a.	0.00	n.a.	0.00	n.a.	n.a.	n.a.	n.a.
2011	数量	0	0	2	0	0	0	0	0	0
	比例（%）	0.00	0.00	20.00	0.00	0.00	0.00	0.00	0.00	0.00
	指数	0.00	n.a.	250.00	n.a.	0.00	n.a.	n.a.	n.a.	n.a.
2012	数量	0	0	0	0	0	0	0	0	0
	比例（%）	0.00	0.00	0.00	0.00	0.00	0.00	0.00	0.00	0.00
	指数	0.00	n.a.	0.00	n.a.	0.00	n.a.	n.a.	n.a.	n.a.
2013	数量	0	0	2	0	1	0	0	0	0
	比列（%）	0.00	0.00	28.57	0.00	14.29	0.00	0.00	0.00	0.00
	指数	0.00	n.a.	250.00	n.a.	250.00	n.a.	n.a.	n.a.	n.a.
2014	数量	0	0	0	0	0	0	0	0	0
	比例（%）	0.00	0.00	0.00	0.00	0.00	0.00	0.00	0.00	0.00
	指数	0.00	n.a.	0.00	n.a.	0.00	n.a.	n.a.	n.a.	n.a.
2015	数量	1	0	0	0	1	0	0	0	0
	比例（%）	5.26	0.00	0.00	0.00	5.26	0.00	0.00	0.00	0.00
	指数	500.00	n.a.	0.00	n.a.	250.00	n.a.	n.a.	n.a.	n.a.
2016	数量	1	0	1	0	0	0	0	0	0
	比例（%）	6.67	0.00	6.67	0.00	0.00	0.00	0.00	0.00	0.00
	指数	500.00	n.a.	125.00	n.a.	0.00	n.a.	n.a.	n.a.	n.a.

续表

年份		增资	增资可转债	增资卖方配售	注资	发行可转债	可转债证明	企业风险投资	众筹	杠杆收购
合计	数量	2	0	7	0	2	0	0	0	0
	比例（%）	2.86	0.00	10.00	0.00	2.86	0.00	0.00	0.00	0.00
2011—2015均值		0.20	0.00	0.80	0.00	0.40	0.00	0.00	0.00	0.00

年份		夹层融资	新银行信贷便利	通道融资	配售	私募股权	私人配售	公募	新股发行	风险资本	合计
2005	数量	0	0	0	0	1	0	0	0	0	1
	比例（%）	0.00	0.00	0.00	0.00	100.00	0.00	0.00	0.00	0.00	100.00
	指数	n. a.	0.00	n. a.	n. a.	45.45	0.00	n. a.	n. a.	0.00	10.64
2006	数量	0	0	0	0	0	0	0	0	0	0
	比例（%）	n. a.	n. a.	n. a.	n. a.	n. a.	n. a.	n. a.	n. a.	n. a.	n. a.
	指数	n. a.	0.00	n. a.	n. a.	0.00	0.00	n. a.	n. a.	0.00	0.00
2007	数量	0	0	0	0	0	0	0	0	0	0
	比例（%）	n. a.	n. a.	n. a.	n. a.	n. a.	n. a.	n. a.	n. a.	n. a.	n. a.
	指数	n. a.	0.00	n. a.	n. a.	0.00	0.00	n. a.	n. a.	0.00	0.00
2008	数量	0	0	0	0	1	0	0	0	0	2
	比例（%）	0.00	0.00	0.00	0.00	50.00	0.00	0.00	0.00	0.00	100.00
	指数	n. a.	0.00	n. a.	n. a.	45.45	0.00	n. a.	n. a.	0.00	21.28
2009	数量	0	0	0	0	0	0	0	0	0	1
	比例（%）	0.00	0.00	0.00	0.00	0.00	0.00	0.00	0.00	0.00	100.00
	指数	n. a.	0.00	n. a.	n. a.	0.00	0.00	n. a.	n. a.	0.00	10.64
2010	数量	0	0	0	0	1	3	0	0	0	4
	比例（%）	0.00	0.00	0.00	0.00	25.00	75.00	0.00	0.00	0.00	100.00
	指数	n. a.	0.00	n. a.	n. a.	45.45	60.00	n. a.	n. a.	0.00	42.55
2011	数量	0	0	0	0	4	4	0	0	0	10
	比例（%）	0.00	0.00	0.00	0.00	40.00	40.00	0.00	0.00	0.00	100.00
	指数	n. a.	0.00	n. a.	n. a.	181.82	80.00	n. a.	n. a.	0.00	106.38

年份		夹层融资	新银行信贷便利	通道融资	配售	私募股权	私人配售	公募	新股发行	风险资本	合计
	数量	0	0	0	0	2	2	0	0	1	5
2012	比例（%）	0.00	0.00	0.00	0.00	40.00	40.00	0.00	0.00	20.00	100.00
	指数	n. a.	0.00	n. a.	n. a.	90.91	40.00	n. a.	n. a.	166.67	53.19
	数量	0	1	0	0	1	2	0	0	0	7
2013	比例（%）	0.00	14.29	0.00	0.00	14.29	28.57	0.00	0.00	0.00	100.00
	指数	n. a.	500.00	n. a.	n. a.	45.45	40.00	n. a.	n. a.	0.00	74.47
	数量	0	0	0	0	1	4	0	0	1	6
2014	比例（%）	0.00	0.00	0.00	0.00	16.67	66.67	0.00	0.00	16.67	100.00
	指数	n. a.	0.00	n. a.	n. a.	45.45	80.00	n. a.	n. a.	166.67	63.83
	数量	0	0	0	0	3	13	0	0	1	19
2015	比例（%）	0.00	0.00	0.00	0.00	15.79	68.42	0.00	0.00	5.26	100.00
	指数	n. a.	0.00	n. a.	n. a.	136.36	260.00	n. a.	n. a.	166.67	202.13
	数量	0	0	0	0	5	8	0	0	0	15
2016	比例（%）	0.00	0.00	0.00	0.00	33.33	53.33	0.00	0.00	0.00	100.00
	指数	n. a.	0.00	n. a.	n. a.	227.27	160.00	n. a.	n. a.	0.00	159.57
合计	数量	0	1	0	0	19	36	0	0	3	70
	比列（%）	0.00	1.43	0.00	0.00	27.14	51.43	0.00	0.00	4.29	100.00
2011—2015均值		0.00	0.20	0.00	0.00	2.20	5.00	0.00	0.00	0.60	9.40

表 3-5-6　2005—2016 年中国民营样本企业海外并购投资中单一融资渠道的金额分布

（单位：百万美元、%）

年份		增资	增资可转债	增资卖方配售	注资	发行可转债	可转债证明	企业风险投资	众筹	杠杆收购
	金额	0.00	0.00	0.00	0.00	0.00	0.00	0.00	0.00	0.00
2005	比例（%）	0.00	0.00	0.00	0.00	0.00	0.00	0.00	0.00	0.00
	指数	0.00	n. a.	0.00	n. a.	0.00	n. a.	n. a.	n. a.	n. a.

年份		增资	增资可转债	增资卖方配售	注资	发行可转债	可转债证明	企业风险投资	众筹	杠杆收购
2006	金额	0.00	0.00	0.00	0.00	0.00	0.00	0.00	0.00	0.00
	比例（%）	n. a.	n. a.	n. a.	n. a.	n. a.	n. a.	n. a.	n. a.	n. a.
	指数	0.00	n. a.	0.00	n. a.	0.00	n. a.	n. a.	n. a.	n. a.
2007	金额	0.00	0.00	0.00	0.00	0.00	0.00	0.00	0.00	0.00
	比例（%）	n. a.	n. a.	n. a.	n. a.	n. a.	n. a.	n. a.	n. a.	n. a.
	指数	0.00	n. a.	0.00	n. a.	0.00	n. a.	n. a.	n. a.	n. a.
2008	金额	0.00	0.00	289.98	0.00	0.00	0.00	0.00	0.00	0.00
	比例（%）	0.00	0.00	100.00	0.00	0.00	0.00	0.00	0.00	0.00
	指数	0.00	n. a.	2294.51	n. a.	0.00	n. a.	n. a.	n. a.	n. a.
2009	金额	0.00	0.00	289.98	0.00	0.00	0.00	0.00	0.00	0.00
	比例（%）	0.00	0.00	100.00	0.00	0.00	0.00	0.00	0.00	0.00
	指数	0.00	n. a.	2294.51	n. a.	0.00	n. a.	n. a.	n. a.	n. a.
2010	金额	0.00	0.00	0.00	0.00	0.00	0.00	0.00	0.00	0.00
	比例（%）	0.00	0.00	0.00	0.00	0.00	0.00	0.00	0.00	0.00
	指数	0.00	n. a.	0.00	n. a.	0.00	n. a.	n. a.	n. a.	n. a.
2011	金额	0.00	0.00	32.44	0.00	0.00	0.00	0.00	0.00	0.00
	比例（%）	0.00	0.00	0.92	0.00	0.00	0.00	0.00	0.00	0.00
	指数	0.00	n. a.	256.69	n. a.	0.00	n. a.	n. a.	n. a.	n. a.
2012	金额	0.00	0.00	0.00	0.00	0.00	0.00	0.00	0.00	0.00
	比例（%）	0.00	0.00	0.00	0.00	0.00	0.00	0.00	0.00	0.00
	指数	0.00	n. a.	0.00	n. a.	0.00	n. a.	n. a.	n. a.	n. a.
2013	金额	0.00	0.00	30.75	0.00	95.42	0.00	0.00	0.00	0.00
	比例（%）	0.00	0.00	3.92	0.00	12.15	0.00	0.00	0.00	0.00
	指数	0.00	n. a.	243.31	n. a.	250.00	n. a.	n. a.	n. a.	n. a.
2014	金额	0.00	0.00	0.00	0.00	0.00	0.00	0.00	0.00	0.00
	比例（%）	0.00	0.00	0.00	0.00	0.00	0.00	0.00	0.00	0.00
	指数	0.00	n. a.	0.00	n. a.	0.00	n. a.	n. a.	n. a.	n. a.

续表

年份		增资	增资可转债	增资卖方配售	注资	发行可转债	可转债证明	企业风险投资	众筹	杠杆收购
2015	金额	200.00	0.00	0.00	0.00	95.42	0.00	0.00	0.00	0.00
	比例（%）	11.17	0.00	0.00	0.00	5.33	0.00	0.00	0.00	0.00
	指数	500.00	n.a.	0.00	n.a.	250.00	n.a.	n.a.	n.a.	n.a.
2016	金额	3.20	0.00	404.47	0.00	0.00	0.00	0.00	0.00	0.00
	比例（%）	0.09	0.00	11.92	0.00	0.00	0.00	0.00	0.00	0.00
	指数	8.00	n.a.	3200.43	n.a.	0.00	n.a.	n.a.	n.a.	n.a.
合计	金额	203.20	0.00	1047.62	0.00	190.84	0.00	0.00	0.00	0.00
	比例（%）	1.55	0.00	7.99	0.00	1.45	0.00	0.00	0.00	0.00
2011—2015均值		40.00	0.00	12.64	0.00	38.17	0.00	0.00	0.00	0.00

年份		夹层融资	新银行信贷便利	通道融资	配售	私募股权	私人配售	公募	新股发行	风险资本	合计
2005	金额	0.00	0.00	0.00	0.00	26.42	0.00	0.00	0.00	0.00	26.42
	比例（%）	0.00	0.00	0.00	0.00	100.00	0.00	0.00	0.00	0.00	100.00
	指数	n.a.	0.00	n.a.	n.a.	1.98	0.00	n.a.	n.a.	n.a.	1.46
2006	金额	0.00	0.00	0.00	0.00	0.00	0.00	0.00	0.00	0.00	0.00
	比例（%）	n.a.	0.00	n.a.	n.a.	n.a.	n.a.	n.a.	n.a.	n.a.	n.a.
	指数	n.a.	0.00	n.a.	n.a.	0.00	0.00	n.a.	n.a.	n.a.	0.00
2007	金额	0.00	0.00	0.00	0.00	0.00	0.00	0.00	0.00	0.00	0.00
	比例（%）	n.a.	n.a.	n.a.	n.a.	n.a.	n.a.	n.a.	n.a.	n.a.	n.a.
	指数	n.a.	0.00	n.a.	n.a.	0.00	0.00	n.a.	n.a.	n.a.	0.00
2008	金额	0.00	0.00	0.00	0.00	0.00	0.00	0.00	0.00	0.00	289.98
	比例（%）	0.00	0.00	0.00	0.00	0.00	0.00	0.00	0.00	0.00	100.00
	指数	n.a.	0.00	n.a.	n.a.	0.00	0.00	n.a.	n.a.	0.00	16.07
2009	金额	0.00	0.00	0.00	0.00	0.00	0.00	0.00	0.00	0.00	289.98
	比例（%）	0.00	0.00	0.00	0.00	0.00	0.00	0.00	0.00	0.00	100.00
	指数	n.a.	0.00	n.a.	n.a.	0.00	0.00	n.a.	n.a.	0.00	16.07

年份		夹层融资	新银行信贷便利	通道融资	配售	私募股权	私人配售	公募	新股发行	风险资本	合计
2010	金额	0.00	0.00	0.00	0.00	41.06	55.52	0.00	0.00	0.00	96.58
	比例（%）	0.00	0.00	0.00	0.00	42.51	57.49	0.00	0.00	0.00	100.00
	指数	n.a.	0.00	n.a.	n.a.	3.08	16.04	n.a.	n.a.	0.00	5.35
2011	金额	0.00	0.00	0.00	0.00	2565.09	925.09	0.00	0.00	0.00	3522.62
	比例（%）	0.00	0.00	0.00	0.00	72.82	26.26	0.00	0.00	0.00	100.00
	指数	n.a.	0.00	n.a.	n.a.	192.43	267.23	n.a.	n.a.	0.00	195.27
2012	金额	0.00	0.00	0.00	0.00	1667.91	15.37	0.00	0.00	84.00	1767.28
	比例（%）	0.00	0.00	0.00	0.00	94.38	0.87	0.00	0.00	4.75	100.00
	指数	n.a.	0.00	n.a.	n.a.	125.13	4.44	n.a.	n.a.	333.41	97.96
2013	金额	0.00	44.22	0.00	0.00	519.63	95.09	0.00	0.00	0.00	785.11
	比例（%）	0.00	5.63	0.00	0.00	66.19	12.11	0.00	0.00	0.00	100.00
	指数	n.a.	500.00	n.a.	n.a.	38.98	27.47	n.a.	n.a.	0.00	43.52
2014	金额	0.00	0.00	0.00	0.00	1000.00	155.26	0.00	0.00	0.00	1155.26
	比例（%）	0.00	0.00	0.00	0.00	86.56	13.44	0.00	0.00	0.00	100.00
	指数	n.a.	0.00	n.a.	n.a.	75.02	44.85	n.a.	n.a.	0.00	64.04
2015	金额	0.00	0.00	0.00	0.00	912.32	540.07	0.00	0.00	41.97	1789.78
	比例（%）	0.00	0.00	0.00	0.00	50.97	30.18	0.00	0.00	2.34	100.00
	指数	n.a.	0.00	n.a.	n.a.	68.44	156.01	n.a.	n.a.	166.59	99.21
2016	金额	0.00	0.00	0.00	0.00	2640.06	346.23	0.00	0.00	0.00	3393.96
	比例（%）	0.00	0.00	0.00	0.00	77.79	10.20	0.00	0.00	0.00	100.00
	指数	n.a.	0.00	n.a.	n.a.	198.06	100.02	n.a.	n.a.	0.00	188.13
合计	金额	0.00	44.22	0.00	0.00	9372.49	2132.63	0.00	0.00	125.97	13116.97
	比例（%）	0.00	0.34	0.00	0.00	71.45	16.26	0.00	0.00	0.96	100.00
2011—2015均值		0.00	8.84	0.00	0.00	1332.99	346.18	0.00	0.00	25.19	1804.01

表 3-5-7　2005—2016 年中国民营样本企业海外并购投资中多融资渠道的数量分布

（单位：件、%）

年份		增资+注资	企业风险投资+私募股权	新银行信贷便利+杠杆收购	新银行信贷便利+私募股权	私人配售+可转债证明	私人配售+新股发行	风险资本+企业风险投资	新银行信贷便利+杠杆收购+私募股权	合计
2005	数量	0	0	0	0	0	0	0	0	0
	比例（%）	n. a.	n. a.	n. a.	n. a.	n. a.	n. a.	n. a.	n. a.	n. a.
	指数	0.00	0.00	n. a.	0.00	0.00	n. a.	0.00	0.00	0.00
2006	数量	0	0	0	0	0	0	0	0	0
	比例（%）	n. a.	n. a.	n. a.	n. a.	n. a.	n. a.	n. a.	n. a.	n. a.
	指数	0.00	0.00	n. a.	0.00	0.00	n. a.	0.00	0.00	0.00
2007	数量	0	0	0	0	0	0	0	0	0
	比例（%）	n. a.	n. a.	n. a.	n. a.	n. a.	n. a.	n. a.	n. a.	n. a.
	指数	0.00	0.00	n. a.	0.00	0.00	n. a.	0.00	0.00	0.00
2008	数量	0	0	0	1	0	0	0	0	1
	比例（%）	0.00	0.00	0.00	100.00	0.00	0.00	0.00	0.00	100.00
	指数	0.00	0.00	n. a.	500.00	0.00	n. a.	0.00	0.00	17.86
2009	数量	0	0	0	0	0	1	0	0	1
	比例（%）	0.00	0.00	0.00	0.00	0.00	100.00	0.00	0.00	100.00
	指数	0.00	0.00	0.00	0.00	0.00	500.00	0.00	0.00	17.86
2010	数量	1	0	0	0	0	0	1	0	2
	比例（%）	50.00	0.00	0.00	0.00	0.00	0.00	50.00	0.00	100.00
	指数	23.81	0.00	n. a.	0.00	0.00	n. a.	500.00	0.00	35.71
2011	数量	5	0	0	1	0	0	0	0	6
	比例（%）	83.33	0.00	0.00	16.67	0.00	0.00	0.00	0.00	100.00
	指数	119.05	0.00	n. a.	500.00	0.00	n. a.	0.00	0.00	107.14
2012	数量	4	0	0	0	1	0	0	0	5
	比例（%）	80.00	0.00	0.00	0.00	20.00	0.00	0.00	0.00	100.00
	指数	95.24	0.00	0.00	0.00	250.00	n. a.	0.00	0.00	89.29

年份		增资+注资	企业风险投资+私募股权	新银行信贷便利+杠杆收购	新银行信贷便利+私募股权	私人配售+可转债证明	私人配售+新股发行	风险资本+企业风险投资	新银行信贷便利+杠杆收购+私募股权	合计
2013	数量	4	0	0	0	1	0	0	0	5
	比例（%）	80.00	0.00	0.00	0.00	20.00	0.00	0.00	0.00	100.00
	指数	95.24	0.00	n.a.	0.00	250.00	n.a.	0.00	0.00	89.29
2014	数量	3	0	0	0	0	0	0	1	4
	比例（%）	75.00	0.00	0.00	0.00	0.00	0.00	0.00	25.00	100.00
	指数	71.43	0.00	n.a.	0.00	0.00	n.a.	0.00	500.00	71.43
2015	数量	5	2	0	0	0	0	1	0	8
	比例（%）	62.50	25.00	0.00	0.00	0.00	0.00	12.50	0.00	100.00
	指数	119.05	500.00	n.a.	0.00	0.00	n.a.	500.00	0.00	142.86
2016	数量	16	4	1	0	0	0	0	0	21
	比例（%）	76.19	19.05	4.76	0.00	0.00	0.00	0.00	0.00	100.00
	指数	380.95	1000.00	n.a.	0.00	0.00	n.a.	0.00	0.00	375.00
合计	数量	38	6	1	2	2	1	2	1	53
	比例（%）	71.70	11.32	1.89	3.77	3.77	1.89	3.77	1.89	100.00
2011—2015均值		4.20	0.40	0.00	0.20	0.40	0.00	0.20	0.20	5.60

表 3-5-8　2005—2016 年中国民营样本企业海外并购投资中多融资渠道的金额分布

（单位：百万美元、%）

年份		增资+注资	企业风险投资+私募股权	新银行信贷便利+杠杆收购	新银行信贷便利+私募股权	私人配售+可转债证明	私人配售+新股发行	风险资本+企业风险投资	新银行信贷便利+杠杆收购+私募股权	合计
2005	金额	0.00	0.00	0.00	0.00	0.00	0.00	0.00	0.00	0.00
	比例（%）	n.a.	n.a.	n.a.	n.a.	n.a.	n.a.	n.a.	n.a.	n.a.
	指数	0.00	0.00	n.a.	0.00	0.00	n.a.	0.00	0.00	0.00

续表

年份		增资+注资	企业风险投资+私募股权	新银行信贷便利+杠杆收购	新银行信贷便利+私募股权	私人配售+可转债证明	私人配售+新股发行	风险资本+企业风险投资	新银行信贷便利+杠杆收购+私募股权	合计
2006	金额	0.00	0.00	0.00	0.00	0.00	0.00	0.00	0.00	0.00
	比例（%）	n.a.	n.a.	n.a.	n.a.	n.a.	n.a.	n.a.	n.a.	n.a.
	指数	0.00	0.00		0.00	0.00		0.00	0.00	0.00
2007	金额	0.00	0.00	0.00	0.00	0.00	0.00	0.00	0.00	0.00
	比例（%）	n.a.	n.a.	n.a.	n.a.	n.a.	n.a.	n.a.	n.a.	n.a.
	指数	0.00	0.00		0.00	0.00		0.00	0.00	0.00
2008	金额	0.00	0.00	0.00	395.10	0.00	0.00	0.00	0.00	395.10
	比例（%）	0.00	0.00	0.00	100.00	0.00	0.00	0.00	0.00	100.00
	指数	0.00	0.00		79.02	0.00		0.00	0.00	36.02
2009	金额	0.00	0.00	0.00	0.00	0.00	138.60	0.00	0.00	138.60
	比例（%）	0.00	0.00	0.00	0.00	0.00	100.00	0.00	0.00	100.00
	指数	0.00	0.00	n.a.	0.00	0.00	n.a.	0.00	0.00	12.64
2010	金额	21.00	0.00	0.00	0.00	0.00	0.00	0.00	0.00	21.00
	比例（%）	100.00	0.00	0.00	0.00	0.00	0.00	0.00	0.00	100.00
	指数	19.18	0.00	n.a.	0.00	0.00	n.a.	0.00	0.00	1.91
2011	金额	64.08	0.00	0.00	2500.00	0.00	0.00	0.00	0.00	2564.08
	比例（%）	2.50	0.00	0.00	97.50	0.00	0.00	0.00	0.00	100.00
	指数	58.52	0.00	n.a.	500.00	0.00	n.a.	0.00	0.00	233.79
2012	金额	66.73	0.00	0.00	0.00	13.03	0.00	0.00	0.00	79.76
	比例（%）	83.66	0.00	0.00	0.00	16.34	0.00	0.00	0.00	100.00
	指数	60.94	0.00	n.a.	0.00	250.00	n.a.	0.00	0.00	7.27
2013	金额	97.50	0.00	0.00	0.00	13.03	0.00	0.00	0.00	110.53
	比例（%）	88.21	0.00	0.00	0.00	11.79	0.00	0.00	0.00	100.00
	指数	89.04	0.00	n.a.	0.00	250.00	n.a.	0.00	0.00	10.08
2014	金额	115.00	0.00	0.00	0.00	0.00	0.00	0.00	1541.63	1656.63
	比例（%）	6.94	0.00	0.00	0.00	0.00	0.00	0.00	93.06	100.00
	指数	105.02	0.00	n.a.	0.00	0.00	n.a.	0.00	500.00	151.05

续表

年份		增资+注资	企业风险投资+私募股权	新银行信贷便利+杠杆收购	新银行信贷便利+私募股权	私人配售+可转债证明	私人配售+新股发行	风险资本+企业风险投资	新银行信贷便利+杠杆收购+私募股权	合计
2015	金额	204.22	863.00	0.00	0.00	0.00	0.00	5.50	0.00	1072.72
	比例（%）	19.04	80.45	0.00	0.00	0.00	0.00	0.51	0.00	100.00
	指数	186.49	500.00	n. a.	0.00	0.00	n. a.	500.00	0.00	97.81
2016	金额	2525.35	2500.00	1510.07	0.00	0.00	0.00	0.00	0.00	6535.42
	比例（%）	38.64	38.25	23.11	0.00	0.00	0.00	0.00	0.00	100.00
	指数	2306.13	1448.44	n. a.	0.00	0.00	n. a.	0.00	0.00	595.89
合计	金额	3093.88	3363.00	1510.07	2895.10	26.06	138.60	5.50	1541.63	12573.84
	比例（%）	24.61	26.75	12.01	23.02	0.21	1.10	0.04	12.26	100.00
2011—2015均值		109.51	172.60	0.00	500.00	5.21	0.00	1.10	308.33	1096.74

三、海外并购投资的支付方式

表3-5-9为2005—2016年中国民营样本企业海外并购投资的支付方法汇总。

表3-5-9　2005—2016年中国民营样本企业海外并购投资的支付方式汇总

支付方式	并购项目（件）	并购金额（百万美元）	并购金额涉及的并购项目（件）
现金	147	21485.78	140
现金承担	0	0	0
可转债	1	25	1
债务承担	18	9856.39	17
延期支付	8	1765.85	8
支付计划	0	0	0
银行授信	1	1800	1
股份	7	1047.62	7

支付方式	并购项目（件）	并购金额（百万美元）	并购金额涉及的并购项目（件）
其他	3	13.16	2
合计	185	35993.80	176

注：存在重复统计的情况，处理方式和行业别统计一致。

　　本报告采用 BvD-Zephyr 数据库的分类方式，把海外并购投资的支付方式分为 9 类，分别为：现金（cash）、现金承担（cash assumed）、可转债（converted debt）、债务承担（debt assumed）、延期支付（deferred payment）、支付计划（earn—out）、银行授信（loan notes）、股份（shares）和其他（other）。依照这个标准，本小节统计了 BvD-Zephyr 数据库中有明确支付方式的中国民营企业 500 强的海外并购项目作为本节的分析样本，共 185 件。（见表 3-5-9）

　　如表 3-5-10 所示，中国民营企业海外并购投资的支付方式特征显著，具体如下：第一，从整体上看，涉及的支付方式有现金、可转债、债务承担、延期支付、银行授信、股份和其他方式，现金承担和支付计划两种方式没有出现。第二，支付方式以现金为主，占比达到 90% 以上。第三，有银行授信涉及的并购项目的金额远远大于其他方式的平均值。

表 3-5-10　2005—2016 年中国民营样本企业海外并购投资支付方式的数量分布

（单位：件、%）

年份		现金	现金承担	可转债	债务承担	延期支付	支付计划	银行授信	股份	其他	合计
2005	数量	2	0	0	0	0	0	0	0	0	2
	比例（%）	100.00	0.00	0.00	0.00	0.00	0.00	0.00	0.00	0.00	100.00
	指数	13.51	n.a.	n.a.	0.00	0.00	n.a.	n.a.	0.00	0.00	10.99
2006	数量	1	0	0	1	0	0	0	0	0	2
	比例（%）	50.00	0.00	0.00	50.00	0.00	0.00	0.00	0.00	0.00	100.00
	指数	6.76	n.a.	n.a.	71.43	0.00	n.a.	n.a.	0.00	0.00	10.99

年份		现金	现金承担	可转债	债务承担	延期支付	支付计划	银行授信	股份	其他	合计
2007	数量	1	0	0	0	0	0	0	0	0	1
	比例（%）	100.00	0.00	0.00	0.00	0.00	0.00	0.00	0.00	0.00	100.00
	指数	6.76	n. a.	n. a.	0.00	0.00	n. a.	n. a.	0.00	0.00	5.49
2008	数量	3	0	0	0	0	0	0	1	0	4
	比例（%）	75.00	0.00	0.00	0.00	0.00	0.00	0.00	25.00	0.00	100.00
	指数	20.27	n. a.	n. a.	0.00	0.00	n. a.	n. a.	125.00	0.00	21.98
2009	数量	4	0	0	1	0	0	0	1	0	6
	比例（%）	66.67	0.00	0.00	16.67	0.00	0.00	0.00	16.67	0.00	100.00
	指数	27.03	n. a.	n. a.	71.43	0.00	n. a.	n. a.	125.00	0.00	32.97
2010	数量	9	0	0	0	0	0	1	0	0	10
	比例（%）	90.00	0.00	0.00	0.00	0.00	0.00	10.00	0.00	0.00	100.00
	指数	60.81	n. a.	n. a.	0.00	0.00	n. a.	n. a.	0.00	0.00	54.95
2011	数量	12	0	0	2	0	0	0	2	1	17
	比例（%）	70.59	0.00	0.00	11.76	0.00	0.00	0.00	11.76	5.88	100.00
	指数	81.08	n. a.	n. a.	142.86	0.00	n. a.	n. a.	250.00	500.00	93.41
2012	数量	10	0	0	2	1	0	0	0	0	13
	比例（%）	76.92	0.00	0.00	15.38	7.69	0.00	0.00	0.00	0.00	100.00
	指数	67.57	n. a.	n. a.	142.86	100.00	n. a.	n. a.	0.00	0.00	71.43
2013	数量	10	0	0	0	1	0	0	2	0	13
	比例（%）	76.92	0.00	0.00	0.00	7.69	0.00	0.00	15.38	0.00	100.00
	指数	67.57	n. a.	n. a.	0.00	100.00	n. a.	n. a.	250.00	0.00	71.43
2014	数量	11	0	0	1	1	0	0	0	0	13
	比例（%）	84.62	0.00	0.00	7.69	7.69	0.00	0.00	0.00	0.00	100.00
	指数	74.32	n. a.	n. a.	71.43	100.00	n. a.	n. a.	0.00	0.00	71.43
2015	数量	31	0	0	2	2	0	0	0	0	35
	比例（%）	88.57	0.00	0.00	5.71	5.71	0.00	0.00	0.00	0.00	100.00
	指数	209.46	n. a.	n. a.	142.86	200.00	n. a.	n. a.	0.00	0.00	192.31

续表

年份		现金	现金承担	可转债	债务承担	延期支付	支付计划	银行授信	股份	其他	合计
2016	数量	53	0	1	9	3	0	0	1	2	69
	比例（%）	76.81	0.00	1.45	13.04	4.35	0.00	0.00	1.45	2.90	100.00
	指数	358.11	n. a.	n. a.	642.86	300.00	n. a.	n. a.	125.00	1000.00	379.12
合计	数量	147	0	1	18	8	0	1	7	3	185
	比例（%）	79.46	0.00	0.54	9.73	4.32	0.00	0.54	3.78	1.62	100.00
2011—2015 均值		14.80	0.00	0.00	1.40	1.00	0.00	0.00	0.80	0.20	18.20

表 3-5-11　2005—2016 年中国民营样本企业海外并购投资支付方式的金额分布

（单位：百万美元、%）

年份		现金	现金承担	可转债	债务承担	延期支付	支付计划	银行授信	股份	其他	合计
2005	金额	66.28	0.00	0.00	0.00	0.00	0.00	0.00	0.00	0.00	66.28
	比例（%）	100.00	0.00	0.00	0.00	0.00	0.00	0.00	0.00	0.00	100.00
	指数	5.41	n. a.	n. a.	0.00	0.00	n. a.	n. a.	0.00	0.00	2.24
2006	金额	46.00	0.00	0.00	46.00	0.00	0.00	0.00	0.00	0.00	92.00
	比例（%）	50.00	0.00	0.00	50.00	0.00	0.00	0.00	0.00	0.00	100.00
	指数	3.76	n. a.	n. a.	3.22	0.00	n. a.	n. a.	0.00	0.00	3.11
2007	金额	121.00	0.00	0.00	0.00	0.00	0.00	0.00	0.00	0.00	121.00
	比例（%）	100.00	0.00	0.00	0.00	0.00	0.00	0.00	0.00	0.00	100.00
	指数	9.88	n. a.	n. a.	0.00	0.00	n. a.	n. a.	0.00	0.00	4.09
2008	金额	525.06	0.00	0.00	0.00	0.00	0.00	0.00	289.98	0.00	815.04
	比例（%）	64.42	0.00	0.00	0.00	0.00	0.00	0.00	35.58	0.00	100.00
	指数	42.89	n. a.	n. a.	0.00	0.00	n. a.	n. a.	2294.51	0.00	27.52
2009	金额	316.83	0.00	0.00	46.00	0.00	0.00	0.00	289.98	0.00	652.81
	比例（%）	48.53	0.00	0.00	7.05	0.00	0.00	0.00	44.42	0.00	100.00
	指数	25.88	n. a.	n. a.	3.22	0.00	n. a.	n. a.	2294.51	0.00	22.04

续表

年份		现金	现金承担	可转债	债务承担	延期支付	支付计划	银行授信	股份	其他	合计
2010	金额	1930.03	0.00	0.00	0.00	0.00	0.00	1800.00	0.00	0.00	3730.03
	比例（％）	51.74	0.00	0.00	0.00	0.00	0.00	48.26	0.00	0.00	100.00
	指数	157.66	n.a.	n.a.	0.00	0.00	n.a.	n.a.	0.00	0.00	125.93
2011	金额	1061.70	0.00	0.00	3156.42	0.00	0.00	0.00	32.44	10.00	4260.56
	比例（％）	24.92	0.00	0.00	74.08	0.00	0.00	0.00	0.76	0.23	100.00
	指数	86.73	n.a.	n.a.	220.85	0.00	n.a.	n.a.	256.69	500.00	143.84
2012	金额	627.87	0.00	0.00	3256.42	13.03	0.00	0.00	0.00	0.00	3897.32
	比例（％）	16.11	0.00	0.00	83.56	0.33	0.00	0.00	0.00	0.00	100.00
	指数	51.29	n.a.	n.a.	227.84	4.43	n.a.	n.a.	0.00	0.00	131.58
2013	金额	380.01	0.00	0.00	0.00	13.03	0.00	0.00	30.75	0.00	423.79
	比例（％）	89.67	0.00	0.00	0.00	3.07	0.00	0.00	7.26	0.00	100.00
	指数	31.04	n.a.	n.a.	0.00	4.43	n.a.	n.a.	243.31	0.00	14.31
2014	金额	621.89	0.00	0.00	0.00	238.56	0.00	0.00	0.00	0.00	860.45
	比例（％）	72.27	0.00	0.00	0.00	27.73	0.00	0.00	0.00	0.00	100.00
	指数	50.80	n.a.	n.a.	0.00	81.15	n.a.	n.a.	0.00	0.00	29.05
2015	金额	3429.45	0.00	0.00	733.38	1205.24	0.00	0.00	0.00	0.00	5368.07
	比例（％）	63.89	0.00	0.00	13.66	22.45	0.00	0.00	0.00	0.00	100.00
	指数	280.14	n.a.	n.a.	51.31	409.98	n.a.	n.a.	0.00	0.00	181.23
2016	金额	12359.66	0.00	25.00	2618.17	295.99	0.00	0.00	404.47	3.16	15706.45
	比例（％）	78.69	0.00	0.16	16.67	1.88	0.00	0.00	2.58	0.02	100.00
	指数	1009.62	n.a.	n.a.	183.19	100.69	n.a.	n.a.	3200.43	158.00	530.26
合计	金额	21485.78	0.00	25.00	9856.39	1765.85	0.00	1800.00	1047.62	13.16	35993.80
	比例（％）	59.69	0.00	0.07	27.38	4.91	0.00	5.00	2.91	0.04	100.00
2011—2015均值		1224.18	0.00	0.00	1429.24	293.97	0.00	0.00	12.64	2.00	2962.04

四、海外并购投资的融资渠道和支付方式指数

2005—2016 年中国民营样本企业海外并购投资的融资指数和支付指数见表 3-5-12 所示。

表 3-5-12　2005—2016 年中国民营样本企业海外并购投资的融资指数和支付指数

年份	融资指数汇总						支付指数	
	融资渠道指数		单一渠道融资指数		多渠道融资指数			
	数量	金额	数量	金额	数量	金额	数量	金额
2005	4.81	0.61	10.64	1.46	0.00	0.00	10.99	2.24
2006	0.00	0.00	0.00	0.00	0.00	0.00	10.99	3.11
2007	0.00	0.00	0.00	0.00	0.00	0.00	5.49	4.09
2008	19.23	25.09	21.28	16.07	17.86	36.02	21.98	27.52
2009	14.42	13.17	10.64	16.07	17.86	12.64	32.97	22.04
2010	38.46	3.22	42.55	5.35	35.71	1.91	54.95	125.93
2011	105.77	200.91	106.38	195.27	107.14	233.79	93.41	143.84
2012	72.12	44.75	53.19	97.96	89.29	7.27	71.43	131.58
2013	81.73	23.37	74.47	43.52	89.29	10.08	71.43	14.31
2014	72.12	139.58	63.83	64.04	71.43	151.05	71.43	29.05
2015	168.27	91.39	202.13	99.21	142.86	97.81	192.31	181.23
2016	274.04	382.38	159.57	188.13	375.00	595.89	379.12	530.26
2011—2015 均值	100.00	100.00	100.00	100.00	100.00	100.00	100.00	100.00

通过对指数的分析，我们发现：第一，无论是融资指数、单一渠道融资指数、多渠道融资指数，还是支付指数，都在近两三年实现了一个非常大的增长，融资数量指数从 2014 年的 72.12 增长到 2016 年的 274.04，融资金额指数从 2013 年的 23.37 增长到 2016 年的 382.38；单一渠道融资数量指数从 2014 年的 63.83 增长到 2015 年的 202.13，单一渠道融资金额指数从 2013 年的 43.52 增长到 2016 年的 188.13；多渠道融资数量指数从 2014 年的 71.43 增长到 2016 年的 375.00，多渠道融资金额指数从 2013 年

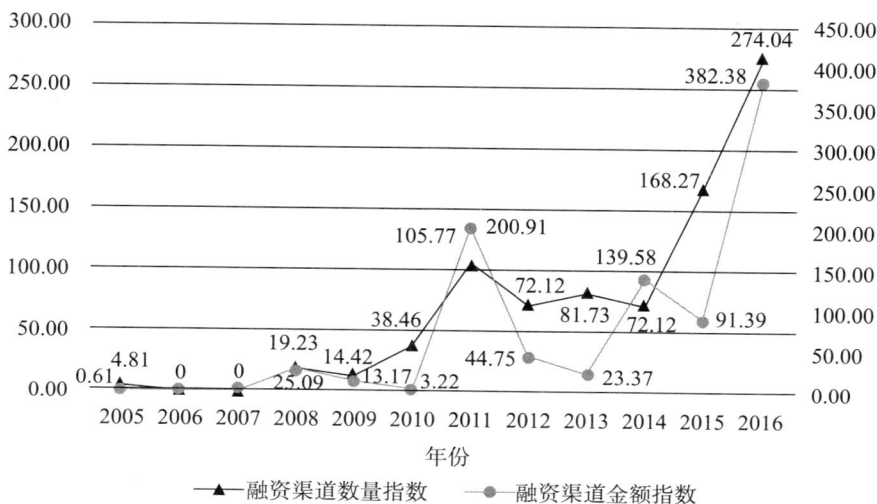

图 3-5-1　2005—2016 年中国民营样本企业海外并购投资的融资渠道指数

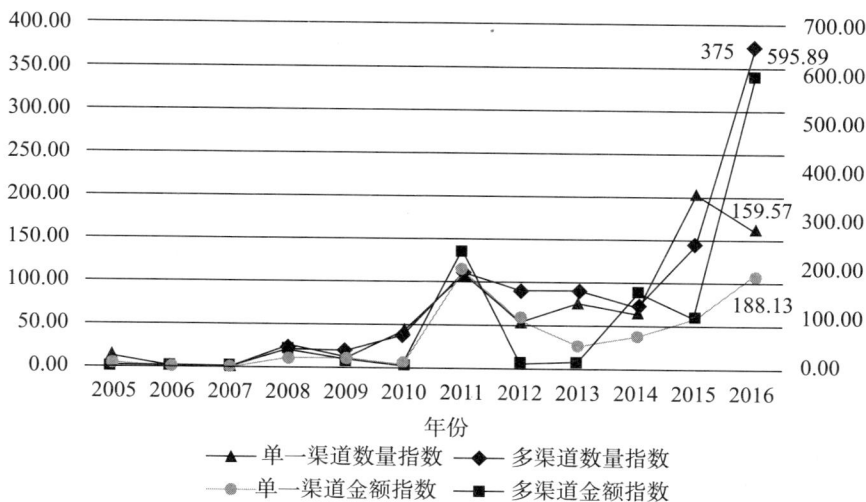

图 3-5-2　2005—2016 年中国民营样本企业海外并购投资的单一融资渠道和多融资渠道指数

的 10.08 增长到 2016 年的 595.89；支付数量指数从 2014 年的 71.43 增长到 2016 年的 379.12，支付金额指数从 2013 年的 14.31 增长到 2016 年的 530.26。第二，近几年多渠道融资模式的增长比单一渠道融资模式增长得快，不仅体现了国内金融市场的发展，还意味着国际上对于中国国内金融的认可；第三，四个指数同时在 2011 年达到了最大值，也从侧面佐证了本研究课题组指出"2011 年是中国民营企业走出去的'元年'"这个提法。

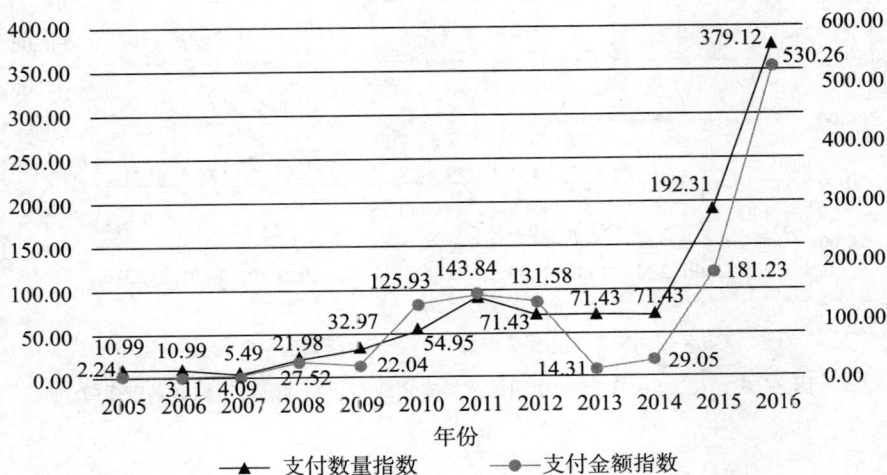

图 3-5-3　2005—2016 年中国民营样本企业海外并购投资的支付指数

第四章　中国民营企业海外直接
投资指数：绿地投资篇

本章重点分析了我国民营企业绿地投资问题。从总量出发，对投资来源地、投资标的国（地区）及投资标的行业分布3个领域所选样本企业的数据进行测算。

第一节　海外绿地投资指数

本节对样本企业海外绿地投资进行总体分析。

一、民营样本企业海外绿地投资与全国海外并购投资的比较

表4-1-1　历年民营样本企业海外绿地投资数量金额汇总及其增长率

（单位：件、百万美元、%）

年份	民营样本企业海外绿地投资				全国海外绿地投资			
	数量	同比增长	金额	同比增长	数量	同比增长	金额	同比增长
2005	4		55.50		126		8350.91	
2006	4	0.0	180.00	224.3	123	-2.4	15810.46	89.3
2007	15	275.0	2101.09	1067.3	220	78.9	31170.38	97.2
2008	32	113.3	2298.25	9.4	276	25.5	47562.90	52.6
2009	24	-25.0	1318.87	-42.6	340	23.2	26161.84	-45.0
2010	19	-20.8	1443.20	9.4	354	4.1	19799.89	-24.3
2011	60	215.8	7559.36	423.8	430	21.5	38900.50	96.5

年份	民营样本企业海外绿地投资				全国海外绿地投资			
	数量	同比增长	金额	同比增长	数量	同比增长	金额	同比增长
2012	44	−26.7	2880.60	−61.9	353	−17.9	11496.36	−70.4
2013	45	2.3	2039.97	−29.2	322	−8.8	13163.39	14.5
2014	56	24.4	18025.89	783.6	378	17.4	53879.20	309.3
2015	65	16.1	8194.84	−54.5	483	27.8	53076.52	−1.5
2016	119	83.1	42606.69	419.9	632	30.8	110345.98	107.9
合计	487		88704.26		4037		429718.33	

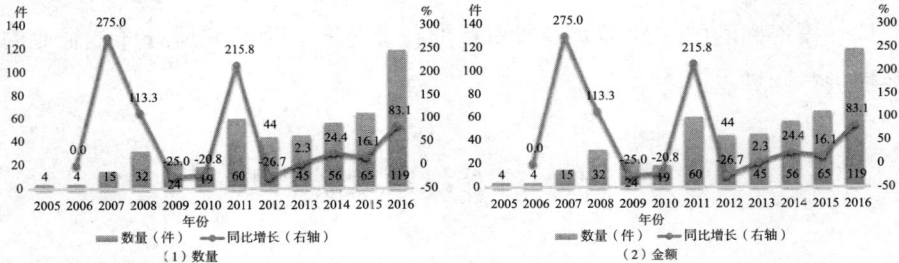

图 4-1-1　历年民营样本企业绿地项目数量和金额的同比增长变化图

上述图表说明，民营样本企业和全国总和在海外绿地投资中的增长趋势基本一致。

民营样本企业在 2005—2016 年的 12 年间，绿地投资项目数量占全国总和的 12%，金额占 20%。由此可见，从平均水平上依然是样本企业大项目多。

二、民营企业海外绿地投资项目的数量指数和金额指数

表 4-1-2　历年民营样本企业海外绿地投资项目数量指数及金额指数

年份	项目数量指数	项目金额指数
2005	7.41	0.72
2006	7.41	2.33
2007	27.78	27.15

年份	项目数量指数	项目金额指数
2008	59.26	29.69
2009	44.44	17.04
2010	35.19	18.65
2011	111.11	97.66
2012	81.48	37.22
2013	83.33	26.36
2014	103.70	232.89
2015	120.37	105.87
2016	220.37	550.46
2011—2015 均值	100.00	100.00

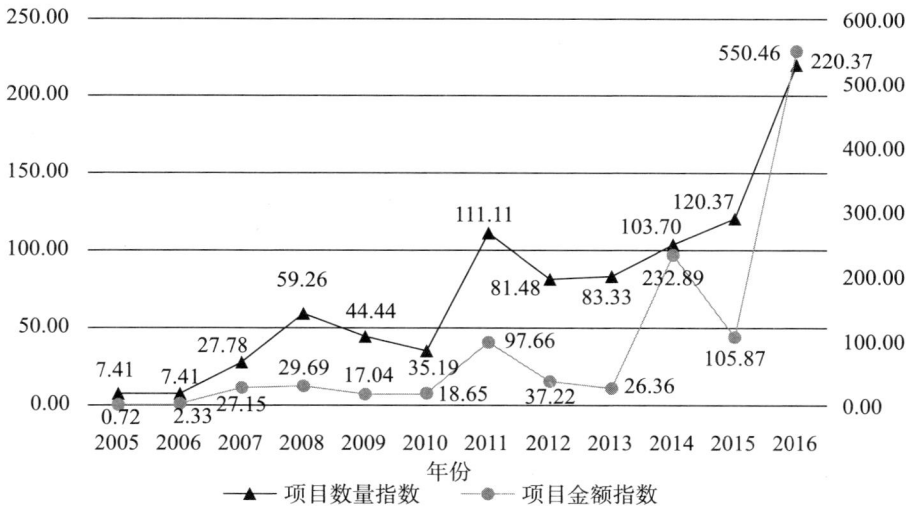

图4-1-2　历年民营样本企业海外绿地投资项目数量指数及金额指数

　　从表4-1-2和图4-1-2均可以看出，除2014年和2016年之外，历年民营样本企业海外绿地投资项目的数量指数均大于金额指数，显示出这两年的绿地投资金额有明显的增长。根据对表4-1-1的计算，在2005—2016年的12年间，样本企业的每个项目平均金额为1.82亿美元，只有2014年和2016年两年高于此平均值，分别是3.21亿美元和3.58亿美元。

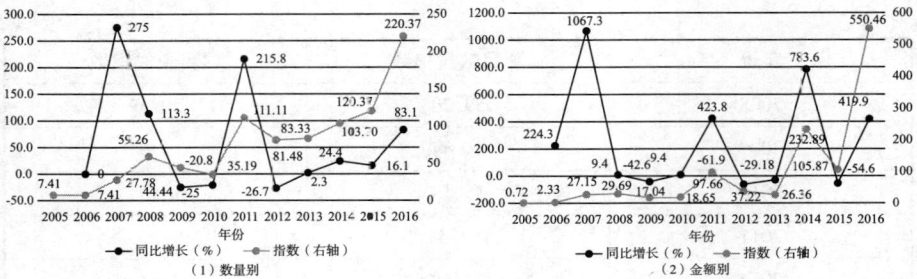

图 4-1-3　历年民营样本企业海外绿地投资项目数量金额的同比增长率及指数变化图

第二节　海外绿地投资来源地别指数

本节将从环渤海、长三角、珠三角及中西部 4 个地区比较分析中国民营企业对外绿地投资的现状。

一、地区别投资项目数量和金额的分布及其指数

表 4-2-1　绿地投资来源地项目的数量分布及指数汇总表

（单位：件、%）

年份	环渤海地区				长三角地区				珠三角地区			
	项目数	同比增长（%）	占比（%）	指数	项目数	同比增长（%）	占比（%）	指数	项目数	同比增长（%）	占比（%）	指数
2005	2		50.00	28.57	2		50.00	14.29	0		0.00	0.00
2006	0	−100.0	0.00	0.00	1	−50.0	25.00	7.14	0	n.a.	0.00	0.00
2007	1	n.a.	6.67	14.29	9	800.0	60.00	64.29	0	n.a.	0.00	0.00
2008	1	0.0	3.13	14.29	24	166.7	75.00	171.43	4	n.a.	12.50	16.00
2009	2	100.0	8.33	28.57	12	−50.0	50.00	85.71	4	0.0	16.67	16.00
2010	0	−100.0	0.00	0.00	8	−33.3	42.11	57.14	5	25.0	26.32	20.00
2011	6	n.a.	10.00	85.71	13	62.5	21.67	92.86	28	460.0	46.67	112.00
2012	6	0.0	13.64	85.71	17	30.8	38.64	121.43	13	−53.6	29.55	52.00

续表

年份	环渤海地区				长三角地区				珠三角地区			
	项目数	同比增长（%）	占比（%）	指数	项目数	同比增长（%）	占比（%）	指数	项目数	同比增长（%）	占比（%）	指数
2013	5	-16.7	11.11	71.43	11	-35.3	24.44	78.57	28	115.4	62.22	112.00
2014	12	140.0	21.43	171.43	10	-9.1	17.86	71.43	25	-10.7	44.64	100.00
2015	6	-50.0	9.23	85.71	19	90.0	29.23	135.71	31	24.0	47.69	124.00
2016	12	100.0	10.08	171.43	23	21.1	19.33	164.29	65	109.7	54.62	260.00
合计	53		10.88		149		30.60		203		41.68	
2011—2015均值	7.00			100.00	14.00			100.00	25.00			100.00

年份	中西部地区				合计			
	项目数	同比增长（%）	占比（%）	指数	项目数	同比增长（%）	占比（%）	指数
2005	0		0.00	0.00	4		100.00	7.41
2006	3	n.a.	75.00	37.50	4	0.0	100.00	7.41
2007	5	66.7	33.33	62.50	15	275.0	100.00	27.78
2008	3	-40.0	9.38	37.50	32	113.3	100.00	59.26
2009	6	100.0	25.00	75.00	24	-25.0	100.00	44.44
2010	6	0.0	31.58	75.00	19	-20.8	100.00	35.19
2011	13	116.7	21.67	162.50	60	215.8	100.00	111.11
2012	8	-38.5	18.18	100.00	44	-26.7	100.00	81.48
2013	1	-87.5	2.22	12.50	45	2.3	100.00	83.33
2014	9	800.0	16.07	112.50	56	24.4	100.00	103.70
2015	9	0.0	13.85	112.50	65	16.1	100.00	120.37
2016	19	111.1	15.97	237.50	119	83.1	100.00	220.37
合计	82		16.84		487		100.00	
2011—2015均值	8.00			100.00	54.00			100.00

表 4-2-2　绿地投资来源地项目的金额分布及指数汇总表

（单位：百万美元、%）

年份	环渤海地区				长三角地区				珠三角地区			
	项目金额	同比增长（%）	占比（%）	指数	项目金额	同比增长（%）	占比（%）	指数	项目金额	同比增长（%）	占比（%）	指数
2005	12.10		21.80	0.63	43.40		78.20	1.27	0.00		0.00	0.00
2006	0.00	−100.0	0.00	0.00	15.00	−65.4	8.33	0.44	0.00	n.a.	0.00	0.00
2007	200.00	n.a.	9.52	10.45	1594.00	10526.7	75.87	46.60	0.00	n.a.	0.00	0.00
2008	1.50	−99.3	0.07	0.08	1175.08	−26.3	51.13	34.35	27.80	n.a.	1.21	2.62
2009	121.90	8026.7	9.24	6.37	244.07	−79.2	18.51	7.13	548.30	1872.3	41.57	51.69
2010	0.00	−100.0	0.00	0.00	328.60	34.6	22.77	9.61	314.20	−42.7	21.77	29.62
2011	324.70	n.a.	4.30	16.97	5219.90	1488.5	69.05	152.59	1198.79	281.5	15.86	113.02
2012	537.80	65.6	18.67	28.11	404.70	−92.2	14.05	11.83	423.90	−64.6	14.72	39.97
2013	1164.83	116.6	57.10	60.89	435.15	7.5	21.33	12.72	440.00	3.8	21.57	41.48
2014	6475.60	455.9	35.92	338.51	8348.80	1818.6	46.32	244.06	2202.46	400.6	12.22	207.65
2015	1062.00	−83.6	12.96	55.52	2695.54	−67.7	32.89	78.80	1038.16	−52.9	12.67	97.88
2016	30844.42	2804.4	72.39	1612.37	2402.32	−10.9	5.64	70.23	4767.10	359.2	11.19	449.45
合计	40744.84		45.93		22906.56		25.82		10960.71		12.36	
2011—2015 均值	1912.99			100.00	3420.82			100.00	1060.66			100.00

年份	中西部地区				合计			
	项目金额	同比增长（%）	占比（%）	指数	项目金额	同比增长（%）	占比（%）	指数
2005	0.00		0.00	0.00	55.50		100.00	0.72
2006	165.00	n.a.	91.67	12.26	180.00	224.3	100.00	2.33
2007	307.09	86.1	14.62	22.82	2101.09	1067.3	100.00	27.15
2008	1093.87	256.2	47.60	81.29	2298.25	9.4	100.00	29.69
2009	404.60	−63.0	30.68	30.07	1318.87	−42.6	100.00	17.04
2010	800.40	97.8	55.46	59.48	1443.20	9.4	100.00	18.65
2011	815.97	1.9	10.79	60.64	7559.36	423.8	100.00	97.66

续表

年份	中西部地区				合计			
	项目金额	同比增长（%）	占比（%）	指数	项目金额	同比增长（%）	占比（%）	指数
2012	1514.20	85.6	52.57	112.52	2880.60	-61.9	100.00	37.22
2013	0.00	-100.0	0.00	0.00	2039.97	-29.2	100.00	26.36
2014	999.03	n.a.	5.54	74.24	18025.89	783.6	100.00	232.89
2015	3399.14	240.2	41.48	252.60	8194.84	-54.5	100.00	105.87
2016	4592.85	35.1	10.78	341.31	42606.69	419.9	100.00	550.46
合计	14092.14		15.89		88704.26		100.00	
2011—2015均值	1345.67			100.00	7740.13			100.00

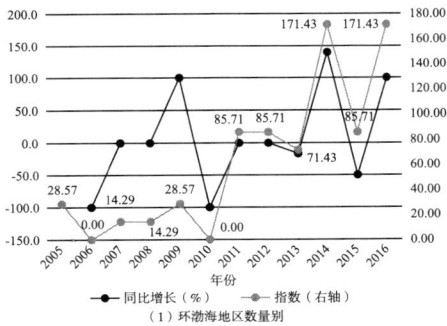

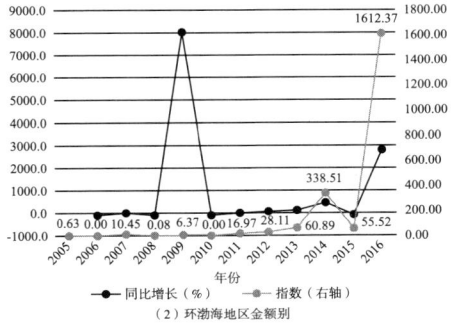

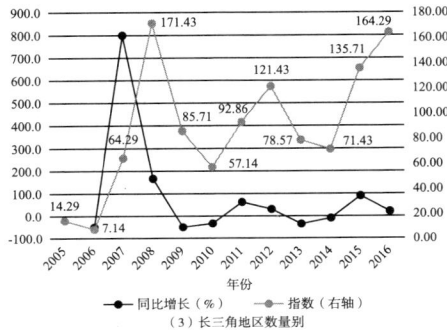

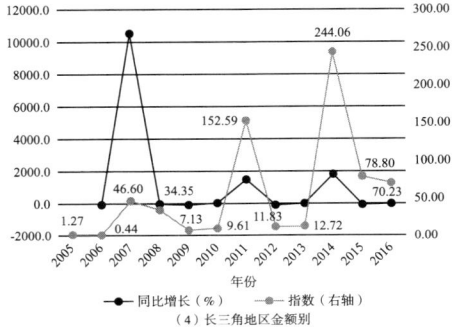

图 4-2-1　2005—2016 年绿地投资来源地各地区项目数量和金额指数走势图

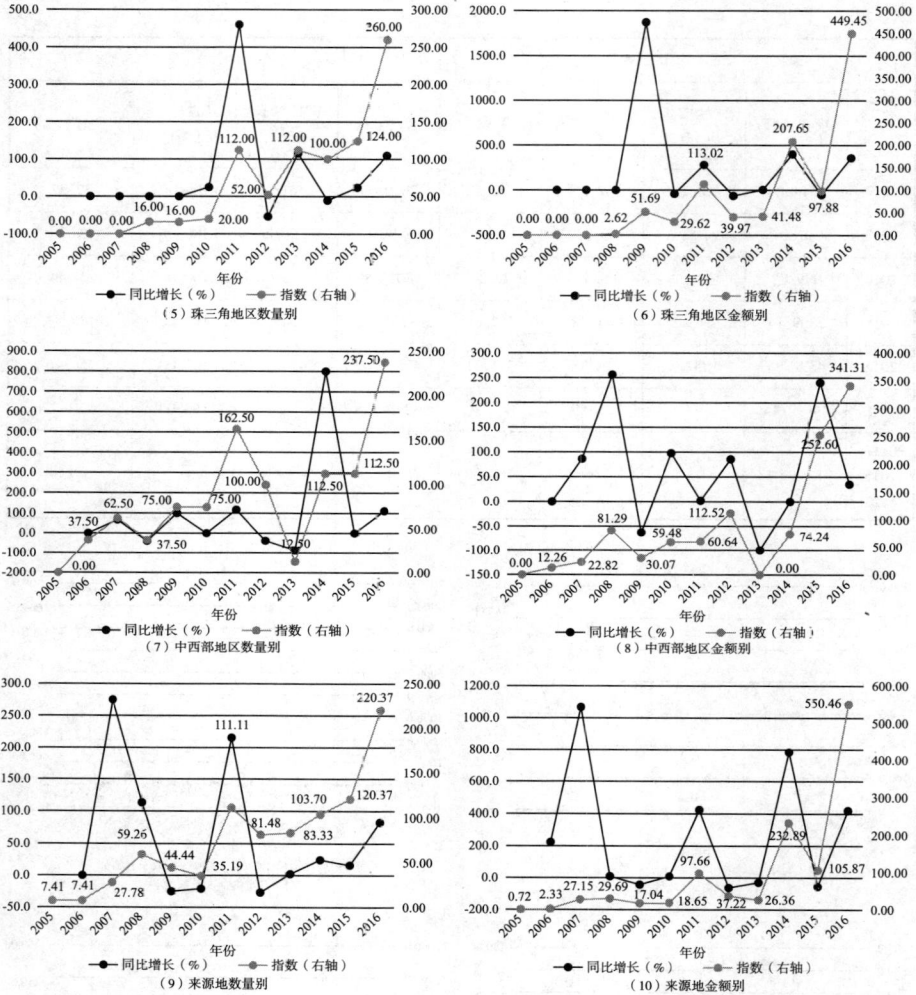

（5）珠三角地区数量别

（6）珠三角地区金额别

（7）中西部地区数量别

（8）中西部地区金额别

（9）来源地数量别

（10）来源地金额别

图 4-2-1   2005—2016 年绿地投资来源地各地区项目数量和金额指数走势图 （续）

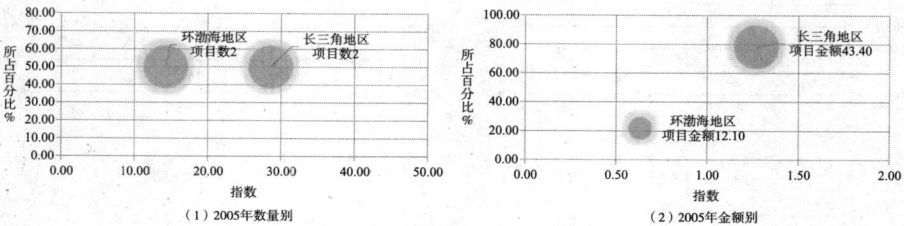

（1）2005年数量别

（2）2005年金额别

图 4-2-2   各年绿地投资来源地项目数量和金额分布气泡图   （单位：件、百万美元）

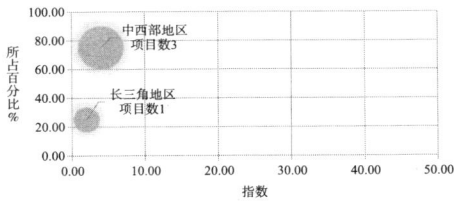

（3）2006年数量别

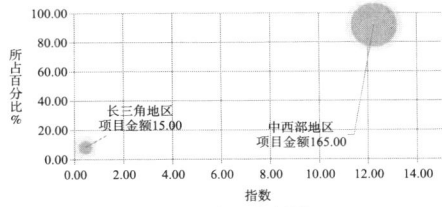

（4）2006年金额别

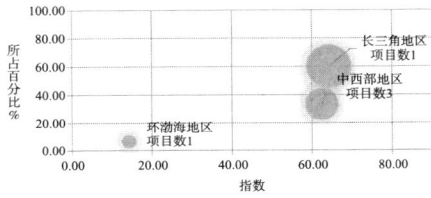

（5）2007年数量别

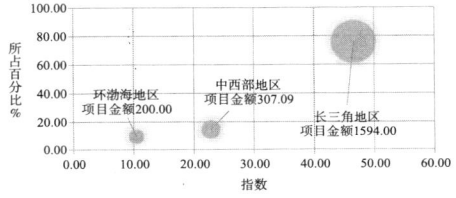

（6）2007年金额别

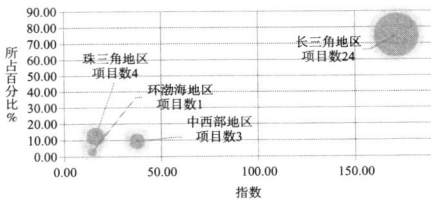

（7）2008年数量别

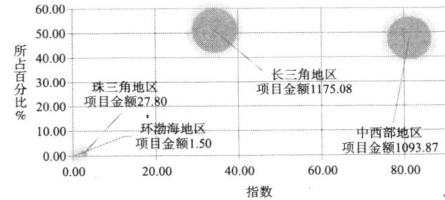

（8）2008年金额别

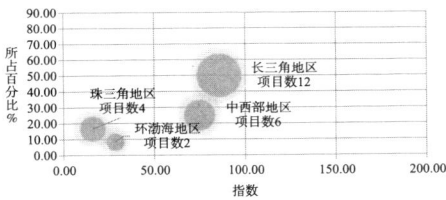

（9）2009年数量别

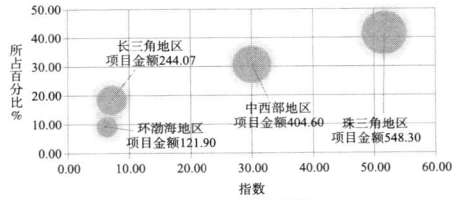

（10）2009年金额别

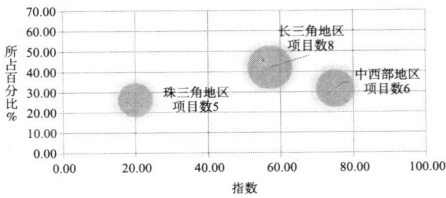

（11）2010年数量别

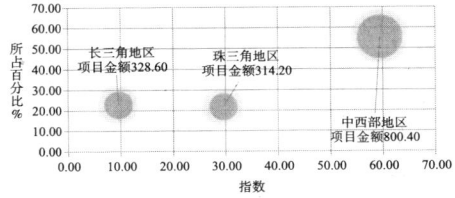

（12）2010年金额别

图 4-2-2　各年绿地投资来源地项目数量和金额分布气泡图（续 1）　（单位：件、百万美元）

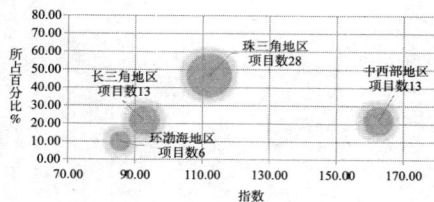

（13）2011年数量别

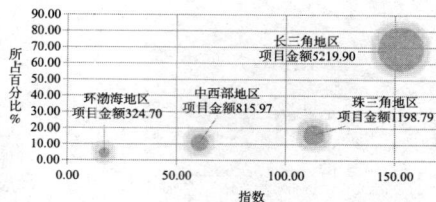

（14）2011年金额别

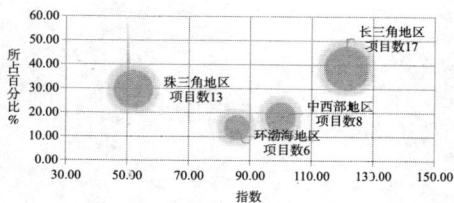

（15）2012年数量别

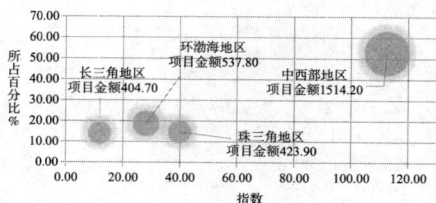

（16）2012年金额别

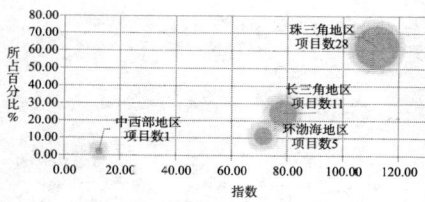

（17）2013年数量别

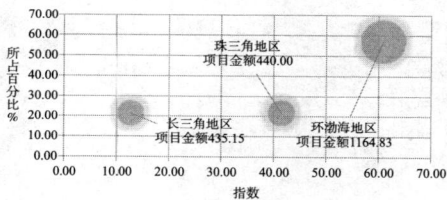

（18）2013年金额别

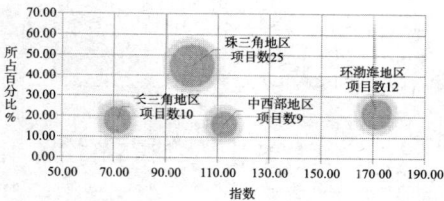

（19）2014年数量别

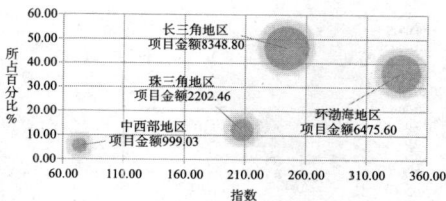

（20）2014年金额别

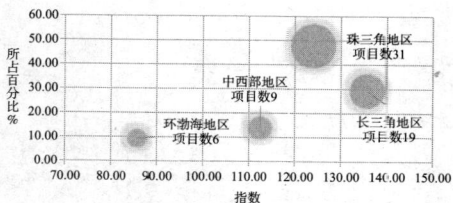

（21）2015年数量别

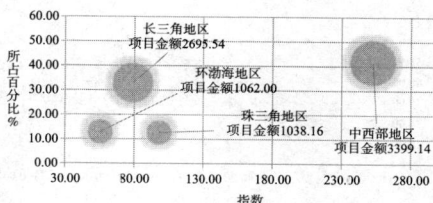

（22）2015年金额别

图 4-2-2　各年绿地投资来源地项目数量和金额分布气泡图（续2）（单位：件、百万美元）

（23）2016年数量别

（24）2016年金额别

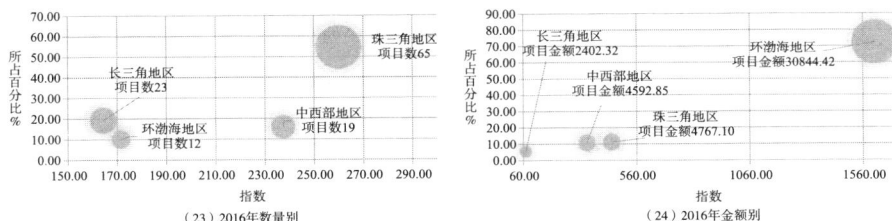

图 4-2-2　各年绿地投资来源地项目数量和金额分布气泡图（续3）　（单位：件、百万美元）

上述图表可知，绿地投资项目的数量分区域占比的排序是，珠三角地区为 41.66%，长三角地区为 30.6%，中西部地区为 16.84%，环渤海地区为 10.88%；金额占比分布是，环渤海地区为 45.93%，长三角地区为 25.82%，中西部地区为 15.87%，珠三角地区为 12.36%。每个项目的平均金额以环渤海地区为最高，达到 768.77 亿美元。其他各地区分别是，中西部为 171.89 亿美元，长三角为 153.73 亿美元，珠三角为 53.99 亿美元。可见，环渤海地区的投资项目虽然少，但是金额最多，项目平均所含金额最大。

二、我国各省市区的项目数量和项目金额汇总表

表 4-2-3　中国民营样本企业绿地投资来源地数量——环渤海地区

（单位：件、%）

年份		北京市	天津市	河北	山东	辽宁	合计
2005	数量	0	1	0	0	1	2
	比例（%）	0.00	50.00	0.00	0.00	50.00	100.00
	指数	0.00	125.00	0.00	0.00	38.46	28.57
2006	数量	0	0	0	0	0	0
	比例（%）	n. a.	n. a.	n. a.	n. a.	n. a.	n. a.
	指数	0.00	0.00	0.00	0.00	0.00	0.00
2007	数量	0	1	0	0	0	1
	比例（%）	0.00	100.00	0.00	0.00	0.00	100.00
	指数	0.00	125.00	0.00	0.00	0.00	14.29

年份		北京市	天津市	河北	山东	辽宁	合计
2008	数量	1	0	0	0	0	1
	比例（%）	100.00	0.00	0.00	0.00	0.00	100.00
	指数	50.00	0.00	0.00	0.00	0.00	14.29
2009	数量	0	0	0	2	0	2
	比例（%）	0.00	0.00	0.00	100.00	0.00	100.00
	指数	0.00	0.00	0.00	200.00	0.00	28.57
2010	数量	0	0	0	0	0	0
	比例（%）	n. a.	n. a.	n. a.	n. a.	n. a.	n. a.
	指数	0.00	0.00	0.00	0.00	0.00	0.00
2011	数量	2	2	0	2	0	6
	比例（%）	33.33	33.33	0.00	33.33	0.00	100.00
	指数	100.00	250.00	0.00	200.00	0.00	85.71
2012	数量	3	1	0	0	2	6
	比例（%）	50.00	16.67	0.00	0.00	33.33	100.00
	指数	150.00	125.00	0.00	0.00	76.92	85.71
2013	数量	1	0	2	0	2	5
	比例（%）	20.00	0.00	40.00	0.00	40.00	100.00
	指数	50.00	0.00	333.33	0.00	76.92	71.43
2014	数量	2	0	0	2	8	12
	比例（%）	16.67	0.00	0.00	16.67	66.67	100.00
	指数	100.00	0.00	0.00	200.00	307.69	171.43
2015	数量	2	1	1	1	1	6
	比例（%）	33.33	16.67	16.67	16.67	16.67	100.00
	指数	100.00	125.00	166.67	100.00	38.46	85.71
2016	数量	5	1	2	1	3	12
	比例（%）	41.67	8.33	16.67	8.33	25.00	100.00
	指数	250.00	125.00	333.33	100.00	115.38	171.43

年份		北京市	天津市	河北	山东	辽宁	合计
合计	数量	16	7	5	8	17	53
	比例（%）	30.19	13.21	9.43	15.09	32.08	100.00
	指数						
2011—2015均值		2.00	0.80	0.60	1.00	2.60	7.00

表4-2-4　中国民营样本企业绿地投资来源地数量——长三角地区

（单位：件、%）

年份		浙江	江苏	上海市	合计
2005	数量	2	0	0	2
	比例（%）	100.00	0.00	0.00	100.00
	指数	33.33	0.00	0.00	14.29
2006	数量	1	0	0	1
	比例（%）	100.00	0.00	0.00	100.00
	指数	16.67	0.00	0.00	
2007	数量	4	3	2	9
	比例（%）	44.44	33.33	22.22	
	指数	66.67	55.56	76.92	
2008	数量	10	14	0	24
	比例（%）	41.67	58.33	0.00	100.00
	指数	166.67	259.26	0.00	
2009	数量	8	3	1	12
	比例（%）	66.67	25.00	8.33	100.00
	指数	133.33	55.56	38.46	
2010	数量	6	2	0	8
	比例（%）	75.00	25.00	0.00	100.00
	指数	100.00	37.04	0.00	
2011	数量	9	4	0	13
	比例（%）	69.23	30.77	0.00	100.00
	指数	150.00	74.07	0.00	

年份		浙江	江苏	上海市	合计
2012	数量	5	7	5	17
	比例（%）	29.41	41.18	29.41	100.00
	指数	83.33	129.63	192.31	121.43
2013	数量	1	8	2	11
	比例（%）	9.09	72.73	18.18	100.00
	指数	16.67	148.15	76.92	78.57
2014	数量	3	2	5	10
	比例（%）	30.00	20.00	50.00	100.00
	指数	50.00	37.04	192.31	71.43
2015	数量	12	6	1	19
	比例（%）	63.16	31.58	5.26	100.00
	指数	200.00	111.11	38.46	135.71
2016	数量	12	5	6	23
	比例（%）	52.17	21.74	26.09	100.00
	指数	200.00	92.59	230.77	164.29
合计	数量	73	54	22	149
	比例（%）	48.99	36.24	14.77	100.00
	指数				
2011—2015 均值		6.00	5.40	2.60	14.00

表 4-2-5　中国民营样本企业绿地投资来源地数量——珠三角地区

（单位：件、%）

年份		福建	广东	合计
2005	数量	0	0	0
	比例（%）	n.a.	n.a.	n.a.
	指数	0.00	0.00	0.00
2006	数量	0	0	0
	比例（%）	n.a.	n.a.	n.a.
	指数	0.00	0.00	0.00

年份		福建	广东	合计
2007	数量	0	0	0
	比例（%）	n. a.	n. a.	n. a.
	指数	0.00	0.00	0.00
2008	数量	1	3	4
	比例（%）	25.00	75.00	100.00
	指数	125.00	12.40	16.00
2009	数量	1	3	4
	比例（%）	25.00	75.00	100.00
	指数	125.00	12.40	16.00
2010	数量	0	5	5
	比例（%）	0.00	100.00	100.00
	指数	0.00	20.66	20.00
2011	数量	1	27	28
	比例（%）	3.57	96.43	100.00
	指数	125.00	111.57	112.00
2012	数量	0	13	13
	比例（%）	0.00	100.00	100.00
	指数	0.00	53.72	52.00
2013	数量	1	27	28
	比例（%）	3.57	96.43	100.00
	指数	125.00	111.57	112.00
2014	数量	1	24	25
	比例（%）	4.00	96.00	100.00
	指数	125.00	99.17	100.00
2015	数量	1	30	31
	比例（%）	3.23	96.77	100.00
	指数	125.00	123.97	124.00
2016	数量	2	63	65
	比例（%）	3.08	96.92	100.00
	指数	250.00	260.33	260.00

续表

年份		福建	广东	合计
合计	数量	8	195	203
	比例（%）	3.94	96.06	100.00
	指数			
2011—2015 均值		0.80	24.20	25.00

表 4-2-6　中国民营样本企业绿地投资来源地数量——中西部地区

（单位：件、%）

年份		湖北	湖南	重庆市	四川	新疆	宁夏
2005	数量	0	0	0	0	0	0
	比例（%）	n. a.	n. a.	n. a.	n. a.	n. a.	n. a.
	指数	0.00	0.00	0.00	0.00	0.00	0.00
2006	数量	1	2	0	0	0	0
	比例（%）	33.33	66.67	0.00	0.00	0.00	0.00
	指数	500.00	125.00	0.00	0.00	0.00	0.00
2007	数量	0	2	2	0	0	0
	比例（%）	0.00	40.00	40.00	0.00	0.00	0.00
	指数	0.00	125.00	83.33	0.00	0.00	0.00
2008	数量	0	2	1	0	0	0
	比例（%）	0.00	66.67	33.33	0.00	0.00	0.00
	指数	0.00	125.00	41.67	0.00	0.00	0.00
2009	数量	1	0	5	0	0	0
	比例（%）	16.67	0.00	83.33	0.00	0.00	0.00
	指数	500.00	0.00	208.33	0.00	0.00	0.00
2010	数量	0	3	2	0	0	0
	比例（%）	0.00	50.00	33.33	0.00	0.00	0.00
	指数	0.00	187.50	83.33	0.00	0.00	0.00
2011	数量	0	2	6	4	1	0
	比例（%）	0.00	15.38	46.15	30.77	7.69	0.00
	指数	0.00	125.00	250.00	222.22	166.67	0.00

年份		湖北	湖南	重庆市	四川	新疆	宁夏
2012	数量	1	2	3	1	0	1
	比例（%）	12.50	25.00	37.50	12.50	0.00	12.50
	指数	500.00	125.00	125.00	55.56	0.00	500.00
2013	数量	0	0	0	0	0	0
	比例（%）	0.00	0.00	0.00	0.00	0.00	0.00
	指数	0.00	0.00	0.00	0.00	0.00	0.00
2014	数量	0	3	2	2	1	0
	比例（%）	0.00	33.33	22.22	22.22	11.11	0.00
	指数	0.00	187.50	83.33	111.11	166.67	0.00
2015	数量	0	1	1	2	1	0
	比例（%）	0.00	11.11	11.11	22.22	11.11	0.00
	指数	0.00	62.50	41.67	111.11	166.67	0.00
2016	数量	0	7	2	2	3	0
	比例（%）	0.00	36.84	10.53	10.53	15.79	0.00
	指数	0.00	437.50	83.33	111.11	500.00	0.00
合计	数量	3	24	24	11	6	1
	比例（%）	3.66	29.27	29.27	13.41	7.32	1.22
	指数						
2011—2015均值		0.20	1.60	2.40	1.80	0.60	0.20

年份		河南	江西	内蒙古	云南	安徽	其他	合计
2005	数量	0	0	0	0	0	0	0
	比例（%）	n. a.	n. a.	n. a.	n. a.	n. a.	n. a.	n. a.
	指数	0.00	0.00	0.00	0.00	n. a.	n. a.	0.00
2006	数量	0	0	0	0	0	0	3
	比例（%）	0.00	0.00	0.00	0.00	0.00	0.00	100.00
	指数	0.00	0.00	0.00	0.00	n. a.	n. a.	37.50
2007	数量	0	0	0	0	0	1	5
	比例（%）	0.00	0.00	0.00	0.00	0.00	20.00	100.00
	指数	0.00	0.00	0.00	0.00	n. a.	n. a.	62.50

续表

年份		河南	江西	内蒙古	云南	安徽	其他	合计
2008	数量	0	0	0	0	0	0	3
	比例（%）	0.00	0.00	0.00	0.00	0.00	0.00	100.00
	指数	0.00	0.00	0.00	0.00	n. a.	n. a.	37.50
2009	数量	0	0	0	0	0	0	6
	比例（%）	0.00	0.00	0.00	0.00	0.00	0.00	100.00
	指数	0.00	0.00	0.00	0.00	n. a.	n. a.	75.00
2010	数量	0	0	0	0	0	1	6
	比例（%）	0.00	0.00	0.00	0.00	0.00	16.67	100.00
	指数	0.00	0.00	0.00	0.00	n. a.	n. a.	75.00
2011	数量	0	0	0	0	0	0	13
	比例（%）	0.00	0.00	0.00	0.00	0.00	0.00	100.00
	指数	0.00	0.00	0.00	0.00	n. a.	n. a.	162.50
2012	数量	0	0	0	0	0	0	8
	比例（%）	0.00	0.00	0.00	0.00	0.00	0.00	100.00
	指数	0.00	0.00	0.00	0.00	n. a.	n. a.	100.00
2013	数量	1	0	0	0	0	0	1
	比例（%）	100.00	0.00	0.00	0.00	0.00	0.00	100.00
	指数	250.00	0.00	0.00	0.00	n. a.	n. a.	12.50
2014	数量	0	1	0	0	0	0	9
	比例（%）	0.00	11.11	0.00	0.00	0.00	0.00	100.00
	指数	0.00	250.00	0.00	0.00	n. a.	n. a.	112.50
2015	数量	1	1	1	1	0	0	9
	比例（%）	11.11	11.11	11.11	11.11	0.00	0.00	100.00
	指数	250.00	250.00	500.00	500.00	n. a.	n. a.	112.50
2016	数量	1	3	0	0	1	0	19
	比例（%）	5.26	15.79	0.00	0.00	5.26	0.00	100.00
	指数	250.00	750.00	0.00	0.00	n. a.	n. a.	237.50

年份		河南	江西	内蒙古	云南	安徽	其他	合计
合计	数量	3	5	1	1	1	2	82
	比例（%）	3.66	6.10	1.22	1.22	1.22	2.44	100.00
	指数							
2011—2015 均值		0.40	0.40	0.20	0.20	0.00	0.00	8.00

注：表中"其他"一项指所在地不详的企业。

表 4-2-7　中国民营样本企业绿地投资来源地金额——环渤海地区

（单位：百万美元、%）

年份		北京市	天津市	河北	辽宁	山东	合计
2005	金额	0.00	10.30	0.00	1.80	0.00	12.10
	比例（%）	0.00	85.12	0.00	14.88	0.00	100.00
	指数	0.00	82.53	0.00	0.15	0.00	0.63
2006	金额	0.00	0.00	0.00	0.00	0.00	0.00
	比例（%）	n.a.	n.a.	n.a.	n.a.	n.a.	1.00
	指数	0.00	0.00	0.00	0.00	0.00	0.00
2007	金额	0.00	200.00	0.00	0.00	0.00	200.00
	比例（%）	0.00	100.00	0.00	0.00	0.00	100.00
	指数	0.00	1602.56	0.00	0.00	0.00	10.45
2008	金额	1.50	0.00	0.00	0.00	0.00	1.50
	比例（%）	100.00	0.00	0.00	0.00	0.00	100.00
	指数	1.34	0.00	0.00	0.00	0.00	0.08
2009	金额	0.00	0.00	0.00	0.00	121.90	121.90
	比例（%）	0.00	0.00	0.00	0.00	100.00	100.00
	指数	0.00	0.00	0.00	0.00	19.60	6.37
2010	金额	0.00	0.00	0.00	0.00	0.00	0.00
	比例（%）	n.a.	n.a.	n.a.	n.a.	n.a.	1.00
	指数	0.00	0.00	0.00	0.00	0.00	0.00

年份		北京市	天津市	河北	辽宁	山东	合计
2011	金额	226.20	44.90	0.00	0.00	53.60	324.70
	比例（%）	69.66	13.83	0.00	0.00	16.51	100.00
	指数	202.40	359.78	0.00	0.00	8.62	16.97
2012	金额	0.00	0.00	0.00	537.80	0.00	537.80
	比例（%）	0.00	0.00	0.00	100.00	0.00	100.00
	指数	0.00	0.00	0.00	46.14	0.00	28.11
2013	金额	0.00	0.00	0.00	1164.83	0.00	1164.83
	比例（%）	0.00	0.00	0.00	100.00	0.00	100.00
	指数	0.00	0.00	0.00	99.93	0.00	60.89
2014	金额	300.00	0.00	0.00	3125.60	3050.00	6475.60
	比例（%）	4.63	0.00	0.00	48.27	47.10	100.00
	指数	268.43	0.00	0.00	268.14	490.39	338.51
2015	金额	32.60	17.50	5.70	1000.00	6.20	1062.00
	比例（%）	3.07	1.65	0.54	94.16	0.58	100.00
	指数	29.17	140.22	500.00	85.79	1.00	55.52
2016	金额	26422.80	36.20	60.30	4298.92	26.20	30844.42
	比例（%）	85.66	0.12	0.20	13.94	0.08	100.00
	指数	23642.45	290.06	5289.47	368.80	4.21	1612.37
合计	金额	26983.10	308.90	66.00	10128.94	3257.90	40744.84
	比例（%）	66.22	0.76	0.16	24.86	8.00	100.00
	指数						
2011—2015 均值		111.76	12.48	1.14	1165.65	621.96	

表 4-2-8　中国民营样本企业绿地投资来源地金额——长三角地区

（单位：百万美元、%）

年份		上海市	江苏	浙江	合计
2005	金额	0.00	0.00	43.40	43.40
	比例（%）	0.00	0.00	100.00	100.00
	指数	0.00	0.00	2.77	1.27

续表

年份		上海市	江苏	浙江	合计
2006	金额	0.00	0.00	15.00	15.00
	比例（%）	0.00	0.00	100.00	100.00
	指数	0.00	0.00	0.96	0.44
2007	金额	793.40	508.10	292.50	1594.00
	比例（%）	49.77	31.88	18.35	100.00
	指数	48.57	231.99	18.65	46.60
2008	金额	0.00	124.70	1050.38	1175.08
	比例（%）	0.00	10.61	89.39	100.00
	指数	0.00	56.94	66.98	34.35
2009	金额	58.00	37.20	148.87	244.07
	比例（%）	23.76	15.24	60.99	100.00
	指数	3.55	16.98	9.49	7.13
2010	金额	0.00	13.80	314.80	328.60
	比例（%）	0.00	4.20	95.80	100.00
	指数	0.00	6.30	20.07	9.61
2011	金额	0.00	298.80	4921.10	5219.90
	比例（%）	0.00	5.72	94.28	100.00
	指数	0.00	136.43	313.80	152.59
2012	金额	2.30	82.40	320.00	404.70
	比例（%）	0.57	20.36	79.07	100.00
	指数	0.14	37.62	20.40	11.83
2013	金额	429.96	5.19	0.00	435.15
	比例（%）	98.81	1.19	0.00	100.00
	指数	26.32	2.37	0.00	12.72
2014	金额	7650.00	19.00	679.80	8348.80
	比例（%）	91.63	0.23	8.14	100.00
	指数	468.30	8.68	43.35	244.06
2015	金额	85.50	689.70	1920.34	2695.54
	比例（%）	3.17	25.59	71.24	100.00
	指数	5.23	314.91	122.45	78.80

续表

年份		上海市	江苏	浙江	合计
2016	金额	1046.72	712.00	643.60	2402.32
	比例（%）	43.57	29.64	26.79	100.00
	指数	64.08	325.09	41.04	70.23
合计	金额	10065.88	2490.89	10349.79	22906.56
	比例（%）	43.94	10.87	45.18	100.00
	指数				
2011—2015 均值		1633.55	219.02	1568.25	

表 4-2-9　中国民营样本企业绿地投资来源地金额——珠三角地区

（单位：百万美元、%）

年份		广东	福建	合计
2005	金额	0.00	0.00	0.00
	比例（%）	n.a.	n.a.	n.a.
	指数	0.00	0.00	0.00
2006	金额	0.00	0.00	0.00
	比例（%）	n.a.	n.a.	n.a.
	指数	0.00	0.00	0.00
2007	金额	0.00	0.00	0.00
	比例（%）	n.a.	n.a.	n.a.
	指数	0.00	0.00	0.00
2008	金额	22.80	5.00	27.80
	比例（%）	82.01	17.99	100.00
	指数	2.33	5.99	2.62
2009	金额	70.30	478.00	548.30
	比例（%）	12.82	87.18	100.00
	指数	7.19	572.73	51.69
2010	金额	314.20	0.00	314.20
	比例（%）	100.00	0.00	100.00
	指数	32.15	0.00	29.62

续表

年份		广东	福建	合计
2011	金额	998.79	200.00	1198.79
	比例（%）	83.32	16.68	100.00
	指数	102.21	239.64	113.02
2012	金额	423.90	0.00	423.90
	比例（%）	100.00	0.00	100.00
	指数	43.38	0.00	39.97
2013	金额	240.00	200.00	440.00
	比例（%）	54.55	45.45	100.00
	指数	24.56	239.64	41.48
2014	金额	2187.16	15.30	2202.46
	比例（%）	99.31	0.69	100.00
	指数	223.82	18.33	207.65
2015	金额	1036.16	2.00	1038.16
	比例（%）	99.81	0.19	100.00
	指数	106.03	2.40	97.88
2016	金额	4512.50	254.60	4767.10
	比例（%）	94.66	5.34	100.00
	指数	461.78	305.06	449.45
合计	金额	9805.81	1154.90	10960.71
	比例（%）	89.46	10.54	100.00
	指数			
2011—2015 均值		977.20	83.46	

表4-2-10 中国民营样本企业绿地投资来源地金额——中西部地区

（单位：百万美元、%）

年份		湖北	湖南	重庆市	四川	新疆	宁夏
2005	金额	0.00	0.00	0.00	0.00	0.00	0.00
	比例（%）	n.a.	n.a.	n.a.	n.a.	n.a.	n.a.
	指数	0.00	0.00	0.00	0.00	0.00	n.a.

续表

年份		湖北	湖南	重庆市	四川	新疆	宁夏
2006	金额	35.00	130.00	0.00	0.00	0.00	0.00
	比例（%）	21.21	78.79	0.00	0.00	0.00	0.00
	指数	222.10	19.63	0.00	0.00	0.00	n.a.
2007	金额	0.00	76.80	220.29	0.00	0.00	0.00
	比例（%）	0.00	25.01	71.73	0.00	0.00	0.00
	指数	0.00	11.60	52.82	0.00	0.00	n.a.
2008	金额	0.00	93.87	1000.00	0.00	0.00	0.00
	比例（%）	0.00	8.58	91.42	0.00	0.00	0.00
	指数	0.00	14.18	239.75	0.00	0.00	n.a.
2009	金额	250.00	0.00	154.60	0.00	0.00	0.00
	比例（%）	61.79	0.00	38.21	0.00	0.00	0.00
	指数	1586.40	0.00	37.07	0.00	0.00	n.a.
2010	金额	0.00	470.00	238.00	0.00	0.00	0.00
	比例（%）	0.00	58.72	29.74	0.00	0.00	0.00
	指数	0.00	70.98	57.06	0.00	0.00	n.a.
2011	金额	0.00	80.00	531.57	63.40	141.00	0.00
	比例（%）	0.00	9.80	65.15	7.77	17.28	0.00
	指数	0.00	12.08	127.45	45.49	234.05	n.a.
2012	金额	78.80	0.00	1362.00	73.40	0.00	0.00
	比例（%）	5.20	0.00	89.95	4.85	0.00	0.00
	指数	500.00	0.00	326.54	52.67	0.00	n.a.
2013	金额	0.00	0.00	0.00	0.00	0.00	0.00
	比例（%）	n.a.	n.a.	n.a.	n.a.	n.a.	n.a.
	指数	0.00	0.00	0.00	0.00	0.00	0.00
2014	金额	0.00	231.00	150.51	510.00	100.00	0.00
	比例（%）	0.00	23.12	15.07	51.05	10.01	0.00
	指数	0.00	34.88	36.08	365.96	165.99	n.a.
2015	金额	0.00	3000.00	41.40	50.00	60.22	0.00
	比例（%）	0.00	88.26	1.22	1.47	1.77	0.00
	指数	0.00	453.04	9.93	35.88	99.96	n.a.

年份		湖北	湖南	重庆市	四川	新疆	宁夏
2016	金额	0.00	1817.30	20.80	11.80	223.90	0.00
	比例（%）	0.00	39.57	0.45	0.26	4.87	0.00
	指数	0.00	274.43	4.99	8.47	371.66	n.a.
合计	金额	363.80	5898.97	3719.17	708.60	525.12	0.00
	比例（%）	2.58	41.86	26.39	5.03	3.73	0.00
	指数						
2011—2015 均值		15.76	662.20	417.10	139.36	60.24	0.00

年份		河南	江西	内蒙古	云南	安徽	其他	合计
2005	金额	0.00	0.00	0.00	0.00	0.00	0.00	0.00
	比例（%）	n.a.	n.a.	n.a.	n.a.	n.a.	n.a.	n.a.
	指数	0.00	0.00	0.00	0.00	n.a.	n.a.	0.00
2006	金额	0.00	0.00	0.00	0.00	0.00	0.00	165.00
	比例（%）	0.00	0.00	0.00	0.00	0.00	0.00	100.00
	指数	0.00	0.00	0.00	0.00	n.a.	n.a.	12.26
2007	金额	0.00	0.00	0.00	0.00	0.00	10.00	307.09
	比例（%）	0.00	0.00	0.00	0.00	0.00	3.26	100.00
	指数	0.00	0.00	0.00	0.00	n.a.	n.a.	22.82
2008	金额	0.00	0.00	0.00	0.00	0.00	0.00	1093.87
	比例（%）	0.00	0.00	0.00	0.00	0.00	0.00	100.00
	指数	0.00	0.00	0.00	0.00	n.a.	n.a.	81.29
2009	金额	0.00	0.00	0.00	0.00	0.00	0.00	404.60
	比例（%）	0.00	0.00	0.00	0.00	0.00	0.00	100.00
	指数	0.00	0.00	0.00	0.00	n.a.	n.a.	30.07
2010	金额	0.00	0.00	0.00	0.00	0.00	92.40	800.40
	比例（%）	0.00	0.00	0.00	0.00	0.00	11.54	100.00
	指数	0.00	0.00	0.00	0.00	n.a.	n.a.	59.48
2011	金额	0.00	0.00	0.00	0.00	0.00	0.00	815.97
	比例（%）	0.00	0.00	0.00	0.00	0.00	0.00	100.00
	指数	0.00	0.00	0.00	0.00	n.a.	n.a.	60.64

年份		河南	江西	内蒙古	云南	安徽	其他	合计
2012	金额	0.00	0.00	0.00	0.00	0.00	0.00	1514.20
	比例（%）	0.00	0.00	0.00	0.00	0.00	0.00	100.00
	指数	0.00	0.00	0.00	0.00	n.a.	n.a.	112.52
2013	金额	0.00	0.00	0.00	0.00	0.00	0.00	0.00
	比例（%）	n.a.	n.a.	n.a.	n.a.	n.a.	n.a.	n.a.
	指数	0.00	0.00	0.00	0.00	0.00		0.00
2014	金额	0.00	7.52	0.00	0.00	0.00	0.00	999.03
	比例（%）	0.00	0.75	0.00	0.00	0.00	0.00	100.00
	指数	0.00	34.98	0.00	0.00			74.24
2015	金额	10.20	100.00	45.10	92.22	0.00	0.00	3399.14
	比例（%）	0.30	2.94	1.33	2.71	0.00	0.00	100.00
	指数	500.00	465.02	500.00	500.00	n.a.	n.a.	252.60
2016	金额	2000.00	491.92	0.00	0.00	27.13	0.00	4592.85
	比例（%）	43.55	10.71	0.00	0.00	0.59	0.00	100.00
	指数	98039.22	2287.51	0.00	0.00	n.a.	n.a.	341.31
合计	金额	2010.20	599.44	45.10	92.22	27.13	102.40	14092.14
	比例（%）	14.26	4.25	0.32	0.65	0.19	0.73	100.00
	指数							
2011—2015 均值		2.04	21.50	9.02	18.44	0.00	0.00	1345.67

注：表中"其他"一项指所在地不详的企业。

以上表格说明了我国各省市区的民营企业对外绿地投资的情况。从项目数量来看，前五位分别是广东、浙江、江苏、湖南和重庆；从投资金额上看，前五位分别是北京、浙江、辽宁、上海和广东。项目数量和项目金额的排序有很大不同，说明每个项目的大小不同。以每个项目的金额来看，北京最多，平均每个项目为 16.86 亿美元；其次是河南，虽然项目数量只有 3 个，但其金额合计却达 20.1 亿美元，平均每个项目为 6.7 亿美元；排第三位的是辽宁，其项目的平均金额为 5.95 亿美元；排在第四位和第五位的是上海和湖南，平均金额分别为 4.57 亿美元和 2.45 亿美元。

第三节 海外绿地投资标的国（地区）别指数

本节对民营企业海外绿地投资的标的国（地区）进行了分析，从世界大洲别和国（地区）别两个层次展开。

一、民营样本企业绿地投资标的国（地区）项目数量和项目金额的大洲别分布

1. 标的国（地区）的大洲别项目数量分布

表 4-3-1 绿地投资样本企业标的国（地区）项目数量的大洲别指数汇总表

（单位：件、%）

年份	欧洲				北美洲				中南美洲			
	项目数	同比增长（%）	占比（%）	指数	项目数	同比增长（%）	占比（%）	指数	项目数	同比增长（%）	占比（%）	指数
2005	2		50.00	10.87	0		0.00	0.00	0		0.00	0.00
2006	1	−50.0	25.00	5.43	1	n. a.	25.00	13.16	0	n. a.	0.00	0.00
2007	4	300.0	26.67	21.74	2	100.0	13.33	26.32	0	n. a.	0.00	0.00
2008	18	350.0	56.25	97.83	1	−50.0	3.13	13.16	2	n. a.	6.25	24.39
2009	6	−66.7	25.00	32.61	2	100.0	8.33	26.32	0	−100.0	0.00	0.00
2010	10	66.7	52.63	54.35	3	50.0	15.79	39.47	2	n. a.	10.53	24.39
2011	23	130.0	38.33	125.00	7	133.3	11.67	92.11	9	350.0	15.00	109.76
2012	16	−30.4	36.36	86.96	3	−57.1	6.82	39.47	7	−22.2	15.91	85.37
2013	18	12.5	40.00	97.83	10	233.3	22.22	131.58	4	−42.9	8.89	48.78
2014	19	5.6	33.93	103.26	8	−20.0	14.29	105.26	12	200.0	21.43	146.34
2015	16	−15.8	24.62	86.96	10	25.0	15.38	131.58	9	−25.0	13.85	109.76
2016	36	125.0	30.25	195.65	10	0.0	8.40	131.58	7	−22.2	5.88	85.37
合计	169		34.70		57		11.70		52		10.68	634.15

续表

年份	欧洲				北美洲				中南美洲			
	项目数	同比增长（%）	占比（%）	指数	项目数	同比增长（%）	占比（%）	指数	项目数	同比增长（%）	占比（%）	指数
2011—2015 均值	18.40			100.00	7.60		14.08	100.00	8.20			100.00

年份	亚洲				大洋洲			
	项目数	同比增长（%）	占比（%）	指数	项目数	同比增长（%）	占比（%）	指数
2005	2		50.00	14.93	0		0.00	0.00
2006	2	0.0	50.00	14.93	0	n. a.	0.00	0.00
2007	7	250.0	46.67	52.24	0	n. a.	0.00	0.00
2008	10	42.9	31.25	74.63	1	n. a.	3.13	33.33
2009	14	40.0	58.33	104.48	0	−100.0	0.00	0.00
2010	4	−71.4	21.05	29.85	0	n. a.	0.00	0.00
2011	10	150.0	16.67	74.63	7	n. a.	11.67	233.33
2012	9	−10.0	20.45	67.16	2	−71.4	4.55	66.67
2013	9	0.0	20.00	67.16	2	0.0	4.44	66.67
2014	14	55.6	25.00	104.48	1	−50.0	1.79	33.33
2015	25	78.6	38.46	186.57	3	200.0	4.62	100.00
2016	49	96.0	41.18	365.67	1	−66.7	0.84	33.33
合计	155		31.83		17		3.49	566.67
2011—2015 均值	13.40			100.00	3.00			100.00

年份	非洲				合计			
	项目数	同比增长（%）	占比（%）	指数	项目数	同比增长（%）	占比（%）	指数
2005	0		0.00	0.00	4		100.00	7.41
2006	0	n. a.	0.00	0.00	4	0.0	100.00	7.41
2007	2	n. a.	13.33	58.82	15	275.0	100.00	27.78
2008	0	−100.0	0.00	0.00	32	113.3	100.00	59.26

年份	非洲				合计			
	项目数	同比增长（%）	占比（%）	指数	项目数	同比增长（%）	占比（%）	指数
2009	2	n. a.	8. 33	58. 82	24	−25. 0	100. 00	44. 44
2010	0	−100. 0	0. 00	0. 00	19	−20. 8	100. 00	35. 19
2011	4	n. a.	6. 67	117. 65	60	215. 8	100. 00	111. 11
2012	7	75. 0	15. 91	205. 88	44	−26. 7	100. 00	81. 48
2013	2	−71. 4	4. 44	58. 82	45	2. 3	100. 00	83. 33
2014	2	0. 0	3. 57	58. 82	56	24. 4	100. 00	103. 70
2015	2	0. 0	3. 08	58. 82	65	16. 1	100. 00	120. 37
2016	16	700. 0	13. 45	470. 59	119	83. 1	100. 00	220. 37
合计	37		7. 60		487		100. 00	
2011—2015均值	3. 40		100. 00		54. 00			100. 00

2. 标的国（地区）的大洲别项目金额的分布

表 4-3-2　绿地投资标的国（地区）项目金额的大洲别指数汇总表

（单位：百万美元、%）

年份	欧洲				北美洲				中南美洲			
	金额	同比增长（%）	占比（%）	指数	金额	同比增长（%）	占比（%）	指数	金额	同比增长（%）	占比（%）	指数
2005	5. 50		9. 91	0. 44	0. 00		0. 00	0. 00	0. 00		0. 00	0. 00
2006	35. 00	536. 4	19. 44	2. 78	60. 00	n. a.	33. 33	5. 40	0. 00	n. a.	0. 00	0. 00
2007	464. 00	1225. 7	22. 08	36. 81	34. 50	−42. 5	1. 64	3. 11	0. 00	n. a.	0. 00	0. 00
2008	660. 18	42. 3	28. 73	52. 37	3. 50	−89. 9	0. 15	0. 32	1500. 00	n. a.	65. 27	175. 89
2009	487. 67	−26. 1	36. 98	38. 69	14. 30	308. 6	1. 08	1. 29	0. 00	−100. 0	0. 00	0. 00
2010	492. 30	0. 9	34. 11	39. 05	210. 60	1372. 7	14. 59	18. 96	211. 30	n. a.	14. 64	24. 78
2011	1527. 79	210. 3	20. 21	121. 20	195. 67	−7. 1	2. 59	17. 61	720. 50	241. 0	9. 53	84. 49
2012	414. 90	−72. 8	14. 40	32. 91	0. 00	−100. 0	0. 00	0. 00	749. 80	4. 1	26. 03	87. 92

续表

年份	欧洲				北美洲				中南美洲			
	金额	同比增长（%）	占比（%）	指数	金额	同比增长（%）	占比（%）	指数	金额	同比增长（%）	占比（%）	指数
2013	1365.01	229.0	66.91	108.28	205.00	n. a.	10.05	18.45	20.00	-97.3	0.98	2.35
2014	2603.50	90.7	14.44	206.53	4526.30	2108.0	25.11	407.42	1794.47	8872.3	9.95	210.42
2015	391.79	-85.0	4.78	31.08	627.80	-86.1	7.66	56.51	979.17	-45.4	11.95	114.82
2016	5097.31	1201.0	11.96	404.36	1661.70	164.7	3.90	149.57	597.20	-39.0	1.40	70.03
合计	13544.95		15.27		7539.37		8.50		6572.43		7.41	
2011—2015均值	1250.60			100.00	1110.95			100.00	852.79			100.00

年份	亚洲				大洋洲			
	金额	同比增长（%）	占比（%）	指数	金额	同比增长（%）	占比（%）	指数
2005	50.00		90.09	1.26	0.00		0.00	0.00
2006	85.00	70.0	47.22	2.15	0.00	n. a.	0.00	0.00
2007	1542.69	1714.9	73.42	38.97	0.00	n. a.	0.00	0.00
2008	132.57	-91.4	5.77	3.35	2.00	n. a.	0.09	0.41
2009	699.30	427.5	53.02	17.66	0.00	-100.0	0.00	0.00
2010	529.00	-24.4	36.65	13.36	0.00	n. a.	0.00	0.00
2011	4918.20	829.7	65.06	124.23	58.00	n. a.	0.77	12.01
2012	1544.00	-68.6	53.60	39.00	0.00	-100.0	0.00	0.00
2013	20.70	-98.7	1.01	0.52	429.26	n. a.	21.04	88.87
2014	8183.30	39432.9	45.40	206.71	900.00	109.7	4.99	186.33
2015	5128.42	-37.3	62.58	129.54	1027.86	14.2	12.54	212.80
2016	13568.48	164.6	31.85	342.73	5.80	-99.4	0.01	1.20
合计	36401.66		41.04		2422.92		2.73	
2011—2015均值	3958.92			100.00	483.02			100.00

续表

年份	非洲				合计			
	金额	同比增长（%）	占比（%）	指数	金额	同比增长（%）	占比（%）	指数
2005	0.00		0.00	0.00	55.50		100.00	0.72
2006	0.00	n. a.	0.00	0.00	180.00	224.3	100.00	2.33
2007	59.90	n. a.	2.85	81.12	2101.09	1067.3	100.00	27.15
2008	0.00	−100.0	0.00	0.00	2298.25	9.4	100.00	29.69
2009	117.60	n. a.	8.92	159.25	1318.87	−42.6	100.00	17.04
2010	0.00	−100.0	0.00	0.00	1443.20	9.4	100.00	18.65
2011	139.20	n. a.	1.84	188.50	7559.36	423.8	100.00	97.66
2012	171.90	23.5	5.97	232.79	2880.60	−61.9	100.00	37.22
2013	0.00	−100.0	0.00	0.00	2039.97	−29.2	100.00	26.36
2014	18.32	n. a.	0.10	24.81	18025.89	783.6	100.00	232.89
2015	39.80	117.2	0.49	53.90	8194.84	−54.5	100.00	105.87
2016	21676.20	54362.8	50.88	29353.81	42606.69	419.9	100.00	550.46
合计	22222.92		25.05		88704.26		100.00	
2011—2015均值	73.84		100.00		7740.13		100.00	

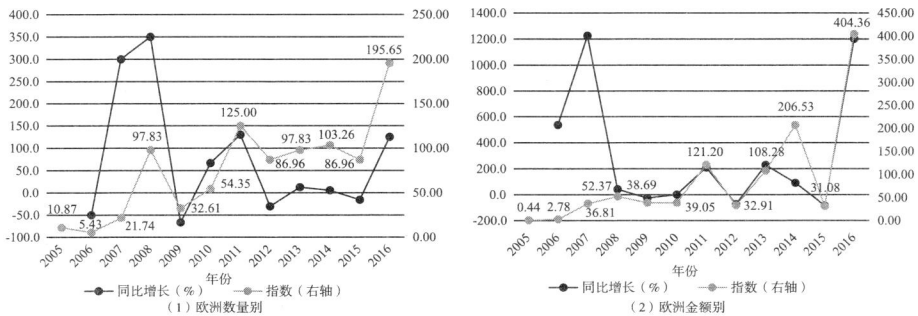

图 4-3-1 2005—2016 年绿地投资标的国（地区）项目数量和项目金额指数走势图

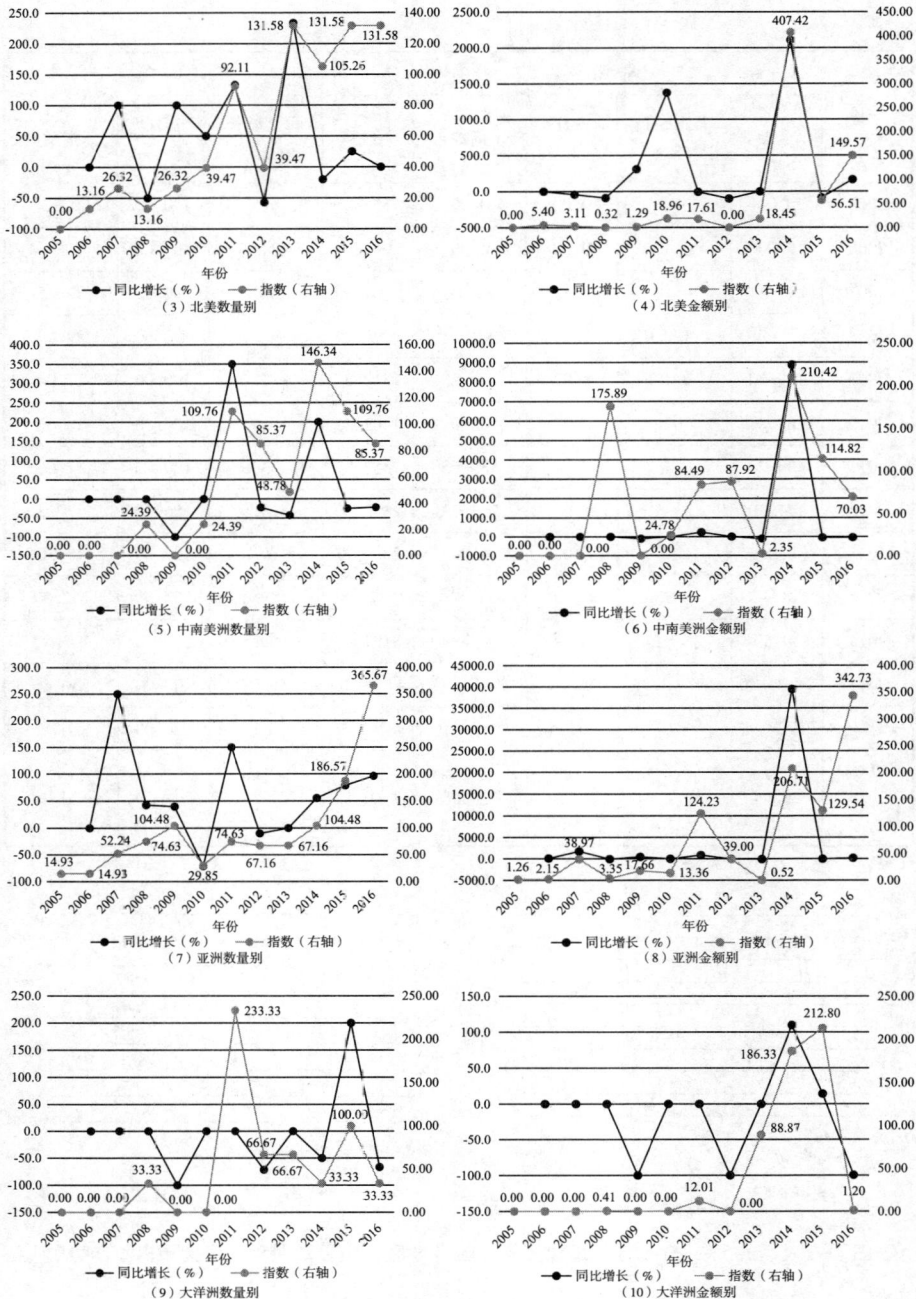

（3）北美数量别

（4）北美金额别

（5）中南美洲数量别

（6）中南美洲金额别

（7）亚洲数量别

（8）亚洲金额别

（9）大洋洲数量别

（10）大洋洲金额别

图 4-3-1　2005—2016 年绿地投资标的国（地区）项目数量和项目金额指数走势图（续 1）

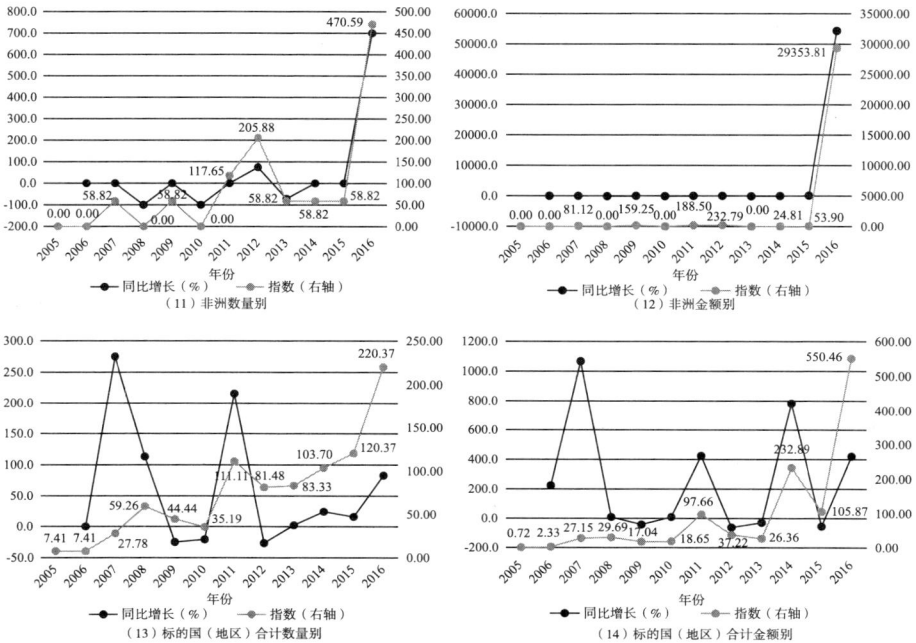

图 4-3-1　2005—2016 年绿地投资标的国（地区）项目数量和项目金额指数走势图（续2）

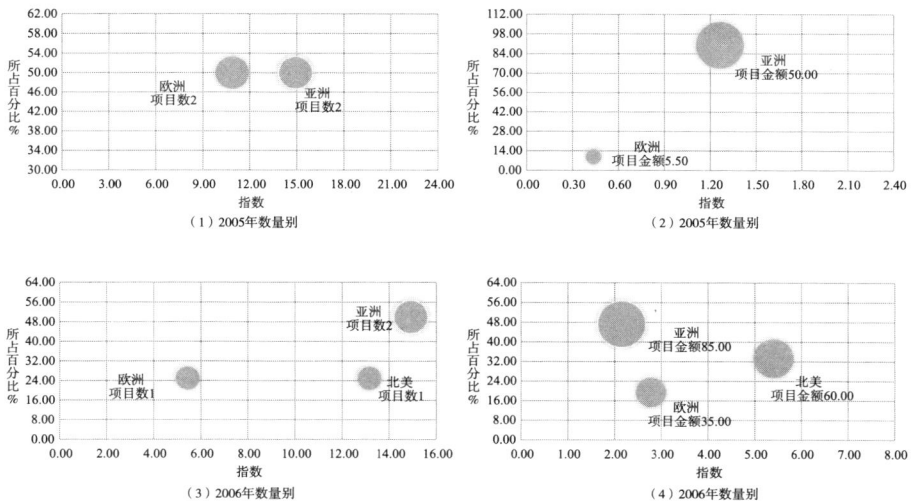

图 4-3-2　各年绿地投资标的国（地区）项目数量和

金额分布气泡图　（单位：件、百万美元）

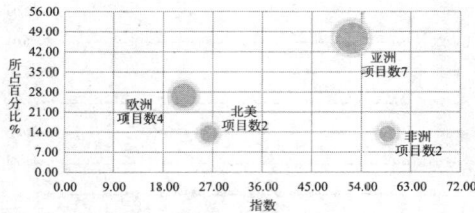

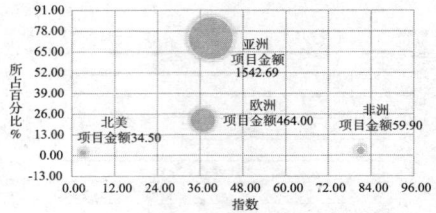

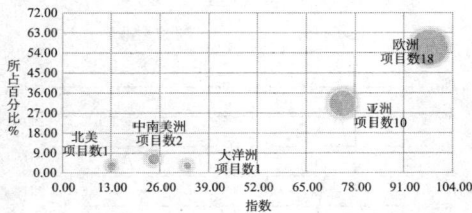

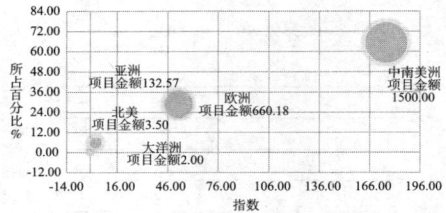

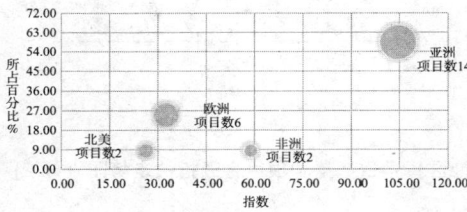

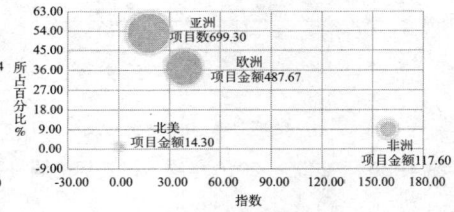

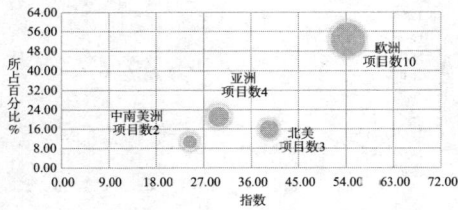

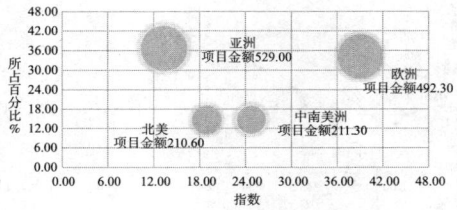

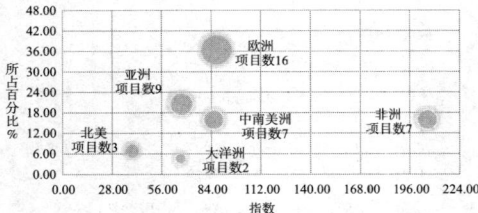

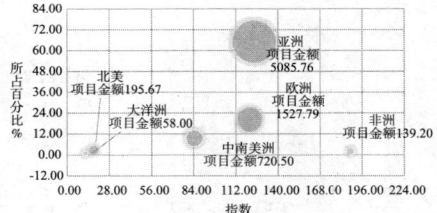

（5）2007年数量别

（6）2007年数量别

（7）2008年数量别

（8）2008年数量别

（9）2009年数量别

（10）2009年数量别

（11）2010年数量别

（12）2010年数量别

（13）2011年数量别

（14）2011年数量别

图 4-3-2　各年绿池投资标的国（地区）项目数量和

金额分布气泡图（续1）　　（单位：件、百万美元）

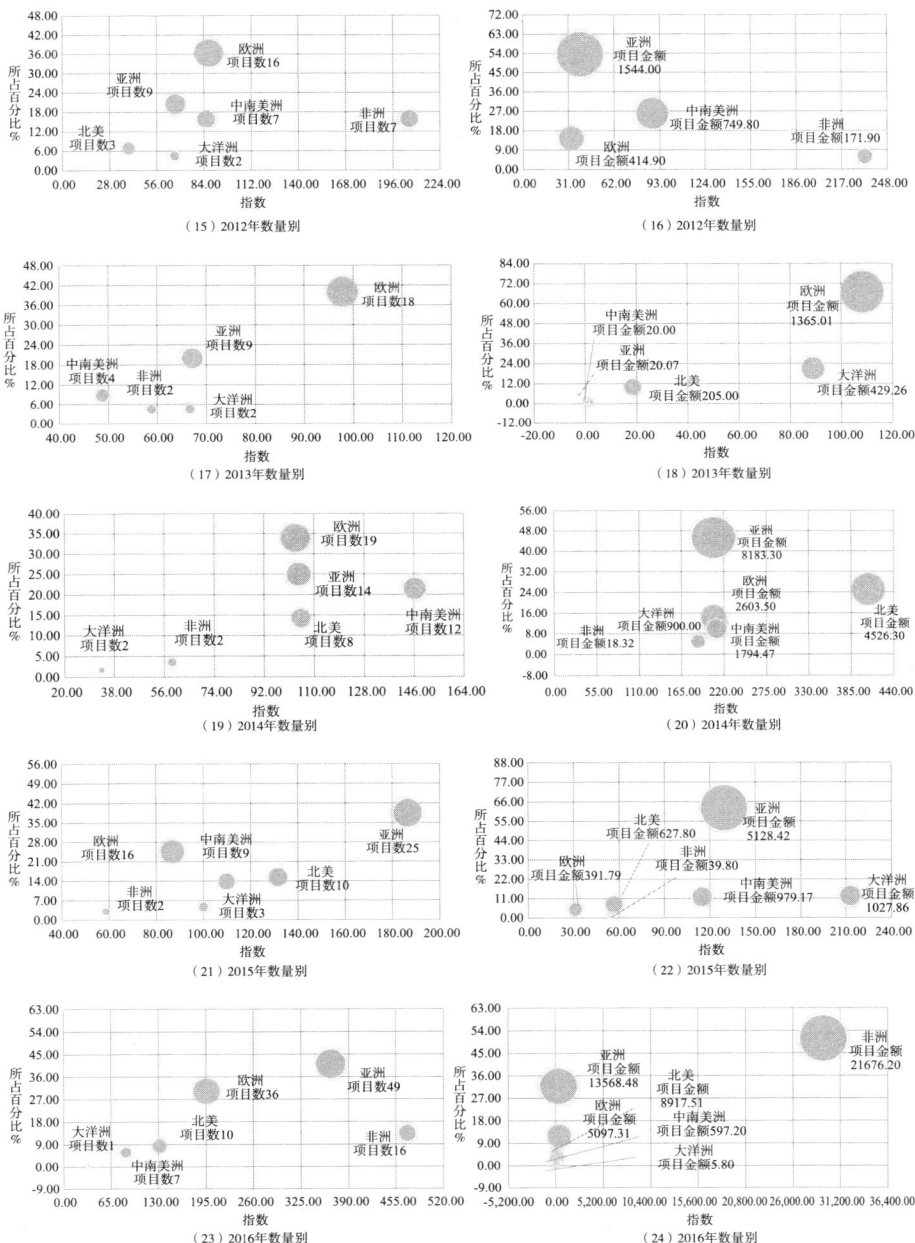

图4-3-2　各年绿地投资标的国（地区）项目数量和

金额分布气泡图（续2）　　（单位：件、百万美元）

上述图表可知，2005—2016 年的 12 年间，样本企业的绿地投资项目数量以大洲别计，占比排前三位的分别是，欧洲为 34.7%，亚洲为 31.83%，北美为 11.7%；投资金额占比排前三位的分别是，亚洲为 41.04%，非洲为 25.05%，欧洲为 15.27%。若以每个项目的平均金额计却大不相同，其前三位的排序分布为，非洲为 6.01 亿美元，大洋洲为 1.42 亿美元，北美为 1.32 亿美元。非洲项目只有 37 个，但是金额却达到 222.23 亿美元。

二、民营样本企业绿地投资标的国（地区）项目数量和金额的大洲别分布

1. 标的国（地区）的大洲别项目数量分布

表 4-3-3　民营样本企业绿地投资标的国（地区）的项目数量指数——欧洲

（单位：件、%）

年份		英国	德国	法国	西班牙	比利时	奥地利	白俄罗斯	丹麦	希腊
2005	数量	1	0	0	0	1	0	0	0	0
	比例（%）	50.00	0.00	0.00	0.00	50.00	0.00	0.00	0.00	0.00
	指数	26.32	0.00	0.00	0.00	166.67	0.00	0.00	0.00	0.00
2006	数量	0	0	0	0	0	0	0	0	0
	比例（%）	0.00	0.00	0.00	0.00	0.00	0.00	0.00	0.00	0.00
	指数	0.00	0.00	0.00	0.00	0.00	0.00	0.00	0.00	0.00
2007	数量	1	0	0	0	1	0	0	0	0
	比例（%）	25.00	0.00	0.00	0.00	25.00	0.00	0.00	0.00	0.00
	指数	26.32	0.00	0.00	0.00	166.67	0.00	0.00	0.00	0.00
2008	数量	0	4	0	8	0	0	0	0	1
	比例（%）	0.00	22.22	0.00	44.44	0.00	0.00	0.00	0.00	5.56
	指数	0.00	117.65	0.00	2000.00	0.00	0.00	0.00	0.00	250.00
2009	数量	0	2	0	0	0	0	0	0	0
	比例（%）	0.00	33.33	0.00	0.00	0.00	0.00	0.00	0.00	0.00
	指数	0.00	58.82	0.00	0.00	0.00	0.00	0.00	0.00	0.00

年份		英国	德国	法国	西班牙	比利时	奥地利	白俄罗斯	丹麦	希腊
2010	数量	0	2	0	1	2	0	0	0	0
	比例（%）	0.00	20.00	0.00	10.00	20.00	0.00	0.00	0.00	0.00
	指数	0.00	58.82	0.00	250.00	333.33	0.00	0.00	0.00	0.00
2011	数量	3	6	1	1	1	1	0	0	1
	比例（%）	13.04	26.09	4.35	4.35	4.35	4.35	0.00	0.00	4.35
	指数	78.95	176.47	83.33	250.00	166.67	250.00	0.00	0.00	250.00
2012	数量	2	3	1	0	0	1	0	0	0
	比例（%）	12.50	18.75	6.25	0.00	0.00	6.25	0.00	0.00	0.00
	指数	52.63	88.24	83.33	0.00	0.00	250.00	0.00	0.00	0.00
2013	数量	6	1	1	0	0	0	1	1	1
	比例（%）	33.33	5.56	5.56	0.00	0.00	0.00	5.56	5.56	5.56
	指数	157.89	29.41	83.33	0.00	0.00	0.00	500.00	500.00	250.00
2014	数量	6	4	2	1	0	0	0	0	0
	比例（%）	31.58	21.05	10.53	5.26	0.00	0.00	0.00	0.00	0.00
	指数	157.89	117.65	166.67	250.00	0.00	0.00	0.00	0.00	0.00
2015	数量	2	3	1	0	2	0	0	0	0
	比例（%）	12.50	18.75	6.25	0.00	12.50	0.00	0.00	0.00	0.00
	指数	52.63	88.24	83.33	0.00	333.33	0.00	0.00	0.00	0.00
2016	数量	7	6	3	2	0	1	1	0	0
	比例（%）	19.44	16.67	8.33	5.56	0.00	2.78	2.78	0.00	0.00
	指数	184.21	176.47	250.00	500.00	0.00	250.00	500.00	0.00	0.00
合计	数量	28	31	9	13	7	3	2	1	3
	比例（%）	16.57	18.34	5.33	7.69	4.14	1.78	1.18	0.59	1.78
2011—2015均值		3.80	3.40	1.20	0.40	0.60	0.40	0.20	0.20	0.40

年份		俄罗斯	荷兰	立陶宛	罗马尼亚	葡萄牙	瑞典	瑞士	意大利	爱尔兰	保加利亚
2010	数量	0	0	0	0	0	0	0	0	0	0
	比例（%）	0.00	0.00	0.00	0.00	0.00	0.00	0.00	0.00	0.00	0.00
	指数	0.00	0.00	0.00	0.00	0.00	0.00	0.00	n. a.	0.00	0.00
2006	数量	0	0	0	0	0	0	0	0	0	0
	比例（%）	0.00	0.00	0.00	0.00	0.00	0.00	0.00	0.00	0.00	0.00
	指数	0.00	0.00	0.00	0.00	0.00	0.00	0.00	n. a.	0.00	0.00
2007	数量	2	0	0	0	0	0	0	0	0	0
	比例（%）	50.00	0.00	0.00	0.00	0.00	0.00	0.00	0.00	0.00	0.00
	指数	111.11	0.00	0.00	0.00	0.00	0.00	0.00	n. a.	0.00	0.00
2008	数量	1	1	0	0	0	0	1	2	0	0
	比例（%）	5.56	5.56	0.00	0.00	0.00	0.00	5.56	11.11	0.00	0.00
	指数	55.56	83.33	0.00	0.00	0.00	0.00	250.00	n. a.	0.00	0.00
2009	数量	0	2	0	0	0	0	0	1	0	0
	比例（%）	0.00	33.33	0.00	0.00	0.00	0.00	0.00	16.67	0.00	0.00
	指数	0.00	166.67	0.00	0.00	0.00	0.00	0.00	n. a.	0.00	0.00
2010	数量	2	1	0	0	0	0	1	0	0	0
	比例（%）	20.00	10.00	0.00	0.00	0.00	0.00	10.00	0.00	0.00	0.00
	指数	111.11	83.33	0.00	0.00	0.00	0.00	250.00	n. a.	0.00	0.00
2011	数量	2	1	1	1	1	1	0	0	0	0
	比例（%）	8.70	4.35	4.35	4.35	4.35	4.35	0.00	0.00	0.00	0.00
	指数	111.11	83.33	500.00	100.00	500.00	166.67	0.00	n. a.	0.00	0.00
2012	数量	2	0	0	1	0	0	1	0	0	3
	比例（%）	12.50	0.00	0.00	6.25	0.00	0.00	6.25	0.00	0.00	18.75
	指数	111.11	0.00	0.00	100.00	0.00	0.00	250.00	n. a.	0.00	500.00
2013	数量	0	2	0	2	0	1	0	0	2	0
	比例（%）	0.00	11.11	0.00	11.11	0.00	5.56	0.00	0.00	11.11	0.00
	指数	0.00	166.67	0.00	200.00	0.00	166.67	0.00	n. a.	333.33	0.00

年份		俄罗斯	荷兰	立陶宛	罗马尼亚	葡萄牙	瑞典	瑞士	意大利	爱尔兰	保加利亚
2014	数量	2	1	0	0	0	1	0	0	0	0
	比例（%）	10.53	5.26	0.00	0.00	0.00	5.26	0.00	0.00	0.00	0.00
	指数	111.11	83.33	0.00	0.00	0.00	166.67	0.00	n.a.	0.00	0.00
2015	数量	3	2	0	1	0	0	1	0	1	0
	比例（%）	18.75	12.50	0.00	6.25	0.00	0.00	6.25	0.00	6.25	0.00
	指数	166.67	166.67	0.00	100.00	0.00	0.00	250.00	n.a.	166.67	0.00
2016	数量	4	2	0	1	1	2	0	1	1	0
	比例（%）	11.11	5.56	0.00	2.78	2.78	5.56	0.00	2.78	2.78	0.00
	指数	222.22	166.67	0.00	100.00	500.00	333.33	0.00	n.a.	166.67	0.00
合计	数量	18	12	1	6	2	5	4	4	4	3
	比例（%）	10.65	7.10	0.59	3.55	1.18	2.96	2.37	2.37	2.37	1.78
2011—2015均值		1.80	1.20	0.20	1.00	0.20	0.60	0.40	0.00	0.60	0.60

年份		波兰	芬兰	克罗地亚	马耳他	塞尔维亚	乌克兰	匈牙利	欧洲合计
2005	数量	0	0	0	0	0	0	0	2
	比例（%）	0.00	0.00	0.00	0.00	0.00	0.00	0.00	100.00
	指数	0.00	0.00	n.a.	n.a.	n.a.	n.a.	0.00	10.87
2006	数量	0	0	0	0	0	1	0	1
	比例（%）	0.00	0.00	0.00	0.00	0.00	100.00	0.00	100.00
	指数	0.00	0.00	n.a.	n.a.	n.a.	n.a.	0.00	5.43
2007	数量	0	0	0	0	0	0	0	4
	比例（%）	0.00	0.00	0.00	0.00	0.00	0.00	0.00	100.00
	指数	0.00	0.00	n.a.	n.a.	n.a.	n.a.	0.00	21.74
2008	数量	0	0	0	0	0	0	0	18
	比例（%）	0.00	0.00	0.00	0.00	0.00	0.00	0.00	100.00
	指数	0.00	0.00	n.a.	n.a.	n.a.	n.a.	0.00	97.83

续表

年份		波兰	芬兰	克罗地亚	马耳他	塞尔维亚	乌克兰	匈牙利	欧洲合计
2009	数量	0	0	0	0	0	0	1	6
	比例（%）	0.00	0.00	0.00	0.00	0.00	0.00	16.67	100.00
	指数	0.00	0.00	n.a.	n.a.	n.a.	n.a.	166.67	32.61
2010	数量	0	0	1	0	0	0	0	10
	比例（%）	0.00	0.00	10.00	0.00	0.00	0.00	0.00	100.00
	指数	0.00	0.00	n.a.	n.a.	n.a.	n.a.	0.00	54.35
2011	数量	1	0	0	0	0	0	1	23
	比例（%）	4.35	0.00	0.00	0.00	0.00	0.00	4.35	100.00
	指数	250.00	0.00	n.a.	n.a.	n.a.	n.a.	166.67	125.00
2012	数量	0	1	0	0	0	0	1	16
	比例（%）	0.00	6.25	0.00	0.00	0.00	0.00	6.25	100.00
	指数	0.00	500.00	n.a.	n.a.	n.a.	n.a.	166.67	86.96
2013	数量	0	0	0	0	0	0	0	18
	比例（%）	0.00	0.00	0.00	0.00	0.00	0.00	0.00	100.00
	指数	0.00	0.00	n.a.	n.a.	n.a.	n.a.	0.00	97.83
2014	数量	1	0	0	0	0	0	1	19
	比例（%）	5.26	0.00	0.00	0.00	0.00	0.00	5.26	100.00
	指数	250.00	0.00	n.a.	n.a.	n.a.	n.a.	166.67	103.26
2015	数量	0	0	0	0	0	0	0	16
	比例（%）	0.00	0.00	0.00	0.00	0.00	0.00	0.00	100.00
	指数	0.00	0.00	n.a.	n.a.	n.a.	n.a.	0.00	86.96
2016	数量	0	1	0	1	1	0	1	36
	比例（%）	0.00	2.78	0.00	2.78	2.78	0.00	2.78	100.00
	指数	0.00	500.00	n.a.	n.a.	n.a.	n.a.	166.67	195.65
合计	数量	2	2	1	1	1	1	5	169
	比例（%）	1.18	1.18	0.59	0.59	0.59	0.59	2.96	100.00
2011—2015均值		0.40	0.20	0.00	0.00	0.00	0.00	0.60	18.40

表4-3-4 民营样本企业绿地投资标的国（地区）的项目数量指数——北美洲

（单位：件、%）

年份		美国	加拿大	北美洲合计
2005	数量	0	0	0
	比例（%）	n. a.	n. a.	0.00
	指数	0.00	0.00	0.00
2006	数量	1	0	1
	比例（%）	100.00	0.00	100.00
	指数	17.24	0.00	13.16
2007	数量	2	0	2
	比例（%）	100.00	0.00	100.00
	指数	34.48	0.00	26.32
2008	数量	1	0	1
	比例（%）	100.00	0.00	100.00
	指数	17.24	0.00	13.16
2009	数量	2	0	2
	比例（%）	100.00	0.00	100.00
	指数	34.48	0.00	26.32
2010	数量	3	0	3
	比例（%）	100.00	0.00	100.00
	指数	51.72	0.00	39.47
2011	数量	5	2	7
	比例（%）	71.43	28.57	100.00
	指数	86.21	111.11	92.11
2012	数量	1	2	3
	比例（%）	33.33	66.67	100.00
	指数	17.24	111.11	39.47
2013	数量	7	3	10
	比例（%）	70.00	30.00	100.00
	指数	120.69	166.67	131.58

年份		美国	加拿大	北美洲合计
2014	数量	7	1	8
	比例（%）	87.50	12.50	100.00
	指数	120.69	55.56	105.26
2015	数量	9	1	10
	比例（%）	90.00	10.00	100.00
	指数	155.17	55.56	131.58
2016	数量	10	0	10
	比例（%）	100.00	0.00	100.00
	指数	172.41	0.00	131.58
合计	数量	48	9	57
	比例（%）	84.21	15.79	100.00
2011—2015 均值		5.80	1.80	7.60

表 4-3-5　民营样本企业绿地投资标的国（地区）的项目数量指数——中南美洲

（单位：件、%）

年份		墨西哥	巴拿马	巴西	阿根廷	智利	秘鲁	圭亚那	玻利维亚	哥伦比亚	委内瑞拉	乌拉圭	中南美洲合计
2005	数量	0	0	0	0	0	0	0	0	0	0	0	0
	比例（%）	0	0	0	0	0	0	0	0	0	0	0	0
	指数	0.00	0.00	0.00	0.00	0.00	0.00	0.00	n.a.	0.00	0.00	0.00	0.00
2006	数量	0	0	0	0	0	0	0	0	0	0	0	0
	比例（%）	0	0	0	0	0	0	0	0	0	0	0	0
	指数	0.00	0.00	0.00	0.00	0.00	0.00	0.00	n.a.	0.00	0.00	0.00	0.00
2007	数量	0	0	0	0	0	0	0	0	0	0	0	0
	比例（%）	0	0	0	0	0	0	0	0	0	0	0	0
	指数	0.00	0.00	0.00	0.00	0.00	0.00	0.00	n.a.	0.00	0.00	0.00	0.00
2008	数量	1	0	0	0	0	0	1	0	0	0	0	2
	比例（%）	50.00	0.00	0.00	0.00	0.00	0.00	50.00	0.00	0.00	0.00	0.00	100.00
	指数	62.50	0.00	0.00	0.00	0.00	0.00	500.00	n.a.	0.00	0.00	0.00	24.39

年份		墨西哥	巴拿马	巴西	阿根廷	智利	秘鲁	圭亚那	玻利维亚	哥伦比亚	委内瑞拉	乌拉圭	中南美洲合计
2009	数量	0	0	0	0	0	0	0	0	0	0	0	0
	比例（%）	0	0	0	0	0	0	0	0	0	0	0	0
	指数	0.00	0.00	0.00	0.00	0.00	0.00	0.00	n. a.	0.00	0.00	0.00	0.00
2010	数量	0	0	2	0	0	0	0	0	0	0	0	2
	比例（%）	0.00	0.00	100.00	0.00	0.00	0.00	0.00	0.00	0.00	0.00	0.00	100.00
	指数	0.00	0.00	52.63	0.00	0.00	0.00	0.00	n. a.	0.00	0.00	0.00	24.39
2011	数量	0	1	5	1	0	0	0	0	1	0	1	9
	比例（%）	0.00	11.11	55.56	11.11	0.00	0.00	0.00	0.00	11.11	0.00	11.11	100.00
	指数	0.00	250.00	131.58	250.00	0.00	0.00	0.00	n. a.	500.00	0.00	500.00	109.76
2012	数量	0	0	4	0	1	1	1	0	0	0	0	7
	比例（%）	0.00	0.00	57.14	0.00	14.29	14.29	14.29	0.00	0.00	0.00	0.00	100.00
	指数	0.00	0.00	105.26	0.00	250.00	500.00	500.00	n. a.	0.00	0.00	0.00	85.37
2013	数量	0	0	1	1	1	0	0	0	0	1	0	4
	比例（%）	0.00	0.00	25.00	25.00	25.00	0.00	0.00	0.00	0.00	25.00	0.00	100.00
	指数	0.00	0.00	26.32	250.00	250.00	0.00	0.00	n. a.	0.00	125.00	0.00	48.78
2014	数量	5	0	6	0	0	0	0	0	0	1	0	12
	比例（%）	41.67	0.00	50.00	0.00	0.00	0.00	0.00	0.00	0.00	8.33	0.00	100.00
	指数	312.50	0.00	157.89	0.00	0.00	0.00	0.00	n. a.	0.00	125.00	0.00	146.34
2015	数量	3	1	3	0	0	0	0	0	0	2	0	9
	比例（%）	33.33	11.11	33.33	0.00	0.00	0.00	0.00	0.00	0.00	22.22	0.00	100.00
	指数	187.50	250.00	78.95	0.00	0.00	0.00	0.00	n. a.	0.00	250.00	0.00	109.76
2016	数量	3	1	0	2	0	0	0	1	0	0	0	7
	比例（%）	42.86	14.29	0.00	28.57	0.00	0.00	0.00	14.29	0.00	0.00	0.00	100.00
	指数	187.50	250.00	0.00	500.00	0.00	0.00	0.00	n. a.	0.00	0.00	0.00	85.37
合计	数量	12	3	21	4	2	1	2	1	1	4	1	52
	比例（%）	23.08	5.77	40.38	7.69	3.85	1.92	3.85	1.92	1.92	7.69	1.92	100.00
2011—2015均值		1.60	0.40	3.80	0.40	0.40	0.20	0.20	0.00	0.20	0.80	0.20	8.20

表 4-3-6　民营样本企业绿地投资标的国（地区）的项目数量指数——亚洲

（单位：件、%）

年份		日本	韩国	新加坡	中国香港	中国台湾	马来西亚	菲律宾	泰国	越南	柬埔寨
2005	数量	0	0	0	0	0	1	0	0	0	0
	比例（%）	0.00	0.00	0.00	0.00	0.00	50.00	0.00	0.00	0.00	0.00
	指数	0.00	0.00	0.00	0.00	0.00	83.33	n. a.	0.00	0.00	n. a.
2006	数量	0	0	0	0	0	0	0	0	1	0
	比例（%）	0.00	0.00	0.00	0.00	0.00	0.00	0.00	0.00	50.00	0.00
	指数	0.00	0.00	0.00	0.00	0.00	0.00	n. a.	0.00	250.00	n. a.
2007	数量	0	0	0	0	0	1	2	0	1	0
	比例（%）	0.00	0.00	0.00	0.00	0.00	14.29	28.57	0.00	14.29	0.00
	指数	0.00	0.00	0.00	0.00	0.00	83.33	n. a.	0.00	250.00	n. a.
2008	数量	0	2	0	0	0	0	0	1	4	0
	比例（%）	0.00	20.00	0.00	0.00	0.00	0.00	0.00	10.00	40.00	0.00
	指数	0.00	333.33	0.00	0.00	0.00	0.00	n. a.	71.43	1000.00	n. a.
2009	数量	2	0	2	2	0	0	1	0	1	0
	比例（%）	14.29	0.00	14.29	14.29	0.00	0.00	7.14	0.00	7.14	0.00
	指数	250.00	0.00	166.67	333.33	0.00	0.00	n. a.	0.00	250.00	n. a.
2010	数量	0	0	0	0	1	0	0	0	0	0
	比例（%）	0.00	0.00	0.00	0.00	25.00	0.00	0.00	0.00	0.00	0.00
	指数	0.00	0.00	0.00	0.00	250.00	0.00	n. a.	0.00	0.00	n. a.
2011	数量	0	1	3	1	0	0	0	1	0	0
	比例（%）	0.00	10.00	30.00	10.00	0.00	0.00	0.00	10.00	0.00	0.00
	指数	0.00	166.67	250.00	166.67	0.00	0.00	n. a.	71.43	0.00	n. a.
2012	数量	1	0	2	0	0	1	0	0	0	0
	比例（%）	11.11	0.00	22.22	0.00	0.00	11.11	0.00	0.00	0.00	0.00
	指数	125.00	0.00	165.67	0.00	0.00	83.33	n. a.	0.00	0.00	n. a.
2013	数量	1	0	1	0	1	1	0	0	0	0
	比例（%）	11.11	0.00	11.11	0.00	11.11	11.11	0.00	0.00	0.00	0.00
	指数	125.00	0.00	83.33	0.00	250.00	83.33	n. a.	0.00	0.00	n. a.

年份		日本	韩国	新加坡	中国香港	中国台湾	马来西亚	菲律宾	泰国	越南	柬埔寨
2014	数量	1	2	0	1	1	1	0	1	2	0
	比例（%）	7.14	14.29	0.00	7.14	7.14	7.14	0.00	7.14	14.29	0.00
	指数	125.00	333.33	0.00	166.67	250.00	83.33	n.a.	71.43	500.00	n.a.
2015	数量	1	0	0	1	0	3	0	5	0	0
	比例（%）	4.00	0.00	0.00	4.00	0.00	12.00	0.00	20.00	0.00	0.00
	指数	125.00	0.00	0.00	166.67	0.00	250.00	n.a.	357.14	0.00	n.a.
2016	数量	5	1	3	0	0	5	2	4	1	2
	比例（%）	10.20	2.04	6.12	0.00	0.00	10.20	4.08	8.16	2.04	4.08
	指数	625.00	166.67	250.00	0.00	0.00	416.67	n.a.	285.71	250.00	n.a.
合计	数量	11	6	11	5	3	13	5	12	10	2
	比例（%）	7.10	3.87	7.10	3.23	1.94	8.39	3.23	7.74	6.45	1.29
2011—2015均值		0.80	0.60	1.20	0.60	0.40	1.20	0.00	1.40	0.40	0.00

年份		老挝	文莱	印度尼西亚	印度	巴基斯坦	孟加拉国	斯里兰卡	尼泊尔	哈萨克斯坦	乌兹别克斯坦
2005	数量	0	0	0	1	0	0	0	0	0	0
	比例（%）	0.00	0.00	0.00	50.00	0.00	0.00	0.00	0.00	0.00	0.00
	指数	n.a.	0.00	0.00	35.71	n.a.	n.a.	n.a.	0.00	0.00	0.00
2006	数量	0	0	0	1	0	0	0	0	0	0
	比例（%）	0.00	0.00	0.00	50.00	0.00	0.00	0.00	0.00	0.00	0.00
	指数	n.a.	0.00	0.00	35.71	n.a.	n.a.	n.a.	0.00	0.00	0.00
2007	数量	0	0	2	0	0	0	0	0	0	0
	比例（%）	0.00	0.00	28.57	0.00	0.00	0.00	0.00	0.00	0.00	0.00
	指数	n.a.	0.00	166.67	0.00	n.a.	n.a.	n.a.	0.00	0.00	0.00
2008	数量	0	0	0	2	1	0	0	0	0	0
	比例（%）	0.00	0.00	0.00	20.00	10.00	0.00	0.00	0.00	0.00	0.00
	指数	n.a.	0.00	0.00	71.43	n.a.	n.a.	n.a.	0.00	0.00	0.00

年份		老挝	文莱	印度尼西亚	印度	巴基斯坦	孟加拉国	斯里兰卡	尼泊尔	哈萨克斯坦	乌兹别克斯坦
2009	数量	1	0	3	0	0	0	0	0	0	0
	比例（%）	7.14	0.00	21.43	0.00	0.00	0.00	0.00	0.00	0.00	0.00
	指数	n.a.	0.00	250.00	0.00	n.a.	n.a.	n.a.	0.00	0.00	0.00
2010	数量	0	0	1	1	0	0	0	0	0	0
	比例（%）	0.00	0.00	25.00	25.00	0.00	0.00	0.00	0.00	0.00	0.00
	指数	n.a.	0.00	83.33	35.71	n.a.	n.a.	n.a.	0.00	0.00	0.00
2011	数量	0	1	0	2	0	0	0	0	0	0
	比例（%）	0.00	10.00	0.00	20.00	0.00	0.00	0.00	0.00	0.00	0.00
	指数	n.a.	500.00	0.00	71.43	n.a.	n.a.	n.a.	0.00	0.00	0.00
2012	数量	0	0	1	3	0	0	0	0	0	0
	比例（%）	0.00	0.00	11.11	33.33	0.00	0.00	0.00	0.00	0.00	0.00
	指数	n.a.	0.00	83.33	107.14	n.a.	n.a.	n.a.	0.00	0.00	0.00
2013	数量	0	0	0	2	0	0	0	0	0	0
	比例（%）	0.00	0.00	0.00	22.22	0.00	0.00	0.00	0.00	0.00	0.00
	指数	n.a.	0.00	0.00	71.43	n.a.	n.a.	n.a.	0.00	0.00	0.00
2014	数量	0	0	3	1	0	0	0	0	0	0
	比例（%）	0.00	0.00	21.43	7.14	0.00	0.00	0.00	0.00	0.00	0.00
	指数	n.a.	0.00	250.00	35.71	n.a.	n.a.	n.a.	0.00	0.00	0.00
2015	数量	0	0	2	6	0	0	0	1	2	1
	比例（%）	0.00	0.00	8.00	24.00	0.00	0.00	0.00	4.00	8.00	4.00
	指数	n.a.	0.00	166.67	214.29	n.a.	n.a.	n.a.	500.00	500.00	500.00
2016	数量	0	0	2	14	0	1	3	0	0	1
	比例（%）	0.00	0.00	4.03	28.57	0.00	2.04	6.12	0.00	0.00	2.04
	指数	n.a.	0.00	166.67	500.00	n.a.	n.a.	n.a.	0.00	0.00	500.00
合计	数量	1	1	14	33	1	1	3	1	2	2
	比例（%）	0.65	0.65	9.03	21.29	0.65	0.65	1.94	0.65	1.29	1.29
2011—2015均值		0.00	0.20	1.20	2.80	0.00	0.00	0.00	0.20	0.40	0.20

年份		阿拉伯联合酋长国	阿塞拜疆	土耳其	巴林	科威特	沙特阿拉伯	伊拉克	伊朗	约旦	亚洲合计
2005	数量	0	0	0	0	0	0	0	0	0	2
	比例（%）	0.00	0.00	0.00	0.00	0.00	0.00	0.00	0.00	0.00	100.00
	指数	0.00	n.a.	0.00	0.00	0.00	0.00	0.00	n.a.	n.a.	14.93
2006	数量	0	0	0	0	0	0	0	0	0	2
	比例（%）	0.00	0.00	0.00	0.00	0.00	0.00	0.00	0.00	0.00	100.00
	指数	0.00	n.a.	0.00	0.00	0.00	0.00	0.00	n.a.	n.a.	14.93
2007	数量	0	0	0	0	0	0	0	1	0	7
	比例（%）	0.00	0.00	0.00	0.00	0.00	0.00	0.00	14.29	0.00	100.00
	指数	0.00	n.a.	0.00	0.00	0.00	0.00	0.00	n.a.	n.a.	52.24
2008	数量	0	0	0	0	0	0	0	0	0	10
	比例（%）	0.00	0.00	0.00	0.00	0.00	0.00	0.00	0.00	0.00	100.00
	指数	0.00	n.a.	0.00	0.00	0.00	0.00	0.00	n.a.	n.a.	74.63
2009	数量	0	1	1	0	0	0	0	0	0	14
	比例（%）	0.00	7.14	7.14	0.00	0.00	0.00	0.00	0.00	0.00	100.00
	指数	0.00	n.a.	500.00	0.00	0.00	0.00	0.00	n.a.	n.a.	104.48
2010	数量	0	1	0	0	0	0	0	0	0	4
	比例（%）	0.00	25.00	0.00	0.00	0.00	0.00	0.00	0.00	0.00	100.00
	指数	0.00	n.a.	0.00	0.00	0.00	0.00	0.00	n.a.	n.a.	29.85
2011	数量	0	0	0	0	0	0	1	0	0	10
	比例（%）	0.00	0.00	0.00	0.00·	0.00	0.00	10.00	0.00	0.00	100.00
	指数	0.00	n.a.	0.00	0.00	0.00	0.00	500.00	n.a.	n.a.	74.63
2012	数量	1	0	0	0	0	0	0	0	0	9
	比例（%）	11.11	0.00	0.00	0.00	0.00	0.00	0.00	0.00	0.00	100.00
	指数	250.00	n.a.	0.00	0.00	0.00	0.00	0.00	n.a.	n.a.	67.16
2013	数量	1	0	1	1	0	0	0	0	0	9
	比例（%）	11.11	0.00	11.11	11.11	0.00	0.00	0.00	0.00	0.00	100.00
	指数	250.00	n.a.	500.00	250.00	0.00	0.00	0.00	n.a.	n.a.	67.16

年份		阿拉伯联合酋长国	阿塞拜疆	土耳其	巴林	科威特	沙特阿拉伯	伊拉克	伊朗	约旦	亚洲合计
2014	数量	0	0	0	0	1	0	0	0	0	14
	比例（%）	0.00	0.00	0.00	0.00	7.14	0.00	0.00	0.00	0.00	100.00
	指数	0.00	n. a.	0.00	0.00	250.00	0.00	0.00	n. a.	n. a.	104.48
2015	数量	0	0	0	1	1	1	0	0	0	25
	比例（%）	0.00	0.00	0.00	4.00	4.00	4.00	0.00	0.00	0.00	100.00
	指数	0.00	n. a.	0.00	250.00	250.00	500.00	0.00	n. a.	n. a.	186.57
2016	数量	1	1	1	0	0	1	0	0	1	49
	比例（%）	2.04	2.04	2.04	0.00	0.00	2.04	0.00	0.00	2.04	100.00
	指数	250.00	n. a.	500.00	0.00	0.00	500.00	0.00	n. a.	n. a.	365.67
合计	数量	3	3	3	2	2	2	1	1	1	155
	比例（%）	1.94	1.94	1.94	1.29	1.29	1.29	0.65	0.65	0.65	100.00
2011—2015 均值		0.40	0.00	0.20	0.40	0.40	0.20	0.20	0.00	0.00	13.40

表 4-3-7　民营样本企业绿地投资标的国（地区）的项目数量指数——大洋洲

（单位：件、%）

年份		澳大利亚	大洋洲合计
2005	数量	0	0
	比例（%）	n. a.	n. a.
	指数	0.00	0.00
2006	数量	0	0
	比例（%）	n. a.	n. a.
	指数	0.00	0.00
2007	数量	0	0
	比例（%）	n. a.	n. a.
	指数	0.00	0.00
2008	数量	1	1
	比例（%）	100.00	100.00
	指数	33.33	33.33

续表

年份		澳大利亚	大洋洲合计
2009	数量	0	0
	比例（%）	n. a.	n. a.
	指数	0.00	0.00
2010	数量	0	0
	比例（%）	n. a.	n. a.
	指数	0.00	0.00
2011	数量	7	7
	比例（%）	100.00	100.00
	指数	233.33	233.33
2012	数量	2	2
	比例（%）	100.00	100.00
	指数	66.67	66.67
2013	数量	2	2
	比例（%）	100.00	100.00
	指数	66.67	66.67
2014	数量	1	1
	比例（%）	100.00	100.00
	指数	33.33	33.33
2015	数量	3	3
	比例（%）	100.00	100.00
	指数	100.00	100.00
2016	数量	1	1
	比例（%）	100.00	100.00
	指数	33.33	33.33
合计	数量	17	17
	比例（%）	100.00	100.00
2011—2015 均值		3.00	3.00

表 4-3-8　民营样本企业绿地投资标的国（地区）的项目数量指数——非洲

（单位：件、%）

年份		阿尔及利亚	埃及	埃塞俄比亚	多哥	科特迪瓦	摩洛哥	南非
2005	数量	0	0	0	0	0	0	0
	比例（%）	0.00	0.00	0.00	0.00	0.00	0.00	0.00
	指数	0.00	0.00	0.00	n. a.	0.00	0.00	0.00
2006	数量	0	0	0	0	0	0	0
	比例（%）	0.00	0.00	0.00	0.00	0.00	0.00	0.00
	指数	0.00	0.00	0.00	n. a.	0.00	0.00	0.00
2007	数量	0	0	0	0	0	0	1
	比例（%）	0.00	0.00	0.00	0.00	0.00	0.00	50.00
	指数	0.00	0.00	0.00	n. a.	0.00	0.00	71.43
2008	数量	0	0	0	0	0	0	0
	比例（%）	0.00	0.00	0.00	0.00	0.00	0.00	0.00
	指数	0.00	0.00	0.00	n. a.	0.00	0.00	0.00
2009	数量	1	0	1	0	0	0	0
	比例（%）	50.00	0.00	50.00	0.00	0.00	0.00	0.00
	指数	500.00	0.00	500.00	n. a.	0.00	0.00	0.00
2010	数量	0	0	0	0	0	0	0
	比例（%）	0.00	0.00	0.00	0.00	0.00	0.00	0.00
	指数	0.00	0.00	0.00	n. a.	0.00	0.00	0.00
2011	数量	0	0	1	0	0	0	3
	比例（%）	0.00	0.00	25.00	0.00	0.00	0.00	75.00
	指数	0.00	0.00	500.00	n. a.	0.00	0.00	214.29
2012	数量	0	2	0	0	1	1	0
	比例（%）	0.00	28.57	0.00	0.00	14.29	14.29	0.00
	指数	0.00	500.00	0.00	n. a.	500.00	250.00	0.00
2013	数量	1	0	0	0	0	0	1
	比例（%）	50.00	0.00	0.00	0.00	0.00	0.00	50.00
	指数	500.00	0.00	0.00	n. a.	0.00	0.00	71.43

年份		阿尔及利亚	埃及	埃塞俄比亚	多哥	科特迪瓦	摩洛哥	南非
2014	数量	0	0	0	0	0	0	2
	比例（%）	0.00	0.00	0.00	0.00	0.00	0.00	100.00
	指数	0.00	0.00	0.00	n. a.	0.00	0.00	142.86
2015	数量	0	0	0	0	0	1	1
	比例（%）	0.00	0.00	0.00	0.00	0.00	50.00	50.00
	指数	0.00	0.00	0.00	n. a.	0.00	250.00	71.43
2016	数量	0	6	3	0	1	0	2
	比例（%）	0.00	37.50	18.75	0.00	6.25	0.00	12.50
	指数	0.00	1500.00	1500.00	n. a.	500.00	0.00	142.86
合计	数量	2	8	5	0	2	2	10
	比例（%）	5.41	21.62	13.51	0.00	5.41	5.41	27.03
2011—2015 均值		0.20	0.40	0.20	0.00	0.20	0.40	1.40

年份		尼日利亚	塞内加尔	加纳	赞比亚	非洲合计
2005	数量	0	0	0	0	0
	比例（%）	0.00	0.00	0.00	0.00	0.00
	指数	0.00	n. a.	0.00	0.00	0.00
2006	数量	0	0	0	0	0
	比例（%）	0.00	0.00	0.00	0.00	0.00
	指数	0.00	n. a.	0.00	0.00	0.00
2007	数量	1	0	0	0	2
	比例（%）	50.00	0.00	0.00	0.00	100.00
	指数	500.00	n. a.	0.00	0.00	58.82
2008	数量	0	0	0	0	0
	比例（%）	0.00	0.00	0.00	0.00	0.00
	指数	0.00	n. a.	0.00	0.00	0.00
2009	数量	0	0	0	0	2
	比例（%）	0.00	0.00	0.00	0.00	100.00
	指数	0.00	n. a.	0.00	0.00	58.82

年份		尼日利亚	塞内加尔	加纳	赞比亚	非洲合计
2010	数量	0	0	0	0	0
	比例（%）	0.00	0.00	0.00	0.00	0.00
	指数	0.00	n. a.	0.00	0.00	0.00
2011	数量	0	0	0	0	4
	比例（%）	0.00	0.00	0.00	0.00	100.00
	指数	0.00	n. a.	0.00	0.00	117.65
2012	数量	1	0	1	1	7
	比例（%）	14.29	0.00	14.29	14.29	100.00
	指数	500.00	n. a.	500.00	500.00	205.88
2013	数量	0	0	0	0	2
	比例（%）	0.00	0.00	0.00	0.00	100.00
	指数	0.00	n. a.	0.00	0.00	58.82
2014	数量	0	0	0	0	2
	比例（%）	0.00	0.00	0.00	0.00	100.00
	指数	0.00	n. a.	0.00	0.00	58.82
2015	数量	0	0	0	0	2
	比例（%）	0.00	0.00	0.00	0.00	100.00
	指数	0.00	n. a.	0.00	0.00	58.82
2016	数量	1	1	1	1	16
	比例（%）	6.25	6.25	6.25	6.25	100.00
	指数	500.00	n. a.	500.00	500.00	470.59
合计	数量	3	1	2	2	37
	比例（%）	8.11	2.70	5.41	5.41	100.00
2011—2015 均值		0.20	0.00	0.20	0.20	3.40

2. 标的国（地区）的大洲别项目金额分布

表 4-3-9 民营样本企业绿地投资标的国（地区）的项目金额指数——欧洲

（单位：百万美元、%）

年份		英国	德国	法国	西班牙	比利时	奥地利	白俄罗斯	丹麦	希腊
2005	金额	1.80	0.00	0.00	0.00	3.70	0.00	0.00	0.00	0.00
	比例（%）	32.73	0.00	0.00	0.00	67.27	0.00	0.00	0.00	0.00
	指数	0.30	0.00	0.00	0.00	26.43	0.00	n. a.	n. a.	0.00
2006	金额	0.00	0.00	0.00	0.00	0.00	0.00	0.00	0.00	0.00
	比例（%）	0.00	0.00	0.00	0.00	0.00	0.00	0.00	0.00	0.00
	指数	0.00	0.00	0.00	0.00	0.00	0.00	n. a.	n. a.	0.00
2007	金额	3.60	0.00	0.00	0.00	46.80	0.00	0.00	0.00	0.00
	比例（%）	0.78	0.00	0.00	0.00	10.09	0.00	0.00	0.00	0.00
	指数	0.60	0.00	0.00	0.00	334.29	0.00	n. a.	n. a.	0.00
2008	金额	0.00	96.47	0.00	539.11	0.00	0.00	0.00	0.00	2.30
	比例（%）	0.00	14.61	0.00	81.66	0.00	0.00	0.00	0.00	0.35
	指数	0.00	325.74	0.00	2653.10	0.00	0.00	n. a.	n. a.	6.33
2009	金额	0.00	2.17	0.00	0.00	0.00	0.00	0.00	0.00	0.00
	比例（%）	0.00	0.44	0.00	0.00	0.00	0.00	0.00	0.00	0.00
	指数	0.00	7.33	0.00	0.00	0.00	0.00	n. a.	n. a.	0.00
2010	金额	0.00	30.80	0.00	5.30	57.50	0.00	0.00	0.00	0.00
	比例（%）	0.00	6.26	0.00	1.08	11.68	0.00	0.00	0.00	0.00
	指数	0.00	104.00	0.00	26.08	410.71	0.00	n. a.	n. a.	0.00
2011	金额	189.50	35.59	3.10	3.30	70.00	60.00	0.00	0.00	181.80
	比例（%）	12.40	2.33	0.20	0.22	4.58	3.93	0.00	0.00	11.90
	指数	31.57	120.17	101.97	16.24	500.00	500.00	n. a.		500.00
2012	金额	2.30	9.00	2.30	0.00	0.00	0.00	0.00	0.00	0.00
	比例（%）	0.55	2.17	0.55	0.00	0.00	0.00	0.00	0.00	0.00
	指数	0.38	30.39	75.66	0.00	0.00	0.00	n. a.	n. a.	0.00
2013	金额	1364.83	0.19	0.00	0.00	0.00	0.00	0.00	0.00	0.00
	比例（%）	99.99	0.01	0.00	0.00	0.00	0.00	0.00	0.00	0.00
	指数	227.40	0.63	0.00	0.00	0.00	0.00	n. a.	丹麦	0.00

年份		英国	德国	法国	西班牙	比利时	奥地利	白俄罗斯	丹麦	希腊
2014	金额	1210.70	97.70	7.00	98.30	0.00	0.00	0.00	0.00	0.00
	比例（%）	46.50	3.75	0.27	3.78	0.00	0.00	0.00	0.00	0.00
	指数	201.72	329.89	230.26	483.76	0.00	0.00	n.a.	n.a.	0.00
2015	金额	233.59	5.60	2.80	0.00	0.00	0.00	0.00	0.00	0.00
	比例（%）	59.62	1.43	0.71	0.00	0.00	0.00	0.00	0.00	0.00
	指数	38.92	18.91	92.11	0.00	0.00	0.00	n.a.	n.a.	0.00
2016	金额	986.93	43.82	3324.77	157.82	0.00	45.10	199.80	0.00	0.00
	比例（%）	19.36	0.86	65.23	3.10	0.00	0.88	3.92	0.00	0.00
	指数	164.44	147.96	109367.43	776.69	0.00	375.83	n.a.	n.a.	0.00
合计	金额	3993.24	321.34	3339.97	803.83	178.00	105.10	199.80	0.00	184.10
	比例（%）	29.48	2.37	24.66	5.93	1.31	0.78	1.48	0.00	1.36
2011—2015均值		600.18	29.62	3.04	20.32	14.00	12.00	0.00	0.00	36.36

年份		俄罗斯	荷兰	立陶宛	罗马尼亚	葡萄牙	瑞典	瑞士	意大利	爱尔兰	保加利亚
2005	金额	0.00	0.00	0.00	0.00	0.00	0.00	0.00	0.00	0.00	0.00
	比例（%）	0.00	0.00	0.00	0.00	0.00	0.00	0.00	0.00	0.00	0.00
	指数	0.00	0.00	0.00	0.00	0.00	0.00	0.00	n.a.	0.00	0.00
2006	金额	0.00	0.00	0.00	0.00	0.00	0.00	0.00	0.00	0.00	0.00
	比例（%）	0.00	0.00	0.00	0.00	0.00	0.00	0.00	0.00	0.00	0.00
	指数	0.00	0.00	0.00	0.00	0.00	0.00	0.00	n.a.	0.00	0.00
2007	金额	413.60	0.00	0.00	0.00	0.00	0.00	0.00	0.00	0.00	0.00
	比例（%）	89.14	0.00	0.00	0.00	0.00	0.00	0.00	0.00	0.00	0.00
	指数	179.33	0.00	0.00	0.00	0.00	0.00	0.00	n.a.	0.00	0.00
2008	金额	5.20	10.20	0.00	0.00	0.00	0.00	2.30	4.60	0.00	0.00
	比例（%）	0.79	1.55	0.00	0.00	0.00	0.00	0.35	0.70	0.00	0.00
	指数	2.25	158.39	0.00	0.00	0.00	0.00	65.71	n.a.	0.00	0.00

续表

年份		俄罗斯	荷兰	立陶宛	罗马尼亚	葡萄牙	瑞典	瑞士	意大利	爱尔兰	保加利亚
2009	金额	0.00	2.00	0.00	0.00	0.00	0.00	0.00	5.50	0.00	0.00
	比例（%）	0.00	0.41	0.00	0.00	0.00	0.00	0.00	1.13	0.00	0.00
	指数	0.00	31.06	0.00	0.00	0.00	0.00	0.00	n. a.	0.00	0.00
2010	金额	279.90	22.80	0.00	0.00	0.00	0.00	3.60	0.00	0.00	0.00
	比例（%）	56.86	4.63	0.00	0.00	0.00	0.00	0.73	0.00	0.00	0.00
	指数	121.36	354.04	0.00	0.00	0.00	0.00	102.86	n. a.	0.00	0.00
2011	金额	406.80	14.60	38.90	23.10	1.70	389.00	0.00	0.00	0.00	0.00
	比例（%）	26.63	0.96	2.55	1.51	0.11	25.46	0.00	0.00	0.00	0.00
	指数	176.38	226.71	500.00	424.63	500.00	209.41	0.00	n. a.	0.00	0.00
2012	金额	0.00	0.00	0.00	0.00	0.00	0.00	0.00	0.00	0.00	279.90
	比例（%）	0.00	0.00	0.00	0.00	0.00	0.00	0.00	0.00	0.00	67.46
	指数	0.00	0.00	0.00	0.00	0.00	0.00	0.00	n. a.	0.00	500.00
2013	金额	0.00	0.00	0.00	0.00	0.00	0.00	0.00	0.00	0.00	0.00
	比例（%）	0.00	0.00	0.00	0.00	0.00	0.00	0.00	0.00	0.00	0.00
	指数	0.00	0.00	0.00	0.00	0.00	0.00	0.00	n. a.	0.00	0.00
2014	金额	650.00	0.00	0.00	0.00	0.00	539.80	0.00	0.00	0.00	0.00
	比例（%）	24.97	0.00	0.00	0.00	0.00	20.73	0.00	0.00	0.00	0.00
	指数	281.82	0.00	0.00	0.00	0.00	290.59	0.00	n. a.	0.00	0.00
2015	金额	96.40	17.60	0.00	4.10	0.00	0.00	17.50	0.00	14.20	0.00
	比例（%）	24.61	4.49	0.00	1.05	0.00	0.00	4.47	0.00	3.62	0.00
	指数	41.80	273.29	0.00	75.37	0.00	0.00	500.00	n. a.	500.00	0.00
2016	金额	84.50	44.70	0.00	26.20	36.80	62.60	0.00	6.40	16.60	0.00
	比例（%）	1.66	0.88	0.00	0.51	0.72	1.23	0.00	0.13	0.33	0.00
	指数	36.64	694.10	0.00	481.62	10823.53	33.70	0.00	n. a.	584.51	0.00
合计	金额	1936.40	111.90	38.90	53.40	38.50	991.40	23.40	16.50	30.80	279.90
	比例（%）	14.30	0.83	0.29	0.39	0.28	7.32	0.17	0.12	0.23	2.07
2011—2015均值		230.64	6.44	7.78	5.44	0.34	185.76	3.50	0.00	2.84	55.98

续表

年份		波兰	芬兰	克罗地亚	马耳他	塞尔维亚	乌克兰	匈牙利	欧洲合计
2005	金额	0.00	0.00	0.00	0.00	0.00	0.00	0.00	5.50
	比例（%）	0.00	0.00	0.00	0.00	0.00	0.00	0.00	100.00
	指数	0.00	0.00	n.a.	n.a.	n.a.	n.a.	0.00	0.44
2006	金额	0.00	0.00	0.00	0.00	0.00	35.00	0.00	35.00
	比例（%）	0.00	0.00	0.00	0.00	0.00	100.00	0.00	100.00
	指数	0.00	0.00	n.a.	n.a.	n.a.	n.a.	0.00	2.78
2007	金额	0.00	0.00	0.00	0.00	0.00	0.00	0.00	464.00
	比例（%）	0.00	0.00	0.00	0.00	0.00	0.00	0.00	100.00
	指数	0.00	0.00	n.a.	n.a.	n.a.	n.a.	0.00	36.81
2008	金额	0.00	0.00	0.00	0.00	0.00	0.00	0.00	660.18
	比例（%）	0.00	0.00	0.00	0.00	0.00	0.00	0.00	100.00
	指数	0.00	0.00	n.a.	n.a.	n.a.	n.a.	0.00	52.37
2009	金额	0.00	0.00	0.00	0.00	0.00	0.00	478.00	487.67
	比例（%）	0.00	0.00	0.00	0.00	0.00	0.00	98.02	100.00
	指数	0.00	0.00	n.a.	n.a.	n.a.	n.a.	2769.41	38.69
2010	金额	0.00	0.00	92.40	0.00	0.00	0.00	0.00	492.30
	比例（%）	0.00	0.00	18.77	0.00	0.00	0.00	0.00	100.00
	指数	0.00	0.00	n.a.	n.a.	n.a.	n.a.	0.00	39.05
2011	金额	55.00	0.00	0.00	0.00	0.00	0.00	55.40	1527.79
	比例（%）	3.60	0.00	0.00	0.00	0.00	0.00	3.63	100.00
	指数	500.00	0.00	n.a.	n.a.	n.a.	n.a.	320.97	121.20
2012	金额	0.00	90.50	0.00	0.00	0.00	0.00	30.90	414.90
	比例（%）	0.00	21.81	0.00	0.00	0.00	0.00	7.45	100.00
	指数	0.00	500.00	n.a.	n.a.	n.a.	n.a.	179.03	32.91
2013	金额	0.00	0.00	0.00	0.00	0.00	0.00	0.00	1365.01
	比例（%）	0.00	0.00	0.00	0.00	0.00	0.00	0.00	100.00
	指数	0.00	0.00	n.a.	n.a.	n.a.	n.a.	0.00	108.28

年份		波兰	芬兰	克罗地亚	马耳他	塞尔维亚	乌克兰	匈牙利	欧洲合计
2014	金额	0.00	0.00	0.00	0.00	0.00	0.00	0.00	2603.50
	比例（%）	0.00	0.00	0.00	0.00	0.00	0.00	0.00	100.00
	指数	0.00	0.00	n. a.	n. a.	n. a.	n. a.	0.00	206.53
2015	金额	0.00	0.00	0.00	0.00	0.00	0.00	0.00	391.79
	比例（%）	0.00	0.00	0.00	0.00	0.00	0.00	0.00	100.00
	指数	0.00	0.00	n. a.	n. a.	n. a.	n. a.	0.00	31.08
2016	金额	0.00	3.40	0.00	23.10	13.00	0.00	21.77	5097.31
	比例（%）	0.00	0.07	0.00	0.45	0.26	0.00	0.43	100.00
	指数	0.00	18.78	n. a.	n. a.	n. a.	n. a.	126.12	404.36
合计	金额	55.00	93.90	92.40	23.10	13.00	35.00	586.07	13544.95
	比例（%）	0.41	0.69	0.68	0.17	0.10	0.26	4.33	100.00
2011—2015均值		11.00	18.10	0.00	0.00	0.00	0.00	17.26	1260.60

表 4-3-10 民营样本企业绿地投资标的国（地区）的项目金额指数——北美洲

（单位：百万美元、%）

年份		美国	加拿大	北美洲合计
2005	金额	0.00	0.00	0.00
	比例（%）	0.00	0.00	0.00
	指数	0.00	0.00	0.00
2006	金额	60.00	0.00	60.00
	比例（%）	100.00	0.00	100.00
	指数	5.65	0.00	5.40
2007	金额	34.50	0.00	34.50
	比例（%）	100.00	0.00	100.00
	指数	3.25	0.00	3.11

年份		美国	加拿大	北美洲合计
2008	金额	3.50	0.00	3.50
	比例（%）	100.00	0.00	100.00
	指数	0.33	0.00	0.32
2009	金额	14.30	0.00	14.30
	比例（%）	100.00	0.00	100.00
	指数	1.35	0.00	1.29
2010	金额	210.60	0.00	210.60
	比例（%）	100.00	0.00	100.00
	指数	19.83	0.00	18.96
2011	金额	163.10	32.57	195.67
	比例（%）	83.35	16.65	100.00
	指数	15.36	66.34	17.61
2012	金额	0.00	0.00	0.00
	比例（%）	0.00	0.00	0.00
	指数	0.00	0.00	0.00
2013	金额	205.00	0.00	205.00
	比例（%）	100.00	0.00	100.00
	指数	19.31	0.00	18.45
2014	金额	4316.30	210.00	4526.30
	比例（%）	95.36	4.64	100.00
	指数	406.48	427.75	407.42
2015	金额	624.90	2.90	627.80
	比例（%）	99.54	0.46	100.00
	指数	58.85	5.91	56.51
2016	金额	1661.70	0.00	1661.70
	比例（%）	100.00	0.00	100.00
	指数	156.49	0.00	149.57
合计	金额	7293.90	245.47	7539.37
	比例（%）	96.74	3.26	100.00
2011—2015 均值		1061.86	49.09	1110.95

表 4-3-11 民营样本企业绿地投资标的国（地区）的项目金额指数——中南美洲

（单位：百万美元、%）

年份		墨西哥	巴拿马	巴西	阿根廷	智利	秘鲁	圭亚那	玻利维亚	哥伦比亚	委内瑞拉	乌拉圭	中南美洲合计
2005	金额	0.00	0.00	0.00	0.00	0.00	0.00	0.00	0.00	0.00	0.00	0.00	0.00
	比例（%）	0.00	0.00	0.00	0.00	0.00	0.00	0.00	0.00	0.00	0.00	0.00	0.00
	指数	0.00	0.00	0.00	0.00	n. a.	n. a.	0.00	n. a.	0.00	0.00	0.00	0.00
2006	金额	0.00	0.00	0.00	0.00	0.00	0.00	0.00	0.00	0.00	0.00	0.00	0.00
	比例（%）	0.00	0.00	0.00	0.00	0.00	0.00	0.00	0.00	0.00	0.00	0.00	0.00
	指数	0.00	0.00	0.00	0.00	n. a.	n. a.	0.00	n. a.	0.00	0.00	0.00	0.00
2007	金额	0.00	0.00	0.00	0.00	0.00	0.00	0.00	0.00	0.00	0.00	0.00	0.00
	比例（%）	0.00	0.00	0.00	0.00	0.00	0.00	0.00	0.00	0.00	0.00	0.00	0.00
	指数	0.00	0.00	0.00	0.00	n. a.	n. a.	0.00	n. a.	0.00	0.00	0.00	0.00
2008	金额	500.00	0.00	0.00	0.00	0.00	0.00	1000.00	0.00	0.00	0.00	0.00	1500.00
	比例（%）	33.33	0.00	0.00	0.00	0.00	0.00	66.67	0.00	0.00	0.00	0.00	100.00
	指数	128.87	0.00	0.00	0.00	n. a.	n. a.	1666.67	n. a.	0.00	0.00	0.00	173.37
2009	金额	0.00	0.00	0.00	0.00	0.00	0.00	0.00	0.00	0.00	0.00	0.00	0.00
	比例（%）	0.00	0.00	0.00	0.00	0.00	0.00	0.00	0.00	0.00	0.00	0.00	0.00
	指数	0.00	0.00	0.00	0.00	n. a.	n. a.	0.00	n. a.	0.00	0.00	0.00	0.00
2010	金额	0.00	0.00	211.30	0.00	0.00	0.00	0.00	0.00	0.00	0.00	0.00	211.30
	比例（%）	0.00	0.00	100.00	0.00	0.00	0.00	0.00	0.00	0.00	0.00	0.00	100.00
	指数	0.00	0.00	61.15	0.00	n. a.	n. a.	0.00	n. a.	0.00	0.00	0.00	24.42
2011	金额	0.00	7.00	529.00	144.60	0.00	0.00	0.00	0.00	4.90	0.00	35.00	720.50
	比例（%）	0.00	0.97	73.42	20.07	0.00	0.00	0.00	0.00	0.68	0.00	4.86	100.00
	指数	0.00	104.79	153.10	439.25	n. a.	n. a.	0.00	n. a.	500.00	0.00	500.00	83.28
2012	金额	0.00	0.00	449.80	0.00	0.00	0.00	300.00	0.00	0.00	0.00	0.00	749.80
	比例（%）	0.00	0.00	59.99	0.00	0.00	0.00	40.01	0.00	0.00	0.00	0.00	100.00
	指数	0.00	0.00	130.17	0.00	n. a.	n. a.	500.00	n. a.	0.00	0.00	0.00	93.83
2013	金额	0.00	0.00	0.00	20.00	0.00	0.00	0.00	0.00	0.00	0.00	0.00	20.00
	比例（%）	0.00	0.00	0.00	100.00	0.00	0.00	0.00	0.00	0.00	0.00	0.00	100.00
	指数	0.00	0.00	0.00	60.75	n. a.	n. a.	0.00	n. a.	0.00	0.00	0.00	2.31

续表

年份		墨西哥	巴拿马	巴西	阿根廷	智利	秘鲁	圭亚那	玻利维亚	哥伦比亚	委内瑞拉	乌拉圭	中南美洲合计
2014	金额	1500.00	0.00	263.47	0.00	0.00	0.00	0.00	0.00	0.00	31.00	0.00	1794.47
	比例（%）	83.59	0.00	14.68	0.00	0.00	0.00	0.00	0.00	0.00	1.73	0.00	100.00
	指数	386.60	0.00	76.25	0.00	n.a.	n.a.	0.00	n.a.	0.00	265.41	0.00	207.41
2015	金额	439.97	26.40	485.40	0.00	0.00	0.00	0.00	0.00	0.00	27.40	0.00	979.17
	比例（%）	44.93	2.70	49.57	0.00	0.00	0.00	0.00	0.00	0.00	2.80	0.00	100.00
	指数	113.40	395.21	140.48	0.00	n.a.	n.a.	0.00	n.a.	0.00	234.59	0.00	113.17
2016	金额	444.60	6.40	0.00	139.80	0.00	0.00	0.00	6.40	0.00	0.00	0.00	597.20
	比例（%）	74.45	1.07	0.00	23.41	0.00	0.00	0.00	1.07	0.00	0.00	0.00	100.00
	指数	114.59	95.81	0.00	424.67	n.a.	n.a.	0.00	n.a.	0.00	0.00	0.00	73.29
合计	金额	2884.57	39.80	1938.96	304.40	0.00	0.00	1300.00	6.40	4.90	58.40	35.00	6572.43
	比例（%）	43.89	0.61	29.50	4.63	0.00	0.00	19.78	0.10	0.07	0.89	0.53	100.00
2011—2015均值		387.99	6.68	345.53	32.92	0.00	0.00	60.00	0.00	0.98	11.68	7.00	865.19

表 4-3-12　民营样本企业绿地投资标的国（地区）的项目金额指数——亚洲

（单位：百万美元、%）

年份		日本	韩国	新加坡	中国香港	中国台湾	马来西亚	菲律宾	泰国	越南	柬埔寨
2005	金额	0.00	0.00	0.00	0.00	0.00	39.70	0.00	0.00	0.00	0.00
	比例（%）	0.00	0.00	0.00	0.00	0.00	79.40	0.00	0.00	0.00	0.00
	指数	0.00	0.00	0.00	0.00	0.00	5.72	n.a.	0.00	0.00	n.a.
2006	金额	0.00	0.00	0.00	0.00	0.00	0.00	0.00	0.00	15.00	0.00
	比例（%）	0.00	0.00	0.00	0.00	0.00	0.00	0.00	0.00	17.65	0.00
	指数	0.00	0.00	0.00	0.00	0.00	0.00	n.a.	0.00	50.00	n.a.
2007	金额	0.00	0.00	0.00	0.00	0.00	340.20	225.80	0.00	10.00	0.00
	比例（%）	0.00	0.00	0.00	0.00	0.00	22.05	14.64	0.00	0.65	0.00
	指数	0.00	0.00	0.00	0.00	0.00	49.02	n.a.	0.00	33.33	n.a.

续表

年份		日本	韩国	新加坡	中国香港	中国台湾	马来西亚	菲律宾	泰国	越南	柬埔寨
2008	金额	0.00	2.80	0.00	0.00	0.00	0.00	0.00	9.39	59.28	0.00
	比例（%）	0.00	2.11	0.00	0.00	0.00	0.00	0.00	7.08	44.72	0.00
	指数	0.00	0.43	0.00	0.00	0.00	0.00	n. a.	6.47	197.60	n. a.
2009	金额	26.40	0.00	69.50	3.20	0.00	0.00	25.80	0.00	15.00	0.00
	比例（%）	3.78	0.00	9.94	0.46	0.00	0.00	3.69	0.00	2.15	0.00
	指数	148.82	0.00	128.47	15.36	0.00	0.00	n. a.	0.00	50.00	n. a.
2010	金额	0.00	0.00	0.00	0.00	32.30	0.00	0.00	0.00	0.00	0.00
	比例（%）	0.00	0.00	0.00	0.00	6.11	0.00	0.00	0.00	0.00	0.00
	指数	0.00	0.00	0.00	0.00	1814.61	0.00	n. a.	0.00	0.00	n. a.
2011	金额	0.00	2.00	270.50	85.10	0.00	0.00	0.00	55.70	0.00	0.00
	比例（%）	0.00	0.04	5.50	1.73	0.00	0.00	0.00	1.13	0.00	0.00
	指数	0.00	0.31	500.00	408.35	0.00	0.00	n. a.	38.40	0.00	n. a.
2012	金额	0.00	0.00	0.00	0.00	0.00	0.00	0.00	0.00	0.00	0.00
	比例（%）	0.00	0.00	0.00	0.00	0.00	0.00	0.00	0.00	0.00	0.00
	指数	0.00	0.00	0.00	0.00	0.00	0.00	n. a.	0.00	0.00	n. a.
2013	金额	0.00	0.00	0.00	0.00	0.70	0.00	0.00	0.00	0.00	0.00
	比例（%）	0.00	0.00	0.00	0.00	3.38	0.00	0.00	0.00	0.00	0.00
	指数	0.00	0.00	0.00	0.00	39.33	0.00	n. a.	0.00	0.00	n. a.
2014	金额	3.20	3233.10	0.00	8.80	8.20	3250.00	0.00	0.00	150.00	0.00
	比例（%）	0.04	39.51	0.00	0.11	0.10	39.72	0.00	0.00	1.83	0.00
	指数	18.04	499.69	0.00	42.23	460.67	468.30	n. a.	0.00	500.00	n. a.
2015	金额	85.50	0.00	0.00	10.30	0.00	220.00	0.00	669.58	0.00	0.00
	比例（%）	1.67	0.00	0.00	0.20	0.00	4.29	0.00	13.06	0.00	0.00
	指数	481.96	0.00	0.00	49.42	0.00	31.70	n. a.	461.60	0.00	n. a.
2016	金额	222.70	34.90	72.70	0.00	0.00	1102.21	42.60	55.82	53.72	2006.00
	比例（%）	1.64	0.26	0.54	0.00	0.00	8.12	0.31	0.41	0.40	14.78
	指数	1255.36	5.39	134.38	0.00	0.00	158.82	n. a.	38.48	179.07	n. a.

续表

年份		日本	韩国	新加坡	中国香港	中国台湾	马来西亚	菲律宾	泰国	越南	柬埔寨
合计	金额	337.80	272.80	412.70	107.40	41.20	4952.11	294.20	790.49	303.00	2006.00
	比例（%）	0.93	8.99	1.13	0.30	0.11	13.60	0.81	2.17	0.83	5.51
2011—2015均值		17.74	647.02	54.10	20.84	1.78	694.00	0.00	145.06	30.00	0.00

年份		老挝	文莱	印度尼西亚	印度	巴基斯坦	孟加拉国	斯里兰卡	尼泊尔	哈萨克斯坦	乌兹别克斯坦
2005	金额	0.00	0.00	0.00	10.30	0.00	0.00	0.00	0.00	0.00	0.00
	比例（%）	0.00	0.00	0.00	20.60	0.00	0.00	0.00	0.00	0.00	0.00
	指数	n.a.	0.00	0.00	1.18	n.a.	n.a.	n.a.	n.a.	n.a.	n.a.
2006	金额	0.00	0.00	0.00	70.00	0.00	0.00	0.00	0.00	0.00	0.00
	比例（%）	0.00	0.00	0.00	82.35	0.00	0.00	0.00	0.00	0.00	0.00
	指数	n.a.	0.00	0.00	8.02	n.a.	n.a.	n.a.	n.a.	n.a.	n.a.
2007	金额	0.00	0.00	953.20	0.00	0.00	0.00	0.00	0.00	0.00	0.00
	比例（%）	0.00	0.00	61.79	0.00	0.00	0.00	0.00	0.00	0.00	0.00
	指数	n.a.	0.00	190.94	0.00	n.a.	n.a.	n.a.	n.a.	n.a.	n.a.
2008	金额	0.00	0.00	0.00	56.10	5.00	0.00	0.00	0.00	0.00	0.00
	比例（%）	0.00	0.00	0.00	42.32	3.77	0.00	0.00	0.00	0.00	0.00
	指数	n.a.	0.00	0.00	6.43	n.a.	n.a.	n.a.	n.a.	n.a.	n.a.
2009	金额	106.90	0.00	196.80	0.00	0.00	0.00	0.00	0.00	0.00	0.00
	比例（%）	15.29	0.00	28.14	0.00	0.00	0.00	0.00	0.00	0.00	0.00
	指数	n.a.	0.00	39.42	0.00	n.a.	n.a.	n.a.	n.a.	n.a.	n.a.
2010	金额	0.00	0.00	200.00	70.00	0.00	0.00	0.00	0.00	0.00	0.00
	比例（%）	0.00	0.00	37.81	13.23	0.00	0.00	0.00	0.00	0.00	0.00
	指数	n.a.	0.00	40.06	8.02	n.a.	n.a.	n.a.	n.a.	n.a.	n.a.
2011	金额	0.00	4300.00	0.00	149.80	0.00	0.00	0.00	0.00	0.00	0.00
	比例（%）	0.00	87.43	0.00	3.05	0.00	0.00	0.00	0.00	0.00	0.00
	指数	n.a.	500.00	0.00	17.17	n.a.	n.a.	n.a.	n.a.	n.a.	n.a.

续表

年份		老挝	文莱	印度尼西亚	印度	巴基斯坦	孟加拉国	斯里兰卡	尼泊尔	哈萨克斯坦	乌兹别克斯坦
2012	金额	0.00	0.00	1000.00	537.80	0.00	0.00	0.00	0.00	0.00	0.00
	比例（%）	0.00	0.00	64.77	34.83	0.00	0.00	0.00	0.00	0.00	0.00
	指数	n. a.	0.00	200.31	61.65	n. a.	n. a.	n. a.	0.00	0.00	n. a.
2013	金额	0.00	0.00	0.00	0.00	0.00	0.00	0.00	0.00	0.00	0.00
	比例（%）	0.00	0.00	0.00	0.00	0.00	0.00	0.00	0.00	0.00	0.00
	指数	n. a.	0.00	0.00	0.00	n. a.	n. a.	n. a.	0.00	0.00	n. a.
2014	金额	0.00	0.00	1430.00	100.00	0.00	0.00	0.00	0.00	0.00	0.00
	比例（%）	0.00	0.00	17.47	1.22	0.00	0.00	0.00	0.00	0.00	0.00
	指数	n. a.	0.00	286.45	11.46	n. a.	n. a.	n. a.	0.00	0.00	n. a.
2015	金额	0.00	0.00	66.10	3574.02	0.00	0.00	0.00	300.00	110.22	0.00
	比例（%）	0.00	0.00	1.29	69.69	0.00	0.00	0.00	5.85	2.15	0.00
	指数	n. a.	0.00	13.24	409.71	n. a.	n. a.	n. a.	500.00	500.00	n. a.
2016	金额	0.00	0.00	1806.51	7963.02	0.00	8.80	26.40	0.00	0.00	8.80
	比例（%）	0.00	0.00	13.31	58.69	0.00	0.06	0.19	0.00	0.00	0.06
	指数	n. a.	0.00	361.87	912.85	n. a.	n. a.	n. a.	0.00	0.00	n. a.
合计	金额	106.90	4300.00	5652.61	12531.04	5.00	8.80	26.40	300.00	110.22	8.80
	比例（%）	0.29	11.81	15.53	34.42	0.01	0.02	0.07	0.82	0.30	0.02
2011—2015均值		0.00	860.00	499.22	872.32	0.00	0.00	0.00	60.00	22.04	0.00

年份		阿拉伯联合酋长国	阿塞拜疆	土耳其	巴林	科威特	沙特阿拉伯	伊拉克	伊朗	乔丹	亚洲合计
2005	金额	0.00	0.00	0.00	0.00	0.00	0.00	0.00	0.00	0.00	50.00
	比例（%）	0.00	0.00	0.00	0.00	0.00	0.00	0.00	0.00	0.00	100.00
	指数	0.00	n. a.	n. a.	0.00	0.00	0.00	0.00	n. a.	n. a.	1.26
2006	金额	0.00	0.00	0.00	0.00	0.00	0.00	0.00	0.00	0.00	85.00
	比例（%）	0.00	0.00	0.00	0.00	0.00	0.00	0.00	0.00	0.00	100.00
	指数	0.00	n. a.	n. a.	0.00	0.00	0.00	0.00	n. a.	n. a.	2.15

续表

年份		阿拉伯联合酋长国	阿塞拜疆	土耳其	巴林	科威特	沙特阿拉伯	伊拉克	伊朗	乔丹	亚洲合计
2007	金额	0.00	0.00	0.00	0.00	0.00	0.00	0.00	13.49	0.00	1542.69
	比例（%）	0.00	0.00	0.00	0.00	0.00	0.00	0.00	0.87	0.00	100.00
	指数	0.00	n. a.	n. a.	0.00	0.00	0.00	0.00	n. a.	n. a.	38.97
2008	金额	0.00	0.00	0.00	0.00	0.00	0.00	0.00	0.00	0.00	132.57
	比例（%）	0.00	0.00	0.00	0.00	0.00	0.00	0.00	0.00	0.00	100.00
	指数	0.00	n. a.	n. a.	0.00	0.00	0.00	0.00	n. a.	n. a.	3.35
2009	金额	0.00	5.70	250.00	0.00	0.00	0.00	0.00	0.00	0.00	699.30
	比例（%）	0.00	0.82	35.75	0.00	0.00	0.00	0.00	0.00	0.00	100.00
	指数	0.00	n. a.	n. a.	0.00	0.00	0.00	0.00	n. a.	n. a.	17.66
2010	金额	0.00	226.70	0.00	0.00	0.00	0.00	0.00	0.00	0.00	529.00
	比例（%）	0.00	42.85	0.00	0.00	0.00	0.00	0.00	0.00	0.00	100.00
	指数	0.00	n. a.	n. a.	0.00	0.00	0.00	0.00	n. a.	n. a.	13.36
2011	金额	0.00	0.00	0.00	0.00	0.00	0.00	55.10	0.00	0.00	4918.20
	比例（%）	0.00	0.00	0.00	0.00	0.00	0.00	1.12	0.00	0.00	100.00
	指数	0.00	n. a.	n. a.	0.00	0.00	0.00	500.00	n. a.	n. a.	124.23
2012	金额	6.20	0.00	0.00	0.00	0.00	0.00	0.00	0.00	0.00	1544.00
	比例（%）	0.40	0.00	0.00	0.00	0.00	0.00	0.00	0.00	0.00	100.00
	指数	118.32	n. a.	n. a.	0.00	0.00	0.00	0.00	n. a.	n. a.	39.00
2013	金额	20.00	0.00	0.00	0.00	0.00	0.00	0.00	0.00	0.00	20.70
	比例（%）	96.62	0.00	0.00	0.00	0.00	0.00	0.00	0.00	0.00	100.00
	指数	381.68	n. a.	n. a.	0.00	0.00	0.00	0.00	n. a.	n. a.	0.52
2014	金额	0.00	0.00	0.00	0.00	0.00	0.00	0.00	0.00	0.00	8183.30
	比例（%）	0.00	0.00	0.00	0.00	0.00	0.00	0.00	0.00	0.00	100.00
	指数	0.00	n. a.	n. a.	0.00	0.00	0.00	0.00	n. a.	n. a.	206.71
2015	金额	0.00	0.00	0.00	45.10	7.50	40.10	0.00	0.00	0.00	5128.42
	比例（%）	0.00	0.00	0.00	0.88	0.15	0.78	0.00	0.00	0.00	100.00
	指数	0.00	n. a.	n. a.	500.00	500.00	500.00	0.00	n. a.	n. a.	129.54

续表

年份		阿拉伯联合酋长国	阿塞拜疆	土耳其	巴林	科威特	沙特阿拉伯	伊拉克	伊朗	乔丹	亚洲合计
2016	金额	40.10	107.00	0.50	0.00	0.00	7.00	0.00	0.00	9.70	13568.48
	比例（%）	0.30	0.79	0.00	0.00	0.00	0.05	0.00	0.00	0.07	100.00
	指数	765.27	n. a.	n. a.	0.00	0.00	87.28	0.00	n. a.	n. a.	342.73
合计	金额	66.30	339.40	250.50	45.10	7.50	47.10	55.10	13.49	9.70	36401.66
	比例（%）	0.18	0.93	0.69	0.12	0.02	0.13	0.15	0.04	0.03	100.00
2011—2015 均值		5.24	0.00	0.00	9.02	1.50	8.02	11.02	0.00	0.00	3958.92

表 4-3-13　民营样本企业绿地投资标的国（地区）的项目金额指数——大洋洲

（单位：百万美元、%）

年份		澳大利亚	大洋洲合计
2005	金额	0.00	0.00
	比例（%）	0.00	0.00
	指数	0.00	0.00
2006	金额	0.00	0.00
	比例（%）	0.00	0.00
	指数	0.00	0.00
2007	金额	0.00	0.00
	比例（%）	0.00	0.00
	指数	0.00	0.00
2008	金额	2.00	2.00
	比例（%）	100.00	100.00
	指数	0.41	0.41
2009	金额	0.00	0.00
	比例（%）	0.00	0.00
	指数	0.00	0.00

续表

年份		澳大利亚	大洋洲合计
2010	金额	0.00	0.00
	比例（%）	0.00	0.00
	指数	0.00	0.00
2011	金额	58.00	58.00
	比例（%）	100.00	100.00
	指数	12.01	12.01
2012	金额	0.00	0.00
	比例（%）	0.00	0.00
	指数	0.00	0.00
2013	金额	429.26	429.26
	比例（%）	100.00	100.00
	指数	88.87	88.87
2014	金额	900.00	900.00
	比例（%）	100.00	100.00
	指数	186.33	186.33
2015	金额	1027.86	1027.86
	比例（%）	100.00	100.00
	指数	212.80	212.80
2016	金额	5.80	5.80
	比例（%）	100.00	100.00
	指数	1.20	1.20
合计	金额	2422.92	2422.92
	比例（%）	100.00	100.00
2011—2015 均值		483.02	483.02

表 4-3-14　民营样本企业绿地投资标的国（地区）的项目金额指数——非洲

（单位：百万美元、%）

年份		阿尔及利亚	埃及	埃塞俄比亚	多哥	科特迪瓦	摩洛哥	南非
2005	金额	0.00	0.00	0.00	0.00	0.00	0.00	0.00
	比例（%）	0.00	0.00	0.00	0.00	0.00	0.00	0.00
	指数	n. a.	0.00	0.00	n. a.	0.00	0.00	0.00
2006	金额	0.00	0.00	0.00	0.00	0.00	0.00	0.00
	比例（%）	0.00	0.00	0.00	0.00	0.00	0.00	0.00
	指数	n. a.	0.00	0.00	n. a.	0.00	0.00	0.00
2007	金额	0.00	0.00	0.00	0.00	0.00	0.00	10. 10
	比例（%）	0.00	0.00	0.00	0.00	0.00	0.00	16. 86
	指数	n. a.	0.00	0.00	n. a.	0.00	0.00	76. 60
2008	金额	0.00	0.00	0.00	0.00	0.00	0.00	0.00
	比例（%）	0.00	0.00	0.00	0.00	0.00	0.00	0.00
	指数	n. a.	0.00	0.00	n. a.	0.00	0.00	0.00
2009	金额	107. 60	0.00	10. 00	0.00	0.00	0.00	0.00
	比例（%）	91. 50	0.00	8. 50	0.00	0.00	0.00	0.00
	指数	n. a.	0.00	52. 91	n. a.	0.00	0.00	0.00
2010	金额	0.00	0.00	0.00	0.00	0.00	0.00	0.00
	比例（%）	0.00	0.00	0.00	0.00	0.00	0.00	0.00
	指数	n. a.	0.00	0.00	n. a.	0.00	0.00	0.00
2011	金额	0.00	0.00	94. 50	0.00	0.00	0.00	44. 70
	比例（%）	0.00	0.00	67. 89	0.00	0.00	0.00	32. 11
	指数	n. a.	0.00	500. 00	n. a.	0.00	0.00	339. 03
2012	金额	0.00	73. 40	0.00	0.00	30. 00	6. 50	0.00
	比例（%）	0.00	42. 70	0.00	0.00	17. 45	3. 78	0.00
	指数	n. a.	500. 00	0.00	n. a.	500. 00	74. 88	0.00
2013	金额	0.00	0.00	0.00	0.00	0.00	0.00	0.00
	比例（%）	0.00	0.00	0.00	0.00	0.00	0.00	0.00
	指数	n. a.	0.00	0.00	n. a.	0.00	0.00	0.00

年份		阿尔及利亚	埃及	埃塞俄比亚	多哥	科特迪瓦	摩洛哥	南非
2014	金额	0.00	0.00	0.00	0.00	0.00	0.00	18.32
	比例（%）	0.00	0.00	0.00	0.00	0.00	0.00	100.00
	指数	n.a.	0.00	0.00	n.a.	0.00	0.00	138.97
2015	金额	0.00	0.00	0.00	0.00	0.00	36.90	2.90
	比例（%）	0.00	0.00	0.00	0.00	0.00	92.71	7.29
	指数	n.a.	0.00	0.00	n.a.	0.00	425.12	22.00
2016	金额	0.00	20230.30	1226.70	0.00	9.70	0.00	6.90
	比例（%）	0.00	93.33	5.66	0.00	0.04	0.00	0.03
	指数	n.a.	137808.58	6490.48	n.a.	161.67	0.00	52.33
合计	金额	107.60	20303.70	1331.20		39.70	43.40	82.92
	比例（%）	0.48	91.36	5.99	0.00	0.18	0.20	0.37
2011—2015 均值		0.00	14.68	18.90	0.00	6.00	8.68	13.18

年份		尼日利亚	塞内加尔	加纳	赞比亚	非洲合计
2005	金额	0.00	0.00	0.00	0.00	0.00
	比例（%）	0.00	0.00	0.00	0.00	0.00
	指数	n.a.	n.a.	0.00	n.a.	0.00
2006	金额	0.00	0.00	0.00	0.00	0.00
	比例（%）	0.00	0.00	0.00	0.00	0.00
	指数	n.a.	n.a.	0.00	n.a.	0.00
2007	金额	49.80	0.00	0.00	0.00	59.90
	比例（%）	83.14	0.00	0.00	0.00	100.00
	指数	n.a.	n.a.	0.00	n.a.	97.49
2008	金额	0.00	0.00	0.00	0.00	0.00
	比例（%）	0.00	0.00	0.00	0.00	0.00
	指数	n.a.	n.a.	0.00	n.a.	0.00
2009	金额	0.00	0.00	0.00	0.00	117.60
	比例（%）	0.00	0.00	0.00	0.00	100.00
	指数	n.a.	n.a.	0.00	n.a.	191.39

续表

年份		尼日利亚	塞内加尔	加纳	赞比亚	非洲合计
2010	金额	0.00	0.00	0.00	0.00	0.00
	比例（%）	0.00	0.00	0.00	0.00	0.00
	指数	n. a.	n. a.	0.00	n. a.	0.00
2011	金额	0.00	0.00	0.00	0.00	139.20
	比例（%）	0.00	0.00	0.00	0.00	100.00
	指数	n. a.	n. a.	0.00	n. a.	226.55
2012	金额	0.00	0.00	62.00	0.00	171.90
	比例（%）	0.00	0.00	36.07	0.00	100.00
	指数	n. a.	n. a.	500.00	n. a.	178.86
2013	金额	0.00	0.00	0.00	0.00	0.00
	比例（%）	0.00	0.00	0.00	0.00	0.00
	指数	n. a.	n. a.	0.00	n. a.	0.00
2014	金额	0.00	0.00	0.00	0.00	18.32
	比例（%）	0.00	0.00	0.00	0.00	100.00
	指数	n. a.	n. a.	0.00	n. a.	29.82
2015	金额	0.00	0.00	0.00	0.00	39.80
	比例（%）	0.00	0.00	0.00	0.00	100.00
	指数	n. a.	n. a.	0.00	n. a.	64.77
2016	金额	6.00	9.70	36.90	150.00	21676.20
	比例（%）	0.03	0.04	0.17	0.69	100.00
	指数	n. a.	n. a.	297.58	n. a.	35217.58
合计	金额	55.80	9.70	98.90	150.00	22222.92
	比例（%）	0.25	0.04	0.45	0.67	100.00
2011—2015均值		0.00	0.00	12.40	0.00	61.44

在 2005—2016 年的 12 年间，以投资标的国（地区）别计，样本企业绿地投资项目数量排前五位的分别是美国、印度、德国、英国和巴西；投资金额排前五位的则是埃及、印度、美国、印尼和文莱。按照每个项目的

平均金额计，文莱的项目投资最大，只有一个项目，投资金额却达 43 亿美元；其次是埃及，一共有 8 个项目，合计投资 203.04 亿美元，平均每个项目的投资金额为 25.38 亿美元；第三至第五位分别是英国、印尼和印度，平均每个项目的投资金额分别为 19.96 亿美元、4.03 亿美元和 3.8 亿美元。

第四节　海外绿地投资行业别指数

本节从制造业行业和包括非制造业的全行业两个方面对所选民营样本企业海外绿地投资展开分析。在本书中，按照 OECD 的行业技术分类标准，将制造业分为高技术、中高技术、中低技术和低技术四类，将非制造业行业统一归为其他类别。

表 4-4-1　绿地投资行业别项目的数量分布及指数汇总表

（单位：件、%）

年份	高技术				中高技术				中低技术			
	项目数	同比增长（%）	占比（%）	指数	项目数	同比增长（%）	占比（%）	指数	项目数	同比增长（%）	占比（%）	指数
2005	0		0.00	0.00	2		50.00	19.23	1		25.00	22.73
2006	1	n. a.	25.00	5.00	3	150.0	75.00	28.85	0	0.0	0.00	0.00
2007	2	200.0	13.33	10.00	7	233.3	46.67	67.31	4	n. a.	26.67	90.91
2008	19	950.0	59.38	95.00	5	71.4	15.63	48.08	3	75.0	9.38	68.18
2009	5	26.3	20.83	25.00	10	200.0	41.67	96.15	3	100.0	12.50	68.18
2010	5	100.0	26.32	25.00	13	130.0	68.42	125.00	0	0.0	0.00	0.00
2011	14	280.0	23.33	70.00	16	123.1	26.67	153.85	4	n. a.	6.67	90.91
2012	16	114.3	36.36	80.00	7	43.8	15.91	67.31	4	100.0	9.09	90.91
2013	22	137.5	48.89	110.00	3	42.9	6.67	28.85	4	100.0	8.89	90.91
2014	15	68.2	26.79	75.00	13	433.3	23.21	125.00	5	125.0	8.93	113.64
2015	33	220.0	50.77	165.00	13	100.0	23.21	125.00	5	100.0	7.69	113.64
2016	48	145.5	40.34	240.00	20	153.8	16.81	192.31	10	200.0	8.40	227.27

年份	高技术				中高技术				中低技术			
	项目数	同比增长(%)	占比(%)	指数	项目数	同比增长(%)	占比(%)	指数	项目数	同比增长(%)	占比(%)	指数
合计	180		36.96		112		23.00		43		8.83	
2011—2015均值	20.00		100.00	10.40			100.00	4.40			100.00	

年份	低技术				其他				合计			
	项目数	同比增长(%)	占比(%)	指数	项目数	同比增长(%)	占比(%)	指数	项目数	同比增长(%)	占比(%)	指数
2005	0		0.00	0.00	1		25.00	5.88	4		100.00	7.41
2006	0	n. a.	0.00	0.00	0	0.0	0.00	0.00	4	100.0	100.00	7.41
2007	1	n. a.	6.67	45.45	1	n. a.	6.67	5.88	15	375.0	100.00	27.78
2008	1	100.0	3.13	45.45	4	400.0	12.50	23.53	32	213.3	100.00	59.26
2009	3	300.0	12.50	136.36	3	75.0	12.50	17.65	24	75.0	100.00	44.44
2010	0	0.0	0.00	0.00	1	33.3	5.26	5.88	19	79.2	100.00	35.19
2011	3	n. a.	5.00	136.36	23	2300.0	38.33	135.29	60	315.8	100.00	111.11
2012	3	100.0	6.82	136.36	14	60.9	31.82	82.35	44	73.3	100.00	81.48
2013	0	0.0	0.00	0.00	16	114.3	35.56	94.12	45	102.3	100.00	83.33
2014	3	n. a.	5.36	136.36	20	125.0	35.71	117.65	56	124.4	100.00	103.70
2015	2	66.7	3.08	90.91	12	60.0	18.46	70.59	65	116.1	100.00	120.37
2016	3	150.0	2.52	136.36	38	316.7	31.93	223.53	119	183.1	100.00	220.37
合计	19		3.90		133		27.31		487		100.00	
2011—2015均值	2.20		100.00	17.00			100.00	54.00			100.00	

表 4-4-2　绿地投资行业别项目的金额分布及指数汇总表

（单位：百万美元、%）

年份	高技术				中高技术				中低技术			
	金额	同比增长(%)	占比(%)	指数	金额	同比增长(%)	占比(%)	指数	金额	同比增长(%)	占比(%)	指数
2005	0.00		0.00	0.00	43.40		78.20	3.55	1.80		3.24	0.12
2006	15.00	n. a.	8.33	1.73	165.00	380.2	91.67	13.51	0.00	0.0	0.00	0.00
2007	8.10	54.0	0.39	0.93	539.79	327.1	25.69	44.19	1493.40	n. a.	71.08	96.49
2008	189.71	2342.1	8.25	21.88	608.26	112.7	26.47	49.79	1048.98	70.2	45.64	67.78
2009	85.80	45.2	6.51	9.89	1023.80	168.3	77.63	83.81	2.70	0.3	0.20	0.17
2010	115.00	134.0	7.97	13.26	1235.80	120.7	85.63	101.17	0.00	0.0	0.00	0.00
2011	497.30	432.4	6.58	57.35	1685.50	136.4	22.30	137.98	4553.60	n. a.	60.24	294.22
2012	108.20	21.8	3.76	12.48	598.60	35.5	20.78	49.00	1362.00	29.9	47.28	88.00
2013	240.00	221.8	11.76	27.68	0.19	0.0	0.01	0.02	200.00	14.7	9.80	12.92
2014	1759.82	733.3	9.76	202.94	2952.57	1570513.3	16.38	241.71	1242.60	621.3	6.89	80.29
2015	1730.45	98.3	21.12	199.55	870.89	29.5	10.63	71.29	380.12	30.6	4.64	24.56
2016	1484.41	85.8	3.48	171.18	1015.70	116.6	2.38	83.15	660.36	173.7	1.55	42.67
合计	6233.80		7.03		10739.49		12.11		10945.56		12.34	
2011—2015均值	867.15		100.00	1221.55			100.00	1547.66			100.00	

年份	低技术				其他				合计			
	金额	同比增长(%)	占比(%)	指数	金额	同比增长(%)	占比(%)	指数	金额	同比增长(%)	占比(%)	指数
2005	0.00		0.00	0.00	10.30		18.56	0.26	55.50		100.00	0.72
2006	0.00	n. a.	0.00	0.00	0.00	0.0	0.00	0.00	180.00	324.3	100.00	2.33
2007	10.00	n. a.	0.48	6.18	49.80	n. a.	2.37	1.26	2101.09	1167.3	100.00	27.15
2008	47.30	473.0	2.06	29.23	402.00	811.2	17.58	10.25	2298.25	109.4	100.00	29.69
2009	179.90	380.3	13.64	111.19	26.67	6.6	2.02	0.68	1318.87	57.4	100.00	17.04
2010	0.00	0.0	0.00	0.00	92.40	346.5	6.40	2.34	1443.20	109.4	100.00	18.65
2011	85.60	n. a.	1.13	52.90	737.36	798.0	9.75	18.71	7559.36	523.8	100.00	97.66

续表

年份	低技术				其他				合计			
	金额	同比增长(%)	占比(%)	指数	金额	同比增长(%)	占比(%)	指数	金额	同比增长(%)	占比(%)	指数
2012	73.40	85.7	2.55	45.36	738.40	100.1	25.63	18.73	2880.60	38.1	100.00	37.22
2013	0.00	0.0	0.00	0.00	1599.79	216.7	78.42	40.58	2039.97	70.8	100.00	26.36
2014	650.00	n.a.	3.61	401.73	11420.90	713.9	63.36	289.73	18025.89	883.6	100.00	232.89
2015	0.00	0.0	0.00	0.00	5213.38	45.6	63.62	132.25	8194.84	45.5	100.00	105.87
2016	356.40	n.a.	0.84	220.27	39089.82	749.8	91.75	991.63	42606.69	519.9	100.00	550.46
合计	1402.60		1.58		59382.82		66.94		88704.26		100.00	
2011—2015均值	161.80		100.00	3941.97			100.00	7740.13			100.00	

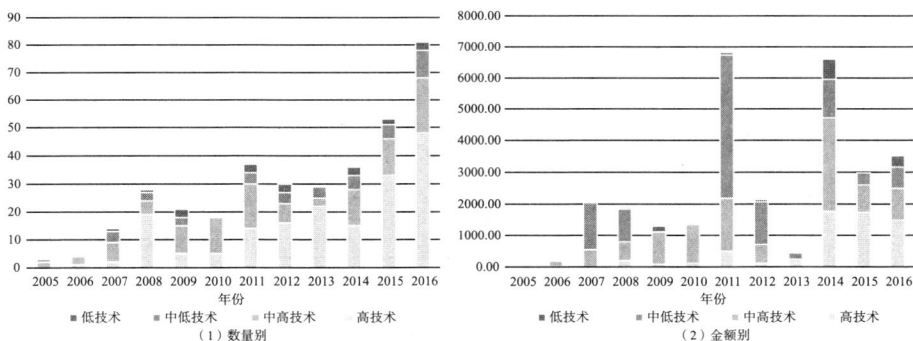

图4-4-1　绿地投资行业（制造业）别项目数量和金额堆积柱状图　（单位：件、百万美元）

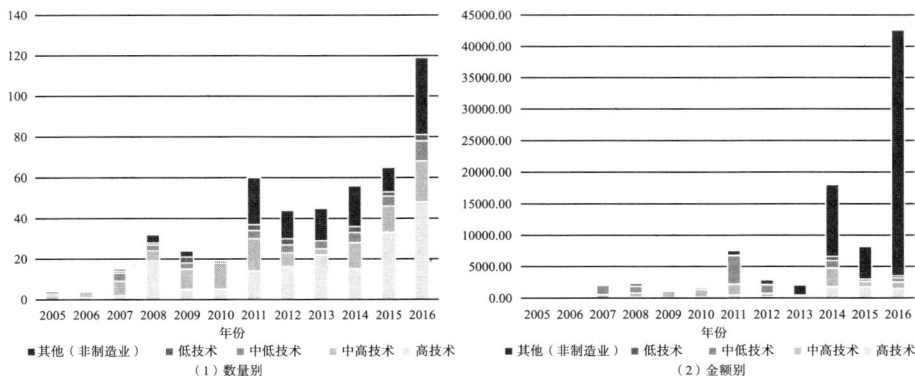

图4-4-2　绿地投资行业（含非制造业）别项目数量和金额堆积柱状图　（单位：件、百万美元）

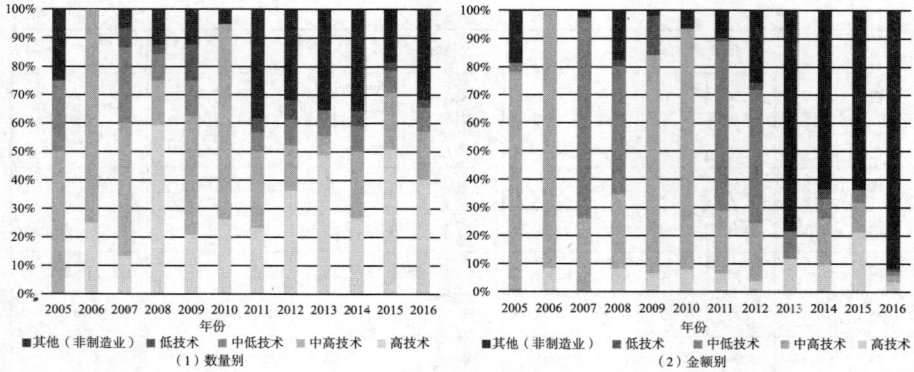

图 4-4-3　绿地行业（含非制造业）别项目数量和金额百分比堆积柱状图

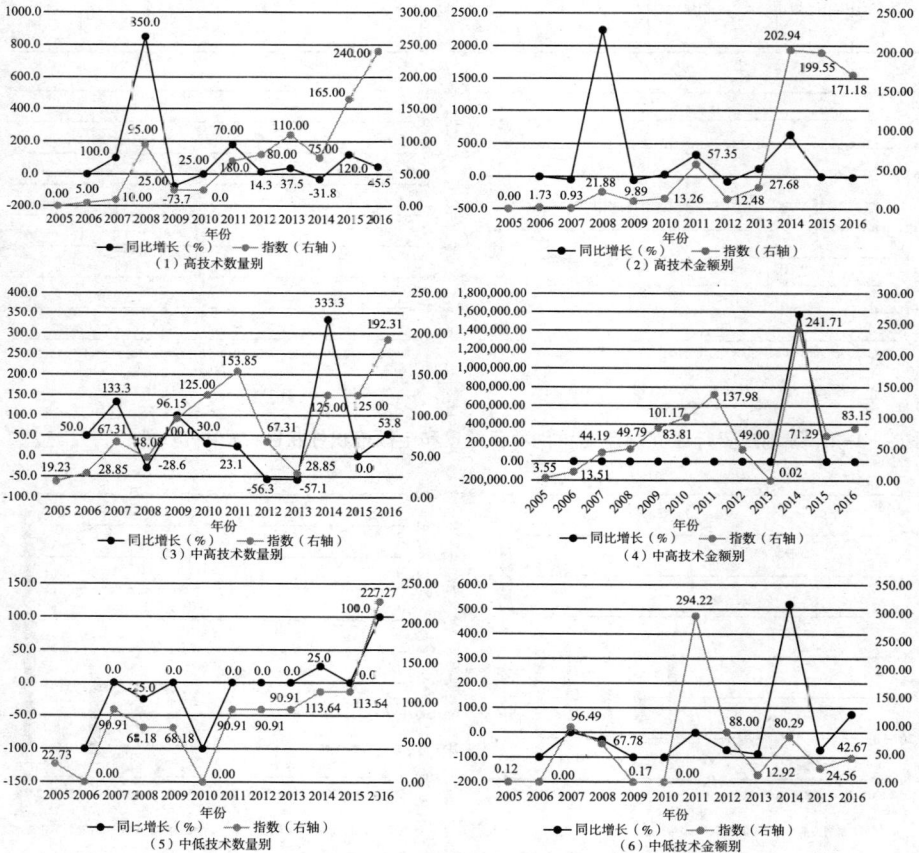

图 4-4-4　绿地行业别项目数量和金额指数走势图

（7）低技术数量别

（8）低技术金额别

（9）其他数量别

（10）其他金额别

（11）绿地数量别

（12）绿地金额别

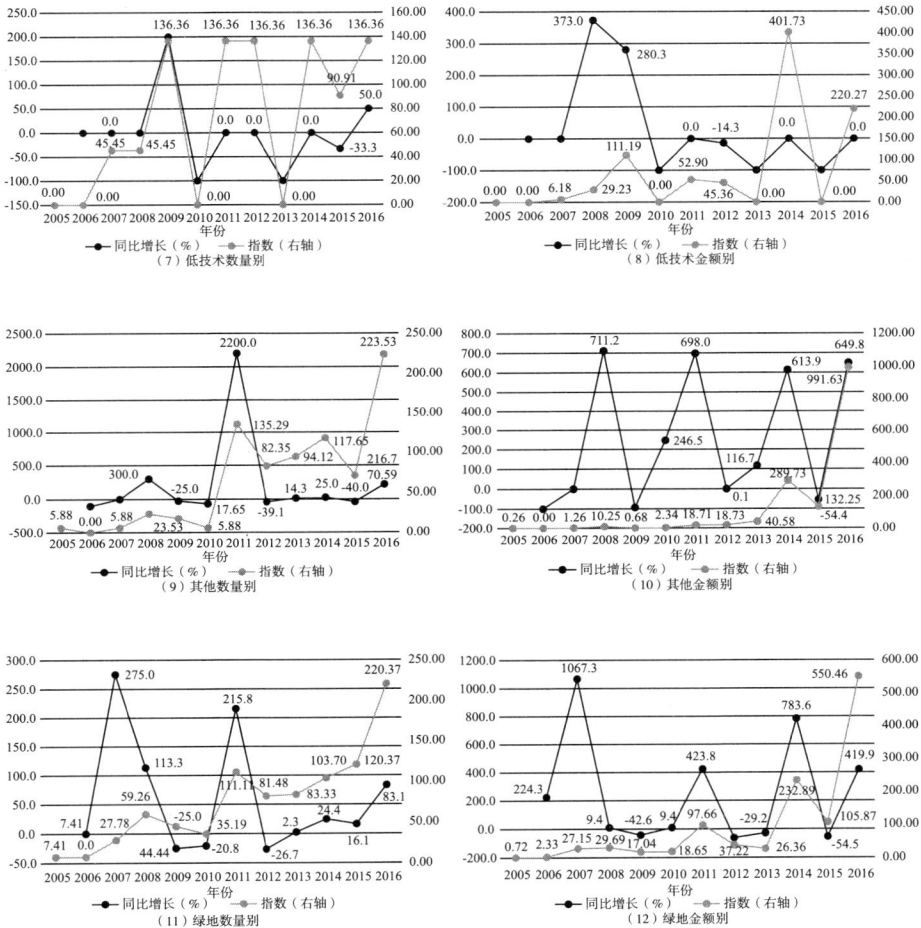

图 4-4-4　绿地行业别项目数量和金额指数走势图（续）

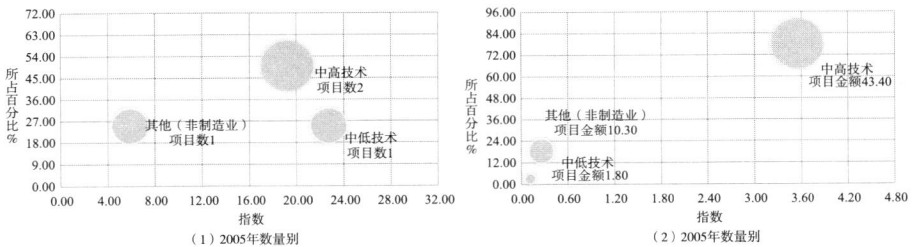

（1）2005年数量别

（2）2005年数量别

图 4-4-5　绿地投资行业别项目的数量和金额分布气泡图　（单位：件、百万美元）

（3）2006年数量别

（4）2006年数量别

（5）2007年数量别

（6）2007年数量别

（7）2008年数量别

（8）2008年数量别

（9）2009年数量别

（10）2009年数量别

（11）2010年数量别

（12）2010年数量别

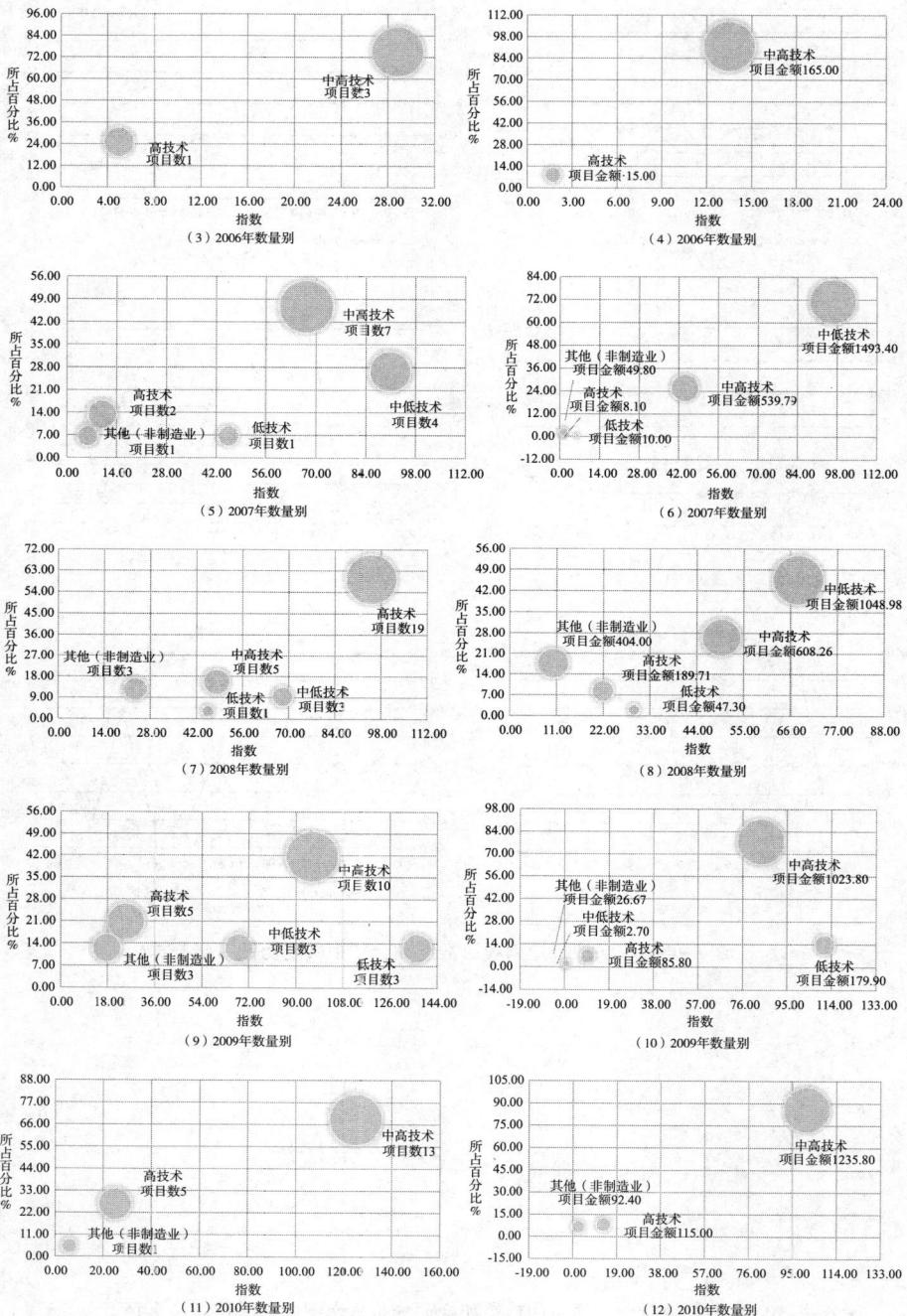

图 4-4-5　绿地投资行业别项目的数量和金额分布气泡图（续 1）　（单位：件、百万美元）

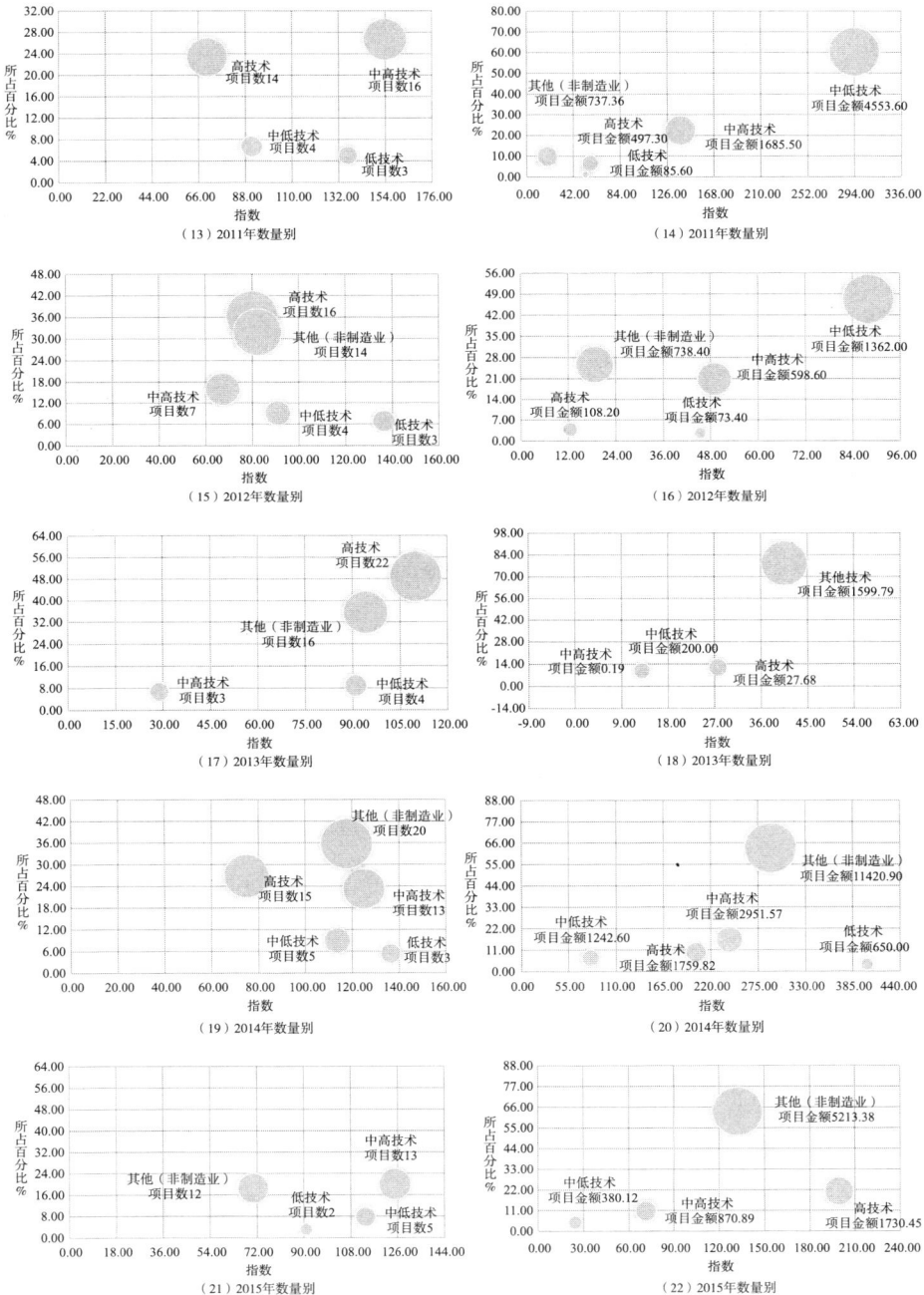

（13）2011年数量别

（14）2011年数量别

（15）2012年数量别

（16）2012年数量别

（17）2013年数量别

（18）2013年数量别

（19）2014年数量别

（20）2014年数量别

（21）2015年数量别

（22）2015年数量别

图4-4-5　绿地投资行业别项目的数量和金额分布气泡图（续2）　（单位：件、百万美元）

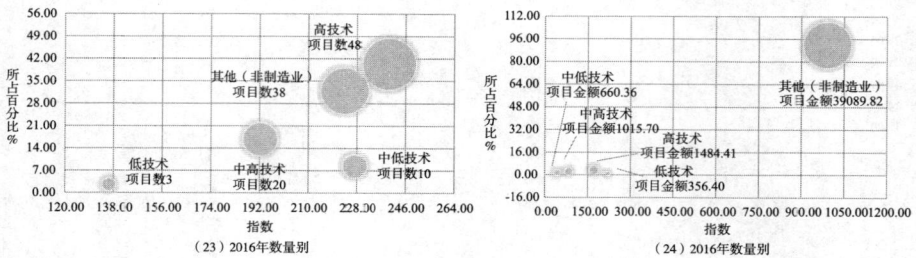

（23）2016年数量别　　　　　　　　　　（24）2016年数量别

图 4-4-5　绿地投资行业别项目的数量和金额分布气泡图（续3）　（单位：件、百万美元）

在 2005—2016 年的 12 年间，根据对样本企业数据分析，在投资项目的数量方面，制造业占 72.69%，非制造业占 27.31%。如果以制造业为 100%，其中高技术行业占比达 50.85%，中高技术行业占比 31.64%，中低技术占比 12.15%，低技术占比 5.37%。在投资金额方面，制造业和非制造业的占比分别是 33.06% 和 66.94%。以制造业为 100%，其占比的排序分布为，中低技术行业 37.33%、中高技术行业 36.61%、高技术行业 21.26%、低技术行业 4.78%。绿地投资行业别数据显示，低技术行业无论是项目数量还是在项目金额上都是最少的。

附　录

附录 1　2016 年中国民营 500 强海外直接投资——投资来源地别 TOP10

附表 1-1　2016 年中国民营 500 强海外直接投资——投资来源地 TOP10（数量）

排序	投资方来源地	项目数量（件）
1	广东	69
2	浙江	32
3	上海	20
4	江苏	17
5	北京	12
6	辽宁	12
7	安徽	7
8	湖南	7
9	山东	5
10	江西	4

附表 1-2　2016 年中国民营 500 强海外直接投资——投资来源地 TOP10（金额）

排序	投资方来源地	项目金额（百万美元）
1	北京	28077
2	辽宁	12058
3	广东	7035
4	浙江	3942

排序	投资方来源地	项目金额（百万美元）
5	上海	3733
6	内蒙	2569
7	河南	2000
8	湖南	1817
9	江苏	1748
10	湖北	710

附表 1-3　2016 年中国民营 500 强海外并购投资——投资来源地 TOP10（数量）

排序	投资方来源地	项目数量（件）
1	浙江	20
2	上海	14
3	江苏	12
4	辽宁	9
5	北京	7
6	广东	6
7	安徽	6
8	山东	4
9	内蒙	4
10	四川	2

附表 1-4　2016 年中国民营 500 强海外并购投资——投资来源地 TOP10（金额）

排序	投资方来源地	项目金额（千欧元）
1	辽宁	7061657
2	浙江	3024785
3	上海	2426017
4	内蒙	2353395
5	广东	2315525
6	北京	1714812
7	江苏	926368

排序	投资方来源地	项目金额（千欧元）
8	湖北	622770
9	安徽	233641
10	山东	206196

附表 1-5　2016 年中国民营 500 强海外绿地投资——投资来源地 TOP10（数量）

排序	投资方来源地	项目数量（件）
1	广东	63
2	浙江	12
3	湖南	7
4	上海	6
5	江苏	5
6	北京	5
7	江西	3
8	新疆	3
9	辽宁	3
10	河北	2

附表 1-6　2016 年中国民营 500 强海外绿地投资——投资来源地 TOP10（金额）

排序	投资方来源地	项目金额（百万美元）
1	北京	26423
2	广东	4512
3	辽宁	4299
4	河南	2000
5	湖南	1817
6	上海	1047
7	江苏	712
8	浙江	644
9	江西	492
10	福建	255

附录 2 2016 年中国民营 500 强海外直接投资——投资标的国（地区）别 TOP10

附表 2-1 2016 年中国民营 500 强海外直接投资集中地 TOP10（数量）

排序	标的国	项目数量（件）
1	美国	28
2	中国香港	17
3	印度	15
4	英国	10
5	德国	9
6	捷克共和国	7
7	澳大利亚	7
8	维京群岛（英属）	7
9	泰国	6
10	新加坡	6

附表 2-2 2016 年中国民营 500 强海外直接投资集中地 TOP10（金额）

排序	标的国	项目金额（百万美元）
1	埃及	20230
2	美国	8914
3	印度	7963
4	开曼群岛	3916
5	法国	3645
6	中国香港	2958
7	柬埔寨	2006
8	澳大利亚	1813
9	印度尼西亚	1807
10	英国	1643

附表2-3　2016年中国民营500强海外并购投资集中地TOP10（数量）

排序	并购标的国	项目数量（件）
1	美国	18
2	中国香港	17
3	捷克共和国	7
4	维京群岛（英属）	7
5	澳大利亚	6
6	开曼群岛	5
7	英国	3
8	德国	3
9	新加坡	3
10	哈萨克斯坦	3

附表2-4　2016年中国民营500强海外并购投资集中地TOP10（金额）

排序	并购标的国	项目金额（千欧元）
1	美国	6668659
2	开曼群岛	3582534
3	中国香港	2690861
4	澳大利亚	1837755
5	捷克共和国	1240085
6	西班牙	1158094
7	阿拉伯联合酋长国	845911
8	维京群岛（英属）	822256
9	泰国	741770
10	英国	582672

附表2-5　2016年中国民营500强海外绿地投资集中地TOP10（数量）

排序	绿地标的国	项目数量（件）
1	印度	14
2	美国	10
3	英国	7

续表

排序	绿地标的国	项目数量（件）
4	德国	6
5	埃及	6
6	日本	5
7	马来西亚	5
8	俄罗斯	4
9	泰国	4
10	新加坡	3

附表 2-6　2016 年中国民营 500 强海外绿地投资集中地 TOP10（金额）

排序	绿地标的国	项目金额（百万美元）
1	埃及	20230
2	印度	7963
3	法国	3325
4	柬埔寨	2006
5	印变尼西亚	1807
6	美国	1662
7	埃塞俄比亚	1227
8	马来西亚	1102
9	英国	987
10	墨西哥	445

附录 3　2016 年中国民营 500 强海外直接投资——投资标的行业别 TOP10

附表 3-1　2016 年中国民营 500 强海外并购投资行业别 TOP10（数量）

排序	并购行业	项目数量（件）
1	其他服务	41
2	机械、设备、家具、回收	19

排序	并购行业	项目数量（件）
3	批发零售业	10
4	化工产品、橡胶、塑料、非金属产品	4
5	金属及金属制品	4
6	食品、饮料、烟草	3
7	纺织品、服装、皮革	3
8	出版、印刷	2
9	初级部门（农业、矿业等）	2
10	酒店和餐馆	2

注：表中并购行业按照 BvD-Zephyr 数据库中行业分类标准划分。

附表 3-2　2016 年中国民营 500 强海外并购投资行业别 TOP10（金额）

排序	并购行业	项目金额（百万美元）
1	其他服务	12229
2	食品、饮料、烟草	2975
3	出版、印刷	2000
4	初级部门（农业、矿业等）	1020
5	化工产品、橡胶、塑料、非金属产品	928
6	酒店和餐馆	905
7	机械、设备、家具、回收	882
8	批发零售业	862
9	建筑业	566
10	纺织品、服装、皮革	198

注：表中并购行业按照 BvD-Zephyr 数据库中行业分类标准划分。

附表 3-3　2016 年中国民营 500 强海外绿地投资行业别 TOP10（数量）

排序	绿地行业	项目数量（件）
1	通信	46
2	房地产	14
3	汽车 OEM	11

排序	绿地行业	项目数量（件）
4	电子元件	9
5	替代/可再生能源	6
6	工业机械、设备及工具	5
7	塑料	4
8	消费产品	3
9	消费电子产品	3
10	汽车零部件	2

注：表中绿地行业按照 fDi Markets 数据库中行业分类标准划分。

附表 3-4　2016 年中国民营 500 强海外绿地投资行业别 TOP10（金额）

排序	绿地行业	项目金额（百万美元）
1	房地产	36686
2	通信	1853
3	替代/可再生能源	1168
4	汽车 OEM	839
5	酒店与旅游	352
6	纺织品	350
7	消费产品	261
8	陶瓷和玻璃	254
9	电子元件	178
10	建筑及建筑材料	143

注：表中绿地行业按照 fDi Markets 数据库中行业分类标准划分。

附表 3-5　2016 年中国民营 500 强海外直接投资制造业别 TOP10（数量）

海外投资标的制造业行业	项目数量（件）	行业技术分类
广播、电视和通信设备	39	高技术
汽车、挂车和半挂车	27	中高技术
办公、会计和计算机设备	9	高技术
其他机械设备	6	中高技术

续表

海外投资标的制造业行业	项目数量（件）	行业技术分类
橡胶和塑料制品	5	中低技术
食品、饮料和烟草	5	低技术
纺织、纺织品、服装制造（毛皮休整与染色，皮革的鞣制及修整；皮箱、手提包、马具、挽具及鞋靴）	5	低技术
电气机械和设备	4	中高技术
焦炭、精炼石油产品及核燃料	4	中低技术
基本金属和金属制品（机械设备除外）	4	中低技术

注：表中投资标的制造业行业按照联合国国际标准产业分类（ISIC Rev.3）标准划分，行业技术分类按照 OECD 制造业技术划分标准划分。

附表3-6　2016年中国民营500强海外直接投资制造业别TOP10（金额）

排序	海外投资标的制造业行业	项目金额（百万美元）	行业技术分类
1	食品、饮料和烟草	3681	低技术
2	木材、纸浆、纸张、纸制品、印刷和出版	3500	低技术
3	汽车、挂车和半挂车	1623	中高技术
4	广播、电视和通信设备	1306	高技术
5	焦炭、精炼石油产品及核燃料	1033	中低技术
6	纺织、纺织品、服装制造（毛皮休整与染色，皮革的鞣制及修整；皮箱、手提包、马具、挽具及鞋靴）	548	低技术
7	其他非金属矿物制品	530	中低技术
8	化学品及化学制品（不含制药）	217	中高技术
9	其他制造业和再生产品	200	低技术
10	电气机械和设备	198	中高技术

注：表中投资标的制造业行业按照联合国国际标准产业分类（ISIC Rev.3）标准划分，行业技术分类按照 OECD 制造业技术划分标准划分。

附表 3-7　2016 年中国民营 500 强海外并购投资制造业别 TOP10（数量）

排序	并购投资标的制造业行业	项目数量（件）	行业技术分类
1	汽车、挂车和半挂车	12	中高技术
2	电气机械和设备	4	中高技术
3	食品、饮料和烟草	4	低技术
4	医药制造	3	高技术
5	基本金属和金属制品（机械设备除外）	3	中低技术
6	纺织、纺织品、服装制造（毛皮休整与染色，皮革的鞣制及修整；皮箱、手提包、马具、挽具及鞋靴）	3	低技术
7	医疗器械、精密仪器和光学仪器、钟表	2	高技术
8	化学品及化学制品（不含制药）	2	中高技术
9	焦炭、精炼石油产品及核燃料	2	中低技术
10	其他制造业和再生产品	2	低技术

注：表中投资标的制造业行业按照联合国国际标准产业分类（ISIC Rev.3）标准划分，行业技术分类按照 OECD 制造业技术划分标准划分。

附表 3-8　2016 年中国民营 500 强海外并购投资制造业别 TOP10（金额）

排序	并购投资标的制造业行业	项目金额（千欧元）	行业技术分类
1	食品、饮料和烟草	3381956	低技术
2	木材、纸浆、纸张、纸制品、印刷和出版	3222057	低技术
3	焦炭、精炼石油产品及核燃料	957377	中低技术
4	汽车、挂车和半挂车	618077	中高技术
5	化学品及化学制品（不含制药）	194447	中高技术
6	电气机械和设备	179789	中高技术
7	其他制造业和再生产品	177431	低技术
8	纺织、纺织品、服装制造（毛皮休整与染色，皮革的鞣制及修整；皮箱、手提包、马具、挽具及鞋靴）	176509	低技术

排序	并购投资标的制造业行业	项目金额 （千欧元）	行业技术分类
9	基本金属和金属制品（机械设备除外）	135015	中低技术
10	其他机械设备	26364	中高技术

注：表中投资标的制造业行业按照联合国国际标准产业分类（ISIC Rev. 3）标准划分，行业技术分类按照 OECD 制造业技术划分标准划分。

附表 3-9　2016 年中国民营 500 强海外绿地投资制造业别 TOP10（数量）

排序	绿地投资标的制造业行业	项目数量 （件）	行业技术分类
1	广播、电视和通信设备	39	高技术
2	汽车、挂车和半挂车	15	中高技术
3	办公、会计和计算机设备	9	高技术
4	其他机械设备	5	中高技术
5	橡胶和塑料制品	4	中低技术
6	其他非金属矿物制品	3	中低技术
7	焦炭、精炼石油产品及核燃料	2	中低技术
8	纺织、纺织品、服装制造（毛皮休整与染色，皮革的鞣制及修整；皮箱、手提包、马具、挽具及鞋靴）	2	低技术
9	基本金属和金属制品（机械设备除外）	1	中低技术
10	食品、饮料和烟草	1	低技术

注：表中投资标的制造业行业按照联合国国际标准产业分类（ISIC Rev. 3）标准划分，行业技术分类按照 OECD 制造业技术划分标准划分。

附表 3-10　2016 年中国民营 500 强海外绿地投资制造业别 TOP10（金额）

排序	绿地投资标的制造业行业	项目金额 （百万美元）	行业技术分类
1	广播、电视和通信设备	1306	高技术
2	汽车、挂车和半挂车	953	中高技术
3	其他非金属矿物制品	530	中低技术

排序	绿地投资标的制造业行业	项目金额 （百万美元）	行业技术分类
4	纺织、纺织品、服装制造（毛皮休整与染色，皮革的鞣制及修整；皮箱、手提包、马具、挽具及鞋靴）	350	低技术
5	办公、会计和计算机设备	178	高技术
6	橡胶和塑料制品	117	中低技术
7	其他机械设备	63	中高技术
8	焦炭、精炼石油产品及核燃料	13	中低技术
9	食品、饮料和烟草	6	低技术
10	基本金属和金属制品（机械设备除外）	0.6	中低技术

注：表中投资标的制造业行业按照联合国国际标准产业分类（ISIC Rev. 3）标准划分，行业技术分类按照 OECD 制造业技术划分标准划分。

附录 4　2005—2016 年中国民营 500 强海外直接投资——融资模式别 TOP5

附表 4-1　2005—2016 年中国民营 500 强海外并购投资的融资模式 TOP5（数量）

融资模式	项目数量（件）
增资+注资	38
私人配售	36
私募股权	19
增资—卖方配售	7
企业风险投资+私募股权	6

附表 4-2　2005—2016 年中国民营 500 强海外并购投资的融资模式 TOP5（金额）

融资模式	项目金额（百万美元）	项目金额涉及的并购项目（件）
私募股权	9372	15
企业风险投资+私募股权	3363	5

融资模式	项目金额（百万美元）	项目金额涉及的并购项目（件）
增资+注资	3094	38
新银行信贷便利+私募股权	2895	2
私人配售	2133	33

附录5　2005—2016年中国民营500强在世界4大资金中转地开曼群岛、英属维京群岛、百慕大群岛和中国香港的投资情况

附表5-1　2005—2016年中国民营500强在资金中转地开曼群岛、英属维京群岛、百慕大群岛和中国香港的投资项目数量（件）

	开曼群岛	维京群岛（英属）	百慕大群岛	中国香港	合计
2005	1	0	0	0	1
2006	0	0	0	0	0
2007	0	0	0	2	2
2008	1	1	0	4	6
2009	1	1	0	2	4
2010	1	0	2	1	4
2011	1	1	0	8	10
2012	1	0	0	3	4
2013	2	1	0	4	7
2014	2	0	0	4	6
2015	7	0	0	4	11
2016	5	7	1	17	30
合计	22	11	3	49	85

附表 5-2　2005—2016 年中国民营 500 强在资金中转地开曼群岛、英属维京群岛、

百慕大群岛和中国香港的投资项目金额（千欧元）

	开曼群岛	维京群岛 （英属）	百慕大群岛	中国香港	合计
2005	21941	0	0	0	21941
2006	0	0	0	0	0
2007	0	0	0	82316	82316
2008	n. a.	201292	0	88900	290191
2009	n. a.	201292	0	93117	294408
2010	30232	0	39069	16478	85779
2011	1310	141646	0	111412	254369
2012	278078	0	0	42667	320745
2013	185396	n. a.	0	35443	220839
2014	241888	0	0	784164	1026052
2015	1538498	0	0	143150	1681648
2016	3582534	822256	37082	2690861	7132734
合计	5879877	1366486	76151	4088509	11411024

附录 6　2014—2016 年中国民营 500 强
海外直接投资案件 TOP30

附表 6-1　2016 年中国民营 500 强海外直接投资案件 TOP30

排序	标的企业	中国投资方 企业名称	标的国	标的行业	项目金额 （百万美元）
1	CHINA FORTUNE LAND DEVELOPMENT （CFLD）	华夏幸福基业 股份有限公司	埃及	房地产	20000
2	CHINA FORTUNE LAND DEVELOPMENT （CFLD）	华夏幸福基业 股份有限公司	印度	房地产	4900

排序	标的企业	中国投资方企业名称	标的国	标的行业	项目金额（百万美元）
3	LEGENDARY ENTERTAINMENT INC.	大连万达集团股份有限公司	美国	其他服务	3500
4	DALIAN WANDA GROUP	大连万达集团股份有限公司	法国	房地产	3298
5	UBER（CHINA）LTD	万科企业股份有限公司	开曼群岛	出版、印刷	2000
6	TIANRUI GROUP	天瑞集团股份有限公司	柬埔寨	房地产	2000
7	DEAN FOODS COMPANY	杭州娃哈哈集团有限公司	美国	食品、饮料、烟草	1510
8	CHINA FORTUNE LAND DEVELOPMENT（CFLD）	华夏幸福基业股份有限公司	印度尼西亚	房地产	1500
9	IMAGINA MEDIA AUDIOVISUAL SL	大连万达集团股份有限公司	西班牙	其他服务	1281
10	J&T FINANCE GROUP SE	中国华信能源有限公司	捷克共和国	其他服务	1137
11	DICK CLARK PRODUCTIONS INC.	大连万达集团股份有限公司	美国	其他服务	1000
12	GREENLAND USA	上海绿地建设发展（集团）有限公司	美国	房地产	1000
13	DALIAN WANDA GROUP	大连万达集团股份有限公司	印度	房地产	1000
14	ABU DHABI COMPANY FOR ONSHORE OIL OPERATIONS	中国华信能源有限公司	阿拉伯联合酋长国	初级部门（农业、矿业等）	898

续表

排序	标的企业	中国投资方企业名称	标的国	标的行业	项目金额（百万美元）
15	HONG KONG JINGANG TRADE HOLDING CO. , LTD	内蒙古伊利实业集团股份有限公司	中国香港	食品、饮料、烟草	892
16	SANY	三一集团有限公司	埃塞俄比亚	房地产	865
17	CHINA SHENGMU ORGANIC MILK LTD	内蒙古伊利实业集团股份有限公司	开曼群岛	食品、饮料、烟草	785
18	TEG LIVE PTY LTD	大连万达集团股份有限公司	澳大利亚	其他服务	766
19	WANDA E-COMMERCE COMPANY	大连万达集团股份有限公司	中国香港	其他服务	749
20	COUNTRY GARDEN HOLDINGS	碧桂园控股有限公司	英国	房地产	743
21	MINOR INTERNATIONAL PCL	卓尔控股有限公司	泰国	酒店和餐馆	710
22	NATURE'S CARE MANUFACTURE PTY LTD	联想控股股份有限公司	澳大利亚	化工产品、橡胶、塑料、非金属产品	700
23	CHINA SHENGMU ORGANIC MILK LTD	内蒙古伊利实业集团股份有限公司	开曼群岛	食品、饮料、烟草	680
24	VIVO ELECTRONICS	步步高集团	印度	通信	587
25	HONG KONG TIANYI INTERNATIONAL HOLDINGS CO. , LTD	浙江恒逸集团有限公司	中国香港	其他服务	551
26	COUNTRY GARDEN MANAGEMENT	碧桂园控股有限公司	马来西亚	房地产	543
27	COUNTRY GARDEN HOLDINGS	碧桂园控股有限公司	马来西亚	房地产	543

续表

排序	标的企业	中国投资方企业名称	标的国	标的行业	项目金额（百万美元）
28	PINEWOOD GROUP PLC	大连万达集团股份有限公司	英国	其他服务	463
29	WEWORK COMPANIES INC.	联想控股股份有限公司	美国	其他服务	430
30	GEOSWIFT ASSET MANAGEMENT LTD	广博集团	维京群岛（英属）	其他服务	404

附表 6-2　2016 年中国民营 500 强海外并购投资案件 TOP30

排序	标的企业	中国投资方企业名称	标的国	标的行业	交易金额（百万美元）
1	LEGENDARY ENTERTAINMENT INC.	大连万达集团股份有限公司	美国	其他服务	3500
2	UBER（CHINA）LTD	万科企业股份有限公司	开曼群岛	出版、印刷	2000
3	DEAN FOODS COMPANY	杭州娃哈哈集团有限公司	美国	食品、饮料、烟草	1510
4	IMAGINA MEDIA AUDIOVISUAL SL	大连万达集团股份有限公司	西班牙	其他服务	1281
5	J&T FINANCE GROUP SE	中国华信能源有限公司	捷克共和国	其他服务	1137
6	DICK CLARK PRODUCTIONS INC.	大连万达集团股份有限公司	美国	其他服务	1000
7	ABU DHABI COMPANY FOR ONSHORE OIL OPERATIONS	中国华信能源有限公司	阿拉伯联合酋长国	初级部门（农业、矿业等）	898
8	HONG KONG JINGANG TRADE HOLDING CO.，LTD	内蒙古伊利实业集团股份有限公司	中国香港	食品、饮料、烟草	892

续表

排序	标的企业	中国投资方企业名称	标的国	标的行业	交易金额（百万美元）
9	CHINA SHENGMU ORGANIC MILK LTD	内蒙古伊利实业集团股份有限公司	开曼群岛	食品、饮料、烟草	785
10	TEG LIVE PTY LTD	大连万达集团股份有限公司	澳大利亚	其他服务	766
11	WANDA E-COMMERCE COMPANY	大连万达集团股份有限公司	中国香港	其他服务	749
12	MINOR INTERNATIONAL PCL	卓尔控股有限公司	泰国	酒店和餐馆	710
13	NATURE'S CARE MANUFACTURE PTY LTD	联想控股股份有限公司	澳大利亚	化工产品、橡胶、塑料、非金属产品	700
14	CHINA SHENGMU ORGANIC MILK LTD	内蒙古伊利实业集团股份有限公司	开曼群岛	食品、饮料、烟草	680
15	HONG KONG TIANYI INTERNATIONAL HOLDINGS CO., LTD	浙江恒逸集团有限公司	中国香港	其他服务	551
16	PINEWOOD GROUP PLC	大连万达集团股份有限公司	英国	其他服务	463
17	WEWORK COMPANIES INC.	联想控股股份有限公司	美国	其他服务	430
18	GEOSWIFT ASSET MANAGEMENT LTD	广博集团	维京群岛（英属）	其他服务	404
19	GROUPE MÉCANIQUE DÉCOUPAGE SA	正太集团有限公司	法国	机械、设备、家具、回收	320
20	FC INTERNAZIONALE MILANO SPA	苏宁控股集团	意大利	其他服务	307

排序	标的企业	中国投资方企业名称	标的国	标的行业	交易金额（百万美元）
21	INFINITY REAL ESTATE HOLDINGS PTE LTD	恒大地产集团有限公司	新加坡	其他服务	293
22	TSS CARGO AS	中国华信能源有限公司	捷克共和国	建筑业	273
23	FORTRESS GROUP LTD	三胞集团有限公司	开曼群岛	批发零售业	239
24	YOGURT HOLDING （CAYMAN）LTD	内蒙古伊利实业集团股份有限公司	开曼群岛	其他服务	212
25	FUYAO NORTH AMERICA INC.	福耀玻璃工业集团有限公司	美国	化工产品、橡胶、塑料、非金属产品	200
26	ORIENT GROUP HONG KONG INTERNATIONAL TRADE CO., LTD	东方集团实业股份有限公司	中国香港	N. A.	200
27	QUICK SERVICE RESTAURANTS HOLDINGS PTY LTD	联想控股股份有限公司	澳大利亚	酒店和餐馆	195
28	DAYANG TRANDS USA, INC	上海绿地建设发展（集团）有限公司	美国	纺织品、服装、皮革	193
	DAYANG TRANDS UK LTD	圆通速递有限公司	英国	批发零售业	
29	SOTHEBY'S INC.	泰康人寿保险股份有限公司	美国	批发零售业	162
30	AMK HOLDING GMBH & CO KG	安徽中鼎控股（集团）股份有限公司	德国	机械、设备、家具、回收	144

注：（1）排序26中的"N. A."表示BvD-ZEPHYR数据库中未列出该标的行业；

（2）排序28中并购方含两家民营500强企业。

附表 6-3　2016 年中国民营 500 强海外绿地投资案件 TOP30

排序	标的企业	中国投资方企业名称	绿地标的国	标的行业	交易金额（百万美元）
1	CHINA FORTUNE LAND DEVELOPMENT（CFLD）	华夏幸福基业股份有限公司	埃及	房地产	20000
2	CHINA FORTUNE LAND DEVELOPMENT（CFLD）	华夏幸福基业股份有限公司	印度	房地产	4900
3	DALIAN WANDA GROUP	大连万达集团股份有限公司	法国	房地产	3298
4	TIANRUI GROUP	天瑞集团股份有限公司	柬埔寨	房地产	2000
5	CHINA FORTUNE LAND DEVELOPMENT（CFLD）	华夏幸福基业股份有限公司	印度尼西亚	房地产	1500
6	GREENLAND USA	上海绿地建设发展（集团）有限公司	美国	房地产	1000
7	DALIAN WANDA GROUP	大连万达集团股份有限公司	印度	房地产	1000
8	SANY	三一集团有限公司	埃塞俄比亚	房地产	865
9	COUNTRY GARDEN HOLDINGS	碧桂园控股有限公司	英国	房地产	743
10	VIVO ELECTRONICS	步步高集团	印度	通信	587
11	COUNTRY GARDEN MANAGEMENT	碧桂园控股有限公司	马来西亚	房地产	543
12	COUNTRY GARDEN HOLDINGS	碧桂园控股有限公司	马来西亚	房地产	543
13	JIANGSU SUNSHINE GROUP	江苏阳光集团有限公司	埃塞俄比亚	纺织品	350

续表

排序	标的企业	中国投资方企业名称	绿地标的国	标的行业	交易金额（百万美元）
14	SANY	三一集团有限公司	印度	替代/可再生能源	319
15	COUNTRY GARDEN HOLDINGS	碧桂园控股有限公司	印度尼西亚	酒店与旅游	307
16	OPPO ELECTRONICS	步步高集团	印度	通信	293
17	SANY	三一集团有限公司	印度	房地产	282
18	FUYAO NORTH AMERICA	福耀玻璃工业集团有限公司	美国	陶瓷和玻璃	254
19	BYD AMERICA	比亚迪股份有限公司	美国	汽车 OEM	254
20	JINKOSOLAR	晶科能源有限公司	墨西哥	替代/可再生能源	219
21	JINKOSOLAR	晶科能源有限公司	墨西哥	替代/可再生能源	219
22	TBEA SUNOASIS	新疆特变电工集团有限公司	埃及	替代/可再生能源	200
23	ZHEJIANG GEELY HOLDING GROUP（GEELY HOLDING GROUP）	浙江吉利控股集团	白俄罗斯	汽车 OEM	200
24	VOLVO AUTOMOTIVE（VOLVO CARS）	浙江吉利控股集团有限公司	印度	汽车 OEM	192
25	HOUSE OF FRASER	三胞集团有限公司	英国	消费产品	173
26	TRINA SOLAR LIMITED	常州天合光能有限公司	日本	替代/可再生能源	158
27	HUAWEI TECHNOLOGIES ZAMBIA	华为投资控股有限公司	赞比亚	通信	150

排序	标的企业	中国投资方企业名称	绿地标的国	标的行业	交易金额（百万美元）
28	SANY	三一集团有限公司	印度	建筑及建筑材料	143
29	SANY HEAVY INDUSTRY	三一集团有限公司	阿根廷	金属	133
30	HUAWEI TECHNOLOGIES	华为投资控股有限公司	西班牙	通信	126

附表 6-4　2015 年中国民营 500 强海外直接投资案件 TOP30

排序	标的企业	中国投资方企业名称	标的国	标的行业	项目金额（百万美元）
1	PARAMOUNT PICTURES CORPORATION	大连万达集团股份有限公司	美国	其他服务	10000
2	SANY	三一集团有限公司	印度	替代/可再生能源	3000
3	MARINA D'OR GOLF	大连万达集团股份有限公司	西班牙	酒店和餐馆	1533
4	US STEEL KOSICE SRO	中国华信能源有限公司	斯洛伐克	金属及金属制品	1525
5	INFRONT SPORTS & MEDIA AG	大连万达集团股份有限公司	瑞士	其他服务	1161
6	J&T FINANCE GROUP SE	中国华信能源有限公司	捷克共和国	其他服务	1137
7	DALIAN WANDA GROUP	大连万达集团股份有限公司	澳大利亚	房地产	1000
8	DIANPING HOLDINGS LTD	大连万达集团股份有限公司	开曼群岛	其他服务	850
9	WORLD ENDURANCE HOLDINGS INC.	大连万达集团股份有限公司	美国	其他服务	650

续表

排序	标的企业	中国投资方企业名称	标的国	标的行业	项目金额（百万美元）
10	PPLIVE CORPORATION	苏宁控股集团	开曼群岛	其他服务	629
11	ASSOCIAZIONE CALCIO MILAN SPA	杭州娃哈哈集团有限公司	意大利	其他服务	576
12	KMG INTERNATIONAL NV	中国华信能源有限公司	荷兰	化工产品、橡胶、塑料、非金属产品	510
13	TRINA SOLAR LIMITED	常州天合光能有限公司	印度	电子元件	500
14	VOLVO AUTOMOTIVE（VOLVO CARS）	浙江吉利控股集团有限公司	美国	汽车 OEM	500
15	ZHONGTIAN CONSTRUCTION GROUP	中天发展控股集团有限公司	泰国	房地产	417
16	TCL	TCL 集团股份有限公司	巴西	消费电子产品	406
17	DOSTYK GAZ TERMINAL TOO	中国华信能源有限公司	哈萨克斯坦	初级部门（农业、矿业等）	370
18	HOLLEY GROUP	华立集团股份有限公司	墨西哥	房地产	360
19	SANTOS LTD	联想控股股份有限公司	澳大利亚	初级部门（农业、矿业等）	352
20	UNIEURO SRL	苏宁控股集团	意大利	批发零售业	336
21	ALEXANDER DENNIS LTD	比亚迪股份有限公司	英国	机械、设备、家具、回收	303
		郑州宇通集团有限公司			

排序	标的企业	中国投资方企业名称	标的国	标的行业	项目金额（百万美元）
22	HONGSHI HOLDINGS GROUP	红狮控股集团有限公司	尼泊尔	建筑及建筑材料	300
23	LONDON TAXI COMPANY	浙江吉利控股集团有限公司	英国	汽车 OEM	231
24	WANFENG MLTH HOLDINGS CO., LTD	万丰奥特控股集团有限公司	英国	金属及金属制品	215
25	ECOMOTORS INC.	安徽中鼎控股（集团）股份有限公司	美国	其他服务	200
26	TRINA SOLAR LIMITED	常州天合光能有限公司	泰国	电子元件	160
27	HUAWEI TECHNOLOGIES	华为投资控股有限公司	马来西亚	通信	120
28	ZHENGBANG (HONG KONG) TRADING LTD	正邦集团有限公司	中国香港	批发零售业	117
29	WEGU HOLDING GMBH	安徽中鼎控股（集团）股份有限公司	德国	机械、设备、家具、回收	103
30	JINKOSOLAR	晶科能源有限公司	马来西亚	电子元件	100

注：排序 21 中并购方含两家民营 500 强企业。

附表 6-5　2015 年中国民营 500 强海外并购投资案件 TOP30

排序	标的企业	中国投资方企业名称	标的国	标的行业	交易金额（百万美元）
1	PARAMOUNT PICTURES CORPORATION	大连万达集团股份有限公司	美国	其他服务	10000

排序	标的企业	中国投资方企业名称	标的国	标的行业	交易金额（百万美元）
2	MARINA D'OR GOLF	大连万达集团股份有限公司	西班牙	酒店和餐馆	1533
3	US STEEL KOSICE SRO	中国华信能源有限公司	斯洛伐克	金属及金属制品	1525
4	INFRONT SPORTS & MEDIA AG	大连万达集团股份有限公司	瑞士	其他服务	1161
5	J&T FINANCE GROUP SE	中国华信能源有限公司	捷克共和国	其他服务	1137
6	DIANPING HOLDINGS LTD	大连万达集团股份有限公司	开曼群岛	其他服务	850
7	WORLD ENDURANCE HOLDINGS INC.	大连万达集团股份有限公司	美国	其他服务	650
8	PPLIVE CORPORATION	苏宁控股集团	开曼群岛	其他服务	629
9	ASSOCIAZIONE CALCIO MILAN SPA	杭州娃哈哈集团有限公司	意大利	其他服务	576
10	KMG INTERNATIONAL NV	中国华信能源有限公司	荷兰	化工产品、橡胶、塑料、非金属产品	510
11	DOSTYK GAZ TERMINAL TOO	中国华信能源有限公司	哈萨克斯坦	初级部门（农业、矿业等）	370
12	SANTOS LTD	联想控股股份有限公司	澳大利亚	初级部门（农业、矿业等）	352
13	UNIEURO SRL	苏宁控股集团	意大利	批发零售业	336
14	ALEXANDER DENNIS LTD	比亚迪股份有限公司郑州宇通集团有限公司	英国	机械、设备、家具、回收	303

续表

排序	标的企业	中国投资方企业名称	标的国	标的行业	交易金额（百万美元）
15	WANFENG MLTH HOLDINGS CO., LTD	万丰奥特控股集团有限公司	英国	金属及金属制品	215
16	ECOMOTORS INC.	安徽中鼎控股（集团）股份有限公司	美国	其他服务	200
17	ZHENGBANG (HONG KONG) TRADING LTD	正邦集团有限公司	中国香港	批发零售业	117
18	WEGU HOLDING GMBH	安徽中鼎控股（集团）股份有限公司	德国	机械、设备、家具、回收	103
19	HONBRIDGE HOLDINGS LTD	浙江吉利控股集团有限公司	开曼群岛	其他服务	95
20	ABERDARE CABLES (PTY) LTD	亨通集团有限公司	南非	机械、设备、家具、回收	83
21	MEILELE INC.	宜华企业（集团）有限公司	开曼群岛	批发零售业	66
22	ANGANG GROUP INVESTMENT (AUSTRALIA) PTY LTD	攀枝花钢城集团有限公司	澳大利亚	其他服务	42
23	EHANG INC.	联想控股股份有限公司	美国	机械、设备、家具、回收	42
24	GOERTEK (VIETNAM) CO., LTD	歌尔声学股份有限公司	越南	机械、设备、家具、回收	32
25	HENGTONG OPTIC-ELECTRIC INTERNATIONAL LTD	亨通集团有限公司	中国香港	批发零售业	30

续表

排序	标的企业	中国投资方 企业名称	标的国	标的行业	交易金额 （百万美元）
26	REDROVER CO., LTD	苏宁控股集团	大韩民国	其他服务	29
27	FNC ENTERTAINMENT CO., LTD	苏宁控股集团	大韩民国	其他服务	29
28	GINTECH ENERGY CORPORATION	通威集团 有限公司	台湾	机械、设备、 家具、回收	28
29	MOBVOI INC	歌尔声学股份 有限公司	开曼群岛	出版、印刷	20
30	FNC ENTERTAINMENT CO., LTD	苏宁控股集团	大韩民国	其他服务	19

注：排序 14 中并购方含两家民营 500 强企业。

附表 6-6 2015 年中国民营 500 强海外绿地投资案件 TOP30

排序	标的企业	中国投资方 企业名称	绿地标的国	行业	交易金额 （百万美元）
1	SANY	三一集团 有限公司	印度	替代/可再 生能源	3000
2	DALIAN WANDA GROUP	大连万达集团 股份有限公司	澳大利亚	房地产	1000
3	TRINA SOLAR LIMITED	常州天合光能 有限公司	印度	电子元件	500
4	VOLVO AUTOMOTIVE （VOLVO CARS）	浙江吉利控股 集团有限公司	美国	汽车 OEM	500
5	ZHONGTIAN CONSTRUCTION GROUP	中天发展控股 集团有限公司	泰国	房地产	417
6	TCL	TCL 集团股份 有限公司	巴西	消费电子产品	406

排序	标的企业	中国投资方企业名称	绿地标的国	行业	交易金额（百万美元）
7	HOLLEY GROUP	华立集团股份有限公司	墨西哥	房地产	360
8	HONGSHI HOLDINGS GROUP	红狮控股集团有限公司	尼泊尔	建筑及建筑材料	300
9	LONDON TAXI COMPANY	浙江吉利控股集团有限公司	英国	汽车 OEM	231
10	TRINA SOLAR LIMITED	常州天合光能有限公司	泰国	电子元件	160
11	HUAWEI TECHNOLOGIES	华为投资控股有限公司	马来西亚	通信	120
12	JINKOSOLAR	晶科能源有限公司	马来西亚	电子元件	100
13	YUNNAN JUNFA REAL ESTATE	俊发地产有限责任公司	泰国	房地产	92
14	SPRING AIRLINES	上海春秋国际旅行社（集团）有限公司	日本	运输业	86
15	XINJIANG GUANGHUI PETROLEUM	新疆广汇实业投资（集团）有限责任公司	哈萨克斯坦	煤、石油和天然气	60
16	HUAWEI TECHNOLOGIES	华为投资控股有限公司	印度尼西亚	通信	59
17	TCL	TCL 集团股份有限公司	印度	消费电子产品	55
18	HUAWEI TECHNOLOGIES	华为投资控股有限公司	俄罗斯	通信	55
19	HOLLEY GROUP	华立集团股份有限公司	墨西哥	电子元件	53

排序	标的企业	中国投资方企业名称	绿地标的国	行业	交易金额（百万美元）
20	SICHUAN KELUN PHARMACEUTICAL	四川科伦实业集团有限公司	哈萨克斯坦	制药业	50
21	BYD	比亚迪股份有限公司	巴西	电子元件	50
22	BAOSHANG BANK	包商银行股份有限公司	巴林	金融服务	45
23	CHONGQING LIFAN INDUSTRY	重庆力帆控股有限公司	俄罗斯	汽车零部件	41
24	HUAWEI TECHNOLOGIES	华为投资控股有限公司	沙特阿拉伯	通信	40
25	HUAWEI TECHNOLOGIES	华为投资控股有限公司	摩洛哥	通信	37
26	ZTT INTERNATIONAL LIMITED	中天科技集团有限公司	巴西	电子元件	30
27	FUTONG GROUP	富通集团有限公司	墨西哥	电子元件	27
28	HUAWEI TECHNOLOGIES	华为投资控股有限公司	巴拿马	通信	26
29	BYD MOTORS	比亚迪股份有限公司	美国	汽车 OEM	26
30	BYD MOTORS	比亚迪股份有限公司	美国	汽车 OEM	26

附表 6-7　2014 年中国民营 500 强海外直接投资案件 TOP30

排序	标的企业	中国投资方企业名称	标的国	标的行业	项目金额（百万美元）
1	MERITON	上海绿地建设（集团）有限公司	澳大利亚	建筑业	9368

续表

排序	标的企业	中国投资方 企业名称	标的国	标的行业	项目金额 （百万美元）
2	DEUTSCHE POSTBANK AG	大连万达集团 股份有限公司	德国	银行	7338
3	SHANGHAI GREENLAND GROUP	上海绿地建设 （集团）有限公司	马来西亚	房地产	3250
4	SHANGHAI GREENLAND GROUP	上海绿地建设 （集团）有限公司	韩国	房地产	3200
5	YUHUANG CHEMICAL	山东玉皇化 工有限公司	美国	化学制品	1850
6	PIZZAEXPRESS LTD	联想控股 有限公司	英国	酒店和餐馆	1542
7	SHANDONG FUHAI GROUP	富海集团 有限公司	印度尼西亚	金属	1200
8	DALIAN WANDA GROUP	大连万达集团 股份有限公司	美国	房地产	1200
9	INFRONT SPORTS & MEDIA AG	大连万达集团 股份有限公司	瑞士	其他服务	1161
10	FLAGSTONE FOODS INC.	联想控股 有限公司	美国	食品、饮料、 烟草	1000
11	DALIAN WANDA GROUP	大连万达集团 股份有限公司	美国	酒店与旅游	900
12	DALIAN WANDA GROUP	大连万达集团 股份有限公司	澳大利亚	房地产	900
13	WANDA E-COMMERCE COMPANY	大连万达集团 股份有限公司	中国香港	其他服务	749
14	SHANGHAI GREENLAND GROUP	上海绿地建设 （集团）有限公司	英国	房地产	600
15	SHANGHAI GREENLAND GROUP	上海绿地建设 （集团）有限公司	英国	房地产	600

续表

排序	标的企业	中国投资方企业名称	标的国	标的行业	项目金额（百万美元）
16	VOLVO AUTOMOTIVE（VOLVO CARS）	浙江吉利控股集团有限公司	瑞典	汽车 OEM	540
17	NEW HOPE GROUP（NHG）	新希望集团有限公司	俄罗斯	食品和烟草	500
18	HUAWEI TECHNOLOGIES	华为投资控股有限公司	墨西哥	通信	375
19	HUAWEI TECHNOLOGIES	华为投资控股有限公司	墨西哥	通信	375
20	HUAWEI TECHNOLOGIES	华为投资控股有限公司	墨西哥	通信	375
21	HUAWEI TECHNOLOGIES	华为投资控股有限公司	墨西哥	通信	375
22	BAIDU	百度在线网络技术（北京）有限公司	美国	软件与IT服务	300
23	FORTRESS GROUP LTD	三胞集团有限公司	开曼群岛	批发零售业	239
24	HUAWEI TECHNOLOGIES	华为投资控股有限公司	加拿大	通信	210
25	SANY HEAVY INDUSTRY	三一集团有限公司	印度尼西亚	工业机械、设备及工具	200
26	LIFAN INTERNATIONAL（TRADING）	重庆力帆控股有限公司	俄罗斯	汽车 OEM	150
27	GAIN LUCKY	宁波申洲针织有限公司	越南	纺织品	140
28	TBEA ENERGY（INDIA）	特变电工集团有限公司	印度	电子元件	100

排序	标的企业	中国投资方企业名称	标的国	标的行业	项目金额（百万美元）
29	DALIAN WANDA GROUP	大连万达集团股份有限公司	西班牙	房地产	98
30	BYD	比亚迪股份有限公司	巴西	汽车 OEM	90

附表 6-8　2014 年中国民营 500 强海外并购投资案件 TOP30

排序	标的企业	中国投资方企业名称	标的国	标的行业	交易金额（百万美元）
1	MERITON	上海绿地建设（集团）有限公司	澳大利亚	建筑业	9368
2	DEUTSCHE POSTBANK AG	大连万达集团股份有限公司	德国	银行	7338
3	PIZZAEXPRESS LTD	联想控股有限公司	英国	酒店和餐馆	1542
4	INFRONT SPORTS & MEDIA AG	大连万达集团股份有限公司	瑞士	其他服务	1161
5	FLAGSTONE FOODS INC.	联想控股有限公司	美国	食品、饮料、烟草	1000
6	WANDA E-COMMERCE COMPANY	大连万达集团股份有限公司	中国香港	其他服务	749
7	FORTRESS GROUP LTD	三胞集团有限公司	开曼群岛	批发零售业	239
8	HONG KONG ZHONGYI TRADE CO., LTD	铜陵精达铜材（集团）有限责任公司	中国香港	批发零售业	80
9	PALFINGER AG	三一集团有限公司	奥地利	机械、设备、家具、回收	74

排序	标的企业	中国投资方企业名称	标的国	标的行业	交易金额（百万美元）
10	DEEM INC	联想控股有限公司	美国	其他服务	50
11	MECOX LANE LTD	三胞集团有限公司	开曼群岛	其他服务	39
12	SOCIÉTÉ ANONYME HUA-JIA DE L'INDUSTRIE DES BOIS	宜华企业（集团）有限公司	加蓬	木材、软木、纸类	38
13	SENDA INTERNATIONAL CAPITAL LTD	浙江龙盛控股有限公司	中国香港	其他服务	30
14	AKM INDUSTRIAL CO., LTD	歌尔声学股份有限公司	中国香港	机械、设备、家具、回收	28
15	GOER TECHNOLOGY (JAPAN) CO., LTD	歌尔声学股份有限公司	日本	其他服务	5
16	J&T FINANCE GROUP SE	中国华信能源有限公司	捷克共和国	其他服务	3
17	HENGTONG OPTIC-ELECTRIC CO., LTD AND BRASCOPPER CBC BRASILEIRA DE CONDUTORES LTDA'S OPTICAL CABLE JOINT VENTURE	亨通集团有限公司	巴西	机械、设备、家具、回收	0

附表 6-9　2014 年中国民营 500 强海外绿地投资案件 TOP30

排序	标的企业	中国投资方企业名称	绿地标的国	行业	交易金额（百万美元）
1	SHANGHAI GREENLAND GROUP	上海绿地建设（集团）有限公司	马来西亚	房地产	3250
2	SHANGHAI GREENLAND GROUP	上海绿地建设（集团）有限公司	韩国	房地产	3200
3	YUHUANG CHEMICAL	山东玉皇化工有限公司	美国	化学制品	1850
4	SHANDONG FUHAI GROUP	富海集团有限公司	印度尼西亚	金属	1200
5	DALIAN WANDA GROUP	大连万达集团股份有限公司	美国	房地产	1200
6	DALIAN WANDA GROUP	大连万达集团股份有限公司	美国	酒店与旅游	900
7	DALIAN WANDA GROUP	大连万达集团股份有限公司	澳大利亚	房地产	900
8	SHANGHAI GREENLAND GROUP	上海绿地建设（集团）有限公司	英国	房地产	600
9	SHANGHAI GREENLAND GROUP	上海绿地建设（集团）有限公司	英国	房地产	600
10	VOLVO AUTOMOTIVE（VOLVO CARS）	浙江吉利控股集团有限公司	瑞典	汽车 OEM	540
11	NEW HOPE GROUP（NHG）	新希望集团有限公司	俄罗斯	食品和烟草	500
12	HUAWEI TECHNOLOGIES	华为投资控股有限公司	墨西哥	通信	375
13	HUAWEI TECHNOLOGIES	华为投资控股有限公司	墨西哥	通信	375
14	HUAWEI TECHNOLOGIES	华为投资控股有限公司	墨西哥	通信	375

排序	标的企业	中国投资方企业名称	绿地标的国	行业	交易金额（百万美元）
15	HUAWEI TECHNOLOGIES	华为投资控股有限公司	墨西哥	通信	375
16	BAIDU	百度在线网络技术（北京）有限公司	美国	软件与IT服务	300
17	HUAWEI TECHNOLOGIES	华为投资控股有限公司	加拿大	通信	210
18	SANY HEAVY INDUSTRY	三一集团有限公司	印度尼西亚	工业机械、设备及工具	200
19	LIFAN INTERNATIONAL（TRADING）	重庆力帆控股有限公司	俄罗斯	汽车OEM	150
20	GAIN LUCKY	宁波申洲针织有限公司	越南	纺织品	140
21	TBEA ENERGY（INDIA）	特变电工集团有限公司	印度	电子元件	100
22	DALIAN WANDA GROUP	大连万达集团股份有限公司	西班牙	房地产	98
23	BYD	比亚迪股份有限公司	巴西	汽车OEM	90
24	BYD ELECTRONICS	比亚迪股份有限公司	巴西	汽车OEM	83
25	HUAWEI TECHNOLOGIES	华为投资控股有限公司	巴西	通信	68
26	HUAWEI TECHNOLOGIES	华为投资控股有限公司	美国	通信	51
27	HUAWEI TECHNOLOGIES	华为投资控股有限公司	德国	通信	37

续表

排序	标的企业	中国投资方企业名称	绿地标的国	行业	交易金额（百万美元）
28	HUAWEI TECHNOLOGIES	华为没资控股有限公司	德国	通信	37
29	HUAWEI TECHNOLOGIES	华为没资控股有限公司	韩国	通信	33
30	SANY HEAVY INDUSTRY	三一集团有限公司	委内瑞拉	工业机械、设备及工具	31

附录 7　2005—2016 年中国民营 500 强海外直接投资企业名录汇总

附表 7-1　2005—2016 年中国民营 500 强参与海外并购和绿地投资的 358 家中国民营企业名录（剔除重复）

企业名称	行业	省份
2005 年参与投资的民营企业 500 强		
联想控股有限公司	计算机整机制造、移动通讯终端	北京
浙江吉利控股集团有限公司	汽车	浙江
天津天狮集团有限公司	保健品	天津
沈阳远大企业集团	幕墙、门窗、电梯	辽宁
宜华企业（集团）有限公司	实木家具、实木地板、房地产开发、文化	广东
苏泊尔集团有限公司	厨房炊具、小家电、大家电、制药、房产、海运等	浙江
杭州西湖汽车零部件集团有限公司	汽车配件	浙江
2006 年参与投资的民营企业 500 强		
三一集团有限公司	工程机械	湖南
浙江浙大网新科技股份有限公司	软件产品销售、系统集成、软件服务	浙江

企业名称	行业	省份
十堰荣华东风汽车专营有限公司	汽车销售、房地产汽车修理、宾馆经营	湖北
华翔集团股份有限公司	塑料制造、军品收入、汽车配件	浙江
苏泊尔集团有限公司	厨房炊具、小家电、大家电、制药、房产、海运等	浙江
重庆博赛矿业（集团）有限公司	耐火材料、铝矾土、氧化铝等	重庆
2007 年参与投资的民营企业 500 强		
南京钢铁集团有限公司	冶金	江苏
天津荣程联合钢铁集团有限公司	生铁、钢坯、中宽带钢	天津
东方希望集团有限公司	铝电一体化、饲料	上海
海航集团有限公司	航空运输、商品销售、机场服务	海南
雅戈尔集团股份有限公司	进出口贸易、纺织、服装、房产置业	浙江
江苏三房巷集团有限公司	切片涤纶、化纤染色、整理布	江苏
通威集团有限公司	饲料、宠物食品、化工原料、建筑工程	四川
力帆实业（集团）有限公司	摩托车、发动机、汽车通机	重庆
浙江吉利控股集团有限公司	汽车整车及零部件生产和销售	浙江
青山控股集团有限公司	不锈钢元钢、不锈钢窄带、不锈钢钢管	浙江
三一重工股份有限公司	工程机械	湖南
无锡尚德太阳能电力有限公司	太阳能电池、组件太阳能光伏系统工程	江苏
苏泊尔集团有限公司	炊具、小家电、中成药、中间体原料药	浙江
钱江集团有限公司	摩托车发电机、高压清洗机机电产品、园林机	浙江
四川剑南春集团有限责任公司	白酒	四川
华翔集团股份有限公司	汽车零部件制造、电子产品、水产食品及大中型精密模具等	浙江
越美集团有限公司	纺织	浙江
2008 年参与投资的民营企业 500 强		
联想控股有限公司	计算机及其他电子设备制造	北京
海亮集团有限公司	有色金属冶炼及压延加工业	浙江
天津天狮集团有限公司	医药制造业	天津

续表

企业名称	行业	省份
正泰集团股份有限公司	电气机械及器材制造业	浙江
海航集团有限公司	航空运输业	海南
四川宏达集团	化学原料及化学制品制造业	四川
雅戈尔集团股份有限公司	纺织服装鞋帽制造业	浙江
三一集团有限公司	专用设备制造业	湖南
浙江吉利控股集团有限公司	交通运输设备制造业	浙江
大连实德集团有限公司	制造业	辽宁
无锡尚德太阳能电力有限公司	电气机械及器材制造业	江苏
盾安控股集团有限公司	专用设备制造业	浙江
澳洋集团有限公司	纺织业	江苏
宁波海天塑机集团有限公司	专用设备制造业	浙江
浙大网新科技股份有限公司	计算机服务业	浙江
侨兴集团有限公司	通信设备计算机及其他电子设备制造业	广东
金龙联合汽车工业（苏州）有限公司	交通运输设备制造业	江苏
奥康集团有限公司	纺织服装鞋帽制造业	浙江
重庆博赛矿业（集团）有限公司	有色金属冶炼及压延加工业	重庆
常州天合光能有限公司	电气机械及器材制造业	江苏
2009 年参与投资的民营企业 500 强		
江苏沙钢集团有限公司	钢材、矿石、矿粉	江苏
苏宁电器集团	家用电器连锁销售和服务	江苏
东方希望集团有限公司	有色金属、饲料	上海
海航集团有限公司	航空旅游机场业务、金融与商业、现代物流	海南
雅戈尔集团股份有限公司	纺织服装、贸易、房地产	浙江
正泰集团股份有限公司	低压电器、输配电设备、仪器仪表	浙江
三一集团有限公司	混凝土机械、起重机械、挖掘机械	湖南
浙江吉利控股集团有限公司	汽车	浙江
力帆实业（集团）股份有限公司	汽车、摩托车、摩托车发动机	重庆
山东太阳纸业股份有限公司	涂布白卡纸、钢版纸、涂布白板纸	山东

企业名称	行业	省份
宗申产业集团有限公司	设计开发制造批发零售、修理摩托车及零部件；批发兼零售五金	重庆
江苏隆力奇集团有限公司	日化用品	江苏
腾邦投资控股有限公司	投资兴办实业，国内贸易，从事货物，技术进出口业务。	广东
常州天合光能有限公司	光伏组件	江苏
重庆博赛矿业（集团）股份有限公司	采矿业、非金属矿物制品业、有色金属冶炼	重庆
金龙联合汽车工业（苏州）有限公司	客车及汽车制造及销售	江苏
十堰荣华东风汽车专营有限公司	汽车销售、工业生产、房地产及酒店	湖北
瑞立集团有限公司	汽车零部件制造、房地产、餐饮、酒店业	浙江
杭州东华链条集团有限公司	手机贸易、拖拉机、链条	浙江
瑞声声学科技（常州）有限公司	电声产品	江苏
太阳石（唐山）药业有限公司	妇科专用产品，中西制剂药品，销售本公司产品	河北
2010 年参与投资的民营企业 500 强		
联想控股有限公司	通信设备、计算机及其他电子设备制造业	北京
海航集团有限公司	综合（含投资类）	海南
比亚迪股份有限公司	交通运输设备制造业	广东
三一集团有限公司	通用设备和专用设备制造业	湖南
正泰集团股份有限公司	电气机械及器材、线缆制造及仪器仪表制造	浙江
扬子江药业集团有限公司	医药制造业	江苏
浙江吉利控股集团有限公司	交通运输设备制造业	浙江
江苏三房巷集团有限公司	化学原料及化学制品制造业	江苏
重庆力帆控股有限公司	交通运输设备制造业	重庆
浙江昆仑控股集团有限公司	建筑业	浙江

续表

企业名称	行业	省份
宗申产业集团有限公司	交通运输设备制造业	重庆
威高集团有限公司	医药制造业	山东
中电电气集团有限公司	电气机械及器材、线缆制造及仪器仪表制造	江苏
常州天合光能有限公司	电气机械及器材、线缆制造及仪器仪表制造	江苏
福耀玻璃工业集团股份有限公司	非金属矿物制品业（含水泥、玻璃、陶瓷、耐火材料等）	福建
重庆博赛矿业（集团）股份有限公司	有色金属冶炼及压延加工业	重庆
三花控股集团有限公司	电气机械及器材、线缆制造及仪器仪表制造	浙江
浙大网新科技股份有限公司	信息传输、计算机服务和软件业	浙江
中捷控股集团有限公司	黑色金属冶炼及压延加工业	浙江
广东明阳风电产业集团有限公司中山明阳电器有限公司	通用设备和专用设备制造业	广东
杭州巨星投资控股有限公司	金属制品业	浙江
2011 年参与投资的民营企业 500 强		
华为技术有限公司	通信设备、计算机及其他电子设备制造业	广东
苏宁电器集团	批发和零售业	江苏
浙江吉利控股集团有限公司	交通运输设备制造业	浙江
海航集团有限公司	综合	海南
新希望集团有限公司	农、林、牧、渔业	四川
三一集团有限公司	通用设备和专用设备制造业	湖南
比亚迪股份有限公司	交通运输设备制造业	广东
浙江恒逸集团有限公司	化学纤维制造业	浙江
雅戈尔集团股份有限公司	服装、鞋帽、皮革制造业	浙江
天狮集团有限公司	医药制造业	天津
四川宏达（集团）有限公司	有色金属冶炼及压延加工业	四川

续表

企业名称	行业	省份
正泰集团股份有限公司	电气机械及器材、线缆制造及仪器仪表制造业	浙江
江苏扬子江船业集团公司	交通运输设备制造业	江苏
青山控股集团有限公司	黑色金属冶炼及压延加工业	浙江
盾安控股集团有限公司	通用设备和专用设备制造业	浙江
新疆特变电工股份有限公司	电气机械及器材、线缆制造及仪器仪表制造业	新疆
新华锦集团	批发和零售业	山东
重庆力帆控股有限公司	交通运输设备制造业	重庆
波司登股份有限公司	服装、鞋帽、皮革制造业	江苏
华立集团股份有限公司	医药制造业	浙江
宗申产业集团有限公司	交通运输设备制造业	重庆
常州天合光能有限公司	电气机械及器材、线缆制造及仪器仪表制造业	江苏
天津天士力集团有限公司	医药制造业	天津
辽宁忠旺集团有限公司	金属制品业	辽宁
大全集团有限公司	电气机械及器材、线缆制造及仪器仪表制造业	江苏
卧龙控股集团有限公司	电气机械及器材、线缆制造及仪器仪表制造业	浙江
福耀玻璃工业集团股份有限公司	非金属矿物制品业（含水泥、玻璃、陶瓷、耐火材料等）	福建
群升集团有限公司	房地产业	浙江
青年汽车集团有限公司	交通运输设备制造业	浙江
三花控股集团有限公司	电气机械及器材、线缆制造及仪器仪表制造业	浙江
力诺集团股份有限公司	电气机械及器材、线缆制造及仪器仪表制造业	山东
江苏综艺集团	通信设备、计算机及其他电子设备制造业	江苏

企业名称	行业	省份
富丽达集团控股有限公司	化学纤维制造业	浙江
华锐风电科技（江苏）有限公司	电气机械及器材、线缆制造及仪器仪表制造业	江苏
中利科技集团股份有限公司	电气机械及器材、线缆制造及仪器仪表制造业	江苏
华翔集团股份有限公司	交通运输设备制造业	浙江
2012 年参与投资的民营企业 500 强		
华为投资控股有限公司	计算机、通信和其他电子设备制造业	广东
联想控股有限公司	计算机、通信和其他电子设备制造业	北京
浙江吉利控股集团有限公司	汽车制造业	浙江
大连万达集团股份有限公司	房地产业	辽宁
三一集团有限公司	通用设备制造业	湖南
新希望集团有限公司	农、林、牧、渔业	四川
杭州娃哈哈集团有限公司	酒、饮料和精制茶制造业	浙江
山东新希望六和集团有限公司	农、林、牧、渔业	山东
比亚迪股份有限公司	汽车制造业	广东
新华联控股有限公司	综合	湖南
浙江荣盛控股集团有限公司	化学纤维制造业	浙江
天狮集团有限公司	医药制造业	天津
广州富力地产股份有限公司	房地产业	广东
正泰集团股份有限公司	电气机械和器材制造业	浙江
亨通集团有限公司	电气机械和器材制造业	江苏
重庆力帆控股有限公司	汽车制造业	重庆
浙江龙盛控股有限公司	化学原料和化学制品制造业	浙江
百度在线网络技术（北京）有限公司	信息传输、软件和信息技术服务业	北京
江西赛维 LDK 太阳能高科技有限公司	非金属矿物制品业	江西
常州天合光能有限公司	电气机械和器材制造业	江苏
宁夏宝塔石化集团有限公司	石油加工、炼焦和核燃料加工业	宁夏
卧龙控股集团有限公司	电气机械和器材制造业	浙江

续表

企业名称	行业	省份
华立集团股份有限公司	医药制造业	浙江
美锦能源集团有限公司	石油加工、炼焦和核燃料加工业	山西
泰通（泰州）工业有限公司	电气机械和器材制造业	江苏
江苏新时代控股集团有限公司	有色金属冶炼和压延加工业	江苏
苏州金螳螂企业集团有限公司	建筑业	江苏
重庆博赛矿业（集团）有限公司	有色金属冶炼和压延加工业	重庆
福耀玻璃工业集团股份有限公司	非金属矿物制品业	福建
晶科能源有限公司	非金属矿物制品业	江西
三花控股集团有限公司	通用设备制造业	浙江
青年汽车集团有限公司	汽车制造业	浙江
十堰荣华东风汽车专营有限公司	批发和零售业	湖北
宜华企业（集团）有限公司	家具制造业	广东
海润光伏科技有限公司	电气机械和器材制造业	江苏
2013 年参与投资的民营企业 500 强		
苏宁电器集团	零售业	江苏
华为投资控股有限公司	计算机、通信和其他电子设备制造业	广东
江苏沙钢集团有限公司	黑色金属冶炼和压延加工业	江苏
浙江吉利控股集团有限公司	汽车制造业	浙江
大连万达集团股份有限公司	房地产业	辽宁
美的集团股份有限公司	电气机械和器材制造业	广东
三一集团有限公司	专用设备制造业	湖南
新希望集团有限公司	农、林、牧、渔服务业	四川
海亮集团有限公司	有色金属冶炼和压延加工业	浙江
上海复星高科技（集团）有限公司	综合	上海
比亚迪股份有限公司	汽车制造业	广东
新奥集团股份有限公司	燃气生产和供应业	河北
盾安控股集团有限公司	专用设备制造业	浙江
四川宏达（集团）有限公司	有色金属矿采选业	四川
正泰集团股份有限公司	电气机械和器材制造业	浙江

续表

企业名称	行业	省份
四川科伦实业集团有限公司	医药制造业	四川
亿利资源集团有限公司	综合	内蒙古
郑州宇通集团有限公司	汽车制造业	河南
百度［微博］在线网络技术（北京）有限公司	互联网和相关服务	北京
攀枝花钢城集团有限公司	黑色金属冶炼和压延加工业	四川
新华锦集团	批发业	山东
大全集团有限公司	电气机械和器材制造业	江苏
上海绿地建设（集团）有限公司	房屋建筑业	上海
华立集团股份有限公司	医药制造业	浙江
青年汽车集团有限公司	汽车制造业	浙江
泰通（泰州）工业有限公司	电气机械和器材制造业	江苏
福耀玻璃工业集团股份有限公司	非金属矿物制品业	福建
三花控股集团有限公司	电气机械和器材制造业	浙江
常州天合光能有限公司	电气机械和器材制造业	江苏
上海春秋国际旅行社（集团）有限公司	航空运输业	上海
山东永泰化工有限公司	橡胶和塑料制品业	山东
华翔集团股份有限公司	汽车制造业	浙江
2014 年参与投资的民营企业 500 强		
联想控股有限公司	计算机、通信和其他电子设备制造业	北京
华为投资控股有限公司	计算机、通信和其他电子设备制造业	广东
中国华信能源有限公司	批发业	上海
大连万达集团股份有限公司	房地产业	辽宁
浙江吉利控股集团有限公司	汽车制造业	浙江
万科企业股份有限公司	房地产业	广东
美的集团股份有限公司	电气机械和器材制造业	广东
新希望集团有限公司	农、林、牧、渔服务业	四川
三一集团有限公司	专用设备制造业	湖南
三胞集团有限公司	零售业	江苏

企业名称	行业	省份
比亚迪股份有限公司	汽车制造业	广东
青山控股集团有限公司	黑色金属冶炼和压延加工业	浙江
通威集团有限公司	农副食品加工业	四川
山东如意科技集团有限公司	纺织业	山东
江苏金浦集团有限公司	化学原料和化学制品制造业	江苏
新疆特变电工集团有限公司	专用设备制造业	新疆
百度在线网络技术（北京）有限公司	互联网和相关服务	北京
亨通集团有限公司	电气机械和器材制造业	江苏
宁夏宝塔石化集团有限公司	石油加工、炼焦和核燃料加工业	宁夏
双良集团有限公司	化学原料和化学制品制造业	江苏
山东玉皇化工有限公司	化学原料和化学制品制造业	山东
重庆力帆控股有限公司	汽车制造业	重庆
浙江龙盛控股有限公司	化学原料和化学制品制造业	浙江
步步高投资集团股份有限公司	零售业	湖南
辽宁忠旺集团有限公司	有色金属冶炼和压延加工业	辽宁
富海集团有限公司	石油加工、炼焦和核燃料加工业	山东
宜华企业（集团）有限公司	家具制造业	广东
上海绿地建设（集团）有限公司	房屋建筑业	上海
江苏天工集团有限公司	黑色金属冶炼和压延加工业	江苏
常州天合光能有限公司	电气机械和器材制造业	江苏
晶科能源有限公司	电气机械和器材制造业	江西
三花控股集团有限公司	电气机械和器材制造业	浙江
福耀玻璃工业集团股份有限公司	非金属矿物制品业	福建
歌尔声学股份有限公司	计算机、通信和其他电子设备制造业	山东
宁波申洲针织有限公司	纺织服装、服饰业	浙江
铜陵精达铜材（集团）有限责任公司	金属制品业	安徽
2015 年参与投资的民营企业 500 强		
联想控股股份有限公司	计算机、通信和其他电子设备制造业	北京
华为投资控股有限公司	计算机、通信和其他电子设备制造业	广东

企业名称	行业	省份
苏宁控股集团	零售业	江苏
大连万达集团股份有限公司	房地产业	辽宁
中国华信能源有限公司	批发业	上海
浙江吉利控股集团有限公司	汽车制造业	浙江
美的集团股份有限公司	电气机械和器材制造业	广东
TCL 集团股份有限公司	计算机、通信和其他电子设备制造业	广东
新疆广汇实业投资（集团）有限责任公司	零售业	新疆
三胞集团有限公司	零售业	江苏
新希望集团有限公司	农业	四川
三一集团有限公司	专用设备制造业	湖南
北京京东世纪贸易有限公司	互联网和相关服务	北京
杭州娃哈哈集团有限公司	酒、饮料和精制茶制造业	浙江
比亚迪股份有限公司	汽车制造业	广东
中天发展控股集团有限公司	房屋建筑业	浙江
通威集团有限公司	农副食品加工业	四川
盾安控股集团有限公司	专用设备制造业	浙江
正邦集团有限公司	农业	江西
亨通集团有限公司	计算机、通信和其他电子设备制造业	江苏
长城汽车股份有限公司天津哈弗分公司	汽车制造业	天津
四川科伦实业集团有限公司	医药制造业	四川
郑州宇通集团有限公司	汽车制造业	河南
重庆力帆控股有限公司	汽车制造业	重庆
隆鑫控股有限公司	通用设备制造业	重庆
双良集团有限公司	专用设备制造业	江苏
山东玉皇化工有限公司	石油加工、炼焦和核燃料加工业	山东
亿利资源集团有限公司	综合	内蒙古
步步高集团	零售业	湖南
远东控股集团有限公司	电气机械和器材制造业	江苏

续表

企业名称	行业	省份
红狮控股集团有限公司	非金属矿物制品业	浙江
天士力控股集团有限公司	医药制造业	天津
常州天合光能有限公司	电气机械和器材制造业	江苏
富通集团有限公司	计算机、通信和其他电子设备制造业	浙江
包商银行股份有限公司	货币金融服务	内蒙古
万丰奥特控股集团有限公司	汽车制造业	浙江
攀枝花钢城集团有限公司	废弃资源综合利用业	四川
中天科技集团有限公司	电气机械和器材制造业	江苏
晶科能源有限公司	电气机械和器材制造业	江西
森马集团有限公司	纺织服装、服饰业	浙江
宜华企业（集团）有限公司	木材加工和木、竹、藤制品业	广东
杭州海康威视数字技术股份有限公司	计算机、通信和其他电子设备制造业	浙江
金发科技股份有限公司	化学原料和化学制品制造业	广东
红太阳集团有限公司	化学原料和化学制品制造业	江苏
中利科技集团股份有限公司	电气机械和器材制造业	江苏
华立集团股份有限公司	综合	浙江
江苏金昇实业股份有限公司	专用设备制造业	江苏
俊发地产有限责任公司	房地产业	云南
福耀玻璃工业集团股份有限公司	非金属矿物制品业	福建
歌尔声学股份有限公司	计算机、通信和其他电子设备制造业	山东
上海春秋国际旅行社（集团）有限公司	航空运输业	上海
康恩贝集团有限公司	医药制造业	浙江
安徽中鼎控股（集团）股份有限公司	橡胶和塑料制品业	安徽
2016 年参与投资的民营企业 500 强		
华为投资控股有限公司	计算机、通信和其他电子设备制造业	广东
苏宁控股集团	零售业	江苏
联想控股股份有限公司	计算机、通信和其他电子设备制造业	北京
大连万达集团股份有限公司	房地产业	辽宁
中国华信能源有限公司	批发业	上海

续表

企业名称	行业	省份
万科企业股份有限公司	房地产业	广东
京东集团	互联网和相关服务	北京
浙江吉利控股集团有限公司	汽车制造业	浙江
海亮集团有限公司	有色金属冶炼和压延加工业	浙江
美的集团股份有限公司	电气机械和器材制造业	广东
恒大地产集团有限公司	房地产业	广东
泰康人寿保险股份有限公司	保险业	北京
碧桂园控股有限公司	房地产业	广东
三胞集团有限公司	零售业	江苏
TCL 集团股份有限公司	计算机、通信和其他电子设备制造业	广东
浙江荣盛控股集团有限公司	化学纤维制造业	浙江
比亚迪股份有限公司	汽车制造业	广东
浙江恒逸集团有限公司	化学纤维制造业	浙江
三一集团有限公司	专用设备制造业	湖南
新希望集团有限公司	农业	四川
内蒙古伊利实业集团股份有限公司	食品制造业	内蒙古
上海复星高科技（集团）有限公司	综合	上海
杭州锦江集团有限公司	有色金属冶炼和压延加工业	浙江
杭州娃哈哈集团有限公司	酒、饮料和精制茶制造业	浙江
新疆特变电工集团有限公司	电气机械和器材制造业	新疆
亨通集团有限公司	电气机械和器材制造业	江苏
长城汽车股份有限公司天津哈弗分公司	汽车制造业	天津
济宁如意投资有限公司	纺织业	山东
正泰集团股份有限公司	电气机械和器材制造业	浙江
深圳怡亚通供应链股份有限公司	仓储业	广东
四川科伦实业集团有限公司	医药制造业	四川
华夏幸福基业股份有限公司	房地产业	河北
郑州宇通集团有限公司	汽车制造业	河南
东方集团实业股份有限公司	其他金融业	黑龙江

续表

企业名称	行业	省份
江苏阳光集团有限公司	纺织服装、服饰业	江苏
天瑞集团股份有限公司	非金属矿物制品业	河南
步步高集团	零售业	湖南
卓尔控股有限公司	综合	湖北
上海绿地建设发展（集团）有限公司	房屋建筑业	上海
常州天合光能有限公司	电气机械和器材制造业	江苏
江苏建筑工程集团有限公司	房屋建筑业	江苏
广东海大集团股份有限公司	农副食品加工业	广东
百兴集团有限公司	批发业	江苏
天士力控股集团有限公司	医药制造业	天津
万丰奥特控股集团有限公司	汽车制造业	浙江
天津塑力线缆集团有限公司	电气机械和器材制造业	天津
华仪电器集团有限公司	电气机械和器材制造业	浙江
江苏天工集团有限公司	有色金属冶炼和压延加工业	江苏
晶科能源有限公司	电气机械和器材制造业	江西
苏州金螳螂企业（集团）有限公司	建筑装饰和其他建筑业	江苏
中国万向控股有限公司	保险业	上海
宗申产业集团有限公司	汽车制造业	重庆
三花控股集团有限公司	专用设备制造业	浙江
金正大生态工程集团股份有限公司	化学原料和化学制品制造业	山东
珠海魅族科技有限公司	计算机、通信和其他电子设备制造业	广东
攀枝花钢城集团有限公司	废弃资源综合利用业	四川
重庆小康控股有限公司	汽车制造业	重庆
金发科技股份有限公司	化学原料和化学制品制造业	广东
巨星控股集团有限公司	金属制品业	浙江
中国联塑集团控股有限公司	橡胶和塑料制品业	广东
江苏爱康实业集团有限公司	综合	江苏
山东科瑞控股集团有限公司	专用设备制造业	山东
广博集团	造纸和纸制品业	浙江

企业名称	行业	省份
正太集团有限公司	房屋建筑业	江苏
歌尔声学股份有限公司	计算机、通信和其他电子设备制造业	山东
福耀玻璃工业集团有限公司	非金属矿物制品业	福建
康恩贝集团有限公司	医药制造业	浙江
圆通速递有限公司	邮政业	上海
安徽中鼎控股（集团）股份有限公司	橡胶和塑料制品业	安徽
华翔集团股份有限公司	汽车制造业	浙江
富丽达集团控股有限公司	化学纤维制造业	浙江
舜宇集团有限公司	计算机、通信和其他电子设备制造业	浙江
沈阳远大企业集团	建筑安装业	辽宁
万安集团有限公司	化学纤维制造业	浙江

附表 7-2　2005—2016 年中国民营 500 强参与海外并购投资的 199 家中国民营企业名录

企业名称	行业	省份
2005 年参与并购的民营企业 500 强		
联想控股有限公司	计算机整机制造、移动通讯终端	北京
宜华企业（集团）有限公司	实木家具、实木地板、房地产开发、文化	广东
苏泊尔集团有限公司	厨房炊具、小家电、大家电、制药、房产、海运等	浙江
2006 年参与并购的民营企业 500 强		
浙江浙大网新科技股份有限公司	软件产品销售、系统集成、软件服务	浙江
华翔集团股份有限公司	塑料制造、军品收入、汽车配件	浙江
重庆博赛矿业（集团）有限公司	耐火材料、铝矾土、氧化铝等	重庆
2007 年参与并购的民营企业 500 强		
海航集团有限公司	航空运输、商品销售、机场服务	海南
雅戈尔集团股份有限公司	进出口贸易、纺织、服装、房产置业	浙江
江苏三房巷集团有限公司	切片涤纶、化纤染色、整理布	江苏
苏泊尔集团有限公司	炊具、小家电、中成药、中间体原料药	浙江

企业名称	行业	省份
钱江集团有限公司	摩托车发电机、高压清洗机机电产品、园林机械	浙江
四川剑南春集团有限责任公司	白酒	四川
华翔集团股份有限公司	汽车零部件制造、电子产品、水产食品及大中型精密模具等	浙江
2008 年参与并购的民营企业 500 强		
联想控股有限公司	计算机及其他电子设备制造	北京
海航集团有限公司	航空运输业	海南
四川宏达集团	化学原料及化学制品制造业	四川
雅戈尔集团股份有限公司	纺织服装鞋帽制造业	浙江
三一集团有限公司	专用设备制造业	湖南
大连实德集团有限公司	制造业	辽宁
澳洋集团有限公司	纺织业	江苏
浙大网新科技股份有限公司	计算机服务业	浙江
奥康集团有限公司	纺织服装鞋帽制造业	浙江
2009 年参与并购的民营企业 500 强		
江苏沙钢集团有限公司	钢材、矿石、矿粉	江苏
苏宁电器集团	家用电器连锁销售和服务	江苏
海航集团有限公司	航空旅游机场业务、金融与商业、现代物流	海南
雅戈尔集团股份有限公司	纺织服装、贸易、房地产	浙江
三一集团有限公司	混凝土机械、起重机械、挖掘机械	湖南
力帆实业（集团）股份有限公司	汽车、摩托车、摩托车发动机	重庆
山东太阳纸业股份有限公司	涂布白卡纸、铜版纸、涂布白板纸	山东
宗申产业集团有限公司	设计开发制造批发零售、修理摩托车及零部件；批发兼零售五金	重庆
重庆博赛矿业（集团）股份有限公司	采矿业、非金属矿物制品业、有色金属冶炼	重庆
太阳石（唐山）药业有限公司	妇科专用产品，中西制剂药品，销售本公司产品	河北

企业名称	行业	省份
2010 年参与并购的民营企业 500 强		
联想控股有限公司	通信设备、计算机及其他电子设备制造业	北京
海航集团有限公司	综合（含投资类）	海南
比亚迪股份有限公司	交通运输设备制造业	广东
浙江吉利控股集团有限公司	交通运输设备制造业	浙江
江苏三房巷集团有限公司	化学原料及化学制品制造业	江苏
威高集团有限公司	医药制造业	山东
福耀玻璃工业集团股份有限公司	非金属矿物制品业（含水泥、玻璃、陶瓷、耐火材料等）	福建
重庆博赛矿业（集团）股份有限公司	有色金属冶炼及压延加工业	重庆
三花控股集团有限公司	电气机械及器材、线缆制造及仪器仪表制造业	浙江
浙大网新科技股份有限公司	信息传输、计算机服务和软件业	浙江
中捷控股集团有限公司	黑色金属冶炼及压延加工业	浙江
杭州巨星投资控股有限公司	金属制品业	浙江
2011 年参与并购的民营企业 500 强		
华为技术有限公司	通信设备、计算机及其他电子设备制造业	广东
苏宁电器集团	批发和零售业	江苏
浙江吉利控股集团有限公司	交通运输设备制造业	浙江
海航集团有限公司	综合	海南
三一集团有限公司	通用设备和专用设备制造业	湖南
雅戈尔集团股份有限公司	服装、鞋帽、皮革制造业	浙江
四川宏达（集团）有限公司	有色金属冶炼及压延加工业	四川
青山控股集团有限公司	黑色金属冶炼及压延加工业	浙江
盾安控股集团有限公司	通用设备和专用设备制造业	浙江
新华锦集团	批发和零售业	山东
重庆力帆控股有限公司	交通运输设备制造业	重庆

企业名称	行业	省份
华立集团股份有限公司	医药制造业	浙江
宗申产业集团有限公司	交通运输设备制造业	重庆
辽宁忠旺集团有限公司	金属制品业	辽宁
福耀玻璃工业集团股份有限公司	非金属矿物制品业（含水泥、玻璃、陶瓷、耐火材料等）	福建
青年汽车集团有限公司	交通运输设备制造业	浙江
三花控股集团有限公司	电气机械及器材、线缆制造及仪器仪表制造业	浙江
江苏综艺集团	通信设备、计算机及其他电子设备制造业	江苏
富丽达集团控股有限公司	化学纤维制造业	浙江
中利科技集团股份有限公司	电气机械及器材、线缆制造及仪器仪表制造业	江苏
华翔集团股份有限公司	交通运输设备制造业	浙江
2012 年参与并购的民营企业 500 强		
联想控股有限公司	计算机、通信和其他电子设备制造业	北京
大连万达集团股份有限公司	房地产业	辽宁
三一集团有限公司	通用设备制造业	湖南
杭州娃哈哈集团有限公司	酒、饮料和精制茶制造业	浙江
广州富力地产股份有限公司	房地产业	广东
亨通集团有限公司	电气机械和器材制造业	江苏
重庆力帆控股有限公司	汽车制造业	重庆
浙江龙盛控股有限公司	化学原料和化学制品制造业	浙江
江西赛维 LDK 太阳能高科技有限公司	非金属矿物制品业	江西
华立集团股份有限公司	医药制造业	浙江
美锦能源集团有限公司	石油加工、炼焦和核燃料加工业	山西
江苏新时代控股集团有限公司	有色金属冶炼和压延加工业	江苏
苏州金螳螂企业集团有限公司	建筑业	江苏
福耀玻璃工业集团股份有限公司	非金属矿物制品业	福建

续表

企业名称	行业	省份
三花控股集团有限公司	通用设备制造业	浙江
青年汽车集团有限公司	汽车制造业	浙江
宜华企业（集团）有限公司	家具制造业	广东
2013 年参与并购的民营企业 500 强		
浙江吉利控股集团有限公司	汽车制造业	浙江
大连万达集团股份有限公司	房地产业	辽宁
美的集团股份有限公司	电气机械和器材制造业	广东
三一集团有限公司	专用设备制造业	湖南
新希望集团有限公司	农、林、牧、渔服务业	四川
海亮集团有限公司	有色金属冶炼和压延加工业	浙江
上海复星高科技（集团）有限公司	综合	上海
盾安控股集团有限公司	专用设备制造业	浙江
四川宏达（集团）有限公司	有色金属矿采选业	四川
正泰集团股份有限公司	电气机械和器材制造业	浙江
四川科伦实业集团有限公司	医药制造业	四川
亿利资源集团有限公司	综合	内蒙古
郑州宇通集团有限公司	汽车制造业	河南
攀枝花钢城集团有限公司	黑色金属冶炼和压延加工业	四川
新华锦集团	批发业	山东
华立集团股份有限公司	医药制造业	浙江
青年汽车集团有限公司	汽车制造业	浙江
福耀玻璃工业集团股份有限公司	非金属矿物制品业	福建
三花控股集团有限公司	电气机械和器材制造业	浙江
山东永泰化工有限公司	橡胶和塑料制品业	山东
华翔集团股份有限公司	汽车制造业	浙江
2014 年参与并购的民营企业 500 强		
联想控股有限公司	计算机、通信和其他电子设备制造业	北京
中国华信能源有限公司	批发业	上海
大连万达集团股份有限公司	房地产业	辽宁

企业名称	行业	省份
浙江吉利控股集团有限公司	汽车制造业	浙江
美的集团股份有限公司	电气机械和器材制造业	广东
三一集团有限公司	专用设备制造业	湖南
三胞集团有限公司	零售业	江苏
青山控股集团有限公司	黑色金属冶炼和压延加工业	浙江
山东如意科技集团有限公司	纺织业	山东
江苏金浦集团有限公司	化学原料和化学制品制造业	江苏
亨通集团有限公司	电气机械和器材制造业	江苏
宁夏宝塔石化集团有限公司	石油加工、炼焦和核燃料加工业	宁夏
双良集团有限公司	化学原料和化学制品制造业	江苏
浙江龙盛控股有限公司	化学原料和化学制品制造业	浙江
宜华企业（集团）有限公司	家具制造业	广东
上海绿地建设（集团）有限公司	房屋建筑业	上海
江苏天工集团有限公司	黑色金属冶炼和压延加工业	江苏
三花控股集团有限公司	电气机械和器材制造业	浙江
歌尔声学股份有限公司	计算机、通信和其他电子设备制造业	山东
铜陵精达铜材（集团）有限责任公司	金属制品业	安徽
2015 年参与并购的民营企业 500 强		
联想控股股份有限公司	计算机、通信和其他电子设备制造业	北京
苏宁控股集团	零售业	江苏
大连万达集团股份有限公司	房地产业	辽宁
中国华信能源有限公司	批发业	上海
浙江吉利控股集团有限公司	汽车制造业	浙江
三胞集团有限公司	零售业	江苏
三一集团有限公司	专用设备制造业	湖南
杭州娃哈哈集团有限公司	酒、饮料和精制茶制造业	浙江
比亚迪股份有限公司	汽车制造业	广东
通威集团有限公司	农副食品加工业	四川
正邦集团有限公司	农业	江西

企业名称	行业	省份
亨通集团有限公司	计算机、通信和其他电子设备制造业	江苏
郑州宇通集团有限公司	汽车制造业	河南
隆鑫控股有限公司	通用设备制造业	重庆
双良集团有限公司	专用设备制造业	江苏
亿利资源集团有限公司	综合	内蒙古
远东控股集团有限公司	电气机械和器材制造业	江苏
万丰奥特控股集团有限公司	汽车制造业	浙江
攀枝花钢城集团有限公司	废弃资源综合利用业	四川
森马集团有限公司	纺织服装、服饰业	浙江
宜华企业（集团）有限公司	木材加工和木、竹、藤制品业	广东
红太阳集团有限公司	化学原料和化学制品制造业	江苏
俊发地产有限责任公司	房地产业	云南
福耀玻璃工业集团股份有限公司	非金属矿物制品业	福建
歌尔声学股份有限公司	计算机、通信和其他电子设备制造业	山东
康恩贝集团有限公司	医药制造业	浙江
安徽中鼎控股（集团）股份有限公司	橡胶和塑料制品业	安徽
2016 年参与并购的民营企业 500 强		
苏宁控股集团	零售业	江苏
联想控股股份有限公司	计算机、通信和其他电子设备制造业	北京
大连万达集团股份有限公司	房地产业	辽宁
中国华信能源有限公司	批发业	上海
万科企业股份有限公司	房地产业	广东
浙江吉利控股集团有限公司	汽车制造业	浙江
海亮集团有限公司	有色金属冶炼和压延加工业	浙江
恒大地产集团有限公司	房地产业	广东
泰康人寿保险股份有限公司	保险业	北京
三胞集团有限公司	零售业	江苏
比亚迪股份有限公司	汽车制造业	广东
浙江恒逸集团有限公司	化学纤维制造业	浙江

企业名称	行业	省份
内蒙古伊利实业集团股份有限公司	食品制造业	内蒙古
杭州娃哈哈集团有限公司	酒、饮料和精制茶制造业	浙江
亨通集团有限公司	电气机械和器材制造业	江苏
济宁如意投资有限公司	纺织业	山东
正泰集团股份有限公司	电气机械和器材制造业	浙江
深圳怡亚通供应链股份有限公司	仓储业	广东
四川科伦实业集团有限公司	医药制造业	四川
郑州宇通集团有限公司	汽车制造业	河南
东方集团实业股份有限公司	其他金融业	黑龙江
江苏阳光集团有限公司	纺织服装、服饰业	江苏
卓尔控股有限公司	综合	湖北
上海绿地建设发展（集团）有限公司	房屋建筑业	上海
江苏建筑工程集团有限公司	房屋建筑业	江苏
广东海大集团股份有限公司	农副食品加工业	广东
百兴集团有限公司	批发业	江苏
天士力控股集团有限公司	医药制造业	天津
万丰奥特控股集团有限公司	汽车制造业	浙江
江苏天工集团有限公司	有色金属冶炼和压延加工业	江苏
晶科能源有限公司	电气机械和器材制造业	江西
苏州金螳螂企业（集团）有限公司	建筑装饰和其他建筑业	江苏
宗申产业集团有限公司	汽车制造业	重庆
金正大生态工程集团股份有限公司	化学原料和化学制品制造业	山东
攀枝花钢城集团有限公司	废弃资源综合利用业	四川
重庆小康控股有限公司	汽车制造业	重庆
巨星控股集团有限公司	金属制品业	浙江
江苏爱康实业集团有限公司	综合	江苏
广博集团	造纸和纸制品业	浙江
正太集团有限公司	房屋建筑业	江苏
歌尔声学股份有限公司	计算机、通信和其他电子设备制造业	山东

企业名称	行业	省份
福耀玻璃工业集团有限公司	非金属矿物制品业	福建
康恩贝集团有限公司	医药制造业	浙江
圆通速递有限公司	邮政业	上海
安徽中鼎控股（集团）股份有限公司	橡胶和塑料制品业	安徽
华翔集团股份有限公司	汽车制造业	浙江
富丽达集团控股有限公司	化学纤维制造业	浙江
舜宇集团有限公司	计算机、通信和其他电子设备制造业	浙江
万安集团有限公司	化学纤维制造业	浙江

附表 7-3　2005—2016 年中国民营 500 强参与海外绿地投资的 207 家中国民营企业名录

企业名称	行业	省份
2005 年参与绿地投资的民营企业 500 强		
浙江吉利控股集团有限公司	汽车	浙江
天津天狮集团有限公司	保健品	天津
沈阳远大企业集团	幕墙、门窗、电梯	辽宁
杭州西湖汽车零部件集团有限公司	汽车配件	浙江
2006 年参与绿地投资的民营企业 500 强		
三一集团有限公司	工程机械	湖南
十堰荣华东风汽车专营有限公司	汽车销售、房地产汽车修理、宾馆经营	湖北
苏泊尔集团有限公司	厨房炊具、小家电、大家电、制药、房产、海运等	浙江
2007 年参与绿地投资的民营企业 500 强		
南京钢铁集团有限公司	冶金	江苏
天津荣程联合钢铁集团有限公司	生铁、钢坯、中宽带钢	天津
东方希望集团有限公司	铝电一体化、饲料	上海
通威集团有限公司	饲料、宠物食品、化工原料、建筑工程	四川
力帆实业（集团）有限公司	摩托车、发动机、汽车通机	重庆
浙江吉利控股集团有限公司	汽车整车及零部件生产和销售	浙江
青山控股集团有限公司	不锈钢元钢、不锈钢窄带、不锈钢钢管	浙江

企业名称	行业	省份
三一重工股份有限公司	工程机械	湖南
无锡尚德太阳能电力有限公司	太阳能电池、组件太阳能光伏系统工程	江苏
越美集团有限公司	纺织	浙江
2008 年参与绿地投资的民营企业 500 强		
海亮集团有限公司	有色金属冶炼及压延加工业	浙江
天津天狮集团有限公司	医药制造业	天津
正泰集团股份有限公司	电气机械及器材制造业	浙江
三一集团有限公司	专用设备制造业	湖南
浙江吉利控股集团有限公司	交通运输设备制造业	浙江
无锡尚德太阳能电力有限公司	电气机械及器材制造业	江苏
盾安控股集团有限公司	专用设备制造业	浙江
宁波海天塑机集团有限公司	专用设备制造业	浙江
侨兴集团有限公司	通信设备计算机及其他电子设备制造业	广东
金龙联合汽车工业（苏州）有限公司	交通运输设备制造业	江苏
奥康集团有限公司	纺织服装鞋帽制造业	浙江
重庆博赛矿业（集团）有限公司	有色金属冶炼及压延加工业	重庆
常州天合光能有限公司	电气机械及器材制造业	江苏
2009 年参与绿地投资的民营企业 500 强		
东方希望集团有限公司	有色金属、饲料	上海
正泰集团股份有限公司	低压电器、输配电设备、仪器仪表	浙江
浙江吉利控股集团有限公司	汽车	浙江
力帆实业（集团）股份有限公司	汽车、摩托车、摩托车发动机	重庆
山东太阳纸业股份有限公司	涂布白卡纸、钢版纸、涂布白板纸	山东
江苏隆力奇集团有限公司	日化用品	江苏
腾邦投资控股有限公司	投资兴办实业，国内贸易，从事货物、技术进出口业务。	广东
常州天合光能有限公司	光伏组件	江苏
金龙联合汽车工业（苏州）有限公司	客车及汽车制造及销售	江苏
十堰荣华东风汽车专营有限公司	汽车销售、工业生产、房地产及酒店	湖北

企业名称	行业	省份
瑞立集团有限公司	汽车零部件制造、房地产、餐饮、酒店业	浙江
杭州东华链条集团有限公司	手机贸易、拖拉机、链条	浙江
瑞声声学科技（常州）有限公司	电声产品	江苏
2010 年参与绿地投资的民营企业 500 强		
比亚迪股份有限公司	交通运输设备制造业	广东
三一集团有限公司	通用设备和专用设备制造业	湖南
正泰集团股份有限公司	电气机械及器材、线缆制造及仪器仪表制造业	浙江
扬子江药业集团有限公司	医药制造业	江苏
浙江吉利控股集团有限公司	交通运输设备制造业	浙江
重庆力帆控股有限公司	交通运输设备制造业	重庆
浙江昆仑控股集团有限公司	建筑业	浙江
宗申产业集团有限公司	交通运输设备制造业	重庆
中电电气集团有限公司	电气机械及器材、线缆制造及仪器仪表制造业	江苏
常州天合光能有限公司	电气机械及器材、线缆制造及仪器仪表制造业	江苏
三花控股集团有限公司	电气机械及器材、线缆制造及仪器仪表制造业	浙江
广东明阳风电产业集团有限公司中山明阳电器有限公司	通用设备和专用设备制造业	广东
2011 年参与绿地投资的民营企业 500 强		
华为技术有限公司	通信设备、计算机及其他电子设备制造业	广东
浙江吉利控股集团有限公司	交通运输设备制造业	浙江
新希望集团有限公司	农、林、牧、渔业	四川
三一集团有限公司	通用设备和专用设备制造业	湖南
比亚迪股份有限公司	交通运输设备制造业	广东

企业名称	行业	省份
浙江恒逸集团有限公司	化学纤维制造业	浙江
天狮集团有限公司	医药制造业	天津
正泰集团股份有限公司	电气机械及器材、线缆制造及仪器仪表制造业	浙江
江苏扬子江船业集团公司	交通运输设备制造业	江苏
新疆特变电工股份有限公司	电气机械及器材、线缆制造及仪器仪表制造业	新疆
重庆力帆控股有限公司	交通运输设备制造业	重庆
波司登股份有限公司	服装、鞋帽、皮革制造业	江苏
常州天合光能有限公司	电气机械及器材、线缆制造及仪器仪表制造业	江苏
天津天士力集团有限公司	医药制造业	天津
大全集团有限公司	电气机械及器材、线缆制造及仪器仪表制造业	江苏
卧龙控股集团有限公司	电气机械及器材、线缆制造及仪器仪表制造业	浙江
福耀玻璃工业集团股份有限公司	非金属矿物制品业（含水泥、玻璃、陶瓷、耐火材料等）	福建
群升集团有限公司	房地产业	浙江
力诺集团股份有限公司	电气机械及器材、线缆制造及仪器仪表制造业	山东
华锐风电科技（江苏）有限公司	电气机械及器材、线缆制造及仪器仪表制造业	江苏
2012 年参与绿地投资的民营企业 500 强		
华为投资控股有限公司	计算机、通信和其他电子设备制造业	广东
浙江吉利控股集团有限公司	汽车制造业	浙江
大连万达集团股份有限公司	房地产业	辽宁
三一集团有限公司	通用设备制造业	湖南
新希望集团有限公司	农、林、牧、渔业	四川

续表

企业名称	行业	省份
杭州娃哈哈集团有限公司	酒、饮料和精制茶制造业	浙江
山东新希望六和集团有限公司	农、林、牧、渔业	山东
比亚迪股份有限公司	汽车制造业	广东
新华联控股有限公司	综合	湖南
浙江荣盛控股集团有限公司	化学纤维制造业	浙江
天狮集团有限公司	医药制造业	天津
正泰集团股份有限公司	电气机械和器材制造业	浙江
百度在线网络技术（北京）有限公司	信息传输、软件和信息技术服务业	北京
常州天合光能有限公司	电气机械和器材制造业	江苏
宁夏宝塔石化集团有限公司	石油加工、炼焦和核燃料加工业	宁夏
卧龙控股集团有限公司	电气机械和器材制造业	浙江
泰通（泰州）工业有限公司	电气机械和器材制造业	江苏
重庆博赛矿业（集团）有限公司	有色金属冶炼和压延加工业	重庆
晶科能源有限公司	非金属矿物制品业	江西
十堰荣华东风汽车专营有限公司	批发和零售业	湖北
海润光伏科技有限公司	电气机械和器材制造业	江苏
2013 年参与绿地投资的民营企业 500 强		
苏宁电器集团	零售业	江苏
华为投资控股有限公司	计算机、通信和其他电子设备制造业	广东
江苏沙钢集团有限公司	黑色金属冶炼和压延加工业	江苏
浙江吉利控股集团有限公司	汽车制造业	浙江
大连万达集团股份有限公司	房地产业	辽宁
比亚迪股份有限公司	汽车制造业	广东
新奥集团股份有限公司	燃气生产和供应业	河北
郑州宇通集团有限公司	汽车制造业	河南
百度［微博］在线网络技术（北京）有限公司	互联网和相关服务	北京
大全集团有限公司	电气机械和器材制造业	江苏
上海绿地投资建设（集团）有限公司	房屋建筑业	上海

企业名称	行业	省份
泰通（泰州）工业有限公司	电气机械和器材制造业	江苏
福耀玻璃工业集团股份有限公司	非金属矿物制品业	福建
常州天合光能有限公司	电气机械和器材制造业	江苏
上海春秋国际旅行社（集团）有限公司	航空运输业	上海
2014 年参与绿地投资的民营企业 500 强		
华为投资控股有限公司	计算机、通信和其他电子设备制造业	广东
大连万达集团股份有限公司	房地产业	辽宁
浙江吉利控股集团有限公司	汽车制造业	浙江
万科企业股份有限公司	房地产业	广东
新希望集团有限公司	农、林、牧、渔服务业	四川
三一集团有限公司	专用设备制造业	湖南
比亚迪股份有限公司	汽车制造业	广东
通威集团有限公司	农副食品加工业	四川
新疆特变电工集团有限公司	专用设备制造业	新疆
百度在线网络技术（北京）有限公司	互联网和相关服务	北京
山东玉皇化工有限公司	化学原料和化学制品制造业	山东
重庆力帆控股有限公司	汽车制造业	重庆
步步高投资集团股份有限公司	零售业	湖南
辽宁忠旺集团有限公司	有色金属冶炼和压延加工业	辽宁
富海集团有限公司	石油加工、炼焦和核燃料加工业	山东
上海绿地投资建设（集团）有限公司	房屋建筑业	上海
江苏天工集团有限公司	黑色金属冶炼和压延加工业	江苏
常州天合光能有限公司	电气机械和器材制造业	江苏
晶科能源有限公司	电气机械和器材制造业	江西
福耀玻璃工业集团股份有限公司	非金属矿物制品业	福建
宁波申洲针织有限公司	纺织服装、服饰业	浙江
2015 年参与绿地投资的民营企业 500 强		
华为投资控股有限公司	计算机、通信和其他电子设备制造业	广东
大连万达集团股份有限公司	房地产业	辽宁

续表

企业名称	行业	省份
浙江吉利控股集团有限公司	汽车制造业	浙江
美的集团股份有限公司	电气机械和器材制造业	广东
TCL 集团股份有限公司	计算机、通信和其他电子设备制造业	广东
新疆广汇实业投资（集团）有限责任公司	零售业	新疆
新希望集团有限公司	农业	四川
三一集团有限公司	专用设备制造业	湖南
北京京东世纪贸易有限公司	互联网和相关服务	北京
比亚迪股份有限公司	汽车制造业	广东
中天发展控股集团有限公司	房屋建筑业	浙江
盾安控股集团有限公司	专用设备制造业	浙江
长城汽车股份有限公司天津哈弗分公司	汽车制造业	天津
四川科伦实业集团有限公司	医药制造业	四川
郑州宇通集团有限公司	汽车制造业	河南
重庆力帆控股有限公司	汽车制造业	重庆
双良集团有限公司	专用设备制造业	江苏
山东玉皇化工有限公司	石油加工、炼焦和核燃料加工业	山东
步步高集团	零售业	湖南
红狮控股集团有限公司	非金属矿物制品业	浙江
天士力控股集团有限公司	医药制造业	天津
常州天合光能有限公司	电气机械和器材制造业	江苏
富通集团有限公司	计算机、通信和其他电子设备制造业	浙江
包商银行股份有限公司	货币金融服务	内蒙古
中天科技集团有限公司	电气机械和器材制造业	江苏
晶科能源有限公司	电气机械和器材制造业	江西
杭州海康威视数字技术股份有限公司	计算机、通信和其他电子设备制造业	浙江
金发科技股份有限公司	化学原料和化学制品制造业	广东
中利科技集团股份有限公司	电气机械和器材制造业	江苏
华立集团股份有限公司	综合	浙江

企业名称	行业	省份
江苏金昇实业股份有限公司	专用设备制造业	江苏
俊发地产有限责任公司	房地产业	云南
福耀玻璃工业集团股份有限公司	非金属矿物制品业	福建
上海春秋国际旅行社（集团）有限公司	航空运输业	上海
2016 年参与绿地投资的民营企业 500 强		
华为投资控股有限公司	计算机、通信和其他电子设备制造业	广东
苏宁控股集团	零售业	江苏
大连万达集团股份有限公司	房地产业	辽宁
中国华信能源有限公司	批发业	上海
京东集团	互联网和相关服务	北京
浙江吉利控股集团有限公司	汽车制造业	浙江
美的集团股份有限公司	电气机械和器材制造业	广东
碧桂园控股有限公司	房地产业	广东
三胞集团有限公司	零售业	江苏
TCL 集团股份有限公司	计算机、通信和其他电子设备制造业	广东
浙江荣盛控股集团有限公司	化学纤维制造业	浙江
比亚迪股份有限公司	汽车制造业	广东
三一集团有限公司	专用设备制造业	湖南
新希望集团有限公司	农业	四川
上海复星高科技（集团）有限公司	综合	上海
杭州锦江集团有限公司	有色金属冶炼和压延加工业	浙江
新疆特变电工集团有限公司	电气机械和器材制造业	新疆
长城汽车股份有限公司天津哈弗分公司	汽车制造业	天津
正泰集团股份有限公司	电气机械和器材制造业	浙江
华夏幸福基业股份有限公司	房地产业	河北
江苏阳光集团有限公司	纺织服装、服饰业	江苏
天瑞集团股份有限公司	非金属矿物制品业	河南
步步高集团	零售业	湖南

企业名称	行业	省份
上海绿地投资城建设发展（集团）有限公司	房屋建筑业	上海
常州天合光能有限公司	电气机械和器材制造业	江苏
万丰奥特控股集团有限公司	汽车制造业	浙江
天津塑力线缆集团有限公司	电气机械和器材制造业	天津
华仪电器集团有限公司	电气机械和器材制造业	浙江
晶科能源有限公司	电气机械和器材制造业	江西
中国万向控股有限公司	保险业	上海
三花控股集团有限公司	专用设备制造业	浙江
珠海魅族科技有限公司	计算机、通信和其他电子设备制造业	广东
重庆小康控股有限公司	汽车制造业	重庆
金发科技股份有限公司	化学原料和化学制品制造业	广东
巨星控股集团有限公司	金属制品业	浙江
中国联塑集团控股有限公司	橡胶和塑料制品业	广东
山东科瑞控股集团有限公司	专用设备制造业	山东
福耀玻璃工业集团有限公司	非金属矿物制品业	福建
安徽中鼎控股（集团）股份有限公司	橡胶和塑料制品业	安徽
华翔集团股份有限公司	汽车制造业	浙江
沈阳远大企业集团	建筑安装业	辽宁

附录 8　2005—2016 年在房地产、酒店、影城、娱乐业、体育俱乐部等行业进行境外并购投资的民营企业 500 强名单

投资模式	年度	企业名称	标的国别	标的行业
并购投资	2007	越美集团有限公司	尼日利亚	房地产
	2010	浙江昆仑控股集团有限公司	克罗地亚	房地产
	2012	大连万达集团股份有限公司	印度	房地产

投资模式	年度	企业名称	标的国别	标的行业
并购投资	2013	大连万达集团股份有限公司	英国、美国	房地产
	2013	上海绿地建设（集团）有限公司	澳大利亚	房地产
	2014	大连万达集团股份有限公司	美国、澳大利亚、西班牙、英国	房地产
	2014	万科企业股份有限公司	美国	房地产
	2014	上海绿地建设（集团）有限公司	韩国、马来西亚、泰国、英国	房地产
	2015	大连万达集团股份有限公司	澳大利亚	房地产
	2015	中天发展控股集团有限公司	泰国	房地产
	2015	华立集团股份有限公司	墨西哥	房地产
	2015	俊发地产有限责任公司	泰国	房地产
	2016	大连万达集团股份有限公司	法国、印度	房地产
	2016	碧桂园控股有限公司	印度尼西亚、马来西亚、英国	酒店与旅游
	2016	三一集团有限公司	印度、埃塞俄比亚	房地产
	2016	新希望集团有限公司	澳大利亚	房地产
	2016	杭州锦江集团有限公司	奥地利	酒店与旅游
	2016	华夏幸福基业股份有限公司	埃及、印度尼西亚、印度	房地产
	2016	天瑞集团股份有限公司	柬埔寨	房地产
	2016	上海绿地城市建设发展（集团）有限公司	美国、英国	房地产
绿地投资	2007	海航集团有限公司	比利时	酒店和餐馆
	2009	海航集团有限公司	比利时	酒店和餐馆
	2011	海航集团有限公司	西班牙	酒店和餐馆
	2012	大连万达集团股份有限公司	美国、英国	影城、酒店
	2013	大连万达集团股份有限公司	韩国	影城
	2014	联想控股有限公司	美国	娱乐业

续表

投资模式	年度	企业名称	标的国别	标的行业
绿地投资	2014	大连万达集团股份有限公司	加拿大	娱乐业
	2014	江苏金浦集团有限公司	西班牙	酒店和餐馆
	2015	苏宁控股集团	韩国	娱乐业
	2015	大连万达集团股份有限公司	美国、西班牙	娱乐业、酒店
	2015	中国华信能源有限公司	斯洛伐克、捷克共和国	娱乐业、体育俱乐部
	2015	杭州娃哈哈集团有限公司	意大利	体育俱乐部
	2016	苏宁控股集团	意大利	体育俱乐部
	2016	联想控股股份有限公司	澳大利亚	酒店和餐馆
	2016	大连万达集团股份有限公司	美国、西班牙、英国、澳大利亚、意大利	娱乐业、影城、体育俱乐部
	2016	中国华信能源有限公司	捷克共和国	体育俱乐部
	2016	卓尔控股有限公司	泰国	酒店和餐馆

　　注：国务院办公厅 2017 年 8 月 4 日转发国家发展改革委、商务部、人民银行、外交部《关于进一步引导和规范境外投资方向的指导意见》中明确指出，限制房地产、酒店、影城、娱乐业、体育俱乐部等境外投资。

参考文献

［1］国家统计局办公室:《国家统计局对十届全国人大四次会议第7074号建议的答复》,2006年6月5日,见 http://www.stats.gov.cn/tjgz/tjdt/200610/t20061024_16897.html。

［2］国家外汇管理局网站:http://www.safe.gov.cn/。

［3］胡志军著:《中国民营企业海外直接投资》,对外经济贸易大学出版社2015年版。

［4］胡润百富、Deal Globe 易界:《2017中国企业跨境并购特别报告》2017年版,见 http://www.hurun.net/CN/Article/Details? num = 661F96AFBDF5。

［5］经济合作与发展组织(OECD):《OECD 科学、技术、行业2009报告》2009年版。

［6］刘坪:《不同类型中国企业的海外并购融资方式研究》,北京交通大学硕士论文,2014年。

［7］沈丹阳:《商务部新闻发言人沈丹阳就2012年2月我国商务工作运行情况答记者问》,中华人民共和国商务部,2012年8月16日,见 china.ec.com.cn/article/cnhongguan/201203/1186589_1.html 2012.8.16。

［8］王碧珺、路诗佳:《中国海外并购激增,"中国买断全球"论盛行——2016年第一季度中国对外直接投资报告》,《IIS 中国对外投资报告》,中国社科院世界经济与政治研究所,2016年第1期。

［9］薛军著:《跨国公司全球一体化条件下的当地化战略研究——在

华日资企业的投资战略分析》，人民出版社 2008 年版。

［10］ 中国企业"走出去"协同创新中心、中国民营经济国际合作商会：《中国民营企业国际合作蓝皮书（2014—2015）》，人民出版社 2016 年版。

［11］ 中华人民共和国商务部、中华人民共和国国家统计局、国家外汇管理局：《年度中国对外直接投资统计公报》各版，见 http://hzs. mofcom.gov.cn/article/Nocategory/201512/20151201223578.shtml。

［12］ 中华人民共和国商务部：《中国对外投资合作发展报告》各版，见 http://fec.mofcom.gov.cn/article/tzhzcj/tzhz/。

［13］ 中华全国工商业联合会：《全国工商联办公厅关于开展 2015 年度全国工商联上规模民营企业调研的通知》，中华全国工商业联合会办公厅，2016 年 1 月 27 日，见 http://www. acfic. org. cn/web/c＿ 00000001000300 0100010003/d＿ 43920.htm。

［14］ 中华人民共和国国家统计局网站：http://www.stats.gov.cn/。

［15］ 中华人民共和国商务部网站：http://www.mofcom.gov.cn/。

［16］ 中国人民银行网站：http://www.pbc.gov.cn/。

［17］ 中华全国工商业联合会网站：http://www.acfic.org.cn/。

［18］ BvD-Zephyr 数据库网站：https://zephyr.bvdinfo.com/。

［19］ Bureau van Dijk："M&A Review Global Full year 2016"，见 https://zephyr. bvdinfo. com/version－201776/home. serv? product = zephyrneo& loginfromcontext=ipaddress。

［20］ fDi Markets 数据库网站：https://www.fDi markets.com/。

［21］ fDi Markets："THE fDi REPORT 2017"，见 http://www.f Diintelligence.com/。

［22］ IMF（国际货币基金组织）网站：http://www. imf. org/ external/index.htm

［23］ OECD（经济合作与发展组织）网站：http://www.oecd.org/。

［24］ United Nations Conference on Trade and Development （UNCTAD）：

World Investment Reports，见 http://unctad. org/en/pages/DIAE/World% 20Investment%20Report/WIR–Series.aspx。

　　[25] 薛军著：《在中国的当地化经营——跨国公司当地化理论的再探讨》，日本创成社 2010 年版。

后 记

本项研究获得南开大学"中央高校建设世界一流大学（学科）和特色发展引导专项资金"课题资助，在此表示衷心感谢！

我非常荣幸能够作为 2016 年度海外引进人才，在日本任教近十年之后正式回归阔别二十七载的母校南开，在经济学院国际经济贸易学系任教。回国不久我即向学校相关部门提出申请成立南开大学"全球经济研究中心"（NK-GERC），得到校领导的重视和大力支持。"中国民营企业资本跨境投资年度指数系列报告"研究课题的宗旨是，以该中心（NK-GERC）承办，依托经济学院雄厚的科研力量，借助中国社科院、日本大和综研等国内外著名机构的全方位合作与支持，以大数据处理、走访和问卷调研等多种形式展开。针对中国对不同区域和国别的跨境资本流动，通过进行系统地比较分析，计划持续发布《中国民营企业海外直接投资年度指数报告》，本报告是首度推出，也是我们研究团队迈出的第一步。

本研究课题从正式启动到 2017 年 8 月初截稿，只用了很短的时间就完成了本报告书。之所以如此之快，我考虑应该得益于以下两个方面。

第一个受益是母校南开大学给予我的全方位支持。南开对我的厚爱是全方位的，回归南开最大的感受是，无论是领导还是同仁，无论是系里院里还是学校各职能部门，方方面面都给予了我莫大的关心和支持。借此机会，对佟家栋副校长、冼国明主任、盛斌院长、梁琦教授、李坤望教授、张伯伟教授、蒋殿春副院长、周云波副院长、胡昭琳副院长、周申主任、葛顺奇副主任、张兵副主任、包群副主任等长期以来一直给予我厚爱和提携的各位领导和朋友表示由衷的感谢！

第二个受益是，虽然在海外执教将近十年，但是我与国内这项研究的顶尖机构和专家学者始终保持近距离接触和交流，并得到了大家诸多的支持和帮助，也就是说我自始至终站在了该领域的学术前沿。研究国际投资和跨国公司的人都知道南开大学和中国社会科学院世界与政治研究所是该研究领域的两杆标志性旗帜。首先，非常荣幸我能够立于南开世界经济学科和国际贸易学科的基础上开展科研工作。南开是我的母校，有幸很早就接触到国际经济贸易学系、国际经济研究所以及跨国公司研究中心诸多学术大家，并且始终保持着近距离"亲密接触"，在此对各位长期以来一直给予我支持和帮助的各位教授和朋友表示由衷的感谢！

其次，该研究领域的另外一个一流平台是中国社会科学院世界与政治研究所，很荣幸我在 2003 年到 2008 年曾经工作于该所的国际投资研究室（当时叫跨国公司研究室）。长期以来我一直与该室以及该所的部分同仁们保持着密切交流与友谊，并且得到了各位所领导的热情鼓励和支持，使得我有机会接触到了国内该领域研究的学术前沿。本研究课题同时也得到了张明主任、王永中主任以及王碧珺博士等朋友的真诚帮助，谨此深表谢意！同时也对引领我走入国际投资研究领域的余永定老所长，以及始终给予我关心与支持的张宇燕所长表示由衷地感谢！

另外，我还有两点特别感受。2017 年 7 月 1 日在名古屋参加日本中国经济学会时，新老朋友让我谈一下回国的感受，我说了两点。我的研究能够顺利展开也和这两个方面密不可分。

第一个非常重要的一点感受是，与目前日本各大高校研究机构科研经费一年比一年紧张的困境相比，国内好一点的高校的研究经费相对而言比较充足，不过在经费使用上，与日本的大学相比，有些地方程序繁琐，还有进一步改进的空间。

第二个感受就是南开学子优秀，"90 后"一代独生子女的吃苦耐劳精神不亚于他们"60 后"的父母一代。我接触到的这些学生，无论是博士生、硕士生还是本科生，勤奋好学，积极向上，外语数学的基础扎实，而且做事的悟性也很高，布置的工作任务一点就透，时常会提出一些建设性建议，让老师收益匪浅。筛选整理数据和编辑制作图表等工作枯燥乏味并且非常辛苦，需要的只是耐心和细心。这里我要借用课题组魏玮同学一次凌晨时在微信群里的留言"咱们团队太棒了"，谨向 N 个星期没有休息、没白没黑顶着酷暑赶进度的各位同学们表示敬意！你们的确太棒了！这些同学是苏二豆、乔冀超、李金永、魏玮、吴雨婷、邢羽丰。另外，还要感谢在数据筛选整理前期过程中，胡敬然同学和刘晓丹同学的辛勤付出。

本报告由薛军负责总体设计、数据筛选和整理具体安排、数据分析和文字写作以及书稿总纂。苏二豆提供了序章的初稿，李金永提供了第三章第五节的初稿。另外，苏二豆为数据筛选整理小组负责人；乔冀超为图表编辑汇总小组负责人；李金永为融资模式数据筛选整理及分析小组负责人；魏玮为附录编辑汇总小组负责人。

最后，感谢人民出版社的姜玮编辑对本书的诸多指导，以及细致建议和辛勤付出，也感谢该社好友鲁静主任一如既往的大力支持！

薛　军

2017 年 8 月 7 日 立秋

于南开园